〔唐〕李鼎祚 ◇ 撰

王丰先 ◇ 点校

周易集解

中华书局

目 录

前　言

　　周易集解是唐代李鼎祚汇集两汉至唐近四十家,尤其是象数易注而成的、在易学发展史上占有极其重要地位的一部易学典籍。

　　李鼎祚,生卒年不详,新、旧唐书皆无传。据周易集解,知其为资州人。清代汉学大昌之日,著名学者刘毓崧结合集解自序及元和郡县志、太平寰宇记、舆地纪胜,并参考通志、能改斋漫录等书,对其生平仕宦作了详细勾勒,世人始略见其梗概。唐玄宗幸蜀之际,李氏曾上平胡论,后召左拾遗。唐肃宗乾元元年(七五八),奏请分置昌州。他尝充内供奉,又曾辑录梁元帝及陈乐产、唐吕才之书,推演六壬五行,成连珠明镜式经(又名连珠集)十卷,于乾元间上之。代宗登基(七六三)后,献周易集解一书,其时为秘书省著作郎,后仕至殿中侍御史。在宋大观三年,李鼎祚因以算数著名,被追赠为赞皇子。李氏著述,除上述两种外,宋志五行类尚著录其易髓三卷、目一卷、瓶子记三卷,兵书类还有兵钤手历一卷。

(一)周易集解的名目与卷数

　　关于周易集解的名目,从公私著录看,新唐志、郑樵通志作"集注周易",宋尤袤遂初堂书目作"易解",明杨士奇文渊阁书目作"易传集解",何楷古周易订补仅一处引作"易解",其他如晁公武郡斋读书志、陈振孙直斋书录解题、王应麟玉海艺文志、冯椅厚斋易学、吕本中紫微诗话、俞琰读易举要、胡一桂周易本义启蒙翼传、马端临文献通考、宋志、明曹学佺蜀中广记、陈第世善堂藏书目录或作"周易集解",或作"集解"。从刊刻情况看,嘉靖聚乐堂本第一卷卷首作"易传集解",余卷作"周易集解",版心均作"周易集解",汲古阁毛本、四库全书本题名均作"周易集解",秘册汇函及津逮秘书卷首作"易传",版心作"易解",雅雨堂本卷首作"易传",版心作"李氏易传",喜墨斋本卷首、版心均作"周易集解"。可见,周易集解,或简称"集解",或称"易解",或称"易传集解",或称"集注周易",但以周易集解一名最为流行。

考"集解"之得名,或如何晏论语集解集诸家论语解以成书,或如杜预集春秋经、左氏传于一体。今周易集解一书,从其体例上而言,更接近何晏论语集解,故以周易集解为名似无不当。但周易不同于论语,周易是经,论语原是传记,周易有十翼为传,而论语则无,从此角度,周易集解之编纂又颇同于杜预春秋经传集解。故周易集解实兼具何晏论语集解与杜预春秋经传集解两者的特点。

至于周易集解卷数,自来有两种说法。其一,认为周易集解原有十七卷,今佚失七卷。此说最早出自崇文总目,之后新唐志、邯郸读书志、中兴书目、通志因袭之,而晁公武郡斋读书志虽著录李氏集解十卷,但又云:"唐录称鼎祚书十七卷,今所有十卷,盖亦失其七。惜哉!"其二,认为周易集解本即十卷,无所谓十七卷之本。如陈振孙直斋书录解题著录周易集解十卷,而李焘则云:"鼎祚自序止云十卷,无亡失也。"而见之于宋元公私书志及易籍者,宋冯椅厚斋易学、王应麟玉海艺文志、马端临文献通考、元脱脱等宋志、俞琰读易举要、胡一桂周易启蒙翼传、明曹学佺蜀中广记、陈第世善堂藏书目录、焦竑国史经籍志、杨士奇文渊阁书目均著录为十卷。但十卷本之周易集解,见之于今者,只有宋刻嘉定大字本及明胡震亨秘册汇函本、毛氏津逮秘书初印本、剜改本,而晚清李道平作疏,虽以周氏枕经楼十七卷本为据,但又还十卷本之旧。相反,自嘉靖聚乐堂本问世以后,十七卷本始大行于世,不仅汲古阁毛本作十七卷,雅雨堂本、四库全书本、照旷阁学津讨原本、周氏枕经楼本、古经解汇函本、丛书集成初编本均作十七卷。张金吾爱日精庐藏书志云:"自宋以来止有十卷,无十七卷,可知也。毛氏既析十卷为十七卷,以合唐志之文,又改自序中一十卷为一十八卷,以合附录略例一卷之数,而宋以来之卷次遂不可复识矣。"其实,最早变乱者非毛氏汲古阁重刻本,而是朱氏聚乐堂本。张氏说法来源于四库馆臣,实由于当日见闻不广,未睹聚乐堂本之过。或仅见朱本之序而未及检阅全书,故不免以讹传讹。朱刻聚乐堂本序云十卷,实则十七卷,末附有王氏略例。而朱氏万卷堂书目著录为十卷,而授经图则著录为十七卷。可以肯定,改十卷为十七卷者当为朱氏,而非毛氏,毛本不过是踵武朱刻而已。至于翁方纲、黄以周对新唐志十七卷之说解,虽亦有理,但本书首尾俱足,似不可过分拘泥。

（二）周易集解的内容

在经传的编排上，周易集解沿袭了王弼周易注及唐代官修周易正义的传统，而在具体解经方式上却取法何晏论语集解集众说以解经的传统。

就后者而言，所谓"集解"，即集合众家解说成一家之言。此种注释体式汇聚众人之说以成书，使读者览一书而窥全豹，省翻检搜讨之劳，得事半功倍之效。但也由于此，往往集解体一出，原作即散佚，而集解体书往往就成为保存先贤资料的武库。因此，理想的集解体著作，往往也是经说创作权的保护者。其实，在易学史上，最早采用此种集解体的并非李鼎祚。隋志周易类有周易马郑二王四家集解、周易荀爽九家注、周易杨氏集二王注、张璠周易集解。由题名可知，此四种盖均集解体易著。前三种早已不传，其详情不可得知。而张璠周易集解虽久不传，但从只言片语尚可见其一斑。张氏序云"蜂蜜以兼采为味"，而释文云其集二十二家，而七录则云二十八家，故今人称"其扶幽阐微，继往存绝之意，良可感人"（黄庆萱魏晋南北朝易学书考佚）。

李氏周易集解继承了集解体经书的传统，其在易学史上的地位与价值也由此而奠定。荟萃群言、折衷求和为其学术重要特点，而非如王弼周易注之戛戛独造，树立新帜。

李氏此书，值得称道之处有三：

第一，所选人物多，时代跨度大。

李鼎祚编纂周易集解，以汇集各家易说为主，其收集之富,可谓前无古人。其自序称:"集虞翻、荀爽三十余家。"中兴书目则列举出子夏、孟喜、京房、马融、荀爽、郑玄、刘表、何晏、宋衷、虞翻、陆绩、干宝、王肃、王弼、姚信、王廙、张璠、向秀、王凯冲、侯果、蜀才、翟玄、韩康伯、刘瓛、何妥、崔憬、沈骥士、卢氏、崔觐、孔颖达三十家及九家易、乾凿度两种,郡斋读书志与此同。明朱睦㮮序又增伏曼容、焦赣二家。清朱彝尊经义考在中兴书目基础上考出伏曼容、姚规、朱仰之、蔡景君四家,在其李氏周易集解跋中又列出张伦一家(按:全书实无此人)。今人潘雨廷考出孔安国、延叔坚(延笃)两家,刘玉建考出易轨一种。去除重复,含李氏在内,共计三十八家,并三种易作。在李氏之前,荀爽九家易集注收九家,包括荀氏亦十家而已。张璠同名著作周易集解,或云二十二家,或云二十八家,不及李氏集解远甚。而据隋志记载,梁有侍中朱异集注周易一百卷、周易集注三十卷,均亡逸,无从知其所收经说多寡及经生之数。故李氏之作,是现存宋代之前收录易家易说最多之作。而周易集解所收三十八家及三种易作,最早的当属相传为孔子弟子的子夏,而崔憬、侯果、孔颖达都属唐人,可见,其采择时代跨度之大,几乎囊括了李氏之前而无遗漏。在取材上,也体现出不薄古人爱今人的兼容并蓄的学术气度。

第二,集腋成裘,杂而不越。

李鼎祚周易集解在编纂上明显倾向于何晏论语集解,虽集众说为主,但亦间下己见。全书共集易注二千七百余节,而李氏案语仅一百零八节,约占总数的百分之四略强。由此可见,李氏周易集解集腋成裘、荟萃群言的特点。但是,李氏也并非盲目地收集易说,不加拣别而一概阑入,使整部著作群言淆乱,莫衷一是。事实上,针对部分经传解释存在的相异说解,只要言之成理,能够自圆其说,李氏往往兼收并蓄,不参己见。故汉晋易家之卦气说、消息说、爻辰说、升降说、纳甲说均存乎其中,其于明易则一也。而于诸说言之未尽、言之未详、言之违忤者,则引之、伸之、辨之,务使众说同条共贯,不相逾越。

第三,象数为主,不废人事。

李氏序云:"易之为道,岂偏滞于天人者哉?"天指天象,人指人事。李氏之前,两晋南北朝世所流行的郑、王两家易注,各有所偏,难以兼济。在李氏看来,天象难明,人事易知,易学之难处正在于阐明天象,开示来者,故周易集解之编纂,就以明象为第一要务。这也是李氏治易的途径和策略。李氏既已确定明象的宗旨,故其选材自然就以象数易学为主,王、韩偏于人事,自非其关注重点。李氏之前,两晋南北朝流行的象数易学主要是郑玄一派,所谓"郑则多参天象"。但在李氏看来,郑氏究非象数大宗,脱略甚多,故其周易集解"集虞翻、荀爽三十余家,刊辅嗣之野文,补康成之逸象,各列名义,共契玄宗",所录易注虽以虞翻、荀爽为最多,而虞氏一家近一千三百节,几占一半,而荀氏三百余节,约占十分之一强,而所引魏晋南北朝占主流地位的郑玄易注不过区区五十一节,不足百分之二。两相比较,可以看出李鼎祚周易集解编纂上以象数为主的特点以及在象数易学中以虞氏、荀氏为宗的取向。但是,我们应该明白,李氏编纂周易集解,是在唐代官修周易正义已然笼罩学界的背景下完成的。在王、韩、孔义理易学挟官方之力量主导学术的时代,李鼎祚坚持己见,以为天道、人事不可偏废,因时代需要,积极倡导以郑玄为代表的象数易学,振绝学于既坠,挽狂澜于既倒,确实难能可贵。李鼎祚之所以编纂周易集解,实为纠正官修周易正义偏重王、韩义理易学而发,故于义理易学所选甚少,这并不意味着他忽视义理易学,相反,从其有限的选择和精当的按语中,我们可以看到其对义理易学的关注与重视。其"易之为道,岂偏滞于天人者哉"的言论,无疑是其易学宗尚和旨趣的宣言。在此意义上,我们绝不能把李氏及其著作归到偏于象数易学一派中去。

总之,在易学史上,李鼎祚周易集解远承虞翻、荀爽汉晋象数易学之大宗,近演王弼、韩康伯、孔颖达义理易学之端绪,"擘肌分理,惟务折衷",以私人著述而与官修之周易正义并驾齐驱,为唐代易学之双璧。其学术地位与价值无可替代。

(三)周易集解的版本流传

周易集解成书后,流传不广。目前所知,其最早刊本当属北宋庆历年间计用章本。晁公武郡斋读书志著录李氏集解十卷,尤袤遂初堂书目著录唐李鼎祚易解,当即此本。至南宋时,已极为稀见。于是,乾道二年(一一六六),鲜于侃守资州,斥学粮之余镂板,重刻是书。四十七年后,即嘉定五年(一二一二),鲜于侃之子鲜于申之以为"板复荒老,且字小,不便于览者",又以大字刻之漕司,故此本又称"嘉定大字本"。宋本之传于世者世所罕觏。嘉定大字本,原为毛晋旧藏,后归季振宜,然后进入内府,原藏于普鲁士国家博物馆,为十卷足帙,现藏于波兰克拉克夫雅盖隆大学雅盖隆图书馆,然仅存三卷。而明清叠经汲古阁、黄丕烈、陈鳣、张金吾、陆心源等收藏的影宋抄本,亦乃据嘉定大字本影写。毛扆汲古阁珍藏秘本书目首列周易集解十卷,宋版影抄。陈鳣宋本周易集解跋云:"(影写者)用明时户口册籍纸,上有'嘉靖五年'等字,既薄且坚,反面印格,摹写工整绝伦,纤毫无误。前有'毛褎字华伯号质庵'印,褎即毛晋之长子,知为汲古阁藏书,装潢极精,以墨笺为而背,藏经纸作籤,殆所谓'宣绫包角藏经笺'也。凡十册,每册黏籤,遒是旧题。考毛扆斧季汲古阁秘书目,以此居首。""周易集解十卷,影宋写本。……今所行十七卷本作'周易集解',下云'唐资州李鼎祚辑',非其旧也。前列易传序,偶'秘书省著作郎臣李鼎祚序'。次载晁公武书,又次李焘书,又次鲜于侃书,又次侃子申之书,末附易传略例,后载计用章序。每叶十六行,行十八字。自乾、坤二卦以外,卦爻下俱列某宫某月二世等字,作三行。凡遇贞、恒等字俱缺笔。"然此影抄宋本后亦不知所踪。

明清两代,是书之刊刻不断。现见于文献记载者,最早为明宗室朱睦㮮。朱氏于易初主王弼,后复取郑玄,谓郑学莫备于唐李鼎祚,刻其集解以传。嘉靖三十六年(一五五七)刊刻聚乐堂本(以下简称朱本),书名"周易集解",前有嘉靖丁巳冬刻书序及上海潘恩序,半叶八行,行十八字,注皆低一格大书,白口,四周双边,版心上方有"聚乐堂"三字,中缝题作"周易集解"。今中国国家图书馆藏有此本,收入北京图书馆古籍珍本丛刊加以影印。朱本自谓出自宋嘉定大字本,其卷数与行款并不与嘉定本相同。自序言十卷,而实十七卷,后犹附王弼略例。今校残存三卷,文字几与朱本全同,知朱本所言不诬。

明万历三十一年(一六〇三),沈士龙、胡震亨、孙百里辑刻秘册汇函,亦收有李鼎祚周易集解(以下简称胡本)。所据者乃赵清常传抄本,出自焦竑藏本,辗转传抄,错讹较多。后由于丛书未成而毁于火,而残板归毛晋,周易集解书板亦在。毛晋增秘册汇函为津逮秘书,而秘册汇函未烧者自然由毛氏原版重刊,周易集解也在其中。但毛氏初刊津逮秘书本周易集解,虽用胡氏原版,但却略有改动,于每卷卷首次行原题“明武原胡震亨”下增补“海虞毛晋同校”六字,其承袭之迹宛然可见。后来,毛氏径直抹去胡氏姓名,于版心径题汲古阁字样,是为毛氏再刊本。以上三种版本,卷首为删节李鼎祚序“自卜商之后”至“以贻同好”,次为晁公武郡斋读书志周易集解解题,解题后附胡震亨辨正及胡氏李氏易解附郑康成注序,卷后有计用章后序、沈士龙跋,但无略例及鲜于侁与申之两序,均半叶九行,行十八字,版心鱼尾上方空白,鱼尾下作“易解卷某”,卷首首行作“易传卷第一”,十卷。不同者,唯版心鱼尾下字样及卷首次行题字。秘册汇函本次行题“绣水沈士龙、武原胡震亨”,津逮秘书初刻本次行题“明武原胡震亨、海虞毛晋同校”,而剜改本于鱼尾下“易解卷某”下方标“汲古阁”三字,次行题“唐李鼎祚撰”。另外,秘册汇函还附有补郑康成易注一卷。陆心源以胡本校影宋本,发现错讹之处颇多,称胡本“虽分卷与自序合,夺误最多”,如卷一“用九,见群龙无首,吉也”,

胡本作"用九,天德不可为首也","此外,句之脱落、字之讹谬,更难枚举"。可能是毛氏发现了秘册汇函并非善本,故又重加刊刻,行款、分卷、内容均与前三种大异(此本以下简称毛本),半叶九行,行十九字,版心鱼尾上方作"周易集解",鱼尾下写卷数,最下方标"汲古阁",卷首首行题"周易集解卷第一",次行题"唐资州李鼎祚辑",十七卷,其后附陆德明易释文一卷、王弼周易略例一卷。四库馆臣云:"震亨初刻所藏古笈为秘册汇函,凡版心书名在鱼尾下用宋本旧式者,皆震亨之旧。书名在鱼尾上,而下刻汲古阁字者,皆晋所增也。"其实,四库馆臣所云仍不完全,忽略了毛氏剜改胡氏原版有两种汲古阁本的事实。今细检后出之汲古阁毛本,可以看出其与朱本系同一系统,或同出一宋本,或毛本即据朱本而来,卷首均有李鼎祚原序及朱睦㮮序,可以说明毛本与朱本的关系。但毛氏藏有嘉定大字本,尚有影抄宋嘉定大字本,为何不径据宋刻或影宋抄本刊刻,却转资于明聚乐堂朱本,匪夷所思。抑或宋刻或影宋抄本之得在刻书之后乎?

其后,毛氏津逮秘书之版又归海盐张海鹏。嘉庆十年(一八〇五),张氏照旷阁刊学津讨原本周易集解(以下简称张本),跋称:"余初就汲古本校梓,继得兰陵孙观察本,又心葵吴君处假雅雨堂卢氏本,互为参订。"据此,张本虽以汲古阁毛本为基础,但又以孙氏集解及雅雨堂本校勘。以此之故,今日所见学津讨原本与雅雨堂卢本相去不远,而非复毛本之旧。而同治十二年(一八七三),粤东书局刊古经解汇函本,书名题"昭文张氏学津讨原本,用德州卢氏雅雨堂本校补",可谓屋上架屋矣。

　　清乾隆二十一年（一七五六），著名刻书家卢见曾邀请汉学名家惠栋董理此书，成雅雨堂本（以下简称卢本），作十七卷，名"李氏易传"。"卢氏雅雨堂刻本为惠定宇臆改百六十余处，与宋本校对，时多乖违"（陈鳣经籍跋文宋本周易集解跋）。"而其校刊雅雨堂李鼎祚周易集解与自著周易述，其改字多有似是而非者。盖经典相沿已久之本，无庸突为擅易，况师说之不同，他书之引用未便据以改久沿之本也，但当录其说于考证而已"（阮元揅经室集）。雅雨堂卢本流传颇广，自此本出，周易集解的刊刻，如张海鹏学津讨原本、木渎周氏枕经楼本，无不受其影响。即或乾隆朝官修四库全书本周易集解（以下简称四库本），虽源出自汲古阁毛本，但据卢本改字之迹彰彰在焉。

　　而在明清诸刻中，最受后人推崇的当属嘉庆二十三年（一八一八）吴县木渎周孝垓校刊的周氏枕经楼本（以下简称周本）。此本于书名页题"嘉庆戊寅五月木渎周氏刊行"，卷首末行题"姑苏喜墨斋张遇尧局镌"，书末则题"吴县周孝垓平叔氏校刊"，故或称木渎周氏刻本，或称周氏枕经楼本，或称姑苏喜墨斋刻本，其实一本而三名。此本虽脱胎于卢本，但又不完全遵从卢本，对其失误多所改动，故李道平谓其"据儒先论定，多所改正，较诸本为完善"，故其纂疏即以此为据。但周本毕竟源自卢本，故其用字上沿袭了卢本辄改之风。周本之后，又有仁和叶氏重刻周本。

　　除此之外，嘉庆三年（一七八八）孙氏岱南阁刊巾箱本十卷，每条先列李氏集解，后列王弼注，又自采汉儒易说附于后，补李氏所不及，可谓李氏集解的另一种版本存在形态。

此次整理，以现存最早之足本聚乐堂朱本为底本，以秘册汇函胡本、汲古阁毛本、雅雨堂卢本、文渊阁四库本及枕经楼周本为校本。朱本原序多字残泐，今据毛本补，而潘恩序全无，今亦据补。张本虽出自毛本，又以卢本校勘过，本次亦作为参校本。而王弼之略例，依李氏自序本附书后，朱本、毛本犹遵李氏，而清代诸刻本则多付之阙如，今一仍朱本之旧，同时用毛本及宋刻周易正义本校勘。又由于周易集解在明、清校勘研究者甚多，比较著名者有何楷、陆心源、惠栋、陈鳣、张惠言、阮元、孙星衍、李道平、李富孙、曹元弼，今尽可能吸收其校勘研究成果，并以陆校、陈校、阮校、曹校等，或古周易订补、周易述、周易虞氏义、纂疏、孙氏集解的方式出之，以示对先贤之尊重。而李道平纂疏以周本为据，亦间有改动，凡与周本相同者，只标周本，而改动周本之处，则另出校。

最后，由于周易在长期流传过程中，经文已形成固定的文本形态，而唐代问世的集解则因袭了汉唐易注的若干用字习惯，所以造成经注之间的抵牾。就古籍而言，经文无疑是第一层次的，而注仅仅是经文的附属品，属于第二层次。但是就古籍整理而言，正好相反，经文的文字与句读其实都是由注文决定的，否则，表面上放之四海而皆准，实际上却违背了古籍的时代属性，造成对文献历史性的阉割与破坏。故此次整理，尽量遵从经注一致的原则，由注文来决定经文的文字与句读。凡底本正确、校本讹误者不出校。常见之异体字、通假字、古今字尽量不出校，但牵涉经注一致原则，则亦出校说明。无关文意的虚词,如于、乎、矣、焉等,概不出校。底本与校本两通者亦出校。凡五种校本相同者,统称诸本。其余与底本相异而不误者,逐一列出校本。另外,宋本自乾、坤二卦以外,卦爻下俱列某宫某月某世等字,作三行,胡本以及毛氏重印、剜改秘册汇函本亦有,今十七卷本之朱本、毛本、卢本、四库本、周本、张本皆无,今据补入。

王丰先

潘恭定公序

此唐李氏鼎祚所辑易解，刻之者我明宗室西亭氏也。六经之道大矣，而易之为原。自古庖牺氏之王天下，始画八卦，重之为六十四。周文王作卦辞，公旦作爻辞，孔子系之以十翼，所以阐阴阳之秘、发天地之房者，斯其至哉。语有之，“乾坤毁则无以见易”，言易与天地相始终也。自卜商以后，传注百家，惟王、郑为众所宗，颇行于代。

李氏谓：“郑则多参天象，王乃全释人事。易之为道，岂偏滞于天人哉？于是采摭遗言，历汉迄唐，集虞翻、荀爽三十余家，刊辅嗣之野文，补康成之逸象。”其用意勤矣。夫二气运行，彰往察来，莫赜于天道，而八象备之。消息盈虚，其数不可略也。贞悔相因，杂物撰德，莫辨于人事，而六位穷之。乘承失得，其理不可遗也。故曰：易也者，天人之间者也。孰或合之，而孰或离之。李之宗郑斥王，过矣。

迨及有宋，儒道彰明，若正叔程氏之易传，晦庵朱子之本义，皆渊源王学，而二书沛然大行于时，近世因之，立于学官。凡师之所以教、弟子所肄习者，独宗朱子。是故童幼而颛一艺，白首而或未能言。盖安于所习，毁所不见，卒以自蔽，此学者之通患也。

儒先有言："隋唐以前，易家诸书逸不复传，赖李氏此书犹见其一二。"然则是编何可废哉？西亭氏者，负陈思之轶才，慕河间之大雅，词翰踔绝，跻古作者之途，迩年好易，潜心韦编，遂以所得宋本募善工刻之，以广传布，讵不谓知本者耶？今夫昆仑之水，其发源也潢漾无垠，演而为河流，汇而为沧海，至于海，而水之观尽矣。羲文周孔之易，辟则昆仑之源也。李氏之集解，辟则河之众流也。程朱之传义，辟则海之会归也。是故由集解而溯四圣之微言，则其端倪可测矣。由集解而征程朱之著述，则其脉络益明矣。传云："先王之祭川，先河而后海。或原或委，之谓务本。"然则是编之刻，其先河之义也。

夫刻既完，授余读之，且属余序。余遂诠次其略，俾后之览者有所考焉。

按：资州有李鼎祚读书台，见袁桷清容居士集。易集解所采，中兴书目止列三十家，此外尚有伏曼容、姚规、朱仰之及彭城蔡景君说。

周易集解序

　　予观唐艺文志称李鼎祚集注周易十七卷,据鼎祚自序云十卷,而首尾俱全,初无亡失,不知唐史何所据而云"十七卷"也。崇文总目及邯郸图书志亦称七篇逸,盖承唐史之误耳。

　　鼎祚解经多避唐讳,又取序卦冠于各卦之首,所引有子夏、孟喜、焦贡、京房、马融、荀爽、郑玄、刘表、何晏、宋衷、虞翻、陆绩、干宝、王肃、王弼、姚信、王廙、张璠、向秀、王凯冲、侯果、蜀才、翟玄、韩康伯、刘巘、何妥、崔憬、沈骥士、卢氏、案:卢氏周易注,隋志已佚其名。崔憬、伏曼容、孔颖达凡三十二家,又引九家易、乾凿度诸说,义有未详,鼎祚乃加增削。予尝综其义例,盖宗郑学者也。

　　自商瞿之后,注易者百家,而郑氏玄、王氏弼为最显。郑之学主象数,王之学主名理,汉晋以来,二氏学并立。至刘宋初,颜延之为祭酒,黜郑置王。时陆澄、王济辈皆以为不可。自是河、汾诸儒多主于郑,江左及青、齐多主于王。唐兴,孔颖达受诏撰定五经正义,于易独取王传,而郑学遂废。先代专门之业,亦复不传,可胜叹哉!

　　夫易有圣人之道四焉,世之言理义之学者,以其辞耳,象、变与占其可阙乎？昔吴季札之鲁，观乐，见易象，喜曰："周礼尽在鲁矣。"是故，象者，易之原也。象成而后有辞，辞著而后有变，变见而后有占。若乃颛尚文辞，不复推原大传，天人之道歧而为二，可乎？康成去古未远，其所纂述，必有所本。鼎祚恐其失坠，以广其说，均之为有裨于易者也。

是编刻自宋季，人间希有存者。顷岁，予得之李中麓氏，复用梓校〔一〕以传，欲使圣人之道不致偏滞，而自汉迄唐三十家之言，亦不至埃灭弗闻也。

鼎祚，资州人，仕唐为秘阁学士，以经学称于时。尝进平戎论，预察戎人叛亡日时，无毫发爽，象数精深盖如此。及阅唐列传与蜀志，俱不见其人，岂遗之耶？抑别有所载耶？因附论著于此，以俟博雅者考焉。

嘉靖丁巳冬十二月望日，后学汴上睦㮮序。

〔一〕"梓校"，四库本倒。

周易集解原序

叙曰：

元气氤氲，三才成象；神功浃洽，八索成形。在天则日月运行，润之以风雨；在地则山泽通气，鼓之以雷霆。至若近取诸身，四支百体合其度；远取诸物，森罗万象备其工。“阴阳不测之谓神”，“一阴一阳之谓道”；“范围天地而不过，曲成万物而不遗”；“仁者见之以为仁，智者见之以为智”；“百姓日用而不知”，“君子之道鲜矣”，斯乃“显诸仁而藏诸用”，“神无方而易无体”，巍巍荡荡，难可名焉。

逮乎天尊地卑，君臣位列；五运相继，父子道彰。震巽索而男女分，咸恒设而夫妇睦，人伦之义既阐，家国之教郁兴。故系辞云：“古者<u>庖牺氏</u>王天下也，始画八卦，以通神明之德，以类万物之情，作结绳而为罔罟，以佃以渔，盖取诸离。<u>庖牺氏</u>没，<u>神农氏</u>作，斫木为耜，揉木为耒，耒耨之利，以教天下，盖取诸益。日中为市，致天下之人[一]，聚天下之货，交易而退，盖

〔一〕曹校云：改“民”为“人”，避<u>唐</u>讳。下“世”改“代”、“治”改“理”同。今按：以上三字诸本或回改或不回改，今仍底本。下同，不再出校。

取诸噬嗑。神农氏殁[一]，黄帝、尧、舜氏作，通其变，使人不倦；神其化，使人宜之。刳木为舟，剡木为楫，舟楫之利，以济不通，盖取诸涣。服牛乘马，引重致远，盖取诸随。古者穴居而野处，后代圣人易之以宫室，盖取诸大壮。弦木为弧，剡木为矢，弧矢之利，以威天下，盖取诸睽。上古结绳为政，后代易之书契，百官以理，万人以察，盖取诸夬。"故"圣人见天下之赜，而拟诸形容，象其物宜"，而"观其会通，以行其典礼"，触类而长之，六十四卦，三百八十四爻，天下之能事毕矣。其旨远，其辞文，其言曲而中，其事肆而隐。

若夫"杂物撰德，辩是与非"，"终日乾乾，夕惕若厉"，"无有师保，如临父母"，"自天祐之，吉无不利"者也。至于"损以远害，说以先之"，"定其交而后求，安其身而后动"，"履和而至，谦尊而光"，"能说诸心，能研诸虑"，是故"君子居则观其象而玩其辞，动则观其变而玩其占"，"蓍之德圆而神，卦之德方以智"，"探赜索隐，钩深致远"，"定天下之吉凶，成天下之亹亹，莫善乎蓍龟。神以知来，智以藏往，将有为也，问之以言，其受命也，应之如响"，"无有远迩幽深，遂知来物"，"故能穷理尽性，利用安身"。"圣人以此洗心，退藏于密"，自然"虚室生白，吉祥至止"，坐忘遗照，精义入神。口僻焉不能言，心困焉不能知，微妙玄通，深不可识。易有圣人之道四焉，斯之谓矣。

原夫权舆三教，钤键九流，实开国承家修身之正术也。自卜商入室，亲授微言，传注百家，绵历千古。虽竞有穿凿，犹未

〔一〕"殁"，毛本、卢本、周本作"没"，义同。下同，不再出校。

测渊深。唯王、郑相沿，颇行于代。郑则多参天象，王乃全释人事，且易之为道，岂偏滞于天人者哉？致使后学之徒，纷然淆乱，各修局见，莫辩源流。天象远而难寻，人事近而易习，则折杨黄华，嗑然而笑。方以类聚，其在兹乎？

　　臣少慕玄风，游心坟籍，历观炎汉，迄今巨唐，采群贤之遗言，议三圣之幽赜，集虞翻、荀爽三十余家，刊辅嗣之野文，补康成之逸象，各列名义，共契玄宗。先儒有所未详〔一〕，然后辄加添削，每至章句，金例发挥。俾童蒙之流，一览而悟；达观之士，得意忘言。当仁既不让于师，论道岂惭于前哲？至如卦爻象象，理涉重玄；经注文言，书之不尽，别撰索隐，错综根萌，音义两存，详之明矣。其王氏略例，得失相参，"采葑采菲，无以下体"，仍附经末，式广未闻。凡成一十〔二〕八卷，以贻同好。冀将来君子，无所疑焉。

　　秘书省著作郎臣李鼎祚序。

―――――――――

〔一〕"详"，原作"误"，今据毛本、卢本、四库本、周本改。
〔二〕"十"，原阙，今据毛本、卢本、四库本、周本补。

周易集解卷第一

乾 [一]

☰ 乾下乾上 乾：元、亨、利、贞。

案：说卦："乾，健也。"言天之体，以健为用，运行不息，应化无穷。故圣人则之，欲使人法天之用，不法天之体，故名乾不名天也。子夏传曰："元，始也。亨，通也。利，和也。贞，正也。"言乾禀纯阳之性，故能"首出庶物"，各得元始、开通、和谐、贞固，不失其宜。是以君子法乾而行四德，故曰"元、亨、利、贞"矣。

初九：潜龙勿用。

崔憬曰："九者，老阳之数，动之所占，故阳称焉。潜，隐也。龙下隐地，潜德不彰，是以君子韬光待时，未成其行，故曰'勿用'。子夏传曰：'龙，所以象阳也。'"○马融曰："物莫大于龙，故借龙以喻天之阳气也。初九，建子之月，阳气始动于黄泉，既未萌牙，犹是潜伏，故曰'潜龙'也。"○沈骥士曰："称龙者，假象也。天地之气有升降，君子之道有行藏。龙之为物，能飞能潜，故借龙比君子之德也。初九既尚潜伏，故言'勿用'。"○干宝曰："位始故称初，

〔一〕此题原无，为便阅读，补。后同。

阳重故称九。阳在初九,十一月之时,自复来也。初九,甲子,天正之位,而乾元所始也。阳处三泉之下,圣德在愚俗之中,此<u>文王</u>在<u>羑里</u>之爻也。虽有圣明之德,未被时用,故曰‘勿用’。”

九二:见龙在田,利见大人。

<u>王弼</u>曰:“出潜离隐,故曰‘见龙’。处于地上,故曰‘在田’。德施周普,居中不偏,虽非君位,君之德也。初则不彰,三则‘乾乾’,四则‘或跃’,上则过亢,‘利见大人’,唯二、五焉。”○<u>郑玄</u>曰:“二于三才为地道,地上即田,故称‘田’也。”○<u>干宝</u>曰:“阳在九二,十二月之时,自临来也。二为地上田,在地之表而有人功者也。阳气将施,圣人将显,此<u>文王</u>免于<u>羑里</u>之日也。故曰‘利见大人’。”

九三〔一〕:君子终日乾乾,夕惕若厉,无咎。

<u>郑玄</u>曰:“三于三才为人道,有乾德而在人道,君子之象。”○<u>虞翻</u>曰:“谓阳息至三,二变成离,离为日,坤为夕。”○<u>荀爽</u>曰:“日以喻君,谓三居下体之终,而为之君,承乾行乾,故曰‘乾乾’。‘夕惕’〔二〕以喻臣,谓三臣于五,则疾修柔顺,危去阳〔三〕行,故曰‘无咎’。”○<u>干宝</u>曰:“爻以气表,繇以龙〔四〕兴,嫌其不关人事,故著‘君子’焉。阳在九三,正月之时,自泰来也。阳气始出地上,而接动物,人为灵,故以人事成天地之功者,在于此爻焉。故君子以之忧深思远,朝夕匪懈,仰忧嘉会之不序,俯惧義和之不逮,反复

〔一〕“三”,原阙,今据诸本及上下文补。
〔二〕“惕”,<u>曹</u>校以为衍字,当是。
〔三〕“阳”,<u>胡</u>本、<u>毛</u>本、<u>张</u>本作“惕”,义长。
〔四〕“龙”,原阙,今据诸本补。

天道,谋始反终,故曰'终日乾乾'。此盖<u>文王</u>反国,大厘其政之日也。凡'无咎'者,忧中之喜,'善补过者也'。<u>文</u>恨早耀文明之德,以蒙大难,增修柔顺,以怀多福,故曰'无咎'矣。"

九四:或跃在渊,无咎。

<u>崔憬</u>曰:"言君子进德修业,欲及于时。犹龙自试跃天,疑而处渊,上下进退非邪,离群,故'无咎'。"○<u>干宝</u>曰:"阳气在四,二月之时,自大壮来也。四,虚中也。跃者,暂起之言。既不安于地,而未能飞于天也。四以初为应,渊谓初九,甲子,龙之所由升也。'或'之者,疑之也。此<u>武王</u>举兵,<u>孟津</u>观衅而退之爻也。守柔顺,则逆天人之应;通权道,则违经常之教。故圣人不得已而为之,故其辞疑矣。"

九五:飞龙在天,利见大人。

<u>郑玄</u>曰:"五于三才为天道。天者清明无形而龙在焉,飞之象也。"○<u>虞翻</u>曰:"谓四已变,则五体离,离为飞,五在天,故'飞龙在天,利见大人'也。谓若<u>庖牺</u>观象于天,造作八卦,备物致用,以利天下,故曰'飞龙在天',天下之所利见也。"○<u>干宝</u>曰:"阳在九五,三月之时,自夬来也。五在天位,故曰'飞龙'[一]。此<u>武王</u>克<u>纣</u>正位之爻也。圣功既就,万物既睹,故曰'利见大人'矣。"

上九:亢龙有悔。

<u>王肃</u>曰:"穷高曰亢,知进忘退,故'悔'也。"○<u>干宝</u>曰:"阳在上九,四月之时也。亢,过也。乾体既备,上位既终,天之鼓物,寒暑相报;圣人治世,威德相济;武功既成,义[二]在止戈,盈而不反,必

〔一〕"飞龙",原作"龙飞",今据诸本及曹校乙。
〔二〕"义"字,原脱,今据毛本、卢本、四库本、周本及曹校补。

陷于悔。"　　案:以人事明之,若桀放于南巢,汤有惭德,斯类是也。

用九:见群龙无首,吉。

刘瓛曰:"总六爻纯九[一]之义,故曰'用九'也。"○王弼曰:"九,天之德也。能用天德,乃见群龙之义焉。夫以刚健而居人之首,则物之所不与也。以柔顺而为不正,则佞邪之道也。故乾吉在'无首',坤利在'永贞'矣。"

彖曰:

刘瓛曰:"彖者,断也,断一卦之才也。"

"大哉乾元,

九家易曰:"阳称大,六爻纯阳,故曰'大'。乾者纯阳,众卦所生,天之象也。观乾之始,以知天德,惟天为大,惟乾则之,故曰'大哉'。元者,气之始也。"

万物资始,

荀爽曰:"谓分为六十四卦万一千五百二十册[二],皆受始于乾也。册取始于乾,犹万物之生禀[三]于天。"

乃统天。

九家易曰:"乾之为德,乃统继天道,与天合化也。"

云行雨施,品物流形。

虞翻曰:"已成既济,上坎为云,下坎为雨,故'云行雨施'。乾以云雨流坤之形,万物化成,故曰'品物流形'也。"

〔一〕"九",胡本、周本作"阳"。
〔二〕"册",胡本作"策",毛本作"筴"。下同,不再出校。三字为异体字。
〔三〕"禀",卢本、周本作"本",义通。

大明终始，

> 荀爽曰："乾起坎而终于离，坤起于离而终于坎，离坎者，乾坤之家，而阴阳之府，故曰'大明终始'也。"

六位时成，

> 荀爽曰："六爻随时而成乾。"

时乘六龙以御天也。

> 侯果曰："大明，日也。六位，天地四时也，六爻效彼而作也。大明以昼夜为终始，六位以相竭为时成，言乾乘六气而陶冶变化，运四时而统御天也[一]，故曰'时乘六龙以御天也'。故乾凿度曰'日月终始万物'，是其义也。"

乾道变化，各正性命。保合大和，乃利贞。首出庶物，万国咸宁。"

> 刘瓛曰："阳气为万物之所始，故曰'首出庶物'。立君而天下皆宁，故曰'万国咸宁'也。"

象曰：

> 案：象者，像也，取其法象卦爻之德。

"天行健，

> 何妥曰："天体不健，能行之德健也。犹如地体不顺，承弱之势顺也。所以乾卦独变名为健者。宋衷曰：'昼夜不懈，以健详其名，余卦各当名，不假于详矣。'"

君子以自强不息。

> 虞翻曰："君子谓三，乾健故强。天一日一夜过周一度，故'自强

〔一〕"也"，张本、周本作"地"，义逊。

不息’。老子曰:‘自胜者强。’”○于宝曰:“言君子,通之于贤也。凡勉强以〔一〕德,不必须在位也。故尧舜一日万机,文王日昃不暇食,仲尼终夜不寝,颜子欲罢不能,自此以下,莫敢淫心舍力,故曰‘自强不息’矣。”

‘潜龙勿用’,阳在下也。

荀爽曰:“气微位卑,虽有阳德,潜藏在下,故曰‘勿用’也。”

‘见龙在田’,德施普也。

荀爽曰:“见者,见居其位。田谓坤也。二当升坤五,故曰‘见龙在田’。大人谓天子,见据尊位,临长群阴,德施于下,故曰‘德施普也’。”

‘终日乾乾’,反复道也。

虞翻曰:“至三体复,故‘反复道’,谓‘否、泰反其类也’。”

‘或跃在渊’,进无咎也。

荀爽曰:“乾者君卦,四者阴位,故上跃居五者,欲下居坤初,求阳之正。地下称渊也。阳道乐进,故曰‘进无咎也’。”

‘飞龙在天’,大人造也。

荀爽曰:“飞者,喻无所拘。天者首事造制,大人造法,见居天位,‘圣人作而万物睹’,是其义也。”

‘亢龙有悔’,盈不可久也。

九家易曰:“阳当居五,今乃居上,故曰‘盈’也。亢极失位,当下之坤三,故曰‘盈不可久’,若太上皇者也。下之坤三,屈为诸侯,故曰‘悔’者也。”

〔一〕“以”下,纂疏有“进”字。

用九,见群龙无首,吉[一]**。"**

> 宋衷曰:"用九,六位皆九,故曰'见群龙'。纯阳,则天德也。万物之始,莫能先之,不可为首,先之者凶,随之者吉,故曰'无首,吉'。"

文言曰:

> 刘瓛曰:"依文而言其理,故曰'文言'。"○姚信曰:"乾、坤为门户。文说乾、坤,六十二卦皆放焉。"

"元者,善之长也。

> 九家易曰:"乾者,君卦也。六爻皆当为君,始而大通,君德会合,故元为'善之长也'。"

亨者,嘉之会也。

> 九家易曰:"亨[二]者,谓阳合而为乾,众善相继,故曰'嘉之会也'。"

利者,义之和也。

> 荀爽曰:"阴阳相合,各得其宜,然后利矣。"

贞者,事之干也。

> 荀爽曰:"阴阳正而位当,则可以干举万事。"

君子体仁足以长人,

> 何妥曰:"此明圣人则天,合五常也。仁为木,木主春,故配元,为四德之首。'君子体仁',故有'长人'之义也。"

嘉会足以合礼,

> 何妥曰:"礼是交接会通之道,故以配亨。五礼有吉凶宾军嘉,故

〔一〕"见群龙无首,吉",毛本、卢本、四库本、周本、曹校及孙氏集解作"天德不可为首也"。

〔二〕"亨",原避唐肃宗讳作"通",今回改。下同,不再出校。

以嘉合于礼也。"

利物足以和义,

何妥曰:"利者,裁成也。君子体此利以利物,足以合于五常之义。"

贞固足以干事。

何妥曰:"贞,信也。君子坚〔一〕贞正,可以委任于事。故论语曰'敬事而信',故干事而配信也。"　　案:此释非也。夫"在天成象"者,"乾、元、亨、利、贞"也。言天运四时,以生成万物。"在地成形"者,仁、义、礼、智、信也。言君法五常,以教化于人。元为善长,故能体仁,仁主春生,东方木也;亨为嘉会,足以合礼,礼主夏养,南方火也;利为物宜,足以和义,义主秋成,西方金也;贞为事干,以配于智,智主冬藏,北方水也。故孔子曰"仁者乐山,智者乐水",则智之明证矣。不言信者,信主土而统属于君,故中孚云"信及豚鱼",是其义也。若"首出庶物"而"四时不忒"者,乾之象也。"厚德载物"而五行相生者,土之功也。土居中宫,分王四季,亦由人君无为皇极,而奄有天下。水火金木,非土不载;仁义礼智,非君不弘。信既统属于君,故先言乾而后不言信,明矣。

君子行此四德者,故曰:'乾,元、亨、利、贞。'

干宝曰:"夫纯阳,天之精气;四行,君之懿德。是故乾冠卦首,辞表篇目,明道义之门在于此矣,犹春秋之备五始也。故夫子留意焉。然则体仁正己,所以化物;观运知时,所以顺天;器〔二〕用随宜,所以利民;守正一业,所以定俗也。乱〔三〕则败礼,其教淫;逆

〔一〕曹校云:周本无"坚"字,或下脱"固"字。
〔二〕"器",原作"气",今据周本及曹校改。
〔三〕"乱"上,原衍"逾"字,今据胡本、周本及曹校删。

则拂时,其功否;错则妨用,其事废;忘则失正,其官败。四德者,
文王所由兴;四愆者,商纣所由亡。”

初九曰‘潜龙勿用’,何谓也?

何妥曰:“夫子假设疑问也。后五爻皆放此也。”

子曰:‘龙德而隐者也。

何妥曰:“此直答言圣人有隐显之龙德,今居初九穷下之地,隐而
不见,故云‘勿用’矣。”

不易乎世,

崔憬曰:“言据当潜之时,‘不易乎世’而行者,龙之德也。”

不成乎名〔一〕,

郑玄曰:“当隐之时,以从世俗,不自殊异,无所‘成名’也。”

遁世无闷,

崔憬曰:“道虽不行,达理无闷也。”

不见是而无闷。

崔憬曰:“世人虽不己是,而己知不违〔二〕道,故‘无闷’。”

乐则行之,忧则违之,

虞翻曰:“阳〔三〕出初震为乐、为行,故‘乐则行之’。坤死称忧,隐
在坤中,遁世无闷,故‘忧则违之’也。”

确乎其不可拔,潜龙也。’

虞翻曰:“确,刚貌也。乾刚潜初,坤乱于上,君子弗用,隐在下

〔一〕“不易乎世,不成乎名”,卢本、张本均作“不易世,不成名”。

〔二〕“违”,原作“达”,今据卢本、周本、四库本及曹校改。

〔三〕“阳”,原作“阴”,今据卢本、周本及曹校改。

位,确乎难拔,潜龙之志也。"

九二曰'见龙在田,利见大人',何谓也?子曰:'龙德而正中者也。

> 虞翻曰:"中,下之中,二非阳位,故明言能'正中'也。"

庸言之信,

> 荀爽曰:"处和应坤,故曰'信'。"

庸行之谨,

> 九家易曰:"以阳居阴位,故曰'谨'也。庸,常也。谓言常以信,行常以谨矣。"

闲邪存其诚,

> 宋衷曰:"闲,防也,防其邪而存〔一〕诚焉。二在非其位,故以'闲邪'言之。能处中和,故以'存诚'言之。"

善世而不伐,

> 九家易曰:"阳升居五,处中居上,始以美德利天下。不言所利,即是'不伐'。故老子曰'上德不德,是以有德',此之谓也。"

德博而化。

> 荀爽曰:"处五据坤,故'德博'。群阴顺从,故物化也。"

易曰"见龙在田,利见大人",君德也。'

> 虞翻曰:"阳始触阴,当升五为君,时舍于二,宜〔二〕利天下,直方而大,德无不利,明言'君德'。地数始二,故称'易曰'。"

九三曰'君子终日乾乾,夕惕若厉,无咎',何谓也?子

〔一〕"存"下,胡本、周本有"其"字。
〔二〕"宜",原作"宣",今据诸本、孙氏集解改。

曰:'君子进德修业,

> 虞翻曰:"乾为德,坤为业,以乾通坤,谓为'进德修业'。"○宋衷
> 曰:"业,事也。三为三公,君子处公位,所以'进德修业'也。"

忠信,所以进德也。

> 翟玄曰:"忠于五,所以修德也。"○崔憬曰:"推忠于人,以信待
> 物,故其德日新也。"

修辞立其诚,所以居业也。

> 荀爽曰:"修辞谓'终日乾乾',立诚谓'夕惕若厉',居业谓居三
> 也。"○翟玄曰:"居三修其教令,立其诚信,民敬而从之。"

知至至之,可与言〔一〕几也。

> 翟玄曰:"知五可至而至之,故可与行几微之事也。"

知终终之,可与存义也。

> 姚信曰:"知终者,可以知始。终〔二〕谓三也。义者,宜也。知存知
> 亡,君子之宜矣。"○崔憬曰:"君子,喻文王也。言文王进德修
> 业,所以贻厥武王,至于九五。至于九五,可与进修意合,故言
> '知至至之,可与言微也'。知天下归周,三分有二,以服事殷,终
> 于臣道。终于臣道,可与进修意合,故言'知终终之,可与存
> 义'。"

是故居上位而不骄,

> 虞翻曰:"天道三才,一乾而以至三乾成,故为'上'。'夕惕若
> 厉',故'不骄'也。"

〔一〕"言",胡本、毛本、四库本无此字。
〔二〕"终",原重,今据胡本、卢本、周本删。

在下位而不忧。

> 虞翻曰：“下位谓初，隐于初，‘忧则违之’，故‘不忧’。”

故乾乾因其时而惕，虽危无咎矣。’

> 王弼曰：“惕，怵惕也。处事之极，失时则废，懈怠则旷，故‘乾乾因其时而惕，虽危无咎’。”

九四曰‘或跃在渊，无咎’，何谓也？子曰：‘上下无常，非为邪也。

> 荀爽曰：“乾者君卦，四者臣位也，故欲进[一]跃居五。下者，当下居坤初，德[二]阳正位，故曰‘上下无常，非为邪也’。”

进退无恒，非离群也。

> 荀爽曰：“进谓居五，退谓居初[三]，故‘进退无恒，非离群也’。”

进[四]德修业，欲及时也，故无咎。’

> 崔憬曰：“至公欲及时济人，故‘无咎’也。”

九五曰‘飞龙在天，利见大人’，何谓也？子曰：‘同声相应，

> 虞翻曰：“谓震巽也。庖牺观变而放八卦，雷风相薄，故‘相应’也。”○张璠曰：“天者阳也，君者阳也。雷风者，天之声。号令者，君之声。明君与天地相应，合德同化，动静不违也。”

同气相求。

〔一〕“进”，卢本、周本作“上”。
〔二〕“德”，卢本、周本作“得”。
〔三〕“初”，原作“三”，今据卢本、周本及曹校改。
〔四〕“进”上，卢本、四库本、周本有“君子”二字。

虞翻曰："谓艮兑,山泽通气,故'相求'也。"○崔憬曰："方诸与月,同有阴气,相感则水生。阳燧与日,同有阳气,相感则火出也。"

水流湿,

荀爽曰："阳动之坤而为坎,坤者纯阴,故曰'湿'也。"

火就燥。

荀爽曰："阴动之乾而成离,乾者纯阳,故曰'燥'也。"○虞翻曰："离上而坎下,'水火不相射'。"○崔憬曰："决水先流湿,然火先就燥〔一〕。"

云从龙,

荀爽曰："龙喻王者,谓乾二之坤五为坎也。"○虞翻曰："乾为龙,云生天,故'从龙'也。"

风从虎。

荀爽曰："虎喻国君,谓坤五之〔二〕乾二为巽而从三也。三者,下体之君,故以喻国君。"○虞翻曰："坤为虎,风生地,故'从虎'也。"

圣人作而万物睹。

虞翻曰："睹,见也。圣人则庖牺,合德乾五,'造作八卦,以通神明之德,以类万物之情'。五动成离,日出照物,皆相见,故曰'圣人作而万物睹'也。"○陆绩曰："阳气至五,万物茂盛,故譬以圣人在天子之位,功成制作,万物咸见之矣。"

本乎天者亲上,

〔一〕此二句原作"决水先就燥",今据卢本、四库本、周本补。"然"字,皆阙,今据纂疏补。
〔二〕"五之",原倒,今据诸本及曹校乙。

荀爽曰:"谓乾九二,本出于乾,故曰'本乎天'。而居坤五,故曰'亲上'。"

本乎地者亲下,

荀爽曰:"谓坤六五,本出于坤,故曰'本乎地'。降居乾二,故曰'亲下'也。"○崔憬曰:"谓动物亲于天之动,植物亲于地之静。"

则各从其类也。'

虞翻曰:"'方以类聚,物以群分','乾道变化,各正性命','触类而长',故'各从其类'。"

上九曰'亢龙有悔',何谓也? 子曰:'贵而无位,

荀爽曰:"在上故'贵',失正〔一〕故'无位'。"

高而无民,

何妥曰:"既不处九五帝王之位,故'无民'也。夫'率土之滨,莫非王臣',既非王位,则民不隶属也。"

贤人在下位

荀爽曰:"谓上应三,三阳德正,故曰'贤人'。别体在下,故曰'在下位'。"

而无辅,

荀爽曰:"两〔二〕阳无应,故'无辅'。"

是以动而有悔也。'

荀爽曰:"升极当降,故'有悔'。"

'潜龙勿用',下也。

〔一〕"正",毛本、卢本、四库本作"位"。

〔二〕"两",原作"而",今据卢本、四库本、周本改。

何妥曰:"此第二章,以人事明之。当帝舜耕渔之日,卑贱处下,未为时用,故云'下'。"

'见龙在田',时舍也。

何妥曰:"此夫子洙泗之日,开张业艺,教授门徒,自非通舍,孰能如此。"○虞翻曰:"二非王位,时暂舍也。"

'终日乾乾',行事也。

何妥曰:"此当文王为西伯之时,处人臣之极,必须事上接下,故言'行事'也。"

'或跃在渊',自试也。

何妥曰:"欲进其道,犹复疑惑。此当武王观兵之日,欲以试观物情也。"

'飞龙在天',上治也。

何妥曰:"此当尧舜冕旒之日,以圣德而居高位,在上而治民也。"

'亢龙有悔',穷之灾也。

案:此当桀纣失位之时,亢极骄盈,故致悔恨穷毙之灾祸也。

乾元用九,天下治也。

案:此当三皇五帝礼让之时,垂拱无为而天下治矣。○王弼曰:"此一章全以人事明之也。九,阳也。阳,刚直之物也。夫能全用刚直,放远善柔,非天下之至治,未之能也。故'乾元用九',则'天下治也'。夫识物之动,则其所以然之理,皆可知也。龙之为德,不为妄也。潜而勿用,何乎必穷处于下也? 见而在田,必以时之通舍也。以爻为人,以位为时,人不妄动,则时皆可知也。文王明夷,则主可知矣。仲尼旅人,则国可知矣。"

'潜龙勿用',阳气潜藏。

何妥曰："此第三章,以天道明之。当十一月,阳气虽动,犹在地中,故曰'潜龙'也。"

'见龙在田',天下文明。

案:阳气上达于地,故曰"见龙在田"。百草萌牙孚甲,故曰"文明"。○孔颖达曰:"先儒以为九二当太蔟之月,阳气见地〔一〕,则九三为建辰之月,九四为建午之月,九五为建申之月,上九为建戌之月。群阴既盛,上九不得言'与时偕极'。先儒此说,于理稍乖。此乾之阳气渐生,似圣人渐进〔二〕,宜据十一月之后,建巳之月已来。此九二爻当建丑、建寅之间,于时地之萌牙,物有生〔三〕者,即是'阳气发见'之义也。但阴阳二气,共成岁功,故阴兴之时,仍有阳在;阳生之月,尚有阴存〔四〕。所以六律六吕,阴阳相间〔五〕,取象论义,与此不殊也。"

'终日乾乾',与时偕行。

何妥曰:"此当三月,阳气浸长,万物将盛,与天之运,俱行不息也。"

'或跃在渊',乾道乃革。

何妥曰:"此当五月,微阴初起,阳将改变,故云'乃革'也。"

'飞龙在天',乃位乎天德。

何妥曰:"此当七月,万物盛长,天功大成,故云'天德'也。"

'亢龙有悔',与时偕极。

〔一〕"见地",周易正义作"发见"。
〔二〕"进",周易正义作"出"。
〔三〕"物有生",周易正义作"初有出"。曹校云"物"当为"初",当从。
〔四〕"存",原作"气",今据宋刻周易正义改。
〔五〕"间",原作"关",今据宋刻周易正义改。

何妥曰："此当九月,阳气大衰,向将极尽,故云'偕极'也。"

'乾元用九',乃见天则。

何妥曰："阳消,天气之常。天象法则,自然可见。" 案:王弼曰："此一章全说天气以明之也。九,刚直之物,唯乾体能用之。用纯刚以观天,'天则'可见矣。"

'乾元'者,始而亨者也。

虞翻曰："乾始开通,以阳通阴,故始亨。"

'利贞'者,性情也。

干宝曰："以施化利万物之性,以纯一正万物之情。"○王弼曰："不为乾元,何能通物之始? 不性其情,何能久行其正? 是故'始而亨'者,必'乾元'也。利而正者,必'性情'也。"

乾始而[一]以美利利天下,

虞翻曰："美利,谓'云行雨施,品物流形',故'利天下'也。"

不言所利,大矣哉!

虞翻曰："'天何言哉! 四时行焉,百物生焉',故利者大也。"

大哉乾乎! 刚健中正,纯粹精也。

崔觐曰："不杂曰纯,不变曰粹。言乾是纯粹之精,故有刚、健、中、正之四德也。"

六爻发挥,旁通情也。

陆绩曰："乾六爻发挥变动,旁通于坤;坤来入乾,以成六十四卦,故曰'旁通情也'。"

〔一〕"而",卢本、张本下有小字注:今本"而"为"能"。按:毛本、四库本正作"能"。

时乘六龙，

九家易曰："谓时之元气，以王而行，履涉众爻，是'乘六龙'也。"

以御天也。

荀爽曰："御者，行也。阳升阴降，天道行也。"

云行雨施，天下平也。

荀爽曰："乾升于坤，曰'云行'；坤降于乾，曰'雨施'。乾坤二卦成两〔一〕既济，阴阳和均，而得其正，故曰'天下平'。"

君子以成德为行，

干宝曰："君子之行，动静可观，进退可度，动以成德，无所苟行也。"

日可见之行也。

虞翻曰："谓初。乾称君子，阳出成为上德。云行雨施则成离，日新之谓上德，故'日〔二〕可见之行'。"

潜之为言也，隐而未见，行而未成，是以君子弗用也。

荀爽曰："'隐而未见'，谓居初也。'行而未成'，谓行之坤四，阳居阴位，未成为君。乾者，君卦也。不成为君，故不用也。"

君子学以聚之，问以辩之，

虞翻曰："谓二。阳在二，兑在口，震为言、为讲论，坤为文，故'学以聚之，问以辩之'。兑象：'君子以朋友讲习。'"

宽以居之，仁以行之。

虞翻曰："震为宽仁、为行，谓'居宽行仁〔三〕，德博而化'也。"

〔一〕"两"，原作"雨"，今据卢本、四库本、周本及曹校改。
〔二〕"日"，原作"曰"，今据卢本、周本改。
〔三〕"仁"，原脱，今据卢本、周本补。

易曰:'见龙在田,利见大人,君德也。'

虞翻曰:"重言'君德'者,'大人善世不伐',信有君德,'后天而奉天时',故详言之。"

九三:重刚而不中。

虞翻曰:"以乾接乾,故'重刚'。位非二五,故'不中'也。"

上不在天,下不在田。

何妥曰:"上不及五,故云'不在天';下已过二,故云'不在田'。处此之时,实为危厄也。"

故乾乾因其时而惕,虽危无咎矣。

何妥曰:"处危惧之地,而能乾乾怀厉,至夕犹惕,乃得'无咎'矣。"

九四:重刚而不中,

案:三居下卦之上,四处上卦之下,俱非得中,故曰"重刚而不中"也。

上不在天,下不在田,中不在人,

侯果曰:"案:下系'易有天道、有地道、有人道,兼三才而两之',谓两爻为一才也。初兼二,地也。三兼四,人也。五兼六,天也。四是兼才,非正,故言'不在人'也。"

故'或'之。'或'之者,疑之也,故无咎。

虞翻曰:"非其位,故疑之也。"

夫大人者,

乾凿度曰:"圣明德备,曰大人也。"

与天地合其德,

荀爽曰:"与天合德,谓居五也。与地合德,谓居二也。"　　案:谓抚育无私,同天地之覆载也。

与日月合其明，

荀爽曰："谓坤五之乾二成离，离为日；乾二之坤五为坎，坎为月。" 案：威恩远被，若日月之照临也。

与四时合其序，

翟玄曰："乾坤有消息，从四时来也。" 又案：赏罚严明，顺四时之序也。

与鬼神合其吉凶，

虞翻曰："谓乾神合吉，坤鬼合凶，以乾之坤，故'与鬼神合其吉凶'。" 案：祸淫福善，叶鬼神之吉凶矣。

先天而天弗违，

虞翻曰："乾为天、为先。大人在乾五，乾五之坤五，天象在先，故'先天而天弗违'。"○崔憬曰："行人事，合天心也。"

后天而奉天时。

虞翻曰："奉，承行。乾三之坤二〔一〕成震，震为后也。震春、兑秋、坎冬、离夏，四时象具，故'后天而奉天时'。谓'承天时行'，顺也。"○崔憬曰："奉天时布政，圣政也。"

天且弗违，况于人乎？

荀爽曰："人谓三。"

况于鬼神乎？

荀爽曰："神谓天，鬼谓地也。" 案：大人"惟德动天，无远不届"。鬼神飨德，夷狄来宾。人神叶从，犹风偃草，岂有违忤哉？

〔一〕"三"、"二"，卢本、孙氏集解作"四"、"初"，毛本、四库本、周本"二"作"初"。纂疏作"三"、"初"。今按：纂疏是。

亢之为言也,知进而不知退,

荀爽曰:"阳位在五,今乃居上,故曰'知进而不知退'也。"

知存而不知亡,

荀爽曰:"在上当阴,今反为阳,故曰'知存而不知亡'也。"

知得而不知丧,

荀爽曰:"得谓阳,丧谓阴。" 又案:此论人君骄盈过亢,必有丧亡。若殷纣招牧野之灾,太康遘洛水之怨,即其类矣。

其唯圣人乎! 知进退存亡而不失其正者,其唯圣人乎!"

荀爽曰:"进谓居五,退谓居二。存谓五,为阳位。亡谓上,为阴位也。再称[一]'圣人'者,上'圣人'谓五,下'圣人'谓二也。"

案:此则"乾元用九,天下治也"。言大宝圣君,若能用九天德者,垂拱无为,刍狗万物,生而不有,功成不居,百姓日用而不知,岂荷生成之德者也?此则三皇五帝,乃圣乃神,保合太和,而天下自治矣。今夫子文言再称"圣人"者,叹美用九之君,能"知进退存亡而不失其正",故得"大明终始,万国咸宁,时乘六龙以御天也"。斯即"有始有卒者,其唯圣人乎",是其义也。○崔憬曰:"谓失其正者,若燕哙让位于子之之类是也。" 案:三王五伯,揖让风颓,专恃干戈,递相征伐,失正忘退,其徒实繁。略举宏纲,断可知矣。

〔一〕"称",胡本、卢本、周本作"出"。

周易集解卷第二

坤 屯 蒙 需

䷁坤下坤上 **坤**：元亨，利牝马之贞。

干宝曰："阴气之始，妇德之常，故称'元'。与乾合德，故称'亨'。行天者莫若龙，行地者莫若马，故乾以龙繇，坤以马象也。坤，阴类，故称'利牝马之贞'矣。"○虞翻曰："谓阴极阳生，乾流坤形，坤含光大，凝乾之元，终于坤亥，出乾初子，品物咸亨，故'元亨'也。坤为牝，震为马，初动得正，故'利牝马之贞'矣。"

君子有攸往，先迷，后得主，利。

卢氏曰："坤，臣道也、妻道也。后而不先，先则迷失道矣，故曰'先迷'。阴以阳为主，当后而顺之，则利，故曰'后得主，利'。"○九家易曰："坤为牝，为迷。"

西南得朋，东北丧朋，安贞，吉。

崔憬曰："妻道也。西方坤兑，南方巽离，二方皆阴，与坤同类，故曰'西南得朋'。东方艮震，北方乾坎，二方皆阳，与坤非类，故曰'东北丧朋'。以喻在室得朋，犹迷于失道；出嫁丧朋，乃顺而得常。安于承天之正，故言'安贞，吉'也。"

彖曰："至哉坤元,

九家易曰:"谓乾气至坤,万物资受而以生也。坤者纯阴,配乾生物,亦善之始,地之象也,故又叹言至美。"

万物资生,

荀爽[一]曰:"谓万一千五百二十策,皆受始于乾,由坤而生也。策生于坤,犹万物成形,出乎地也。"

乃顺承天。

刘瓛曰:"万物资生于地,故地承天而生也。"

坤厚载物,

蜀才曰:"坤以广厚之德,载含万物,无有穷竟也。"

德合无疆。

蜀才曰:"天有无疆之德,而坤合之,故云'德合无疆'也。"

含弘光大,

荀爽曰:"乾二居坤五为含,坤五居乾二为弘,坤初居乾四为光,乾四居坤初为大也。"

品物咸亨。

荀爽曰:"天地交,万物生,故'咸亨'。"○崔憬曰:"含育万物为弘,光华万物为大,动植各遂其性,故言'品物咸亨'也。"

牝马地类,行地无疆。

侯果曰:"地之所以含弘物者,以其顺而承天也。马之所以行地远者,以其柔而伏人也。而又牝马,顺之至也;诚臣子当至顺,故作易者取象焉。"

〔一〕"荀爽",原作"九家易",今据卢本、周本及纂疏改。

柔顺利贞,君子攸行。

九家易曰:"谓坤爻本在柔顺阴位,则利正[一]之乾,则阳爻来据之,故曰'君子攸行'。"

先迷失道,后顺得常。

何妥曰:"阴道恶先,故先致迷失。后顺于主,则保其常庆也。"

西南得朋,乃与类行。

虞翻曰:"谓阳得其类。月朔至望,从震至乾,与[二]时偕行,故'乃与类行'。"

东北丧朋,乃终有庆。

虞翻曰:"阳丧灭坤,坤终复生。谓月三日震象出庚,故'乃终有庆'。此指说易道阴阳消息之大要也。谓阳月三日,变而成震出庚;至月八日,成兑见丁,庚西丁南,故'西南得朋'。谓二阳为朋[三],故兑'君子以朋友讲习'[四]。文言曰:'敬义立而德不孤。'象曰:'乃与类行。'二十九日,消乙入坤,灭藏于癸,乙东癸北,故'东北丧朋'。谓之以坤灭乾,坤为丧故也。马君云:'孟秋之月,阴气始著,而坤之位,同类相得,故西南得朋。孟春之月,阳气始著,阴始从阳,失其党类,故东北丧朋。'失之甚矣。而荀君以为阴起于午,至申三阴,得坤一体,故曰'西南得朋';阳起于子,至寅三阳,丧坤一体,故曰'东北丧朋'。就如荀说,从午至申,得坤一体,故曰'西南得朋'。阳起于子,至寅三阳,丧坤一

〔一〕"则",曹校以为衍文。"正",周本作"贞"。

〔二〕"与",原脱,今据卢本、四库本、周本及曹校补。

〔三〕"朋",原作"用",今据卢本、周本改。

〔四〕"习"下,原有"之"字,今据卢本、四库本、周本及曹校删。

体,故曰'东北丧朋'。就如荀说,从午至申,经当言南西得朋;子
至寅,当言北东丧朋。以乾变坤,而言丧朋,经以乾卦为丧耶? 此
何异于<u>马</u>也?"

安贞之吉,

<u>虞翻</u>曰:"坤道至静,故'安';复初得正,故'贞吉'。"

应地无疆。"

<u>虞翻</u>曰:"震为应,阳正于初,以承坤阴;地道应,故'应地无疆'。"

象曰:"地势坤,

<u>王弼</u>曰:"地形不顺矣〔一〕。"○<u>宋衷</u>曰:"地有上下九等之差,故以
形势言其性也。"

君子以厚德载物。"

<u>虞翻</u>曰:"势,力也。君子谓乾,阳为德,动在坤下,'君子之德
车',故'厚德载物'。<u>老子</u>曰'胜人者有力'也。"

初六:履霜,坚冰至。

<u>干宝</u>曰:"重阴故称六,刚柔相推故生变,占变故有爻。<u>系</u>曰:'爻
者,言乎变者也。'故<u>易</u>系辞皆称九、六也。阳数奇,阴数偶,是以
<u>乾</u>用一也,<u>坤</u>用二也。阴气在初,五月之时,自姤来也。阴气始动
乎三泉之下,言阴气动矣,则必至于履霜,履霜则必至于坚冰,言
有渐也。藏器于身,贵其俟时,故阳在潜龙,戒以勿用。防祸之
原,欲其先几,故阴在三泉,而显以履霜也。"

象曰:"'履霜,坚冰',阴始凝也。驯致其道,至坚
冰也。"

〔一〕"矣",<u>周</u>本作"其势顺"。

九家易曰:"霜者,乾之命也。坚冰者,阴功成也。谓坤初六之乾[一]四,履乾命令而成坚冰也。此卦本乾,阴始消阳,起于此爻,故履霜也。驯犹顺也,言阳顺阴之性[二],成坚冰矣。初六始姤,姤为五月盛夏,而言坚冰,五月阴气始生地中,言始于微霜,终至坚冰,以明渐顺至也。"

六二:直方大,

荀爽曰:"大者,阳也。二应五,五下动之,则应阳出直,布阳于四方。"

不习,无不利。

荀爽曰:"物唱乃和,不敢先有所习。阳之所唱,从而和之,'无不利'也。"○干宝曰:"阴气在二,六月之时,自遁来也。阴出地上,佐阳成物,臣道也,妻道也。臣之事君,妻之事夫,义成者也。臣贵其直,义尚其方,地体其大,故曰'直方大'。士该九德,然后可以从王事;女躬四教,然后可以配君子。道成于我,而用之于彼,不方以仕学为政,不方以嫁学为妇,故曰'不习,无不利'也。"

象曰:"六二之动,直以方也。

九家易曰:"谓阳,下动应之,则直而行,布阳气动于四方也。"

'不习,无不利',地道光也。"

干宝曰:"女德光于夫,士德光于国也。"

六三:含章可贞,

虞翻曰:"贞,正也。以阴包阳,故'含章'。三失位,发得正,故'可贞'也。"

〔一〕"乾"上,原有"于"字,今据卢本、四库本、周本删。
〔二〕"性",原作"往",今据毛本、卢本、四库本、周本改。

或从王事,无成有终。

虞翻曰:"谓三已发成泰,乾为王[一],坤为事,震为从,故'或从王事'。'地道无成而有终',故'无成有终'。"〇干宝曰:"阴气在三,七月之时,自否来也。阳降在四,三公位也。阴升在三,三公事也。上失其权,位在诸侯,坤体既具,阴党成群,君弱臣强,戒在二国。唯文德之臣,然后可以遭之,运而不失其柔顺之正。坤为文,坤象既成,故曰'含章可贞'。此盖平襄之王垂拱,以赖晋郑之辅也。苟利社稷,专之则可,故曰'或从王事'。迁都诛亲,疑于专命,故亦'或'之。失'后顺'之节,故曰'无成'。终于济国安民,故曰'有终'。"

象曰:"'含章可贞',以时发也。

崔憬曰:"阳命则发,非时则含也。"

'或从王事',知光大也。"

干宝曰:"位弥高,德弥广也。"

六四:括囊,无咎,无誉。

虞翻曰:"括,结也。谓泰反成否,坤为囊,艮为手,巽为绳,故'括囊'。在外多咎也。得位承五,'系于包桑',故'无咎'。阴在二多誉,而远在四,故'无誉'。"〇干宝曰:"阴气在四,八月之时,自观来也。天地将闭,贤人必隐,怀智苟容,以观时衅[二]。此盖宁戚、蘧瑗与时卷舒之爻也。不艰其身,则'无咎';功业不建,故'无誉'也。"

象曰:"'括囊,无咎',慎不害也。"

〔一〕"王",原作"主",今据卢本、周本及曹校改。
〔二〕"衅",原作"釁",胡本作"誉",今据周本及孙氏集解改。

卢氏曰："慎言则'无咎'也。"

六五：黄裳，元吉。

干宝曰："阴气在五，九月之时，自剥来也。剥者，反常道也。黄，中之色。裳，下之饰。元，善之长也。中美能黄，上美为元，下美则裳。阴登于五，柔居尊位，若成昭之主、周霍之臣也。百官总己，专断万机，虽情体信顺，而貌近僭疑，周公其犹病诸。言必忠信，行必笃敬，然后可以取信于神明，无尤于四海也。故曰'黄裳，元吉'也。"

象曰："'黄裳，元吉'，文在中也。"

王肃曰："坤为文，五在中，故曰'文在中也'。"○干宝曰："当总己之任，处疑僭之间，而能终元吉之福者，由文德在中也。"

上六：龙战于野，

荀爽曰："消息之位，坤在于亥，下有伏乾，'为其兼于阳，故称龙也'。"

其血玄黄。

九家易曰："实本坤体，'未离其类，故称血焉'，血以喻阴也。'玄黄，天地之杂'，言乾坤合居也。"○侯果曰："坤，十月卦也。乾位西北，又当十月，阴穷于亥，穷阴薄阳，所以'战'也。故说卦云'战乎乾'是也。六称'龙'者，阴盛似龙，故称'龙'也。"○干宝曰："阴在上六，十月之时也。爻终于酉而卦成于乾，乾体纯刚，不堪阴盛，故曰'龙战'。戌亥，乾之都也，故称'龙'焉。阴德过度，以逼乾战。郭外曰郊，郊外曰野，坤位未申之维，而气溢酉戌之间，故曰'于野'。未离阴类，故曰'血'。阴阳色杂，故曰'玄黄'。言阴阳离则异气，合则同功。君臣夫妻，其义一也。故文

王之忠于殷，抑参二之强，以事独夫之纣。盖欲弥缝其阙，而匡救
其恶，以祈殷命，以济生民也。纣遂长恶不悛，天命殛之，是以至
于武王遂有牧野之事。是其义也。"

象曰："'龙战于野'，其道穷也。"

干宝曰："天道穷，至于阴阳相薄也；君德穷，至于攻战受诛也；柔
顺穷，至于用权变矣。"

用六：利永贞。

干宝曰："阴体其顺，臣守其柔，所以秉义之和，履贞之干，唯有推
变，终归于正。是周公始于负扆南面，以先〔一〕王道；卒于复子明
辟，以终臣节，故曰'利永贞'也矣。"

象曰："用六'永贞'，以大终也。"

侯果曰："用六，妻道也，臣道也，利在长正矣。不长正，则不能大
终阳事也。"

文言曰：

何妥曰："坤文言唯一章者，以一心奉顺于主也。"

"坤至柔

荀爽曰："纯阴至顺，故'柔'也。"

而动也刚，

九家易曰："坤一变而成震，阴动生阳，故'动也刚'。"

至静而德方，

荀爽曰："坤性至静，得阳而动，布于四方也。"

后得主而有常，

〔一〕"先"，周本作"光"。

虞翻曰:"坤阴,'先迷,后顺得常',阳出初震,为主、为常也。"

含万物而化光。

干宝曰:"光,大也。谓坤含藏万物,顺[一]承天施,然后'化光'也。"

坤道其顺乎? 承天而时行。

荀爽曰:"承天之施,因四时而行之也。"

积善之家,必有余庆;

虞翻曰:"谓初。乾为积善,以坤牝阳,灭出复震,为'余庆',谓'东北丧朋,乃终有庆也'。"

积不善之家,必有余殃。

虞翻曰:"坤积不善,以臣弑君,以乾通坤,极姤生巽,为'余殃'也。"　　案:圣人设教,理贵随宜。故夫子先论人事,则不语怪力乱神,绝四毋必。今于易象,阐扬天道,故曰"积善之家,必有余庆;积不善之家,必有余殃"者,欲[二]明阳生阴杀,天道必然;理国修身,积善为本。故于坤爻初六阴始生时,著此微言,永为深诚。欲使防萌杜渐,灾害不生,开国承家,君臣同德者也。故系辞云"善不积,不足以成名;恶不积,不足以灭身",是其义也。

臣弑其君,子弑其父,

虞翻曰:"坤消至二,艮子弑父;至三成否,坤臣弑君;上下不交,天下无邦,故子弑父,臣弑君也。"

非一朝一夕之故,其所由来者渐矣,

虞翻曰:"刚爻为朝,柔爻为夕;乾为寒,坤为暑,相推而成岁焉,

〔一〕"顺",影宋抄本、毛本作"须"。

〔二〕"欲",胡本、周本作"以"。

故‘非一朝一夕’，‘所由来渐矣’。”

由辩之不早辩也。

孔颖达曰：“臣子所以久包祸心，由君父不早辩明故也。此文诫
君父防臣子之恶也。”

易曰‘履霜，坚冰至’，盖言顺也。

荀爽曰：“霜者，乾之命令。坤下有伏乾，‘履霜坚冰’，盖言顺也。
乾气加之，性而坚，象臣顺君命而成之。”

直，其正也；方，其义也。

虞翻曰：“谓二。阳称直。‘乾，其静也专，其动也直’，故‘直，其
正’。方谓辟，阴〔一〕开为方。‘坤，其静也翕，其动也辟’，故‘方，
其义也’。”

君子敬以直内，义以方外，敬义立而德不孤。

虞翻曰：“阳息在二，故‘敬以直内’；坤位在外，故‘义以方外’。
谓阳见兑丁，‘西南得朋，乃与类行’，故‘德不孤’，孔子曰‘必有
邻’也。”

‘直方大，不习，无不利’，则不疑其所行也。

荀爽曰：“‘直方大’，乾之唱也。‘不习，无不利’，坤之和也。阳
唱阴和，而无所不利，故‘不疑其所行也’。”

阴虽有美，含之，‘以从王事’，弗敢成也。

荀爽曰：“六三阳位，下有伏阳。坤，阴卦也，虽有伏阳，含藏不
显，‘以从王事’，要待〔二〕乾命〔三〕，不敢自成也。”

〔一〕“阴”，原作“阳”，今据卢本、周本及曹校改。
〔二〕“待”，胡本作“得”。
〔三〕“命”，原作“坤”，今据卢本、四库本、周本改。

地道也，妻道也，臣道也。

> 翟玄曰："坤有此三者〔一〕也。"

地道无成而代有终也。

> 宋衷曰："臣子虽有才美，含藏以从其上，不敢有所成名也。地得终天功，臣得终君事，妇得终夫业，故曰'而代有终也'。"

天地变化，草木蕃。

> 虞翻曰："谓阳息坤成泰，天地反。以乾变坤，坤化升乾，万物出震，'故天地变化，草木蕃'矣。"

天地闭，贤人隐。

> 虞翻曰："谓四。泰反成否，乾称贤人，隐藏坤中，'以俭德避难，不荣〔二〕以禄'，故'贤人隐'矣。"

易曰'括囊，无咎，无誉'，盖言谨也。

> 荀爽曰："六〔三〕四阴位，迫近于五，虽有成德，当括而囊之，谨慎畏敬也。"○孔颖达曰："括，结也。囊，所以贮物，以譬心藏智也。闭其智而不用，故曰'括囊'。不与物忤，故'无咎'。功名不显，故'无誉'也。"

君子黄中通理，正位居体，

> 虞翻曰："谓五。坤息体观，地色黄；坤为理，以乾通坤，故称'通理'〔四〕；五正阳位，故曰'正位'；艮为居，体谓四支也；艮为两肱，

〔一〕"者"上，原有"道"字，今据诸本删。

〔二〕"荣"，卢本作"营"。下同，不再出校。

〔三〕"六"，原作"今"，今据胡本、卢本、周本及曹校改。

〔四〕"以乾通坤，故称通理"，原作"以乾通理，故称通坤"，今据卢本、四库本、周本及曹校改。

巽为两股,故曰'黄中通理,正位居体'。"

美在其中,而畅于四支,

虞翻曰:"阳称美,在五中。四〔一〕支谓股肱。"

发于事业,

九家易曰:"天地交而万物生也。谓阳德潜藏,变则发见。若五动为比,乃事业之盛。"

美之至也。

侯果曰:"六五以中和通理之德,居体于正位,故能美充于中,而旁畅于万物,形于事业,无不得宜,是'美之至也'。"

阴疑于阳必战,

孟喜曰:"阴乃上薄,疑似于阳,必与阳战也。"

为其嫌于阳〔二〕也,故称龙焉。

九家易曰:"阴阳合居,故曰'嫌阳',谓上六坤行至亥,下有伏乾,阳者变化,以喻龙焉。"

犹未离其类也,故称血焉。

荀爽曰:"实本坤卦,故曰'未离其类也'。血以喻阴顺阳也。"〇

崔憬曰:"乾坤交会,乾为大赤,伏阴柔之,故'称血焉'。"

夫玄黄者,天地之杂也。

荀爽曰:"消息之卦,坤位在亥,下有伏乾,阴阳相和,故言'天地之杂也'。"

〔一〕"四",原作"而",今据卢本、周本改。

〔二〕"嫌",卢本、周本作"兼"。下注同,不再出校。"阳"上,原有"无"字,今据卢本、周本及注文删。

天玄而地黄。"

王凯冲曰："阴阳交战,故血玄黄。"○荀爽曰："天者阳,始于东北,故色玄也。地者阴,始于西南,故色黄也。"

序卦曰:"有天地,然后万物生焉。盈天地之间者唯万物,故受之以屯。屯者,盈也。屯者,万物之始生也。"

崔憬曰："此仲尼序文王次卦之意也。不序乾、坤之次者,以‘一生二,二生三,三生万物’,则天地之次第可知,而万物之先后宜序也。万物之始生者,言刚柔始交,故万物资始于乾,而资生于地〔一〕。"

☷ 坎宫六月二世 震下坎上 **屯:元、亨、利、贞。**

虞翻曰："坎二之初,刚柔交震,故‘元、亨’;之初得正,故‘利、贞’矣。"

勿用,有攸往,利建侯。

虞翻曰："之外称往。初震得正,起之欲应,动而失位,故‘勿用,有攸往’。震为侯,初刚难拔,故利以建侯。老子曰:‘善建者不拔也。’"

象曰:"屯,刚柔始交而难生。

虞翻曰："乾刚坤柔,坎二交初,故‘始交’。‘确乎难拔’,故‘难生’也。"○崔憬曰："十二月,阳始浸长而交于阴,故曰‘刚柔始交’。万物萌牙,生于地中,有寒冰之难,故言‘难生’。于人事,则是运季业初之际也。"

〔一〕"地",胡本、卢本、四库本、周本作"坤"。

动乎险中,大亨贞。

荀爽曰:"物难在始生,此本坎卦也。" 案:初六升二,九二降初,是"刚柔始交"也。交则成震,震为动也,上有坎,是"动乎险中"也。动则物通而得正,故曰"动乎险中,大亨贞"也。

雷雨之动满形〔一〕,

荀爽曰:"雷震雨润,则万物满形而生也。"○虞翻曰:"震雷坎雨,坤为形也。谓三已反正,成既济,坎水流坤,故'满形'。谓'雷动雨施,品物流形'也。"

天造草昧,

荀爽曰:"谓阳动在下,造物〔二〕于冥昧之中也。"

宜建侯而不宁。"

荀爽曰:"天地初开,世尚屯难,震位承乾,故'宜建侯'。动而遇险,故'不宁'也。"○虞翻曰:"造,造生也;草,草创物也;坤冥为昧,故'天造草昧'。成既济定,故曰'不宁',言宁也。"○干宝曰:"水运将终,木德将始,殷周际也。百姓盈盈,匪君子不宁。天下既遭屯险之难,后王宜荡之以雷雨之政,故封诸侯以宁之也。"

象曰:"云雷,屯,

九家易曰:"雷雨者,兴养万物。今言屯者,十二月,雷伏藏地中,未得动出,虽有云雨,非时长育,故言屯也。"

〔一〕"形",原作"盈",今据卢本、周本及注文改。下注同,不再出校。卢本此下小字注云:今本"形"讹"盈"。
〔二〕"造物",卢本、周本作"造生万物"。

君子以经纶〔一〕。"

荀爽曰："屯难之代,万事失正。经者,常也;论者,理也。'君子以经论',不失常道也。"○姚信曰："经纬也。时在屯难,是天地经论之日,故君子法之,须经论艰难也。"

初九:盘桓,利居贞,利建侯。

虞翻曰："震起艮止,'动乎险中',故'盘桓'。得正得民,故'利居贞'。谓'君子居其室',慎密而不出也。"

象曰:"虽盘桓,志行正也。

荀爽曰："盘桓者,动而退也。谓阳从二动而退居初,虽盘桓〔二〕,得其正也。"

以贵下贱,大得民也。"

荀爽曰："阳贵而阴贱,阳从二来,是'以贵下贱',所以'得民'也。"

六二:屯如,邅如,

荀爽曰："阳动而止〔三〕,故'屯如'也。阴乘于阳,故'邅如'也。"

乘马班如,

虞翻曰："屯邅、盘桓,谓初也。震为马作足,二乘初,故'乘马'。班,踬也。马不进,故'班如'矣。"

匪寇婚媾。女子贞不字,十年乃字。

虞翻曰："匪,非也。寇谓五,坎为寇盗,应在坎,故'匪寇'。阴阳

〔一〕"纶",卢本、张本、周本作"论"。下注同。张本此下小字注云:今本作"纶"。

〔二〕"桓",原脱,今据诸本及曹校补。

〔三〕"止",原作"上",今据毛本、卢本、四库本、周本及曹校改。

得正，故'婚媾'。字，妊娠也。三失位，变复体离，离为女子、为大腹，故称'字'。今失位为坤，离象不见，故'女子贞不字'。坤数十，三动反正，离女大腹，故十年反常乃字，谓成既济定也。"

象曰："六二之难，乘刚也。

崔憬曰："下乘初九，故为之难也。"

'十年乃字'，反常也。"

九家易曰："阴出于坤，今还为坤，故曰'反常也'。'阴出于坤'，谓乾再索而得坎，今变成震，中有坤体，故言'阴出于坤，今还于坤'，谓二从初即逆，应五顺也。去逆就顺，阴阳道正，乃能长养，故曰'十年乃字'。"

六三：即鹿无虞，惟入于林中，

虞翻曰："即，就也。虞谓虞人，掌禽兽者。艮为山，山足称麓〔一〕。麓，林也。三变体坎，坎为蔽〔二〕木，山下故称'林中'。坤为兕虎，震为麋鹿，又为惊走，艮为狐狼，三变，禽走入于林中，故曰'即鹿无虞，惟入林中'矣。"

君子几不如舍，往吝。

虞翻曰："君子谓阳，已正位。几，近；舍，置；吝，疵也。三应于上，之应历险，不可以往，动如失位，故不如舍之，往必吝穷矣。"

象曰："'即鹿无虞'，以从禽也。

案：白虎通云："禽者何？鸟兽之总名，为人所禽制也。"即比卦九五爻辞"王用三驱，失前禽"，是其义也。

〔一〕"麓"，卢本、周本作"鹿"。下"麓，林也"之"麓"同，不再出校。按：卢本依释文作"麓"者从王肃。

〔二〕"蔽"，周本作"丛"，二字古同。

君子舍之,往吝穷也。”

> 崔憬曰:“君子见动之微,逆知无虞,则不如舍勿[一]往,往则吝[二]穷也。”

六四:乘马班如,

> 虞翻曰:“乘三也。谓三已变,坎为马,故曰‘乘马’。马在险中,故‘班如’也。或说乘初,初[三]为建侯,安得乘之也?”

求婚媾,往吉,无不利。

> 崔憬曰:“屯难之时,勿用攸往。初虽作应,班如不进。既比于五,五来求婚,男求女,‘往吉,无不利’。”

象曰:“求而往,明也。”

> 虞翻曰:“之外称往,体离故明也。”

九五:屯其膏,

> 虞翻曰:“坎雨称膏。诗云‘阴雨膏之’,是其义也。”

小贞吉,大贞凶。

> 崔憬曰:“得屯难之宜,有膏泽之惠。谓与四为婚媾,施虽未光,小贞之道也,故‘吉’。至于远求嘉偶,以行大正,赴二之应,冒难攸往,固宜且凶,故曰‘大贞凶’也[四]。”

象曰:“‘屯其膏’,施未光也。”

> 虞翻曰:“阳陷阴中,故‘未光也’。”

〔一〕“勿”,原作“而”,今据卢本、周本及曹校改。

〔二〕“则”,周本作“必”。“吝”,原作“爻”,今据诸本及曹校改。

〔三〕“初”,原不重,今据卢本、周本及曹校补。

〔四〕“大贞凶也”下,毛本有“贞,凶也”三字,卢本、周本有“贞,正也”三字,而四库本此二句作“大贞正,贞凶也”。

上六：乘马班如，

虞翻曰："乘五也。坎为马，震为行，艮为止，马行而止，故'班如'也。"

泣血涟如。

九家易曰："上六乘阳，故'班如'也。下二四爻虽亦乘阳，皆更得承五，忧解难除。今上无所复承，忧难[一]不解，故'泣血涟如'也。体坎为血，伏离为目，互艮为手，掩目流血，泣之象也。"

象曰："'泣血涟如'，何可长也。"

虞翻曰："谓三变时，离为目，坎为血，震为出，血流出目，故'泣血涟如'。柔乘于刚，故不可长也。"

序卦曰："物生必蒙，故受之以蒙。蒙者，蒙也，物之稚也。"

崔憬曰："万物始生之后，渐以长稚，故言'物生必蒙'。"○郑玄曰："蒙，幼小之貌。齐人谓萌为蒙也。"

离宫八月四世 坎下艮上　蒙：亨。

虞翻曰："艮三之上[二]。亨谓二。震刚柔接，故'亨'。'蒙亨以亨，行时中也。'"○干宝曰："蒙者，离宫阴也，世在四，八月之时，降阳布德，荠麦并生，而息来在寅，故'蒙'。于世为八月，于消息为正月卦也。正月之时，阳气上达，故屯为'物之始生'，蒙为'物之稚也'。施之于人，则童蒙也。苟得其运，虽蒙必亨，故曰'蒙

[一]"难"，原作"虽"，今据毛本、卢本、四库本、周本及曹校改。
[二]"上"，卢本、周本作"二"，义长。

亨'。此盖以寄成王之遭周公也。"

匪我求童蒙,童蒙求我。

> 虞翻曰:"童蒙谓五,艮为童蒙,我谓二也,震为动起,嫌求之五,故曰'匪我求童蒙'。五阴求阳,故'童蒙求我,志应也'。艮为求,二体师象,坎为经,谓'礼有来学,无往教'。"

初筮告,再三渎,渎则不告,

> 崔憬曰:"'初筮',谓六五求决于九二,二则告之。'再三渎',谓三应于上,四隔于三〔一〕,与二为'渎',故二'不告'也。渎,古'黩'字也。"

利贞。

> 虞翻曰:"二五失位,利变之正,故'利贞'。'蒙以养正,圣功也。'"

彖曰:"蒙,山下有险,险而止,蒙。

> 侯果曰:"艮为山,坎为险,是'山下有险'。险被山止,止则未通,蒙昧之象也。"

蒙亨以亨,行时中也。

> 荀爽曰:"此本艮卦也。案:二进居三,三降居二,刚柔得中,故能亨。发蒙时,令得时中矣,故曰'蒙亨以亨,行时中也'。"

'匪我求童蒙,

> 陆绩曰:"六五阴爻在蒙暗,蒙〔二〕又体艮,少男,故曰'童蒙'。"

童蒙求我',志应也。

> 荀爽曰:"二与五志相应也。"

〔一〕"三",原作"二",今据卢本、周本及曹校改。
〔二〕"蒙",曹校:当为"家"。按:如是,则从上读。

‘初筮告’,以刚中也。

> 崔憬曰:"以二刚中,能发于蒙也。"

‘再三渎,渎则不告’,渎蒙也。

> 荀爽曰:"再三,谓三与四也,皆乘阳不敬,故曰‘渎’。渎不能尊阳,蒙气不除,故曰‘渎蒙也’。"

蒙以养正,圣功也。"

> 虞翻曰:"体颐故养。‘五多功’,圣谓二,二志应五,变得正而亡其蒙,故‘圣功也’。"○干宝曰:"武王之崩年九十三矣,而成王八岁,言天后成王之年,将以养公正之道,而成三圣之功。"

象曰:"山下出泉,蒙,

> 虞翻曰:"艮为山,震为出,坎泉流出,故‘山下出泉’。"

君子以果行育德。"

> 虞翻曰:"君子谓[一]二。艮为果,震为行。育,养也。二至上有颐养象,故‘以果行育德’也。"

初六:发蒙,利用刑人,用说桎梏,以往吝。

> 虞翻曰:"发蒙之正,初为蒙始,而失其位,发蒙之正以成兑,兑为刑人,坤为用,故曰‘利用刑人’矣。坎为穿木,震足艮手,互与坎连,故称‘桎梏’。初发成兑,兑为说,坎象毁坏,故曰‘用说桎梏’。之应历险,故‘以往吝’。吝,小疵也。"

象曰:"‘利用刑人’,以正法也。"

> 虞翻曰:"坎为法,初发之正,故‘正法也’。"○干宝曰:"初六戊寅,平明之时,天光始照,故曰‘发蒙’。此成王始觉周公至诚之

〔一〕"谓",原作"为",今据卢本、周本及曹校改。

象也。坎为法律,寅为贞廉,以贞用刑,故'利用刑人'矣。此<u>成王</u>将正四国之象也。说,解也。正四国之罪,宜释<u>周公</u>之党,故曰'用说桎梏'。既感<u>金縢</u>之文,追恨昭德之晚,故曰'以往吝'。初、二失位,吝之由也。"

九二:包蒙,吉。纳妇,吉。子克家。象曰:"'子克家',刚柔接也。"

<u>虞翻</u>曰:"坤为包,应五据初,一〔一〕与三四同体,包养四阴,故'包蒙,吉'。震刚为夫,伏巽为妇,二〔二〕以刚接柔,故'纳妇,吉'。二称家,震,长子主器者,纳妇成初,故有'子克家'也。"

六三:勿用娶女,见金夫,不有躬,无攸利。

<u>虞翻</u>曰:"谓三。诫上也。金夫谓二。初发成兑,故三称'女'。兑为见,阳称金,震为夫,三逆乘二阳,所行不顺,为二所淫;上来之三,陟阴,故曰'勿用娶女,见金夫'矣。坤身称躬,三为二所乘,兑泽动下,不得之应,故'不有躬'。失位多凶,故'无攸利'也。"

象曰:"'勿用娶女',行不顺也。"

<u>虞翻</u>曰:"失位乘刚,故'行不顺也'。"

六四:困蒙,吝。象曰:"困蒙之吝,独远实也。"

<u>王弼</u>曰:"阳称实也。独远于阳,处两阴之中,暗莫之发,故曰'困蒙'也。困于蒙昧,不能比贤,以发其志,亦鄙矣,故'吝'。"

六五:童蒙,吉。

<u>虞翻</u>曰:"艮为童蒙,处贵承上,有应于二,动而成巽,故'吉'也。"

〔一〕"一",<u>卢</u>本、<u>周</u>本作"初"。
〔二〕"二",原作"一",今据<u>卢</u>本、<u>四库</u>本、<u>周</u>本改。

象曰："童蒙之吉,顺以巽也。"

> 荀爽曰:"顺于上,巽于二,有似成王任用周邵也。"

上九:击蒙,不利为寇,利御寇。

> 虞翻曰:"体艮为手,故'击'。谓五已变,上动成坎称寇,而逆乘
> 阳,故'不利为寇'矣。御,止也。此寇谓二,坎为寇,巽为高,艮
> 为山,登山备下,顺有师象,故'利御寇'也。"

象曰："利用御寇,上下顺也。"

> 虞翻曰:"自上御下,故'顺'也。"

序卦曰："物稚不可不养也,故受之以需。需者,饮食之
道也。"

> 干宝曰:"需,坤之游魂也。云升在天而雨未降,翱翔东西,须之
> 象也。王事未至,饮宴之日也。夫坤者,地也,妇人之职也。百谷
> 果蓏之所生,禽兽鱼鳖之所托也;而在游魂变化之家[一],即烹爨
> 腥实,以为和味者也,故曰'需者,饮食之道也'。"

☵ 坤宫八月游魂 乾下坎上 需:有孚,光亨,贞吉。

> 虞翻曰:"大壮四之五。孚谓五。离日为光,四之五,得位正中,故
> '光亨,贞吉',谓'壮于大舆之辐也'。"

利涉大川。

> 何妥曰:"大川者,大难也。须之待时,本欲涉难,既能以信而待,
> 故可以'利涉大川'矣。"

〔一〕"家",原作"象",今据卢本、周本及曹校改。

象曰:"需,须也,险在前也,

> 何妥曰:"此明得名由于坎也,坎为险也,有险在前,不可妄涉,故须待时然后动也。"

刚健而不陷,其义不困穷矣。

> 侯果曰:"乾体刚健,遇险能通,险不能险,义不穷也。"

'需,有孚,光亨,贞吉',位乎天位,以正中也。

> 蜀才曰:"此本大壮卦。"　案:六五降四,"有孚,光亨,贞吉"。九四升五,"位乎天位,以正中也"。

'利涉大川',往有功也。"

> 虞翻曰:"谓二〔一〕失位,变而涉坎,坎为大川,得位应五,故'利涉大川'。'五多功',故'往有功也'。"

象曰:"云上于天,需,

> 宋衷曰:"云上于天,须时而降也。"

君子以饮食宴乐。"

> 虞翻曰:"君子谓乾。坎水兑口,水流入口为饮;二失位,变体噬嗑为食,故'以饮食'。阳在内称'宴';大壮震为乐,故'宴乐'也。"

初九:需于郊,利用恒,无咎。

> 干宝曰:"郊,乾、坎之际也。既已受命,进道北郊,未可以进,故曰'需于郊'。处不避污,出不辞难,臣之常节也。得位有应,故曰'利用恒'。虽小稽留,终于必达,故曰'无咎'。"

象曰:"'需于郊',不犯难行也。'利用恒,无咎',未失常也。"

〔一〕"二",原作"三",今据卢本、周本改。

王弼曰："居需之时,最远于险;能抑其进,不犯难行;虽不应机,可以保常,故'无咎'。"

九二:需于沙,小有言,终吉。

虞翻曰:"沙谓五,水中之阳称沙也。二变之阴,称小。大壮震为言,兑为口,四之五,震象半见,故'小有言'。二〔一〕变应之,故'终吉'。"

象曰:"'需于沙',衍在中也。

虞翻曰:"衍,流也。中谓五也。"○荀爽曰:"二应于五,水中之刚,故曰'沙'。知前有沙漠〔二〕而不进也。体乾处和,美德优衍,在中而不进也。"

虽'小有言',以吉终也。"

荀爽曰:"二与四同功,而三据之,故'小有言'。乾虽在下,终当升上,二当居五,故'终吉'也。"

九三:需于泥,致寇至。

荀爽曰:"亲与坎接,故称'泥'。须止不进,不取于四,不致寇害。"

象曰:"'需于泥',灾在外也。

崔憬曰:"泥,近乎外者也。三逼于坎,坎为险盗,故'致寇至',是'灾在外'也。"

自我致寇,敬慎不败也。"

虞翻曰:"离为戎,乾为敬,阴消至五,遁,臣将弑君;四上壮坤,故

〔一〕"二"上,原有"五"字,今据卢本、四库本、周本删。四库本无下"故终吉"三字。
〔二〕"漠",原作"溟",今据卢本、四库本、周本改。

'敬慎不败'。"

六四:需于血,出自穴。

案:六四体坎,坎为云,又为血卦,血以喻阴,阴体卑弱,宜顺从阳,故曰"需于血"。○九家易曰:"云从地出,上升于天。自地出者,莫不由穴,故'需于血,出自穴'也。"

象曰:"'需于血',顺以听也。"

王弼曰:"穴者,阴之路也。四处坎始,居穴者也。九三刚进,四不能距,见侵则避,顺以听命也。"○九家易曰:"云欲升天,须时当〔一〕降,顺以听五,五为天也。"

九五:需于酒食,贞吉。

荀爽曰:"五互离坎,水在火上,酒食之象。'需者,饮食之道',故坎在需家为酒食也。云须时欲降,乾须时当升,五有刚德,处中居正,故能帅群阴,举坎以降阳,能正居其所,则吉,故曰'需于酒食'也。"

象曰:"'酒食,贞吉',以中正也。"

九家易曰:"谓乾二当升五,正位者也。"○卢氏曰:"沉湎则凶,中正则吉也。"

上六:入于穴,

荀爽曰:"须〔二〕道已终,云当下入穴也。云上升极,则降而为雨,故诗云'朝跻于西,崇朝其雨',则还入地,故曰'入于穴'。云雨入地,则下三阳动而自至者也。"

〔一〕"当",原作"升",今据卢本、周本及曹校改。
〔二〕"须",卢本、周本作"需"。

有不速之客三人来，敬之，终吉。

> 荀爽曰："三人，谓下三阳也。须时当升，非有召者，故曰'不速之客'焉。乾升在上，君位以定；坎降居[一]下，当循臣职，故'敬之，终吉'也。"

象曰："'不速之客来，敬之，终吉'，虽不当位，未大失也。"

> 荀爽曰："上降居三，虽不当位，承阳有实，故终吉无大失矣。"

〔一〕"坎"，原作"次"，今据诸本及曹校改。"居"，卢本、周本作"在"。

周易集解卷第三

讼　师　比　小畜　履

序卦曰：“饮食必有讼，故受之以讼也。”

　　郑玄曰：“讼犹争[一]也，言饮食之会恒多争也。”

☵ 离宫八月游魂 坎下乾上 **讼：有孚，**

　　干宝曰：“讼，离之游魂也。离为戈兵，此天气将刑杀，圣人将用师之卦也。‘讼，不亲也’，兆民未识天命，不同之意。”〇荀爽曰：“阳来居二，而孚于初，故曰‘讼，有孚’矣。”

窒惕，中吉，

　　虞翻曰：“遁三之[二]二也。孚谓二。窒，塞止也。惕，惧，二也。二失位，故不言贞。遁将成否，则子弑父，臣弑君。三来之二，得中，弑不得行，故‘中吉’也。”

终凶。

　　虞翻曰：“二失位，终止不变，则‘入于渊’，故‘终凶’也。”

〔一〕“净”，张本、周本作“争”。下同，不再出校。
〔二〕“三之”，原倒，今据毛本、卢本、四库本、周本乙。

利见大人,不利涉大川。

> 侯果曰:"大人谓五也,断决必中,故'利见'也。讼是阴事,以险涉险,故'不利涉大川'。"

彖曰:"讼,上刚下险,险而健,讼。

> 卢氏曰:"'险而健'者,恒好争讼也。"

'讼,有孚,窒惕,中吉',刚来而得中也。

> 蜀才曰:"此本遁卦。"　　案:二进居三,三降居二,是"刚来而得中也"。

'终凶',讼不可成也。

> 王肃曰:"以讼成功者,终必凶也。"○王弼曰:"凡不和而讼,无施而可,涉难特甚焉。唯有信而见塞惧者,乃可以得吉也。犹复不可以终,中乃吉也。不闭〔一〕其源,使讼不至,虽每不枉,而讼至终竟,此亦凶矣。故虽复有信而见塞惧,犹不可以为终,故曰'讼,有孚,窒惕,中吉,终凶'也。无善听者,虽有其实,何由得明?而有信窒惧〔二〕者,乃得其中吉,必有善听主焉。其在二乎?以刚而来,正夫群小,断不失中,应其任矣。"　　案:夫〔三〕为讼善听之主者,其在五焉。何以明之?案:爻辞九五"讼,元吉",王氏注云"处得尊位,为讼之主,用其中正,以断枉直",即彖云"利见大人,尚中正",是其义也。九二象曰:"不克讼,归逋窜也。自下讼上,患至掇也。"九二居讼之时,自救不暇,讼既不克,怀惧逃归,仅得免其终凶祸,岂能为善听之主哉?年代绵流,师资道丧,恐传写字

〔一〕"闭",原作"闲",今据诸本及曹校改。
〔二〕"而有信窒惧",张本、周本作"而令有信塞惧者"。
〔三〕"夫",原作"天",今据胡本、周本改。

误,以五为二,后贤当审详之也。

'利见大人',尚中正也。

> 荀爽曰:"二与四讼,利见于五,五以中正之道解其讼也。"

'不利涉大川',入于渊也。"

> 荀爽曰:"阳来居二,坎在下为渊。"

象曰:"天与水违行,讼,

> 荀爽曰:"天自西转,水自东流,上下违行,成讼之象也。"

君子以作事谋始。"

> 虞翻曰:"君子谓[一]乾三。来变坤为作事,坎为谋,'乾知大始',故'以作事谋始'。"○干宝曰:"省民之情以制作也。武王故先观兵孟津,盖以卜天下之心,故曰'作事谋始'也。"

初六:不永所事,小有言,终吉。

> 虞翻曰:"永,长也。坤为事,初失位而为讼始,故'不永所事'也。'小有言',谓初、四易位成震言,三'食旧德',震象半见,故'小有言'。初变得正,故'终吉'也。"

象曰:"'不永所事',讼不可长也。虽'小有言',其辩明也。"

> 卢氏曰:"初欲应四而二据之,暂争事不至永,虽有小讼,讼必辩明,故'终吉'。"

九二:不克讼,归而逋。

> 虞翻曰:"谓与四讼,坎为隐伏,故'逋'。乾位刚在上,坎濡失正,故'不克'也。"

〔一〕"谓",原作"谋",今据卢本、四库本、周本及曹校改。

其邑人三百户,无眚。

> 虞翻曰:"眚,灾也。坎为眚。谓二变应五,乾为百,坤为户,三爻,故'三百户'。坎化为坤,故'无眚'。"

象曰:"'不克讼',归逋窜也。

> 荀爽曰:"三[一]'不克讼',故'逋而归'。坤称邑。二者,邑中之阳人。逋,逃也,谓逃失邑中之阳人。"

自下讼上,患至掇也。"

> 荀爽曰:"下与上争,即取患害,如拾掇小物而不失也。坤有三爻,故云'三百户,无眚'。二者,下体之君。君不争,则百姓无害也。"

六三:食旧德,贞厉,终吉。

> 虞翻曰:"乾为旧德,食谓初、四。二已变之正,三动得位,体噬嗑食,四变食乾,故'食旧德'。三变在坎,正危贞厉,得位,故[二]'终吉'也。"

或从王事,无成。

> 虞翻曰:"乾为王,二变否时,坤为事,故'或从王事'。'道[三]无成而代有终',故曰'无成'。坤三同义也。"

象曰:"'食旧德',从上吉也。"

> 侯果曰:"虽失其位,专心应上,故能保全旧恩,'食旧德'者也。处两刚之间,而皆近不相得,乘二负四,正之危也。刚不能侵,故'终吉'。"

九四:不克讼,复即命渝,安贞吉。

〔一〕"三",曹校:当为"二"。
〔二〕"故"上,原有"二"字,今据卢本、四库本、周本及曹校删。
〔三〕"道"上,曹校云:当脱"地"字。

虞翻曰:"失位,故'不克讼'。渝,变也。'不克讼',故复位,变而成巽,巽为命令,故'复即命渝'。动而得位,故'安贞吉'。谓二已变坤,安也。"

象曰:"'复即命渝,安贞吉',不失也。"

侯果曰:"初既辩明,四讼妄也。讼既不克,当反就前理,变其讼〔一〕命,则安静贞吉〔二〕,而不失初也。"

九五:讼,元吉。象曰:"'讼,元吉',以中正也。"

王肃曰:"以中正之德,齐乖争之俗,'元吉'也。"〇王弼曰:"处得尊,讼之主〔三〕,用其中正,以断枉直,中则不过,正则不邪,刚则无所溺,公则无所偏,故'讼,元吉'。"

上九:或锡之鞶带,

虞翻曰:"锡谓王之锡命。鞶带,大带,男子鞶革。初四已易位,三二之正,巽为腰带,故'鞶带'。"

终朝三褫〔四〕之。

虞翻曰:"位终乾上,二变时,坤为终,离为日,乾为甲,日出甲上,故称'朝'。应在三,三变时,艮为手,故'终朝三挖之'。使变应己,则去其鞶带,体坎乘阳,故象曰'不足敬也'。"〇侯果曰:"褫,解也。乾为衣、为言,故'以讼受服'。"〇荀爽曰:"二四争三,三本下体,取之有缘。'或'者,疑之辞也。以三锡二,于义疑矣。

〔一〕"讼",卢本、四库本、周本作"诏"。
〔二〕"吉",胡本作"利"。
〔三〕"处得尊,讼之主",张本、周本作"处得尊位,为讼之主"。
〔四〕"褫",卢本、周本作"挖"。下象同,不再出校。按:依释文,作"挖"当是从郑玄。

争竞之世,分理未明,故或以锡二。'终朝'者,君道明。'三'者,
阳成功也。君明道盛,则夺二与四,故曰'终朝三褫之'也。鞶
带,宗庙之服。三应于上,上为宗庙,故曰'鞶带'也。"○翟玄曰:
"上以六三锡下三阳,群刚交争,得不以让,故终一朝之间,各一
夺之,为'三褫'。"

象曰:"'以讼受服',亦不足敬也。"

虞翻曰:"服谓鞶带。终朝见褫,乾象毁坏,故'不足敬'。"○九家
易曰:"初、二、三、四皆不正,以不正相讼而得其服,故'不足敬
也'。"

序卦曰:"讼必有众起,故受之以师。师者,众也。"

崔憬曰:"因争必起众相攻,故受之以师也。"

䷆ 坎宫七月归魂　坎下坤上　师:贞丈人,吉,无咎。

何晏[一]曰:"师者,军旅之名。故周礼云:二千五百人为师也。"
○王弼曰:"丈人,严庄之称,有军正者也。为师之正,丈人乃吉。
兴役动众,无功则罪,故吉乃无咎。"○陆绩曰:"丈人者,圣人也。
帅师未必圣人,若汉高祖、光武应此义也。"○崔憬曰:"子夏传作
'大人',并王者之师也。"　　案:此彖云:"师,众;贞,正也。能
以众正,可以王矣。"故老子曰:"域中有四大,而王居其一焉。"由
是观之,则知夫为王者,必大人也,岂以丈人而为王哉!故乾文言
曰:"夫大人与天地合德,与日月合明,先天而天不违,后天而奉
天时,天且不违,而况于人乎?况于行师乎?"以斯而论,子夏传

〔一〕"晏",曹校:疑"妥"之误。

作"大人"是也。今王氏曲解大人为丈人,臆云"严庄之称",学不师古,匪说攸闻,既误违于经旨,辄改正作"大人"明矣。

彖曰:"师,众也。贞,正也。能以众正,可以王矣。

虞翻曰:"坤为众,谓二失位,变之五为比,故'能以众正',乃'可以王矣'。"○荀爽曰:"谓二有中和之德,而据群阴,上居五位,'可以王'也。"

刚中而应,行险而顺,

蜀才曰:"此本剥卦。案:上九降二,六二升上,是'刚中而应,行险而顺'也。"

以此毒天下,而民从之,

干宝曰:"坎为险,坤为顺,兵革刑狱,所以险民也。毒民于险中,而得顺道者,圣王之所难也。毒,荼苦也。五刑之用,斩刺肌体;六军之锋,残破城邑,皆所以荼毒奸凶之人,使服王法者也。故曰'以此毒天下,而民从之'。毒以治民,明不获已而用之,故于彖、象、六爻,皆著戒惧之辞也。"

吉又何咎矣。"

崔憬曰:"刚能进义,中能正众,既顺且应,行险戡暴,亭毒天下,人皆归往,而以为王,'吉又何咎矣'。"

象曰:"地中有水,师,

陆绩曰:"坎在坤内,故曰'地中有水'。师,众也。坤中众者,莫过于水。"

君子以容民畜众。"

虞翻曰:"君子谓二。容,宽也,坤为民众,又畜养也。阳在二,'宽以居之',五变执言,时有颐养象,故'以容民畜众'矣。"

初六：师出以律，否臧凶。象曰："'师出以律'，失律凶也。"

案：初六以阴居阳，履失其位，位既匪正，虽令不从，以斯行师，失律者也。凡首率师，出必以律，若不以律，虽臧亦凶，故曰"师出以律，失律凶也"。○九家易曰："坎为法律也。"

九二：在师中，吉，无咎。王三锡命。象曰："'在师中，吉'，承天宠也。"

九家易曰："虽当为王，尚在师中，为天所宠，事克功成，故'吉〔一〕，无咎'。二非其位，盖谓武王受命而未即位也。受命为王，定天下以师，故曰'在师中，吉'。"

'王三锡命'，怀万邦也。"

荀爽曰："王谓二也。三者，阳德成也。德纯道盛，故能上居王位而行锡命，群阴归之，故曰'王三锡命，怀万邦也'。"　　案：二互体震，震木数三，"王三锡命"之象。周礼云"一命受职，再命受服，三命受位"，是其义也。

六三：师或舆尸，凶。

虞翻〔二〕曰："坎〔三〕为尸，坎为车多眚〔四〕，同〔五〕人离为戈兵、为〔六〕折首，失位，乘刚无应，尸在车上，故'舆尸，凶'矣。"

〔一〕"吉"，原作"言"，今据卢本、周本及曹校改。
〔二〕"虞翻"，原作"卢氏"，今据卢本、四库本、周本及曹校改。
〔三〕"坎"，原作"坤"，今据卢本、周本改。
〔四〕"眚"，原作"贵"，今据诸本及曹校改。
〔五〕"同"，原作"周"，今据诸本及曹校改。
〔六〕"为"，原作"马"，今据卢本、四库本、周本及曹校改。

象曰:"'师或舆尸',大无功也。"

卢氏曰:"失位乘刚,内外无应,以此帅师,必大败,故有舆尸之凶,功业大丧也。"

六四:师左次,无咎。

荀爽曰:"左谓二也,阳称左。次,舍也。二与四同功,四承五,五无阳,故呼二舍于五,四得承之,故'无咎'。"

象曰:"'左次,无咎',未失常也。"

崔憬曰:"偏将军居左。左次,常备师也。师顺用柔,与险无应,进取不可,次舍无咎,得位故也。"

六五:田有禽,利执言,无咎。

虞翻曰:"田谓二,阳称禽,震为言,五失位,变之正,艮为执,故'利执言,无咎'。"○荀爽曰:"田,猎也。谓二帅师禽五,五利度二之命,执行其言,故'无咎'也。" 案:六五居尊失位,在师之时,盖由殷纣而被武王擒于鹿台之类是也。以臣伐君,假言"田猎"。六五离爻,体坤,离为戈兵,田猎行师之象也。

长子帅师,

虞翻曰:"长子谓二,震为长子,在师中,故'帅师'也。"

弟子舆尸,贞凶。

虞翻曰:"弟子谓三,三体坎。坎,震之弟而乾之子,失位乘阳,逆,故'贞凶'。"

象曰:"'长子帅师',以中行[一]也。"

〔一〕"行",毛本、四库本作"正"。下注同。

荀爽曰：“长子谓九二也，五处中应二，二〔一〕受任帅师，当上升五，故曰‘长子帅师，以中行也’。”

‘弟子舆尸’，使不当也。”

宋衷曰：“弟子谓六三也，失位乘阳，处非所据，众不听从，师人分北，或败绩死亡，舆尸而还，故曰‘弟子舆尸’。谓使不当其职也。”

上六：大君有命，

虞翻曰：“同人乾为大君，巽为有命。”○干宝曰：“大君，圣人也。有命，天命也。五常为王位，至师之家而变其例者，上为郊也，故易位以见武王亲征，与师人同处于野也。离上九曰：‘王用出征，有嘉折首。’上六为宗庙，武王以文王行，故正开国之辞于宗庙之爻，明己之受命，文王之德也。故书泰誓曰：‘予克纣，非予武，惟朕文考无罪。受〔二〕克予，非朕文考有罪，惟予小子无良。’开国，封诸侯也。承家，立都邑也。‘小人勿用’，非所能矣。”

开国承家，

虞翻曰：“承，受也。坤为国，二称家，谓变乾为坤，欲令二上居五，为比，故‘开国承家’。”○荀爽曰：“大君谓二。师旅已息，既上居五，当封赏有功，立国命家也。开国，封诸侯。承家，立大夫也。”○宋衷曰：“阳当之五，处坤之中，故曰‘开国’。阴下之二，在二承五，故曰‘承家’。开国，谓析土地以封诸侯，如武王封周公七百里地也。承家，立大夫为差次。立大夫，因采地名，正其功勋，行其赏禄。”

〔一〕“二”，原不重，今据卢本、周本及曹校补。
〔二〕“受”，胡本、纂疏同，周本、孙氏集解作“纣”，受乃纣名。

小人勿用。

> 虞翻曰:"阴称小人,坤虚无君,体迷复凶,坤成乾灭,以弑君,故'小人勿用'。"

象曰:"'大君有命',以正功也。

> 虞翻曰:"谓'五多功'。五动正位,故'正功也'。"○干宝曰:"汤武之事。"

'小人勿用',必乱邦也。"

> 虞翻曰:"坤反君道,故'乱邦也'。"○干宝曰:"楚灵、齐闵,穷兵之祸也。"

序卦曰:"众必有所比,故受之以比〔一〕。"

> 崔憬曰:"'方以类聚,物以群分',人众则群类必有所比矣。上比相阿党,下比相和亲也。相党则相亲,故言'比者,比也'。"

☷ 坤宫七月归魂 坤下坎上 **比:吉。**

> 虞翻曰:"师二上之五,得位,众阴顺〔二〕从,比而辅之,故'吉'。与大有旁通。"○子夏传曰:"地得水而柔,水得土而流,比之象也。夫凶者生乎乖争,今既亲比,故云'比吉'也。"

原筮元永贞,无咎。不宁方来,后夫凶。

> 干宝曰:"比者,坤之归魂也。亦世于七月,而息来在巳。去阴居阳,承乾之命,义与师同也。原,卜也。周礼三卜,一曰'原兆'。坤德变化,反归其所,四方既同,万国既亲,故曰'比吉'。

〔一〕据胡本、张本、周本、曹校及注文,句末当有"比者,比也"四字。

〔二〕"顺",原作"颇",今据卢本、周本及曹校改。

考之蓍龟,以谋王业,大相东土,卜惟洛食,遂乃'定鼎郏鄏。卜世三十,卜年七百'。德善长于兆民,戬禄永于被业,故曰'原筮元永贞'。逆取顺守,居安如危,故曰'无咎'。天下归德,不唯一方,故曰'不宁方来'。后服之夫,违天失人,必灾其身,故曰'后夫凶'也。"

彖曰:"比,吉也。比,辅也,下顺从也。

崔憬曰:"下比于上,是下顺也。"

'原筮元永贞,无咎',以刚中也。

蜀才曰:"此本师卦。案:六五降二,九二升五,刚往得中,为比之主,故能原究筮道,以求长正,而'无咎'矣。"

'不宁方来',上下应也。

虞翻曰:"水性流动,故'不宁'。坤阴为方,上下应之,故'方来'也。"

'后夫凶',

虞翻曰:"'后'谓上,'夫'谓五也,坎为后,艮为背,上位在背后,无应乘阳,故'后夫凶'也。"

其道穷也。"

荀爽曰:"'后夫'谓上六,逆礼乘阳,不比圣王,其义当诛,故'其道穷'凶也。"

象曰:"地上有水,比,

何晏[一]曰:"水性润下,今在地上,更相浸润,比之义也。"

先王以建万国,亲诸侯。"

〔一〕"晏",曹校:疑当为"妥"。

虞翻曰："先王谓五,初阳已复,震为建、为诸侯,坤为万国、为腹,坎为心,腹心亲比,故'以建万国,亲诸侯'。诗曰'公侯腹心',是其义也。"

初六:有孚比之,无咎。

虞翻曰："孚谓五,初失位,变来得正,故'无咎'也。"○荀爽曰:"初在应外,以喻殊俗。圣王之信,光被四表,绝域殊俗,皆来亲比,故'无咎'也。"

有孚盈缶,终来有它,吉。

虞翻曰："坤器为缶,坎水流坤,初动成屯。屯者,盈也,故'盈缶'。终变得正,故'终来有它,吉'。在内称来也。"

象曰:"比之初六,有它吉也。"

荀爽曰:"缶者应内,以喻中国。孚既盈满中国,终来及初,非应,故曰'它'也。象云'有它吉'者,谓信及非应,然后吉也。"

六二:比之自内,贞吉。

干宝曰:"二在坤中,坤,国之象也;得位应五而体宽大,君乐民人自得之象也,故曰'比之自内,贞吉'矣。"

象曰:"'比之自内',不自失也。"

崔憬曰:"自内而比,不失己亲也。"

六三:比之匪人。

虞翻曰："匪,非也,失位无应,三又多凶,体剥伤象,弑父弑君,故曰'匪人'。"

象曰:"'比之匪人',不亦伤乎?"

干宝曰:"六三乙卯,坤之鬼吏。在比之家,有土之君也。周为木德,卯为木辰,同姓之国也。爻失其位,辰体阴贼,管蔡之象也。

比建万国,唯去此人,故曰'比之匪人',不亦伤王政也。"

六四:外比之,贞吉。

虞翻曰:"在外体,故称外。得位比贤,故'贞吉'也。"

象曰:"外比于贤,以从上也。"

干宝曰:"四为三公,在比之家〔一〕,而得其位,上比圣主,下御列
国,方伯之象也。能外亲九服,贤德之君,务宣上志,绥万邦也,故
曰'外比于贤,以从上也'。"

九五:显比。

虞翻曰:"五贵多功,得位正中,初三以变体重明,故'显比',谓
'显诸仁'也。"

王用三驱,失前禽,

虞翻曰:"坎五称王。三驱,谓驱下三阴,不及于初,故'失前禽'。
谓初已变成震,震为鹿、为惊走,鹿斯之奔,则'失前禽'也。"

邑人不诫,吉。

虞翻曰:"坤为邑,师震为人。师时坤虚无君,使师二上居五中,
故'不诫,吉'也。"

象曰:"显比之吉,位正中也。"

虞翻曰:"谓离象明,正上中也。"

舍逆取顺,'失前禽'也。

虞翻曰:"背上六,故'舍逆'。据三阴,故'取顺'。不及初,故'失
前禽'。"

'邑人不诫',上使中也。"

〔一〕"家",原作"象",今据周本及曹校改。

虞翻曰：“谓二。师使二居五中上〔一〕。”

上六：比之无首，凶。

荀爽曰：“阳欲无首，阴以大终，阴而无首，不以大终，故‘凶’也。”

○虞翻曰：“首，始也。‘阴道无成而代有终’，‘无首，凶’。”

象曰：“比之‘无首’，无所终也。”

虞翻曰：“迷失道，故‘无所终’也。”

序卦曰：“比必有所畜，故受之以小畜。”

崔憬曰：“下顺从而上下应之，则有所畜矣。”○韩康伯曰：“由比而畜，故曰‘小畜’也。”

䷈ 巽宫十一月一世 乾下巽上 小畜：亨。

侯果曰：“四为畜主，体兑〔二〕称小，唯九三被畜，下刚皆通，是以‘小畜，亨’也。”

密云不雨，自我西郊。

崔憬曰：“云如不雨，积我西邑之郊，施泽未通，以明小畜之义。”

案：云雨者，阴之气也。今小畜五阳而一阴〔三〕，既微少，才作密云，故〔四〕未能为雨。四互居兑，西郊之象也。

象曰：“小畜，柔得位而上下应之，曰小畜。

王弼曰：“谓六四也。成卦之义在此一爻者也。体无二阴以分其

〔一〕“师使二居五中上”，四库本作“使师二居五中上”，卢本、周本作“使师二上居五中”，当从卢本、周本。

〔二〕“兑”，原作“又”，今据曹校改。

〔三〕曹校：“阴”字当重。

〔四〕“故”，曹校以为当在上句“才”上。

应,既得其位,而上下应之,三不能陵,小畜之义。"

健而巽,刚中而志行,乃亨。

虞翻曰:"需上变为巽,与豫〔一〕旁通,豫〔二〕四之坤初为复,复小阳潜,所畜者少,故曰〔三〕'小畜'。二失位,五刚中正,二变应之,故'志行乃亨'也。"

'密云不雨',尚往也。

虞翻曰:"密,小也。兑为密。需坎升天为云,坠地称雨,上变为阳,坎象半见,故'密云不雨,上往也'。"

'自我西郊',施未行也。"

虞翻曰:"豫坤为自我,兑为西,乾为郊,雨生于西,故'自我西郊'。九二未变,故'施未行'矣。"○荀爽曰:"体兑位秋,故曰'西郊'也。时当收敛,臣不专赏,故'施未行',喻文王也。"

象曰:"风行天上,小畜,

九家易曰:"风者,天之命令也。今行天上,则是令未下行,畜而未下,小畜之义也。"

君子以懿文德。"

虞翻曰:"君子谓乾。懿,美也。豫坤为文,乾为德,离为明,初至四体夬为书契,乾离照坤,故'懿文德'也。"

初九:复自道,何其咎,吉。象曰:"'复自道',其义吉也。"

〔一〕"豫",原作"逸",原系避唐代宗讳改,今回改。下同,不出校。

〔二〕"豫",原作"就",今据卢本、四库本、周本及曹校改。

〔三〕"曰",原作"四",今据诸本及曹校改。

虞翻曰："谓从豫四之初成复卦,故'复自道'。'出入无疾,朋来无咎','何其咎,吉'。乾称道也。"

九二:牵复,吉。

崔憬曰:"四柔得位,群刚所应,二以中和,牵复自守,不失于行也。"

象曰:"牵复在中,亦不自失也。"

虞翻曰:"变应〔一〕五,故'不自失',与比二〔二〕同义也。"

九三:舆说辐〔三〕,

虞翻曰:"豫坤为车、为辐,至三成乾,坤象不见,故'车说辐'。马君及俗儒皆以乾为车,非也。"

夫妻反目。

虞翻曰:"豫震为夫、为反,巽为妻,离为目,今夫妻共在四,离火动上,目象不正,巽多白眼,'夫妻反目'。妻当在内,夫当在外,今妻乘夫而出在外,象曰'不能正室'。三体离需,饮食之道。饮食有讼,故争而反目也。"

象曰:"'夫妻反目',不能正室也。"

九家易曰:"四互体离,离为目也。离既不正,五引而上,三引而下,故'反目'也。舆以轮成车,夫以妻成室,今以妻乘夫,其道逆,故'不能正室'。"

〔一〕"应",原脱,今据毛本、卢本、四库本、周本及曹校补。毛本"应"上衍一"水"字。

〔二〕"二",原作"三",今据诸本及曹校改。

〔三〕"舆",卢本、周本、纂疏作"车"。"辐",卢本、周本作"輹"。下注同,不再出校。

六四：有孚，血去惕出，无咎。

虞翻曰："孚谓五。豫坎为血、为惕。惕，忧也。震为出，变成小畜，坎象不见，故'血去惕出'，得位承五，故'无咎'也。"

象曰："'有孚，惕出'，上合志也。"

荀爽曰："血以喻阴。四阴，臣象，有信顺五。惕，疾也。四当去初，疾出从五，故曰'上合志也'。"

九五：有孚挛如，富以其邻。

虞翻曰："孚五谓二也。挛，引也。巽为绳，豫艮为手。二失位，五欲其变，故曰'挛如'。以，及也。五贵称富，邻谓三，兑西震东称邻，二变承三〔一〕，故'富以其邻'。象曰'不独富'，二变为既济，与东西邻同义。"

象曰："'有孚挛如'，不独富也。"

九家易曰："有信，下三爻也。体巽，故'挛如'。如〔二〕谓连接。其邻，邻〔三〕谓四也。五以四阴作财，与下三阳共之，故曰'不独富也'。"

上九：既雨既处，尚德〔四〕载，妇贞厉。

虞翻曰："既，已也。应在三，坎水零为雨，巽为处，谓二已变，三体坎雨，故'既雨既处'。坎云复天，坎为车，积载〔五〕在坎上，故

〔一〕"二变承三"，原作"三变承二"，今据卢本、周本及曹校改。胡本"三"作"上"。
〔二〕"如"，曹校：当作"挛"。
〔三〕"邻"，曹校：衍字。
〔四〕"德"，卢本、周本作"得"。下象辞及注同，不再出校。卢本小字注云：今本"得"作"德"。
〔五〕"积载"，原倒，今据卢本、周本及曹校乙。

上得积载。巽为妇,坎成巽坏,故‘妇贞厉’。”

月几望,君子征凶。

虞翻曰:“几,近也。坎月离日,上已正,需时成坎,与离相望,兑
西震东,日月象对,故‘月几望’。上变阳消,之坎为疑,故‘君子
征,有所疑’矣。与归妹、中孚‘月几望’义同也。”

象曰:“‘既雨既处’,德积载也。

虞翻曰:“巽消承坎〔一〕,故‘德积载’。坎习为积也。”

‘君子征凶’,有所疑也。”

虞翻曰:“变坎为盗,故‘有所疑也’。”

序卦曰:物畜然后有礼,故受之以履。

崔憬曰:“履,礼也。物畜不通,则‘君子先懿文德’,然后以礼导
之,故言‘物畜然后有礼’也。”

▤ 艮宫三月五世 兑下乾上 **履虎尾,不咥人,亨**〔二〕。

虞翻曰:“谓变讼初为兑也,与谦旁通。以坤履乾,以柔履刚,谦
坤为虎,艮为尾,乾为人,乾兑乘谦,震足蹈艮,故‘履虎尾’。兑
悦而应,虎口与上绝,故‘不咥人’。刚当位,故亨。俗儒皆以兑
为虎,乾履兑,非也。兑刚卤,非柔也。”

象曰:“履,柔履刚也。

虞翻曰:“坤柔乾刚,谦坤籍乾,故‘柔履刚’。”○荀爽曰:“谓三履

〔一〕“坎”上,原有“也”字,今据卢本、四库本、周本及曹校删。

〔二〕“亨”下,卢本、周本有“利贞”二字,并小字注云:今本脱此二字。孙氏集
解小字注云:李氏本“亨”下有“利贞”。

二也。二五无应,故无'元'。以乾履兑,故有通。六三履二,非
和正,故云'利贞'也。"

说而应乎乾,

虞翻曰:"说,兑也。明兑不履乾,故言应也。"○九家易曰:"动来
为兑而应上,故曰'说而应乎乾'也。以喻一国之君,应天子命以
临下,承上以巽,据下以悦,其正应天,故虎为之'不咥人'也。"

是以'履虎尾,不咥人,亨'。

九家易曰:"虎尾谓二〔一〕也。三以说道履五之应,上顺于天,故
'不咥人,亨'也。能以〔二〕巽说之道,顺应于五,故虽践虎,不见
咥噬也。太平之代,虎不食人,亨谓于五也。"

刚中正,履帝位而不疚,光明也。"

虞翻曰:"'刚中正',谓五。谦震为帝;五,帝位;坎为疾病,乾为
大明,五履帝位,坎象不见,故'履帝位而不疚,光明也'。"

象曰:"上天下泽,履,君子以辩上下,定民志。"

虞翻曰:"君子谓乾。辩,别也。乾天为上,兑泽为下,谦坤为民,
坎为志,谦时坤在乾上,变而为履,故'辩上下,定民志'也。"

初九:素履,往无咎。

虞翻曰:"应在巽,为白,故'素履'。四失位,变往得正,故'往无
咎'。初已得正,使四独变。在外称往。象曰:'独行愿也。'"

象曰:"素履之往,独行愿也。"

荀爽曰:"初九者,潜位,隐而未见,行而未成。素履者,谓布衣之

〔一〕"二",卢本、周本作"三",义逊。
〔二〕"以",原脱,今据曹校补。

士,未得居位,独行礼义,不失其正,故'无咎'也。"

九二:履道坦坦,幽人贞吉。

虞翻曰:"二失位,变成震,为道、为大涂,故'履道坦坦'。讼时,二在坎狱中,故称'幽人'。之正得位,震出兑悦,幽人喜笑,故'贞吉'也。"

象曰:"'幽人贞吉',中不自乱也。"

虞翻曰:"虽幽讼狱中,终辩得正,故'不自乱'。"

六三:眇能视,跛能〔一〕履,

虞翻曰:"离〔二〕目不正,兑为小,故'眇而视'。视上应也。讼坎为曳,变震时为足,足曳,故'跛而履'。俗儒多以兑刑为跛,兑折震足为刑人见刑断足者,非为跛也。"

履虎尾,咥人,凶。

虞翻曰:"艮为尾,在兑下,故'履虎尾'。位在虎口中,故'咥人,凶'。既跛又眇,视步不能,为虎所啮,故'咥人,凶'。象曰'位不当也'。"

武人为于大君。

虞翻曰:"乾象在上为武人,三失位,变而得正成乾,故曰'武人为于大君,志刚也'。"

象曰:"眇能视,不足以有明也;跛能履,不足以与行也。

〔一〕 两"能"字,卢本、周本作"而",并小字注云:今本"而"作"能"。按:象辞同,不再出校。
〔二〕 "离",原作"虽",今据诸本及曹校改。

侯果曰："六三,兑也。互有离巽,离为目,巽为股,体俱非正,虽能视,眇目者也;虽能履,跛足者也,故曰'眇能视,不足以有明;跛能履,不足以与行',是其义也。"

咥人之凶,位不当也。

案:六三为履卦之主,体兑应乾,下柔上刚,尊卑合道,是以"履虎尾,不咥人,亨"。今于当爻以阴处阳,履非其位,互体离兑,水火相刑,故独唯三被咥,凶矣。

'武人为于大君',志刚也。"

案:以阴居阳,武人者也。三互体离[一],离为向明,"为于大君",南面之象。与乾上应,故曰"志刚"。

九四:履虎尾,愬愬,终吉。

虞翻曰："体与下绝,'四多惧',故'愬愬'。变体坎,得位承五应初,故'终吉'。象曰:'志行也。'"

象曰:"'愬愬,终吉',志行也。"

侯果曰："愬愬,恐惧也。履乎兑主,'履虎尾'也。逼近至尊,故恐惧。以其恐惧,故'终吉'也。执乎枢密,故'志行'也。"

九五:夬履,贞厉。

虞翻曰："谓三上已变,体夬象,故'夬履'。四变,五在坎中也,为上所乘,故'贞厉'。象曰:'位正当也。'"

象曰:"'夬履,贞厉',位正当也。"

干宝曰："夬,决也。居中履正,为履贵主,万方所履,一决于前,恐决失正,恒惧危厉,故曰'夬履,贞厉,位正当也'。"

〔一〕"互",胡本作"才"。"体离",卢本、周本作"离爻"。

上九:视履考祥〔一〕,其旋元吉。

虞翻曰:"应在三,三先视上,故上亦视三,故曰'视履考祥'矣。考,稽;祥,善也。乾为积善,故'考祥'。三上易位,故'其旋元吉'。象曰'大有庆也'。"

象曰:"元吉在上,大有庆也。"

卢氏曰:"王者履礼于上,则万方有庆于下。"

〔一〕"祥",卢本、周本作"详",张本小字注云:"今本'详'作'祥'。"下同,不再出校。按:卢本本释文。

周易集解卷第四

泰　否　同人　大有　谦　豫

序卦曰："履而泰,然后安,故受之以泰。泰者,通也。"

崔憬曰："以礼导之,必通。通然后安,所谓'君子以辩上下,定民志',通而安也。"

坤宫正月二世　乾下坤上　泰:小往大来,吉,亨。

虞翻曰："阳息坤,反否也。坤阴诎外为'小往',乾阳信内称'大来'。'天地交,万物通',故'吉,亨'。"

彖曰:"'泰,小往大来,吉,亨',

蜀才曰："此本坤卦。小谓阴也,大谓阳也。天气下,地气上,阴阳交,万物通,故'吉,亨'。"

则是天地交而万物通也,

何妥曰："此明天道泰也。夫泰之为道,本以通生万物。若天气上腾,地气下降,各自闭塞,不能相交,则万物无由得生。明万物生由天地交也。"

上下交而其志同也。

何妥曰："此明人事泰也。上之与下,犹君之与臣,君臣相交感,乃可以济养民也。天地以气通,君臣以志同也。"

内阳而外阴,内健而外顺;

何妥曰:"此明天道也。阴阳之名,就爻为语;健顺之称,指卦为言。顺而阴居外,故曰'小往'。健而阳在内,故曰'大来'。"

内君子而外小人,

崔憬曰:"此明人事也。阳为君子,在内,健于行事。阴为小人,在外,顺以听命。"

君子道长,小人道消也。"

九家易曰:"谓阳息而升,阴消而降也。阳称息者,长也。起复成巽,万物盛长也。阴言消者,起姤终乾,万物成熟,成熟则给用,给用则分散,故阴用特言消也。"

象曰:"天地交,泰,

荀爽曰:"坤气上升,以成天道;乾气下降,以成地道;天地二气,若时不交,则为闭塞。今既相交,乃通泰。"

后以财成天地之道,

虞翻曰:"后,君也。阴升乾位。坤,女主,故称后。坤富称财。'守位以人,聚人以财',故曰'成天地之道'。"

辅相天地之宜,以左右民。"

虞翻曰:"相,赞。左右,助之[一]。震为左,兑为右,坤为民,谓以阴辅阳。诗曰:'宜民宜人,受禄于天。'"○郑玄曰:"财,节也。辅,相。左右,助也。以者,取其顺阴阳之节,为出内之政。春崇宽仁,夏以长养,秋教收敛,冬敕盖藏,皆可以成物助民也。"

〔一〕"之",曹校:当为"也"。

初九：拔茅茹，以其汇，征吉。

王弼曰："茅之为物，拔其根而相牵引也。茹，相牵引之貌也。三阳同志，俱志在外；初为类首，己举则从，若茅茹也。上顺而应，不为违距，进皆得志，故'以其类，征吉'也。"

象曰："'拔茅，征吉'，志在外也。"

虞翻曰："'否泰反其类'，否巽为茅。茹，茅根。艮为手。汇，类也。初应四，故'拔茅茹以汇'。震为征，得位应四，'征吉，志在外'〔一〕。外谓四也。"

九二：包荒，

翟玄曰："荒，虚也。二五相应，五虚无阳，二上包之。"

用冯河，不遐遗。

荀爽曰："河出于乾，行于地中，阳性欲升，阴性欲承，冯河而上，不用舟航。自地升天，道虽辽远，三体俱上，不能止之，故曰'不遐遗'。"

朋亡，得尚于中行。

荀爽曰："中谓五，坤为朋〔二〕，朋亡而下，则二得上居五，而行中和矣。"

象曰："'包荒，得尚于中行'，以光大也。"

虞翻曰："在中称包。荒，大川也。冯河，涉河。遐，远；遗，亡也。失位变得正，体坎，坎为大川、为河，震为足，故'用冯河'。乾为

〔一〕"志在外"三字，周本无。

〔二〕"中谓五坤为朋"，原作"中谓坤一朋"，今据卢本、四库本、周本及曹校改补。

远,故'不遐遗'。兑为朋〔一〕,坤虚无君,欲使二上,故'朋亡'。
二与五易位,故'得上于中行'。震为行,故'光大也'。"

九三:无平不陂,无往不复。

虞翻曰:"陂,倾,谓否上也。平谓三。天地分,故平。天成地平,
谓'危者使平,易者使倾'〔二〕。往谓消外,复谓息内。从三至上
体复象,'终日乾乾,反复道',故'无平不陂,无往不复'也。"

艰贞,无咎,勿恤。其孚于食有福。

虞翻曰:"艰,险;贞,正;恤,忧;孚,信也。二之五,得正在坎中,
故'艰贞'。坎为忧,故'勿恤'。阳在五孚险,坎为孚,故有
'孚'。体噬嗑,食也。二上之五据四,则三乘二,故'于食有
福'也。"

象曰:"无往不复〔三〕,天地际也。"

宋衷曰:"位在乾极,应在坤极,天地之际也。地平极则险陂,天
行极则还复,故曰'无平不陂,无往不复'也。"

六四:翩翩,不富以其邻,

虞翻曰:"二五变时,四体离飞,故'翩翩'。坤虚无阳,故'不富'。
兑西震东,故称'其邻'。三阴乘阳,不得之应,象曰'皆失
实也'。"

不戒以孚。

虞翻曰:"谓坤'邑人不戒',故使二升五,信来孚邑,故'不戒以
孚'。二上体坎,中正,象曰:'中心愿也。'与比'邑人不戒'同

〔一〕"朋",原作"用",今据卢本、四库本、周本及曹校改。
〔二〕"危者使平,易者使倾",原作"危者使倾",今据卢本、周本及曹校补。
〔三〕"无往不复",卢本、周本作"无平不陂"。

义也。"

象曰:"'翩翩'、'不富',皆失实也。

> 宋衷曰:"四互体震,'翩翩'之象也。阴虚阳实,坤今居上,故言'失实也'。"

'不戒以孚',中心愿也。"

> 九家易曰:"乾升坤降,各得其正,阴得承阳,皆阴心之所愿也。"

六五:帝乙归妹,以祉元吉。

> 九家易曰:"五者帝位,震象称乙,是为'帝乙'。六五以阴处尊位,帝者之姊妹。五在震后,明其为妹。五应于二,当下嫁二。妇人谓嫁曰归,故言'帝乙归妹'。谓下居二,以中和相承,故'元吉'也。"○虞翻曰:"震为帝,坤为乙。帝乙,纣父。归,嫁也。震为兄兑妹,故嫁妹。祉,福也,谓五。变体离,离为大腹,则妹嫁而孕,得位正中,故'以祉元吉'也。"

象曰:"'以祉元吉',中以行愿也。"

> 九家易曰:"五下于二,而得中正,故言'中以行愿也'。"

上六:城复于隍,

> 虞翻曰:"否艮为城,故称城。坤为积土。隍,城下沟。无水称隍,有水称池。今泰反否,乾坏为土,艮城不见,而体复象,故'城复于隍'也。"

勿用师,自邑告命,贞吝。

> 虞翻曰:"谓二动时体师,阴皆乘阳,行不顺,故'勿用师'。坤为自邑,震为言,兑为口,否巽为命,今逆陵阳,故'自邑告命'。命逆不顺,阴道先迷,失实远应,故'贞吝'。"

象曰:"'城复于隍',其命乱也。"

九家易曰：“乾当来上，不可用师而拒之也。‘自邑’者，谓从坤性〔一〕而降也。‘告命’者，谓下为巽，宣布君之命令也。三阴自相告语，俱下〔二〕服顺承乾也。‘城复于隍’，国政崩也。坤为乱，否巽为命，交在泰上，故‘其命乱也’。”

序卦曰：“物不可以终通，故受之以否。”

崔憬曰：“物极则反，故不终通而否矣，所谓‘城复于隍’者也。”

䷋ 乾宫七月三世 坤下乾上　否之匪人，不利君子贞，大往小来。

虞翻曰：“阴消乾，又反泰也。谓三，比坤灭乾。以臣弑其君，子弑其父，故曰‘匪人’。阴来灭阳，君子道消，故‘不利君子贞’。阴信阳诎，故‘大往小来，则是天地不交，而万物不通’，与比三同义也。”

象曰：“‘否之匪人，不利君子贞，

崔憬曰：“否，不通也。于不通之时，小人道长，故云‘匪人’；君子道消，故‘不利君子贞’也。”

大往小来’，

蜀才曰：“此本乾卦。大往，阳往而消。小来，阴来而息也。”

则是天地不交而万物不通也，

何妥曰：“此明天道否也。”

上下不交而天下无邦也。

何妥曰：“此明人事否也。泰中言‘志同’，否中云‘无邦’者，言人

〔一〕“性”，原作“往”，今据胡本、卢本、周本及曹校改。
〔二〕“下”，原作“不”，今据胡本、卢本、周本及曹校改。

志不同,必致离散而乱邦国。"○崔憬曰:"君臣乖阻,取乱之道,故言'无邦'。"

内阴而外阳,内柔而外刚,

崔憬曰:"阴柔谓坤,阳刚谓乾也。"

内小人而外君子,小人道长,君子道消也。"

崔憬曰:"君子在野、小人在位之义也。"

象曰:"天地不交,否,

宋衷曰:"天地不交,犹君臣不接。天气上升而不下降,地气沈下又不上升,二气特隔,故云'否'也。"

君子以俭德辟难,不可荣以禄。"

虞翻曰:"君子谓乾,坤为营,乾为禄,难谓坤,为弑君,故以'俭德辟难'。巽为入,伏乾为远,艮为山,体遁象,谓辟难远遁入山,故'不可营以禄'。营,或作'荣'。俭,或作'险'。"○孔颖达曰:"言君子于此否时,以节俭为德,辟其危难,不可荣华其身,以居禄位。若据诸侯公卿而言,是辟时群小之难,不可重受官爵也。若据王者言之,谓节俭为德,辟阴阳厄运之难,不可自重荣贵而骄逸也。"

初六:拔茅茹,以其汇,贞吉,亨。

荀爽曰:"'拔茅茹',取其相连。汇者,类也。合体同包,谓坤三爻同类相连[一],欲在下也。贞者,正也。谓正居其所,则'吉'也。"

象曰:"'拔茅,贞吉',志在君也。"

九家易曰:"阴志在下,欲承君也。" 案:初六巽爻,巽为草木,阳爻为木,阴爻为草,初六阴爻,草茅之象也。

〔一〕"连",原作"遭",今据卢本、周本及曹校改。。

六二:包承,小人吉,大人否,亨。

荀爽曰:"二与四同功,为四所包,故曰'包承'也。小人,二也。谓一爻独居,间象相承,得系于阳,故'吉'也。大人谓五,乾坤分体,天地否隔,故曰'大人否'也。二五相应,否义得通,故曰'否,亨'矣。"

象曰:"'大人否,亨',不乱群也。"

虞翻曰:"否,不也。物三称群,谓坤三阴乱弑君,大人不从,故'不乱群也'。"

六三:包羞。象曰:"'包羞',位不当也。"

荀爽曰:"卦性为否,其义否隔。今以不正,与阳相承,为四所包,违义失正,而可羞者,以'位不当'故也。"

九四:有命,无咎,畴离祉。

九家易曰:"巽为命,谓受五之命,以据三阴,故'无咎'。无命而据,则有咎也。畴者,类也。谓四应初据三,与二同功,故阴类皆'离祉'也。离,附;祉,福也。阴皆附之,故曰有福。谓下三阴离,受五四之福也。"

象曰:"'有命无咎',志行也。"

荀爽曰:"谓志行于群阴也。"

九五:休否,大人吉。

九家易曰:"否者消卦,阴欲消阳,故五处和居正,以否绝之。乾坤异体,升降殊隔,卑不犯尊,故'大人吉'也。"

其亡其亡,

荀爽曰:"阴欲消阳,由四及五,故曰'其亡其亡'。谓坤性顺从,不能消乾使亡也。"

系于包桑。

荀爽曰：“包者，乾坤相包也。桑者，上玄下黄，以象乾坤也。乾职在上，坤体在下，虽欲消乾，系其本体，不能亡也。”○京房曰：“桑有衣食人之功，圣人亦有天覆地载之德，故以喻。”○陆绩曰：“包，本也。言其坚固不亡，如以巽绳系也。”　　案：“其亡其亡”，近死之嗟也。“其”与“几”同。几者，近也。九五居否之时，下包六[一]二，二互坤艮，艮山坤地，地上即田也。五互巽木，田上有木，莫过于桑，故曰“其亡其亡，系于苞桑”。言五二包系根深蒂固，若山之坚、如地之厚者也。虽遭危乱，物莫能害矣。○郑玄曰：“犹纣囚文王于羑里之狱，四臣献珍异之物，而终免于难，‘系于包桑’之谓。”

象曰：“大人之吉，位正当也。”

崔憬曰：“得位居中也。”

上九：倾否，先否后喜。

侯果曰：“倾谓[二]覆也。否穷则倾矣。倾犹否，故‘先否’也。倾毕则通，故‘后喜’也。”

象曰：“否终则倾，何可长也？”

虞翻曰：“否终必倾，盈不可久，故‘先否’。下反于初，成益体震，‘民说无疆’，故‘后喜’。以阴剥阳，故不可久也。”

序卦曰：“物不可以终否，故受之以同人。”

崔憬曰：“‘否终则倾’，故同于人，通而利涉矣。”

〔一〕“六”，原作“初”，今据胡本、卢本、周本及曹校改。
〔二〕“谓”，原作“为”，今据曹校改。

☰ 离宫正月归魂 离下乾上 **同人于野,亨。**

> 郑玄曰:"乾为天,离为火,卦体有巽,巽为风,天在上,火炎上而从之,是其性同于天也。火得风,然后炎上益炽,是犹人君在上施政教,使天下之人和同而事之。以是为人和同者,君之所为也,故谓之'同人'。风行无所不遍,遍则会通之德大行,故曰'同人于野,亨'。"

利涉大川,利君子贞。

> 崔憬曰:"以离文明而合乾健,九五中正,同人于二,'为能通天下之志',故能'利涉大川,利君子之贞'。"

彖曰:"同人,

> 九家易曰:"谓乾舍于离,同而为日。天日同明,以照于下,君子则之,上下同心,故曰'同人'。"

柔得位得中而应乎乾,曰同人。

> 蜀才曰:"此本夬卦。九二升上,上六降二,则'柔得位得中,而应乎乾',下奉上之象。义同于人,故曰'同人'。"

同人曰:'同人于野,亨。利涉大川',乾行也。

> 虞翻曰:"旁通师卦,巽为同,乾为野,师震为人,二得中应乾,故曰'同人于野,亨'。此孔子所以明嫌表微。师震为夫,巽为妇,所谓'二人同心',故不称君臣、父子、兄弟、朋友,而故言人耳。乾四上失位,变而体坎,故曰'利涉大川,乾行也'。"○侯果曰:"九二升上,上为郊野,是'同人于野'。而得通者,由乾爻上行耳,故特曰'乾行也'。"

文明以健,中正而应,君子正也。

> 何妥曰:"离为文明,乾为刚健,健非尚武,乃以文明;应不以邪,

乃以中正,故曰'利君子贞'也。"

唯君子为能通天下之志。"

虞翻曰:"唯,独也。四变成坎,坎为通、为志,故'能通天下之志'。谓五'以类族辩物','圣人作而万物睹'。"○崔憬曰:"君子谓九五〔一〕。能舍己同人,'以通天下之志'。若九三、九四,以其人臣〔二〕,则不当矣。故爻辞不言'同人'也。"

象曰:"天与火同人,

荀爽曰:"乾舍于离,相与同居,故曰'同人'也。"

君子以类族辩物。"

虞翻曰:"君子谓乾,师坤为类,乾为族。辩,别也。乾,阳物;坤,阴物。体姤,天地相遇,品物咸章,以乾照坤,故'以类族辩物',谓'方以类聚,物以群分'。孔子曰:'君子和而不同。'故于同人家〔三〕见'以类族辩物'也。"

初九:同人于门,无咎。

虞翻曰:"乾为门,谓同于四,四变应初,故'无咎'也。"

象曰:"出门同人,又谁咎也。"

崔憬曰:"刚而无应,比二以柔,近同于人,出门之象,'又谁咎'矣。"　案:初九震爻。"帝出乎震",震为大涂,又为日门,出门之象也。

六二:同人于宗,吝。

〔一〕"五",原作"二",今据周本及曹校改。
〔二〕"其人臣",曹校:三字误,当为"己乘人"。
〔三〕"家",四库本、周本作"象"。

荀爽曰："宗者,众也。三据二阴,二与四同功,五相应,初相近,上下众阳,皆欲与二为同,故曰'同人于宗'也。阴道贞静,从一而终,今宗同之,故'吝'也。"

象曰:"'同人于宗,吝',道也。"

侯果曰:"宗谓五也。二为同人之主,和同者之所仰也。有应在五,唯同于五,过五则否。不能大同于人,则为主之德吝狭矣。所同虽吝,亦妻臣之道也。"

九三:伏戎于莽,升其高陵,三岁不兴。

虞翻曰:"巽为伏,震为草莽,离为戎。谓四变时三在坎中,隐伏自藏,故'伏戎于莽'也。巽为高,师震为陵,以巽股'升其高陵'。爻在三,乾为岁;兴,起也;动而[一]失位,故'三岁不兴'也。"

象曰:"'伏戎于莽',敌刚也。'三岁不兴',安行也。"

崔憬曰:"与二相比,欲同人焉。盗憎其主而忌于五,所以隐兵于野,将以袭之,故曰'伏戎于莽'。五既居上,故曰'升其高陵'。一爻为一年,自三至五,频遇刚敌,故'三岁不兴',安可行也。" 案:三互离巽,巽为草木,离为戈兵,"伏戎于莽"之象也。

九四:乘其墉,弗克攻,吉。

虞翻曰:"巽为墉,四在巽上,故'乘其墉'。变而承五,体讼,乾刚在上,故'弗克攻',则'吉'也。"

象曰:"'乘其墉',义弗克也。其吉,则困而反则也。"

王弼曰:"处上攻下,力能乘墉者也。履非其位,与三争二[二],二

〔一〕"而",原作"不",今据张本、纂疏及曹校改。
〔二〕"与三争二",周易正义作"以与人争"。

自应五,三非犯己,攻三求二,尤而效之,违义伤礼〔一〕,众所不与。势虽乘墉,义终不〔二〕克,而得吉者,以困而反正则也〔三〕。"

九五:同人先号咷而后笑,大师克相遇。

虞翻曰:"应在二,巽为号咷,乾为先,故'先号咷'。师震在下,故'后笑'。震为后笑也。乾为大,同人反师,故'大师'。二至五体姤,遇也,故'相遇'。"

象曰:"同人之先,以中直也。大师相遇,言相克也。"

侯果曰:"乾德中直,不私于物,欲天下大同,方始同二矣。三四失义而近据之,未获同心,故'先号咷'也。时须同好,寇阻其途,以言相克,然后始相遇,故'笑'也。"○九家易曰:"乾为言。"

上九:同人于郊,无悔。

虞翻曰:"乾为郊,失位无应,与乾上九同义,当有悔。同心之家,故'无悔'。"

象曰:"'同人于郊',志未得也。"

侯果曰:"独处于外,'同人于郊'也。不与内争,无悔吝也。同人之时,唯同于郊,'志未得也'。"

序卦曰:"与人同者,物必归焉,故受之以大有。"

崔憬曰:"以欲从人,人必归己,所以成大有。"

〔一〕"礼",周易正义作"理"。
〔二〕"不",毛本、卢本、周本作"弗"。
〔三〕"势虽乘墉,义终不克,而得吉者,以困而反正则也",周易正义作"故虽乘墉而不克也。不克则反,反则得吉也。不克则反,其所以得吉,困而反则者也"。

☰☰ 乾宫正月归魂 乾下离上 **大有:元亨。**

> 虞翻曰:"与比旁通,柔得尊位,大中'应天而时行',故'元亨'也。"○姚规曰:"互体有兑,兑为泽,位在秋也。乾则施生,泽则流润,离则长茂,秋则成收,大富有也。大有则元亨矣。"○郑玄曰:"六五体离,处乾之上,犹大臣有圣明之德,代君为政,处其位,有其事而理之也。'元亨'者,又能长群臣以善,使嘉会礼通,若周公摄政,朝诸侯于明堂是也。"

象曰:"大有,柔得尊位,大中而上下应之,曰大有。

> 王弼曰:"处尊以柔,居中以大,体无二阴,以〔一〕分其应,上下应之,靡所不纳,大有之义也。"

其德刚健而文明,应乎天而时行,是以'元亨'。"

> 虞翻曰:"谓五,以日应乾,而行于天也。时谓四时也。大有亨比〔二〕。比初动成震为春,至二兑为秋,至三离为夏,坎为冬,故曰'时行'。以乾亨坤,是以'元亨'。"

象曰:"火在天上,大有,

> 荀爽曰:"谓夏火王在天,万物并生,故曰'大有'也。"

君子以遏恶扬善,顺天休命。"

> 虞翻曰:"遏,绝;扬,举也。乾为扬善,坤为遏恶、为顺。以乾灭坤,体夬,'扬于王庭',故'遏恶扬善'。乾为天休,二变时,巽为命,故'顺天休命'。"

初九:无交害,匪咎,艰则无咎。

〔一〕"以"下,原有"阴而"二字,今据卢本、周本及曹校删。
〔二〕"比",原脱,今据纂疏及周易虞氏义补。

虞翻曰:"害谓四。四离火为恶人,故'无交害'。初动,震为交,比坤为害。匪,非也。艰,难。谓阳动比初成屯,屯,难也。变得位,'艰则无咎'。"

象曰:"大有初九,'无交害'也。"

虞翻曰:"害谓四。"

九二:大车〔一〕以载,有攸往,无咎。

虞翻曰:"比坤为大车,乾来积上,故'大车以载'。往谓之五。二失位,变得正应五,故'有攸往,无咎'矣。"

象曰:"'大车以载',积中不败也。"

卢氏〔二〕曰:"乾为大车,故曰'大车以载'。体刚履中,可以任重,有应于五,故所积皆中而不败也。"

九三:公用亨于天子,小人弗克。

虞翻曰:"天子谓五。三,公位也。小人谓四。二变得位,体鼎象,故'公用亨于天子'。四'折鼎足,覆公餗',故'小人不克'也。"

象曰:"'公用亨于天子',小人害也。"

虞翻曰:"小人谓四也。"

九四,匪其彭〔三〕,无咎。

虞翻曰:"匪,非也。其位尪,足尪,体行不正。四失位,折震足,故'尪'。变而得正,故'无咎'。尪,或作'彭',作旁声,字之误。"

〔一〕"车",卢本、周本作"轝",古字通。下注及象辞同,不再出校。

〔二〕"卢氏",原作"虞翻",今据卢本、周本及曹校改。

〔三〕"彭",卢本、周本、周易虞氏义作"尪"。下象辞及注同,不再出校。按:卢本据释文从虞翻。

象曰:"'匪其彭,无咎',明辩晢[一]也。"

虞翻曰:"晢之离,故'明辩晢也'。四在乾则尫,在坤为鼠,在震'噬肺[二]得金矢',在巽'折鼎足',在坎为鬼方,在离'焚死',在艮'旅于处',言无所容;在兑'睽孤孚厉',三百八十四爻,独无所容也。"

六五:厥孚交如,威如,吉。

虞翻曰:"孚,信也。发而孚二,故'交如'。乾称威,发得位,故'威如,吉'。"

象曰:"'厥孚交如',信以发志也。'威如'之吉,易而无备也。"

侯果曰:"其体文明,其德中顺,信发乎志,以覃于物,物怀其德,以信应君[三],君物交信[四],'厥孚交如'也。为卦之主,有威不用,唯行简易,无所防备,物感其德,翻更畏威,'威如'之吉也。"

上九:自天祐之,吉,无不利。

虞翻曰:"谓乾也。祐,助也。大有通比,坤为自,乾为天,兑为祐,故'自天祐之'。比坤为顺,乾为信,天之所助者顺,人之所助者信,履信思顺,又以尚贤,故'自天祐之,吉,无不利'。"○王弼曰:"余爻皆乘刚,己独乘柔,顺也。五为信德,而己履焉,履信者也。居丰富之代,物不累心,高尚其志,尚贤者也。爻有三德,尽

〔一〕"晢",卢本、周本作"折"。下注同。张本有小字注云:今本"折"作"晢"。按:卢本据释文从虞翻。

〔二〕"肺",原作"肺",今据诸本及曹校改。

〔三〕"君",原作"于",今据卢本、四库本、周本及曹校改。

〔四〕"交信",原倒,今据卢本、四库本、周本及曹校乙。

夫助道,故系辞具焉也。"

象曰:"大有上吉,自天祐也。"

<u>九家易</u>曰:"上九悦五,以柔处尊而自谦损,尚贤奉己,上下应之,
为乾所祐,故吉且利〔一〕也。"

序卦曰:"有大者不可以盈,故受之以谦。"

<u>崔憬</u>曰:"富贵而自遗其咎,故有大者不可盈,当须谦〔二〕,天之道也。"

☰☷ <u>兑宫九月五世</u> <u>艮下坤上</u> **谦:亨。**

<u>虞翻</u>曰:"乾上九来之坤,与履旁通,'天道下济',故'亨'。<u>彭城</u>
<u>蔡景君</u>说:'剥上来之三。'"

君子有终。

<u>虞翻</u>曰:"君子谓〔三〕三。艮终万物,故'君子有终'。"○<u>郑玄</u>曰:
"艮为山,坤为地,山体高,今在地下,其于人道,高能下下,谦之
象。亨者,嘉会之礼以谦而为主。谦者,自贬损以下人,唯艮之坚
固,坤之厚顺,乃能终之,故君子之人有终也。"

象曰:"'谦亨',

<u>九家易</u>曰:"艮山坤地,山至高,地至卑,以至高下至卑,故曰'谦'
也。谦者兑世,艮为兑合,故'亨'。"

天道下济而光明,

<u>荀爽</u>曰:"乾来之坤,故'下济'。阴去为离,阳来成坎,日月之象,

〔一〕"利",原作"和",今据<u>胡</u>本、<u>周</u>本改。
〔二〕"谦"下,纂疏有"退"字。
〔三〕"谓",原作"为",今据<u>卢</u>本、<u>周</u>本及<u>曹</u>校改。

故'光明'也。"

地道卑而上行。

侯果曰:"此本剥卦。乾之上九来居坤三,是'天道下济而光明'
也。坤之六三上升乾位,是'地道卑而上行'者也。"

天道亏盈而益谦,

虞翻曰:"谓乾盈履上,亏之坤三,故'亏盈';贵处贱位,故'盈谦'〔一〕。"
○崔憬曰:"若'日中则昃,月满则亏';'损有余以补不足,天之
道也'。"

地道变盈而流谦,

虞翻曰:"谦二〔二〕以坤变乾盈,坎动而润下,水流湿,故'流谦'
也。"○崔憬曰:"'高岸为谷,深谷为陵',是为'变盈而流谦',地
之道也。"

鬼神害盈而福谦,

虞翻曰:"鬼谓四,神谓三,坤为鬼害,乾为神福,故'鬼神害盈而
福谦'也。"○崔憬曰:"'朱门之家,鬼阚其室','黍稷非馨,明德
惟馨',是其义矣。"

人道恶盈而好谦。

虞翻曰:"乾为好、为人,坤为恶也,故'人道恶盈'。从上之三,故
'好谦'矣。"○崔憬曰:"'满招损,谦受益',人之道也。"

谦尊而光,卑而不可逾,

虞翻曰:"天道远,故'尊光'。三位贱,故'卑'。坎水就下,险弱

〔一〕"盈谦",卢本、四库本、周本作"益谦"。
〔二〕"二",纂疏以为当作"三"。

难胜,故'不可逾'。"

君子之终也。"

孔颖达曰:"尊者有谦而更光明盛大,卑者有谦而不逾越,是'君子之终也'。言君子能终其谦之善,而又获谦之福,故曰'君子之[一]终也'。"

象曰:"地中有山,谦,

刘表曰:"地中有山,以高下下,故曰'谦'。谦之为道,降己升人。山本地上,今居地中,亦降体之义,故为谦象也。"

君子以哀[二]多益寡,称物平施。"

虞翻曰:"君子谓三。哀,取也。艮为多,坤为寡,乾为物、为施,坎为平,谦乾盈益谦,故'以哀多益寡,称物平施'。"○侯果曰:"哀,聚也。彖云'天道益谦',则谦之大者,天益之以大福;谦之小者,天益之以小福。故君子则之,以大益施大德,以小益施小德,是'称物平施'也。"

初六:谦谦君子,用涉大川,吉。

荀爽曰:"初最在下,为谦;二阴承阳,亦为谦,故曰'谦谦'也。二阴一阳,相与成体,故曰'君子'也。九三体坎,故'用涉大川,吉'也。"

象曰:"'谦谦君子',卑以自牧也。"

九家易曰:"承阳卑谦,以阳自牧养也。"

六二:鸣谦,贞吉。

〔一〕"之",毛本、卢本、四库本、周本作"有"。
〔二〕"哀",卢本、周本作"捊"。下注同,不再出校。按:卢本据释文从郑、荀、董、蜀才。

姚信曰:"三体震为善鸣,二亲承之,故曰'鸣谦'。得正处中,故'贞吉'。"

象曰:"'鸣谦,贞吉',中心得也。"

崔憬曰:"言中正心与谦相得。"○虞翻曰:"中正谓二,坎为心也。"

九三:劳谦,君子有终,吉。

荀爽曰:"体坎为劳,终下二阴,'君子有终',故吉也。"

象曰:"'劳谦君子',万民服也。"

荀爽曰:"阳当居五,自卑下众,降居下体,君有下国之意也。众阴皆欲扶阳,上居五位,群阴顺阳,故'万民服也'。"

六四:无不利,撝谦。

荀爽曰:"四得位处正,家性为谦,故'无不利'。阴欲撝三,使上居五,故曰'撝谦'。撝,犹举也。"

象曰:"'无不利,撝谦',不违则也。"

九家易曰:"阴撝上阳,不违法则。"

六五:不富以其邻,

荀爽曰:"邻谓四与上也。自四以上乘阳,乘阳失实,故皆'不富',五居中有体,故总言之。"

利用侵伐,无不利。

荀爽曰:"谓阳利侵伐,来上,无敢不利之者。"

象曰:"'利用侵伐',征不服也。"

荀爽曰:"不服谓五也。"　　案:六五离爻,离为戈兵,侵伐之象也。

上六:鸣谦,利用行师,征邑国。

虞翻曰："应在震,故曰'鸣谦'。体师象,震为行,坤为邑国,利五之正,己得从征,故'利用行师,征邑国'。"

象曰:"'鸣谦',志未得也。可'用行师,征邑国'也。"

九家易曰："阴阳相应,故'鸣谦'〔一〕也。虽应不承,故'志未得',谓下九三可行师来上,坤为邑国也,三应上,上呼三征,来居五位,故曰'利用行师,征邑国'也。"　　案:上六兑爻,兑为口舌,"鸣谦"之象也。

序卦曰:"有大而能谦,必豫,故受之以豫。"

郑玄曰："言国既大而能谦,则于政事恬豫。'雷出地,奋豫',行出而喜乐之意。"

䷏ 震宫五月三世 坤下震上 豫:利建侯、行师。

郑玄曰："坤,顺也。震,动也。顺其性而动者,莫不得其所,故谓之豫。豫,喜豫悦乐之貌也。震又为〔二〕雷,诸侯之象;坤又为众,师役之象,故'利建侯、行师'矣。"○虞翻曰："复初之四,与小畜旁通。坤为邦国,震为诸侯,初至五体比象,四利复初,故'利建侯'。三至上体师象,故'行师'。"

象曰:"豫,刚应而志行,

侯果曰："四为卦主,五阴应之,刚志大行,故曰'刚应而志行'。"

'顺以动,豫'。

崔憬曰："坤下震上,'顺以动'也。"

〔一〕"谦",原作"善",今据卢本、周本及象辞改。
〔二〕"为",毛本、卢本、四库本作"谓"。

豫'顺以动',故天地如之,

虞翻曰:"小畜乾为天,坤为地。如之者,谓天地亦动,以成四时,而况'建侯行师'。言其皆应而逸豫也。"

而况建侯、行师乎!

九家易曰:"震为建侯,坤为行师;建侯所以兴利,行师所以除害。利兴害除,民所逸乐也。天地有生杀,万物有始终,王者盛衰,亦有迭更,犹武王承乱而应天地,建侯行师,奉词除害,民得逸悦,君得安乐也。"

天地以顺动,

虞翻曰:"豫变通小畜,坤为地,动初至三成乾,故'天地以顺动'也。"

故日月不过,而四时不忒。

虞翻曰:"过谓失度。忒,差迭也。谓变初至需,离为日,坎为月,皆得其正,故'日月不过'。动初时震为春,至四兑为秋,至五坎为冬〔一〕,离为夏,四时位正,故'四时不忒'。'通变之谓事',盖此之类。"

圣人以顺动,则刑罚清而民服。

虞翻曰:"清犹明也。动初至四,兑为刑,至坎为罚,坎、兑体正,故'刑罚清'。坤为民,乾为清,以乾乘坤,故'民服'。"   案:"帝出乎〔二〕震",圣人也。坎为法律,"刑罚"也。坤为众,顺而民服也。

〔一〕"冬",原脱,今据诸本补。
〔二〕"乎",毛本、卢本、四库本、周本皆无此字。

豫之时义大矣哉。"

　　虞翻曰:"顺动天地,使日月四时皆不过差,'刑罚清而民服',故'义大'也。"

象曰:"雷出地,奋豫,

　　崔憬曰:"震在坤上,故言'雷出地'。雷,阳气,亦谓龙也。夏至后,阳气极而一阴爻[一]生,阴阳相击而成雷声。雷声之疾,有龙奋迅豫[二]跃之象,故曰'奋豫'。"

先王以作乐崇德,殷荐之上帝,以配祖考。"

　　郑玄曰:"奋,动也。雷动于地上,而万物乃豫也。以者,取其喜佚动摇,犹人至乐,则手欲鼓之,足欲舞之也。崇,充也。殷,盛也。荐,进也。上帝,天[三]也。王者功成作乐,以文得之者,作籥舞;以武得之者,作万舞,各充其德而为制。祀天帝以配祖考者,使与天同飨其功也。故孝经云'郊祀后稷以配天,宗祀文王于明堂以配上帝'也[四]。"

初六:鸣豫,凶。

　　虞翻曰:"应震善鸣,失位,故'鸣豫[五],凶'也。"

象曰:"初六'鸣豫',志穷,凶也。"

　　虞翻曰:"体剥蔑贞,故'志穷,凶也'。"

六二:介于石,

〔一〕"爻",卢本、周本无此字。
〔二〕"豫"上,原有"逸"字,今据卢本、周本删。
〔三〕"天"下,周本有"帝"字。
〔四〕"也"上,胡本、卢本、周本有"是"字。
〔五〕"豫"上,原有"逸"字,今据卢本、四库本、周本删。

虞翻曰:"介,纤也。与四为艮,艮为石,故'介于石'。"

不终日,贞吉。

虞翻曰:"与小畜通,应在五。终变成离,离为日,得位,欲四急复初,已得休之,故'不终日,贞吉'。"

象曰:"'不终日,贞吉',以中正也。"

侯果曰:"得位居中,柔顺正一,明豫动之可否,辩趣舍之权宜。假如坚石不可移变,应时则改,不待终日,故曰:豫之正,吉。"

六三:盱豫悔,迟有悔。象曰:"'盱豫有悔',位不当也。"

王弼曰:"履非其位,承动豫之主。若其睢盱而豫,悔亦至焉。迟而不从,豫之所疾,进退离悔,'位不当也'。"○向秀曰:"睢盱,小人喜悦、佞媚之貌也。"

九四:由豫,大有得。勿疑,朋盍簪[一]。

侯果曰:"为豫之主,众阴所宗,莫不由之,以得其豫。体刚心直,志不怀疑,故得群物依归,朋从大合,若以簪篸之固括也。"○虞翻曰:"由,自,从也。据有五阴,坤以众顺,故'大有得',得群阴也。坎为疑,故'勿疑'。小畜兑为朋。盍,合也。坤为盍。戠[二],聚会也。坎为聚,坤为众,众阴并应,故'朋盍簪'[三]。簪,旧读作'撍'、作'宗'也。"

象曰:"'由豫,大有得',志大行也。"

崔憬曰:"以一阳而众阴从己,合簪交欢,故其'志大行'也。"

〔一〕"簪",卢本、周本作"戠",卢本、张本并小字注云:"戠,郑作'簪',京作'撍',荀作'宗'。"

〔二〕"戠",原作"盍",今据卢本、四库本、周本改。

〔三〕"簪",卢本、四库本、周本作"戠"。下句"簪"字同,不再出校。

六五：贞疾，恒不死。

虞翻曰：“恒，常也。坎为疾，应在坤，坤为死，震为反生，位在震中，与坤体绝，故‘贞疾，恒不死’也。”

象曰：“六五‘贞疾’，乘刚也。‘恒不死’，中未亡也。”

侯果曰：“六五居尊而乘于四，四以刚动，非己所乘，乘刚为政，终亦病。若‘恒不死’者，以其中也。”

上六：冥豫，成有渝，无咎。

虞翻曰：“应在三，坤为冥。渝，变也。三失位无应多凶，变乃得正，体艮成，故‘成有渝，无咎’。”

象曰：“冥豫在上，何可长也？”

荀爽曰：“阳性冥昧，居尊在上，而犹豫[一]悦，故不可长。”

───────────

〔一〕“豫”上，原有“逸”字，今据卢本、周本、四库本及曹校删。

周易集解卷第五

随 蛊 临 观 噬嗑 贲 剥

序卦曰:"豫必有随也,故受之以随。"

> **韩康伯**曰:"'顺以动'者,众之所随。"

☳ 震宫七月归魂 震下兑上 **随:元、亨、利、贞,无咎。**

> **虞翻**曰:"否上之初,刚来下柔,初上得正,故'元、亨、利、贞,无咎'。"○**郑玄**曰:"震,动也。兑,悦也。内动之以德,外悦之以言,则天下之人咸慕其行而随从之,故谓之[一]随也。既见随从,能长之以善,通其嘉礼,和之以义,干之以正,则功成而有福。若无此四德,则有凶咎焉。"○**焦贡**[二]曰:"汉高帝与项籍,其明征也。"

象曰:"随,刚来而下柔,动而说,随,

> **虞翻**曰:"否乾上来之坤初,故'刚来而下柔'。动,震;说,兑也。"

大亨,贞,无咎。

> **荀爽**曰:"随者,震之归魂。震归从巽,故大亨。动爻得正,故'利

〔一〕"之",原脱,今据胡本、卢本、周本及曹校补。

〔二〕"贡",毛本、卢本、四库本、周本作"赣"。

贞'。阳降阴升,嫌于有咎,动而得正,故'无咎'。"

而天下随时,

虞翻曰:"乾为天,坤为下,震春兑秋,三四之正,坎冬离夏,四时位正,时行则行,故'天下随时'矣。"

随时之义大矣哉。"

蜀才曰:"此本否卦。刚自上来居初,柔自初而升上,则内动而外悦,是'动而悦,随'也。相随而大亨无咎,得于时也。得时,则天下随之矣,故曰'随时之义大矣哉'。"

象曰:"泽中有雷,随,

九家易曰:"兑泽震雷,八月之时,雷藏于泽,则'天下随时'之象也。"

君子以向晦入宴息。"

翟玄曰:"晦者,冥也。雷者,阳气,春夏用事。今在泽中,秋冬时也。故君子象之,日出视事,其将晦冥,退入宴寝而休息也。"○侯果曰:"坤为晦,乾之上九来入坤初,'向晦'者也。坤初升兑,兑为休息,'入宴'者也。欲君民者,晦德息物,动悦黎庶,则万方归随也。"

初九:官有渝,贞吉。出门交有功。

九家易曰:"渝,变也。谓阳来居初,德正为震,震为子,得土之位,故曰'官'也。阴阳出门,相与交通,阴往之上,亦不失正,故曰'贞吉'而'交有功'。"

象曰:"'官有渝',从正吉也。'出门,交有功',不失也。"

郑玄曰:"震为大涂,又为日门,当春分,阴阳之所交也。是臣出君门,与四方贤人交,有成功之象也。昔舜'慎徽五典,五典克从;纳于百揆,百揆时序;宾于四门,四门穆穆',是其义也。"

六二:系小子,失丈夫。

<u>虞翻</u>曰:"应在巽,巽为绳,故称系。小子谓五,兑为少,故曰'小子'。丈夫谓四,体大过老夫,故称'丈夫'。承四隔三,故'失丈夫'。三至上,有大过象,故与老妇、士夫同义。体咸象,夫死大过,故每有欲嫁之义也。"

象曰:"'系小子',弗兼与也。"

<u>虞翻</u>曰:"已系于五,不兼与四也。"

六三:"系丈夫,失小子,随有求,得,利居贞。"

<u>虞翻</u>曰:"随家阴随阳,三之上无应,上系于四,失初小子,故'系丈夫,失小子'。艮为居、为求,谓求之正,得位远应,利上承四,故'利居贞'矣。"

象曰:"'系丈夫',志舍下也。"

<u>王弼</u>曰:"虽体下卦,二已据初,将何所附,故舍初系四,志在丈夫也。四俱无应,亦欲于己随之,则得其求矣,故曰'随有求,得'也。应非其正,以系于人,何可以妄,故'利居贞'也。初处己下,四处己上,故曰'系丈夫,失小子'。"

九四:随有获,贞凶。有孚在道,以明何咎?

<u>虞翻</u>曰:"谓获三也,失位相据,在大过,死象,故'贞凶',象曰'其义凶矣'。孚谓五,初震为道,三已之正,四变应初得位,在离,故'有孚在道,以明何咎',象曰'明功也'。"

象曰:"'随有获',其义凶也。

<u>虞翻</u>曰:"死在大过,故'凶也'。"

'有孚在道',明功也。"

虞翻曰："功谓五也。三四之正,离为明,故'明功也'。"

九五:孚于嘉,吉。

虞翻曰："坎为孚,阳称嘉,位五正,故'吉'也。"

象曰:"'孚于嘉,吉',位正中也。"

虞翻曰："凡五言'中正',中正皆阳得其正,以此为例矣。"

上六:拘系之,乃从维之。

虞翻曰："应在艮,艮手为拘,巽为绳,两系称维,故'拘系之,乃从维之'。在随之上而无所随,故'维之',象曰'上穷',是其义也〔一〕。"

王用亨于西山。

虞翻曰："否乾为王,谓五也;有观象,故'亨';兑为西,艮为山,故'王用亨于西山'也。"

象曰:"'拘系之',上穷也。"

虞翻曰："乘刚无应,故'上穷也'。"

序卦曰:"以喜随人者,必有事,故受之以蛊。蛊者,事也。"

九家易曰："子行父事,备物致用,而天下治也。备物致用,立成器以为天下利,莫大于圣人。子修圣道,行父之事,以临天下,无为而治也。"

☶ 巽宫正月归魂 巽下艮上 **蛊**:元亨。

虞翻曰："泰初之上,而〔二〕与随旁通,刚上柔下,乾坤交,故'元

〔一〕"是其义也",原脱,今据毛本、卢本、四库本、周本补。
〔二〕"而",卢本、周本及曹校无此字。

亨'也。"○伏曼容曰:"蛊,惑乱也。万事从惑而起,故以蛊为事
也。"　　案:尚书大传云:"乃命五史,以书五帝之蛊事。"然为训
者,正以太古之时无为无事也。今言蛊者,是卦之惑乱也。时既
渐浇,物情惑乱,故事业因之而起惑矣。故左传云"女惑男,风落
山,谓之蛊",是其义也。

利涉大川。

虞翻曰:"谓二失位,动而之坎也,故'利涉大川'也。"

先甲三日,后甲三日。

子夏传云:"'先甲三日'者,辛、壬、癸也。'后甲三日'者,乙、丙、
丁也。"○马融曰:"甲在东方,艮在东北,故云'先甲'。巽在东
南,故云'后甲'。所以十之中唯称'甲'者,甲为十日之首,蛊
是〔一〕造事之端,故举初而明事始也。言所以三日者,'不令而诛
谓之暴',故令先后各三日,欲使百姓遍习,行而不犯也。"

彖曰:"蛊,刚上而柔下,巽而止,蛊。

虞翻曰:"泰初之上,故'刚上';坤上之初,故'柔下';上艮下巽,
故'巽而止,蛊'也。"

蛊,元亨而天下治也。

荀爽曰:"蛊者,巽也。巽归合震,故'元亨'也。蛊者,事也,'备
物致用',故'天下治'也。"

'利涉大川',往有事也。

九家易曰:"阳往据阴,阴来承〔二〕阳,故'有事也'。此卦本〔三〕泰,

〔一〕"是",毛本、卢本、四库本、周本作"为"。
〔二〕"承",原作"乘",今据卢本、周本及曹校改。
〔三〕"本",诸本无此字。

乾天有河,坤地有水,二爻升降,出入乾坤,'利涉大川'也。阳往求五,阴来求二,未得正位,戎事不息,故'有事'。"

'先甲三日,后甲三日',终则有始,天行也。"

虞翻曰:"谓初变成乾,乾为甲;至二成离,离为日;谓乾三爻在前,故'先甲三日',贲时也。变三至四体离,至五成乾,乾三爻在后,故'后甲三日',无妄时也。易出震,消息,历乾坤,象乾为始,坤为终,故'终则有始'。乾为天,震为行,故'天行'也。"

象曰:"山下有风,蛊,

何妥曰:"山者高而静,风者宣而疾,有似君处上而安静,臣在下而行令也。"

君子以振民育德。"

虞翻曰:"君子谓泰乾也。坤为民,初上抚坤,故'振民'。乾称德,体大畜,须养,故以'育德'也。"

初六:干父之蛊,有子考,无咎,厉,终吉。

虞翻曰:"干,正;蛊,事也;泰乾为父,坤为事,故'干父之蛊'。初上易位,艮为子,父死大过称考,故'有子考'。变而得正,故'无咎,厉,终吉'也。"　　案:位阳令首,父之事也;爻阴柔顺,子之质也。

象曰:"'干父之蛊',意承考也。"

王弼曰:"干事之首,时有损益,不可尽承,故意承而已也。"

九二:干母之蛊,不可贞。象曰:"'干母之蛊',得中道也。"

虞翻曰:"应在五。泰坤为母,故'干母之蛊'。失位,故'不可贞'。变而得正,故贞而'得中道也'。"　　案:位阴居内,母之象也。

九三：干父之蛊，小有悔，无大咎。象曰："'干父之蛊'，终无咎也。"

王弼曰："以刚干事，而无其应，故'有悔'也。履得其位，以正干父，虽'小有悔'，终'无大咎'矣。" 案：爻位俱阳，父之事。

六四：裕父之蛊，往见吝。

虞翻曰："裕不能争也。孔子曰：'父有争子，则身不陷于不义。'四阴体大过，本末弱，故'裕父之蛊'。兑为见，变而失正，故'往见吝'。象曰'往未得'，是其义也。"

象曰："'裕父之蛊'，往未得也。"

虞翻曰："往失位，'折鼎足'，故〔一〕'未得'。"

六五：干父之蛊，用誉。

荀爽曰："体和应中，承阳有实，用斯干事，荣誉之道也。"

象曰："'干父，用誉'，承以德也。"

虞翻曰："誉谓二也。二五失位，变而得正，故'用誉'。变二使承五，故'承以德'。二乾爻，故称'德'矣。"

上九：不事王侯，

虞翻曰："泰乾为王，坤为事，应在于三，震为侯，坤象不见，故'不事王侯'。"

高尚其事。

虞翻曰："谓五已变巽为高，艮阳升在坤上，故'高尚其事'。"

象曰："'不事王侯'，志可则也。"

〔一〕"故"，原作"致"，今据胡本、卢本、四库本、周本及曹校改。

荀爽曰:"年老事终,不当其位,体艮为止,故'不事王侯'。据上临下,重阴累实,故'志可则'。"

序卦曰:"有事而后可大,故受之以临。临者,大也。"

崔憬曰:"有蛊元亨,则可大之业成,故曰'有事然后可大'也。"

☷ 坤宫十二月二世　兑下坤上　临:元、亨、利、贞。

虞翻曰:"阳息至二,与遁旁通,'刚浸而长',乾来交坤,动则成乾,故'元、亨、利、贞'。"

至于八月有凶。

虞翻曰:"与遁旁通,临消于遁,六月卦也。于周为八月。遁弑君父,故'至于八月有凶'。荀公以兑为八月,兑于周为十月,言八月,失之甚矣。"○郑玄曰:"临,大也。阳气自此浸而长大,阳浸长矣,而有四德,齐功于乾,盛之极也。人之情,盛则奢淫,奢淫则将亡,故戒以'凶'。临卦斗建丑而用事,殷之正月也。当文王之时,纣为无道,故于是卦为殷家著兴衰之戒,以见周改殷正之数。云临自周二月用事,迄其七月,至八月而遁卦受之,此终而复始,王命然矣。"

彖曰:"临刚浸而长。

虞翻曰:"刚谓二也。兑为水泽,自下浸上,故'浸而长'也。"

说而顺,刚中而应,大亨以正,天之道也。

虞翻曰:"说,兑;顺,坤也。刚中,谓二也。四阴皆应之,故曰'而应'。'大亨以正',谓三动成乾天,得正为泰,天地交通,故'亨以正,天之道也'。"

'至于八月有凶',消不久也。"

蜀才曰:"此本坤卦,刚长而柔消〔一〕,故大亨,利正也。" 案:临,十二月卦也。自建丑之月至建申之月,凡历八月,则成否也,否则"天地不交,万物不通",是"至于八月有凶",斯之谓也。

象曰:"泽上有地,临,

荀爽曰:"泽卑地高,高下相临之象也。"

君子以教思无穷,容保民无疆。"

虞翻曰:"君子谓二也。震为言,兑口讲习,'学以聚之,问以辩之';坤为思,刚浸长,故'以教思无穷'。容,宽也。二'宽以居之,仁以行之';坤为容、为民,故'保民无疆'矣。"

初九:咸临,贞吉。

虞翻曰:"咸,感也。得正应四,故'贞吉'也。"

象曰:"'咸临,贞吉',志行正也。"

荀爽曰:"阳始咸升,以刚临柔,得其正位,而居是吉,故曰'志行正'。"

九二:"咸临,吉,无不利。"

虞翻曰:"得中多誉,兼有四阴,体复初'元吉',故'无不利'。"

象曰:"'咸临,吉,无不利',未顺命也。"

荀爽曰:"阳感至二,当升居五,群阴相承,故'无不利'也。阳当居五,阴当顺从,今尚在二,故曰'未顺命也'。"

六三:甘临,无攸利,既忧之,无咎。象曰:"'甘临',位不当也。'既忧之',咎不长也。"

虞翻曰:"兑为口,坤为土,'土爱稼穑作甘',兑口衔坤,故曰'甘

〔一〕"消",原作"削",今据卢本、四库本、周本及曹校改。

临’。失位乘阳,故‘无攸利’。言三失位无应,故‘忧之’。动而成泰,故咎不可长也。”

六四:至临,无咎。

虞翻曰:“至,下也。谓下至初应,当位有实,故‘无咎’。”

象曰:“‘至临,无咎’,当位实也[一]。”

荀爽曰:“四与二同功,欲升二至五,已得承顺之,故曰‘至临’也。阳虽未乘,处位居正,故得‘无咎’,是当位实也”

六五:知临大君之宜,吉。象曰:“‘大君之宜’,行中之谓也。”

荀爽曰:“五者,帝位。大君谓二也,宜升上居五位,吉,故曰‘知临大君之宜’也。二者处中,行升居五,五亦处中,故曰‘行中之谓也’。”

上六:敦临,吉,无咎。

荀爽曰:“上应于三,欲因三升二,过应于阳,敦厚之意,故曰‘敦临,吉,无咎’。”

象曰:“‘敦临’之吉,志在内也。”

九家易曰:“志在升[二]二也。阴以阳为主,故‘志在内’也。”

序卦曰:“物大然后可观也,故受之以观。”

崔憬曰:“言德业大者,可以观政于人,故‘受之以观’也。”

☲☰ 乾宫八月四世 坤下巽上 观:盥而不荐,有孚颙若。

〔一〕“当位实也”,卢本、周本作“位当也”。下注同,不再出校。
〔二〕“升”,原作“外”,今据胡本、卢本、四库本、周本及曹校改。

郑玄曰:"坤为地、为众,巽为木、为风。九五,天子之爻。互体有艮,艮为鬼门,又为宫阙。地上有木而为鬼门宫阙者,天子宗庙之象也。"○王弼曰:"王道之可观者,莫盛乎宗庙;宗庙之可观者,莫盛乎盥也。至荐简略,不足复观,故'观,盥而不荐'也。"○马融曰:"盥者,进爵灌地以降神也。此是祭祀盛时。及神降荐牲,其礼简略,不足观也。'国之大事,唯祀与戎',王道可观在于祭祀,祭祀之盛莫过初盥降神。故孔子曰[一]:'禘自既灌而往者,吾不欲观之矣。'此言及荐简略则不足观也。以下观上,见其至盛之礼。万民信敬,故云'有孚颙若'。孚,信;颙,敬也。" 案:鬼神害盈,祸淫福善。若人君修德,至诚感神,则"黍稷非馨,明德惟馨",故"观盥而不观荐",飨其诚信者也。斯即"东邻煞牛,不如西邻之禴祭,实受其福",是其义也。

彖曰:"大观在上,

蜀才曰:"此本乾卦。案:柔小浸长,刚大在上,其德可观,故曰'大观在上'也。"

顺而巽,中正以观天下。

虞翻曰:"谓阳息临二,直方大。临者,大也。在观上,故称'大观'。顺,坤也。中正谓五。五以天神道观示天下,咸服其化,'宾于王庭'。"

'观盥而不荐,有孚颙若',下观而化也。

虞翻曰:"观,反临也。以五阳观示坤民,故称'观'。盥,沃盥。荐,羞牲也。孚,信,谓五。颙颙,君德有威容貌。若,顺也。坎为

〔一〕"曰",原脱,今据卢本、周本补。

水,坤为器,艮手临坤,坎水沃之,盥之象也,故'观:盥而不荐'。孔子曰:'禘自既灌,吾不欲观之矣。'巽为进退,'容止可观,进退可度',则下观其德而顺其化。上之三,五在坎中,故'有孚颙若,下观而化'。诗曰'颙颙卬卬,如珪如璋',君德之义也。"

观天之神道,而四时不忒。

虞翻曰:"忒,差也。神道谓五。临震兑为春秋,三上易位,坎冬离夏,日月象正,故'四时不忒'。"

圣人以[一]神道设教,而天下服矣。"

虞翻曰:"圣人谓乾,'退藏于密'而'齐于巽','以神明其德教',故'圣人设教',坤民顺从,而天下服矣。"

象曰:"风行地上,观,先王以省方观民设教。"

九家易曰:"先王谓五。应天顺民,受命之王也。风行地上,草木必偃,枯槁朽腐,独不从风。谓应外之爻,天地气绝,阴阳所去,象不化之民,五刑所加,故以省察四方,观视民俗,而设其教也。言先王德化,光被四表,有不宾之民,不从法令,以五刑加之,以齐德教也。"

初六:童观,小人无咎,君子吝。

虞翻曰:"艮为童。阴,小人;阳,君子。初位贱,以小人乘[二]君子,故'无咎'。阳伏阴下,故'君子吝'矣。"

象曰:"初六'童观',小人道也。"

王弼曰:"失位处下,最远朝美,无所鉴见,故曰'童观'。处大观

〔一〕"以",卢本、周本无此字,卢本小字注云:今本"圣人"下有"以"字。
〔二〕"乘",卢本、四库本、周本作"承",义长。

之时而童观,趣顺而已。小人为之,无可咎责。君子为之,鄙吝之道。"〔一〕

六二:窥观,利女贞。

虞翻曰:"临兑为女。窃观称窥。兑女反〔二〕成巽,巽四五得正,故'利女贞'。艮为宫室,坤为阖户,小人而应五,故'窥观,女贞',利,不淫视也。"

象曰:"窥观,女贞,亦可丑也。"

侯果曰:"得位居中,上应于五,窥观〔三〕朝美,不能大观。处大观之时而为窥观,女正则利,君子则丑也。"　案:六二离爻,离为目,又为中女,外互体艮,艮为门阙,女目近门,窥观之象也。

六三:观我生进退。

虞翻曰:"坤为我,临震为生,生谓坤生民也,巽为进退,故'观我生进退'。临震进之五,得正居中,故象曰'未失道'。"

象曰:"'观我生进退',未失道也。"

荀爽曰:"我谓五也。生者,教化生也。三欲进观于五,四既在前,而三故退〔四〕,'未失道也'。"

六四:观国之光,利用宾于王。

虞翻曰:"坤为国,临阳至二,天下文明;反上成观,进显天位,故

〔一〕此注,周易正义作"处于观时,而最远朝美,体于阴柔,不能自进,无所鉴见,故曰'童观',趣顺而已。无所能,为小人之道也,故曰'小人无咎'。君子处大观之时而为童观,不亦鄙乎"。
〔二〕"反",原作"及",今据卢本、四库本、周本改。
〔三〕"观",原作"视",今据毛本、卢本、四库本、周本及曹校改。
〔四〕"故退",纂疏倒。

'观国之光'。王谓五阳,阳尊宾坤,坤为用、为臣,四在王庭,宾事于五,故'利用宾于王'矣。诗曰'莫敢不来宾,莫敢不来王',是其义也。"

象曰:"'观国之光',尚宾也。"

崔憬曰:"得位比尊,承于王者,职在搜扬国俊,宾荐王庭,故以进贤为尚宾也。"

九五:观我生,君子无咎。

虞翻曰:"我,身也,谓我生〔一〕。生谓生民。震生象反,坤为死丧,嫌非生民,故明而不言民也〔二〕。阳为君子,在临二,失位之五,得道处中,故'君子无咎'矣。"

象曰:"'观我生',观民也。"

王弼曰:"'观我生',自观其道也。为众观之主,当宣文化,光于四表。上之化下,犹风之靡草。百姓有过,在予一人。君子风著,己乃无咎。欲察己道,当'观民'也。"○虞翻曰:"坤为民,谓三也。坤体成,故'观民'也。"

上九:观其生,君子无咎。

虞翻曰:"应在三,三体临震,故'观其生'。君子谓三,之三得正,故'无咎'矣。"

象曰:"'观其生',志未平也。"

王弼曰:"'观其生',为人所观也。最处上极,天下所观者也。处天下所观之地,其志未为平易,不可不慎。故君子德见,乃得无咎。

〔一〕曹校:"我"当为"五","生"当为衍文。
〔二〕"故明而不言民也",毛本无"也"字,卢本、四库本、周本作"故明不言民"。

生,犹动出也。"〇虞翻曰:"坎为志、为平,上来之三,故'志未平'矣。"

序卦曰:"可观而后有所合,故受之以噬嗑。嗑者,合也。"

崔憬曰:"言可观政于人,则有所合于刑矣,故曰'可观而有所合'。"

☲ 巽宫九月五世 震下离上 **噬嗑:亨,利用狱。**

虞翻曰:"否五之坤初,坤初之五,刚柔交,故'亨'也。坎为狱,艮为手,离为明,四以不正而系于狱,上当之三,蔽四成丰,'折狱致刑',故'利用狱',坤为用也。"　　案:"颐中有物曰噬嗑",谓九四也。四互体坎[一],坎为法律,又为刑狱,四在颐中,齧而后亨,故"利用狱"也。

彖曰:"颐中有物曰噬嗑。

虞翻曰:"物谓四,则所噬干脯也。颐中无物,则口不噬。故先举'颐中有物曰噬嗑'也。"

噬嗑而亨,

崔憬曰:"物在颐中,隔其上下,因齧而合,'乃得其亨焉'。以喻人于上下之间,有乱群者,当用刑去之,故言'利用狱'。"

刚柔分,动而明,雷电合而章。

卢氏曰:"此本否卦。乾之九五分降坤初,坤之初六分升乾五,是'刚柔分'也。分则雷动于下,电照于上,合成天威,故曰雷电合而成章也。"

〔一〕"体坎",卢本、周本倒。

柔得中而上行,虽不当位,'利用狱'也。"

侯果曰:"坤之初六,上升乾五,是'柔得中而上行'。虽则失位,文明以中,断制枉直,不失情理,故'利用狱'。"

象曰:"雷电,噬嗑,

宋衷曰:"雷动而威,电动而明,二者合而其道彰也。用刑之道,威明相兼。若威而不明,恐致淫滥;明而无威,不能伏物,故须雷电并合,而噬嗑备。"

先王以明罚勑法。"

侯果曰:"雷所以动物,电所以照物,雷电震照,则万物不能怀邪。故先王则之,明罚勑法,以示万物,欲万方一心也。"

初九:屦校灭趾,无咎。

虞翻[一]曰:"屦,贯。趾,足也。震为足,坎为校,震没坎下,故'屦校灭趾'。初位得正,故'无咎'。"○干宝曰:"趾,足也。屦校,贯械也。初居刚躁之家,体贪狼[二]之性,以震掩巽,强暴之男也,行侵陵之罪,以陷'屦校'之刑,故曰'屦校灭趾'。得位于初,顾震知惧,小惩大戒,以免刑戮,故曰'无咎'矣。"

象曰:"'屦校灭趾',不行也。"

虞翻曰:"否坤小人,以阴消阳,'其亡其亡',故[三]五变灭初,否[四]杀不行也。"○干宝曰:"不敢遂行强也。"

〔一〕"虞翻",原作"侯果",今据卢本、周本及曹校改
〔二〕"狼",胡本、张本、周本作"狠"。
〔三〕"故",卢本、周本作"今"。
〔四〕"否"上,卢本、张本有"故"字。"否",卢本、张本作"坤"。"否"下,纂疏补"坤"字,当从。

六二:噬肤灭鼻,无咎。

虞翻[一]曰:"噬,食也。艮为肤、为鼻,鼻没水坎[二]中,隐藏不见,故'噬肤灭鼻'。乘刚,又得正多誉,故'无咎'。"

象曰:"'噬肤灭鼻',乘刚也。"

侯果曰:"居中履正,用刑者也。二互体艮,艮为鼻,又为黔喙,'噬肤灭鼻'之象也。乘刚,噬必深,噬过其分,故'灭鼻也'。刑刻虽峻,得所疾也。虽则'灭鼻',而'无咎'矣。"

六三:噬腊[三]肉,遇毒,小吝,无咎。

虞翻曰:"三在肤里,故称肉;离日熯之为腊;坎为毒,故'噬腊肉,遇毒',毒谓矢毒也。失位承四,故'小吝'。与上易位,'利用狱',成丰,故'无咎'也。"

象曰:"'遇毒',位不当也。"

荀爽曰:"腊肉谓四也。三以不正,噬取异家,法当遇罪,故曰'遇毒'。为艮所止,所欲不得,故'小吝'也。所欲不得,则免于罪,故'无咎'矣。"

九四:噬干胏,得金矢,利艰贞,吉。象曰:"'利艰贞,吉',未光也。"

陆绩曰:"肉有骨谓之胏。离为干肉,又为兵矢,失位用刑,物亦不服,若噬有骨之干胏也。金矢者,取其刚直也。噬胏虽复艰难,终得申其刚直,虽获正吉,未为光大也。"

〔一〕"虞翻",原作"或",今据卢本、四库本、周本及曹校改。
〔二〕"水坎",张本、周本、孙氏集解倒。"没",孙氏集解作"吸灭",胡本作"吸"。
〔三〕"腊",卢本、周本作"昔"。下注及象辞注同,不再出校。

六五:噬干肉,得黄金,贞厉,无咎。

虞翻曰:"阴称肉,位当离日中烈,故'干肉'也。干金黄,故'得
黄金'。贞,正;厉,危也。变而得正,故'无咎'。"○王弼曰:
"干肉,坚也。黄,中;金,刚也。以阴处阳,以柔乘[一]刚,以噬
于物,物亦不服,故曰'噬干肉'也。然处得尊位,而居于中,能
行其戮也。履不正而能行其戮,刚胜者也。噬虽[二]不服,得中
而胜,故曰'噬干肉,得黄金'也。己虽不正,而刑戮得当,故虽
厉而无咎也。"

象曰:"'贞厉,无咎',得当也。"

荀爽曰:"谓阴来正居是而厉阳也。以阴厉阳,正居其处而无咎者,
以从下升[三]上,不失其中,所[四]言得当。"

上九:何校灭耳,凶。

荀爽曰:"为五所何,故曰'何校'。据五应三,欲尽灭坎上[五]体,
坎为耳,故曰'灭耳,凶'。上以不正,侵欲无已,夺取异家,恶积
而不可掩[六],罪大而不可解,故宜'凶'矣。"○郑玄曰:"离为槁
木,坎为耳,木在耳上,'何校灭耳'之象也。"

象曰:"'何校灭耳',聪不明也。"

九家易曰:"当据离坎,以为聪明。坎既不正,今欲灭之,故曰'聪
不明也'。"

〔一〕"乘",原作"承",今据曹校及周易正义改。
〔二〕"虽",原脱,今据卢本、四库本、周本补。
〔三〕"升",原作"明",今据周本及曹校改。
〔四〕"所",曹校云:当作"故"。
〔五〕"上",卢本、周本作"三"。若然,"三体"当从下读。
〔六〕"掩",卢本、周本作"弇"。下同,不再出校。

序卦曰:"物不可以苟[一]合而已,故受之以贲。贲者,饰也。"

崔憬曰:"言物不可苟合于刑,当须以文饰之,'故受之以贲'。"

☲ 艮宫十一月一世 离下艮上 **贲:亨。**

虞翻曰:"泰上之乾二,乾二之坤上,柔来文刚,阴阳交,故'亨'也。"

小利,有攸往。

虞翻曰:"小谓五,五失正,动得位,体离,以刚文柔,故'小利,有攸往'。"○郑玄曰:"贲,文饰也。离为日,天文也。艮为石,地文也。天文在下,地文在上,天地二文相饰,成贲者也。犹人君以刚柔仁义之道,饰成其德也。刚柔杂,仁义合,然后'嘉会礼通',故'亨'也。卦互体坎艮,艮止于上,坎险于下,夹震在中,故不利大行。小有所之则可矣。"

彖曰:"贲亨,柔来而文刚,故'亨'。分刚上而文柔,故'小利,有攸往'。

荀爽曰:"此本泰卦。谓阴从上来,居乾之中,文饰刚道,交于中和,故'亨'也。分乾之二,居坤之上,上饰柔道,兼据二阴,故'小利,有攸往'矣。"

天文也。

虞翻曰:"谓五,利变之正,成巽体离,艮为星,离日坎月,巽为高,五天位,离为文明,日月星辰高丽于上,故称天之文也。"

文明以止,人文也。

〔一〕"苟",原脱,今据胡本、卢本、四库本、周本补。

虞翻曰："人谓三,乾为人。文明,离;止,艮也。震动离明,五变据四,二五分,则止文三,故以三为人文也。"

观乎天文,以察时变。

虞翻曰:"日月星辰为天文也。泰震春兑秋,贲坎冬离夏,巽为进退。日月星辰进退盈缩,谓朓侧朏也。历象在天成变,故'以察时变'矣。"

观乎人文,以化成天下。"

虞翻曰:"泰乾为人。五、上[一]动,体既济,贲离象,'重明丽正',故'以化成天下'也。"○于宝曰:"四时之变,悬乎日月;圣人之化,成乎文章。观日月而要其会通,观文明而化成天下。"

象曰:"山下有火,贲,

王廙曰:"山下有火,文相照也。夫山之为体,层峰峻岭,峭嶒参差,直置其形,已如雕饰,复加火照,弥见文章,贲之象也。"

君子以明庶政,无敢折狱。"

虞翻曰:"君子谓乾,离为明,坤为庶政,故'明庶政'。坎为狱,三在狱得正,故'无敢折狱'。噬嗑四不正,故'利用狱'也。"

初九:贲其趾,

虞翻曰:"应在震,震为足,故'贲其趾'也。"

舍车而徒。

虞翻曰:"应在艮,艮为舍,坎为车;徒,步行也。位在下,故'舍车而徒'。"

象曰:"'舍车而徒',义弗乘也。"

〔一〕"上",原作"二",今据卢本、周本及曹校改。

崔憬曰:"刚柔相交,以成饰义者也。今近四,弃于二比,故曰'舍车'。车,士大夫所乘,谓二也。四乘于刚,艮止其应,初全其义,故曰'而徒'。徒,尘贱之事也。自饰其行,故曰'贲其趾'。趾谓初也。"○ 王肃曰:"在下故称趾。既舍其车,又饰其趾,是徒步也。"

六二:贲其须。象曰:"'贲其须',与上兴也。"

侯果曰:"自三至上,有颐之象也。二在颐下,须之象也。上[一]无其应,三亦无应,若能上承于三,与之同德,虽俱无应,可相与而兴起也。"

九三:贲如,濡如,永贞吉。象曰:"'永贞'之吉,终莫之陵也。"

卢氏[二]曰:"有离之文以自饰,故曰'贲如'也。有坎之水以自润,故曰'濡如'也。体刚履正,故'永贞吉'。与二同德,故'终莫之陵'也。"

六四:贲如,皤如,白马翰如,匪寇,婚媾。

王弼曰:"有应在初,三为寇难,二志相感,不获交通,欲静则失初之应,欲进则惧三之难,故或饰或素,内怀疑惧,鲜絜其马,翰如以待,虽[三]履正位,未果其志,匪缘寇隔,乃为婚媾,则终无尤也。"○陆绩曰:"震为马、为白,故曰'白马翰如'。" 案:皤,亦白素之貌也。

象曰:"六四,当位疑也。

〔一〕"上",周本作"二",义长。

〔二〕"卢氏",原作"虞翻",今据毛本、四库本、周本及曹校改。

〔三〕"虽",原脱,今据卢本、周本、四库本及曹校补。

案:坎为盗,故疑。当位乘三,悖礼难饰,应初远阳,故曰"当位疑也"。

'匪寇,婚媾',终无尤也。"

崔憬曰:"以其守正待应,故'终无尤也'。"

六五:贲于丘园,束帛戋戋,吝,终吉。

虞翻曰:"艮为山,五半山,故称丘;木果曰园,故'贲于邱园'也。六五失正,动之成巽,巽为帛、为绳,艮手持,故'束帛'。以艮断巽,故'戋戋'。失位无应,故'吝'。变而得正,故'终吉'矣。"

象曰:"六五之吉,有喜也。"

荀爽曰:"艮山震林,失其正位,在山林之间,贲饰丘陵,以为园圃,隐士之象也。五为王位,体中履和,勤贤之主,尊道之君也。故曰'贲于丘园,束帛戋戋'。君臣失正,故'吝'。能以中和饰上成功,故'终吉'而'有喜也'。"○虞翻曰:"五变之阳,故'有喜'。凡言喜庆皆阳爻。'束帛戋戋',委积之貌。"　　案:六五离爻,离为中女,午为蚕丝,束帛之象。

上九:白贲,无咎。

虞翻曰:"在巽上,故曰'白贲'。乘五阴,变而得位,故'无咎'矣。"

象曰:"'白贲,无咎',上得志也。"

干宝曰:"白,素也。延山林之人,采素士之言,以饰其政,故'上得志也'。"○虞翻曰:"上之五得位,体成既济,故曰'得志'。坎为志也。"

序卦曰:"致饰,然后亨则尽矣,故受之以剥。剥者,剥也。”

> 崔憬曰:“以文致饰,则上下情通,故曰'致饰然后亨'也。文者致理极而无救,则尽矣。尽,犹剥也。”

▤ 乾宫九月五世 坤下艮上 **剥:不利有攸往。**

> 虞翻曰:“阴消乾也,与夬旁通。以柔变刚,小人道长;子弑其父,臣弑其君,故'不利有攸往'也。”

彖曰:“'剥,剥也',

> 卢氏曰:“此本乾卦。群阴剥阳,故曰[一]为剥也。”

柔变刚也。

> 荀爽曰:“谓阴外变五,五者至尊,为阴所变,故曰'剥也'。”

'不利有攸往',小人长也。

> 郑玄曰:“阴气侵阳,上至于五,万物零落,故谓之剥也。五阴一阳,小人极盛,君子不可有所之,故'不利有攸往'也。”

顺而止之,观象也。

> 虞翻曰:“坤顺艮止,谓五消观成剥,故'观象'也。”

君子尚消息盈虚,天行也。

> 虞翻曰:“乾为君子,乾息为盈,坤消[二]为虚,故'君子尚消息盈虚,天行也'。则'出入无疾,反复其道',易亏巽消艮,出震息兑,盈乾虚坤,故于是见之耳。”

象曰:“山附于地,剥,

> 陆绩曰:“艮为山,坤为地,山附于地,谓高附于卑,贵附于贱,君

〔一〕“曰”,胡本、张本、周本作“名”。

〔二〕“消”,原作“息”,今据卢本、周本、四库本及曹校改。

不能制臣也。"

上以厚下安宅。"

卢氏[一]曰:"上,君也。宅,居也。山高绝于地,今附地者,明被剥矣。属地时也,君当厚锡于下,贤当卑降于愚,然后得安其居。"

初六:剥床以足,蔑贞,凶。

虞翻曰:"此卦坤变乾也。动初成巽,巽木为床,复震在下为足,故'剥床以足'。蔑,无;贞,正也。失位无应,故'蔑贞凶'。震在阴下,象曰'以灭下也'。"

象曰:"'剥床以足',以灭下也。"

卢氏曰:"蔑,灭也。坤所以载物,床所以安人。在下故称足。先从下剥,渐及于上,则君政崩灭,故曰'以灭下也'。"

六二:剥床以辩,蔑贞,凶。

虞翻曰:"指间称辩。剥,剥二成艮,艮为指,二在指间,故'剥床以辩'。无应,在剥,故'蔑贞,凶'也。"

象曰:"'剥床以辩',未有与也。"

郑玄曰:"足上称辩,谓近膝之下,屈则相近,申则相远,故谓之辩。辩,分也。"○崔憬曰:"今以床言之,则辩当在第足之间,是床桯也。'未有与'者,言至三则应,故二'未有与'也。"

六三:剥之[二],无咎。象曰:"剥之无咎,失上下也。"

荀爽曰:"众皆剥阳,三独应上,无剥害意,是以'无咎',故[三]曰

[一]"卢氏",原作"虞翻",今据卢本、周本及曹校改。下初六象辞注同,不再出校。

[二]"之",卢本、周本无此字。

[三]"故",卢本、周本作"象"。

'失上下也'。"

六四：剥床以肤，凶。

虞翻曰："辩上称肤，艮为肤，以阴变阳，至四乾毁，故'剥床以肤'。臣弒君，子弒父，故'凶'矣。"○王肃曰："在下而安人者，床也。在上而处床者，人也。坤以象床，艮以象人，床剥尽以及人身，为败滋深，害莫甚焉，故曰'剥床以肤，凶'也。"

象曰："'剥床以肤'，切近灾也。"

崔憬曰："床之肤谓荐席，若兽之有皮毛也。床以剥尽，次及其肤，剥以[一]大臣之象，言近身与君也。"

六五：贯鱼，以宫人宠，无不利。

虞翻曰："剥消观五，巽为鱼、为绳，艮手持绳贯巽，故'贯鱼'也。艮为宫室，人谓乾五，以阴代阳，五贯乾为宠人，阴得丽之，故'以宫人宠'。动得正，成观，故'无不利'也。"○何妥曰："夫剥之为卦，下比五阴，骈头相次，似贯鱼也。鱼为阴物，以喻众阴也。夫宫人者，后夫人嫔妾，各有次序，不相渎乱。此则贵贱有章，宠御有序。六五既为众阴之主，能有贯鱼之次第，故得'无不利'矣。"

象曰："'以宫人宠'，终无尤也。"

崔憬曰："鱼与宫人皆阴类，以比小人焉。鱼大小一贯，若后夫人嫔妇御女[二]，小大虽殊，宠御则一，故'终无尤也'。"

上九：硕果不食，君子得舆[三]，小人剥庐。

〔一〕"以"，张本、周本作"于"。

〔二〕"御女"，曹校：当为"女御"。

〔三〕"得舆"，卢本、周本作"德车"。下象辞同，不再出校。按：卢本据释文从董遇。

虞翻曰："艮为硕果。谓三已〔一〕复位,有颐象,颐中无物,故'不食'也。夬乾为君子、为德,坤为车、为民,乾在坤,故以德为车。小人谓坤,艮为庐,上变灭艮,坤阴迷乱,故'小人剥庐'也。"

象曰:"'君子得舆',民所载也。'小人剥庐',终不可用也。"

侯果曰："艮为果、为庐,坤为舆。处剥之上,有刚直之德,群小人不能伤害也。故果至硕大,不被剥食矣。君子居此,万姓赖安,若得乘其车舆也。小人处之,则庶方无控,被剥其庐舍,故曰'小人〔二〕剥庐,终不可用'矣。"

〔一〕"已",原为墨丁,今据诸本补。
〔二〕"小人",毛本、卢本、四库本、周本皆无。

周易集解卷第六

复　无妄　大畜　颐　大过　坎　离

序卦曰："物不可以终尽,剥穷上反下,故受之以复也。"

> 崔憬曰："夫易穷则有变,物极则反于初。故剥之为道,不可终尽,而受之于〔一〕复也。"

☷ 坤宫十一月一世　震下坤上　复:亨。

> 何妥曰："复者,归本之名。群阴剥阳,至于几尽,一阳来下,故称反复。阳气复反,而得交通,故云'复亨'也。"

出入无疾,朋来无咎。

> 虞翻曰："谓出震成乾,入巽成坤,坎〔二〕为疾,十二消息不见坎象,故'出入无疾'。兑为朋,在内称来,五阴从初,初阳正,息而成兑,故'朋来无咎'矣。"

反复其道,七日来复。

> 案:易轨："一岁十二月三百六十五日四分日之一,以坎、震、离、

〔一〕"于",曹校作"以"。
〔二〕"坎",原脱,今据卢本、四库本、周本及曹校补。

兑四方正卦,卦别六爻,爻生一气;其余六十卦三百六十爻,爻主
一日,当周天之数;余五日四分日之一,以通闰余者也。"剥卦阳
气尽于九月之终,至十月末,纯坤用事,坤卦将尽,则复阳来。隔
坤之一卦六爻为六日,复来成震,一阳爻生,为七日,故言"反复
其道,七日来复",是其义也。天道玄邈,理绝希慕,先儒已论,虽
各指于日月;后学寻讨[一],犹未测其端倪。今举约文,略陈梗概,
以候来哲,如积薪者也。

利有攸往。

虞翻曰:"阳息临成乾,'小人道消[二],君子道长',故'利有攸
往'矣。"

象曰:"复亨,

虞翻曰:"阳息坤,与姤旁通。刚反交初,故'亨'。"

刚反动而以顺行,

虞翻曰:"刚从艮入坤,从反震,故曰'反动'。坤顺震行,故'而以
顺行'。阳不从上来反初,故不言'刚自外来',是以明'不远之
复',入坤出震义也。"

是以'出入无疾,朋来无咎'。

侯果曰:"阳上出,'君子道长'也。阴下入,'小人道消'也。动而
以[三]行,故'出入无疾,朋来无咎'矣。"

'反复其道,七日来复',天行也。

〔一〕"讨",原作"计",今据纂疏及曹校改。
〔二〕"道消",原作"消坤",今据胡本、卢本、四库本、周本改。
〔三〕"以"下,曹校:脱"顺"字。

虞翻曰："谓乾成坤,反出于震而来复[一],阳为道,故复其道[二]。刚为昼日,消乾六爻为六日,刚来反初,故'七日来复,天行也'。"○侯果曰："五月天行至午,阳复而阴升也;十一月天行至子,阴复而阳升也。天地运往[三],阴阳升复,凡历七月,故曰'七日来复'。此天之运行也。豳诗曰:'一之日觱发,二之日栗烈。''一之日',周之正月也;'二之日',周之二月。古人呼月为日,明矣。"

'利有攸往',刚长也。

荀爽曰："利往居五,刚道浸长也。"

复,其见天地之心乎?"

虞翻曰："坤为复[四]。谓三复位时,离为见,坎为心,阳息临成泰,乾天坤地,故'见天地之心'也。"○荀爽曰："复者,冬至之卦。阳起初九为天地心,万物所始,吉凶之先,故曰'见天地之心'矣。"

象曰:"雷在地中,复,先王以至日闭关,商旅不行,后不省方。"

虞翻曰："先王谓乾初。至日,冬至之日。坤阖为闭关,巽为商旅、为近利市三倍。姤巽伏初,故'商旅不行'。姤象曰:'后以施命诰四方。'今隐复下,故'后不省方'。复为阳始,姤则阴始,天地之始,阴阳之首,已言'先王',又更言'后',后,君也。六十四卦,唯此重耳。"○宋衷曰："'商旅不行',自天子至公侯不省四方

〔一〕"复",原作"攻",今据卢本、四库本、周本改。
〔二〕"阳为道,故复其道",原作"阳其道",今据卢本、四库本、周本及曹校改补。
〔三〕"往",曹校:当为"行"。
〔四〕"复",原作"腹",今据卢本、周本改。

之事,将以辅遂阳体,成致君道也。制之者,王者之事。奉之者,为君之业也。故上言'先王'而下言'后'也。"

初九:不远复,无祇悔,元吉。

崔憬曰:"从坤反震而变此爻,'不远复'也。复而有应,故获'元吉'也。"

象曰:"不远之复,以修身也。"

侯果曰:"祇,大也。往被阴剥,所以有悔。觉非远^{〔一〕}复,故无大咎。以此修身,颜子之分矣。"

六二:休复,吉。象曰:"休复之吉,以下仁也。"

王弼曰:"得位居中,比初之上,而附顺之,'下仁'之谓也。既处中位,亲仁善邻,复之休也。"

六三:频复,厉,无咎。

虞翻曰:"频,蹙也。三失位,故'频复,厉'。动而之正,故'无咎'也。"

象曰:"频复之厉,义无咎也。"

侯果曰:"处震之极,以阴居阳,惧其将危,频蹙而复,履危反道,义亦无咎也。"

六四:中行独复。象曰:"'中行独复',以从道也。"

虞翻曰:"中谓初,震为行,初一阳爻,故称'独'。四得正应初,故曰'中行独复,以从道也'。俗说以四位在五阴之中,而独应复,非也。四在外体,又非内象,不在二五,何得称'中行'耳?"

六五:敦复,无悔。象曰:"'敦复,无悔',中以自考也。"

〔一〕"远",曹校:当为"速"。

侯果曰："坤为〔一〕厚载,故曰'敦复'。体柔居刚,无应失位,所以有悔。能自考省,动不失中,故曰'无悔'矣。"

上六:迷复,凶,有灾眚。

虞翻曰："坤冥为迷,高而无应,故'凶'。五变正时,坎为灾眚,故'有灾眚'也。"

用行师,终有大败,以其国君凶,

虞翻曰："三复位时,而体师象,故'用行师'。阴逆不顺,坤为死丧,坎流血,故'终有大败'。姤乾为君,灭藏于坤,坤为异邦,故'国君凶'矣。"○荀爽曰："坤为众,故曰〔二〕'行师'也。谓上行师而距于初,阳息上升,必消群阴,故'终有大败'。国君谓初也,受命复道,当从下升。今上六行师,王诛必加,故'以其国君凶'也。"

至于十年,不克征。

虞翻曰："坤为至、为十年,阴逆坎临〔三〕,故'不克征'。谓五变设险,故帅师败,丧君而无征也。"○何妥曰："理国之道,须进善纳谏。迷而不复,安可牧民?以此行师,必败绩矣。败乃思复,失道已远,虽复,十年乃征,无所克矣。"　　案:坤为先迷,故曰"迷复"。坤又为师象〔四〕,故曰"行师"。坤数〔五〕十,十年之象也。

象曰:"'迷复'之凶,反君道也。"

虞翻曰："姤乾为君,坤阴灭之,'以国君凶',故曰'反君道'也。"

〔一〕"为",原作"谓",今据卢本、四库本、周本及曹校改。

〔二〕"曰",卢本、周本作"用"。

〔三〕"临",曹校:当为"险"。

〔四〕"象",曹校:当为"众"。

〔五〕"数"上,原有"主"字,今据卢本、四库本、周本及曹校删。

序卦曰："复则不妄矣，故受之以无妄。"

崔憬曰："物复其本，则为诚实[一]，故言'复则无妄'矣。"

☲ 巽宫七月四世　震下乾上　**无妄**：

何妥曰："乾上震下，天威下行，物皆絜齐，不敢虚妄也。"

元，亨，利，贞。

虞翻曰[二]："遁上之初，此所谓四阳二阴，非大壮则遁来也。刚来交[三]初，体乾，故'元亨'。三四失位，故'利贞'也。"

其匪正有眚，不利有攸往。

虞翻曰："非正谓上也。四已之正，上动成坎，故'有眚'。变而逆乘，天命不祐，故'不利有攸往'矣。"

彖曰："无妄，刚自外来而为主于内，

蜀才曰："此本遁卦。案：刚自上降，为主于初，故'动而健，刚中而应'也。于是乎邪妄之道消，大亨以正矣。无妄大亨，乃天道恒命也。"

动而健，刚中而应，大亨以正，天之命也。'其匪正有眚，不利有攸往'，

虞翻曰："动，震也。健、大亨谓乾。刚中谓五，而应二，'大亨以正'。变四承五，乾为天，巽为命，故曰'大亨以正，天之命也'。"

无妄之往，何之矣。

虞翻曰："谓四已变，上动体屯坎，为'泣血涟如'，故'何之矣'。"

〔一〕"诚"，原作"成"，今据张本、周本及曹校改。
〔二〕"虞翻曰"三字，原阙，今据卢本、周本及曹校补。
〔三〕"交"，原作"爻"，今据卢本、四库本、周本及曹校改。

天命不祐,行矣哉。"

虞翻曰:"天,五也。巽为命。祐,助也。四已变成坤,天道助顺,上动逆乘〔一〕巽命,故'天命不祐,行矣哉',言不可行也。马君云:'天命不祐行。'非矣。"

象曰:"天下雷行,物与无妄,

九家易曰:"天下雷行,阳气普遍,无物不与,故曰'物与'也。物受之以生,无有灾妄,故曰'物与无妄'也。"○虞翻曰:"与谓举。妄,亡也。谓雷以动之,震为反生,万物出震,无妄者也,故'物与无妄'。序卦曰:'复则不妄矣,故受之以无妄。'而京氏及俗儒以为大旱之卦,万物皆死,无所复望〔二〕,失之远矣。'有无妄然后可畜',不死明矣。若物皆死,将何畜聚?以此疑也。"

先王以茂对时育万物。"

虞翻曰:"先王谓乾。乾盈为茂,艮为对时,体颐养象,万物出震,故'以茂对时育万物'。言物皆死,违此甚矣。"○侯果曰:"雷震天下,物不敢妄;威震惊洽,无物不与,故先王以茂养万物,乃对时而育矣。时泰,则威之以无妄;时否,则利之以嘉遁,是对时而化育也。"

初九:无妄,往吉。

虞翻曰:"谓应四也。四失位,故命变之正。四变得位,承五应初,故'往吉'矣。在外称往也。"

象曰:"无妄之往,得志也。"

〔一〕"乘",原作"服",今据卢本、四库本、周本及曹校改。
〔二〕"望",原作"妄",今据卢本、周本及曹校改。

<u>虞翻</u>曰：“四变应初，夫妻体正，故‘往得志’矣。”

六二：不耕获，不菑畬，则利有攸往。

<u>虞翻</u>曰：“有益，耕象；无坤田，故不耨〔一〕。震为禾稼，艮为手，禾在手中，故称‘获’。田在初，一岁曰‘菑’；在二、三〔二〕岁曰‘畬’。初爻非坤，故不菑而畬也。得位应五，利四变之益，则坤体成，有耒耨之利，故‘利有攸往’，往应五也。”

象曰：“‘不耕获’，未富也。”

<u>虞翻</u>曰：“四动坤虚，故‘未富也’。”

六三：无妄之灾，或系之牛。行人之得，邑人之灾。象曰：“行人得牛，邑人灾也。”

<u>虞翻</u>曰：“上动体坎〔三〕，故称‘灾也’。四动之正，坤为牛，艮为鼻、为止，巽为桑、为绳，系牛鼻而止桑下，故‘或系之牛’也。乾为行人，坤为邑人。乾四据三，故‘行人之得’。三系于四，故‘邑人之灾’。或说：以四变则牛应初震，坤为死丧，故曰‘行人得牛，邑人灾也’。”

九四：可贞，无咎。

<u>虞翻</u>曰：“动则〔四〕正，故‘可贞’。承五应初，故‘无咎’也。”

象曰：“‘可贞，无咎’，固有之也。”

<u>虞翻</u>曰：“动阴承阳，故‘固有之也’。”

九五：无妄之疾，勿药有喜。

〔一〕“耨”，<u>曹</u>校：当为“耕”。
〔二〕“三”，<u>卢</u>本、<u>周</u>本作“二”。依<u>释文马</u>、<u>郑</u>，上“二”字当作“三”。
〔三〕“上动体坎”，原作“体道终坎”，今据<u>卢</u>本、<u>四库</u>本、<u>周</u>本改。
〔四〕“则”，<u>卢</u>本、<u>周</u>本作“得”。

虞翻曰:"谓四以之正,上动体坎,坎为疾病,故曰'无妄之疾'也。巽为木,艮为石,故称'药'矣。坎为多眚,药不可试,故'勿药有喜'。康子馈药,丘未达,故不尝,此之谓也。"

象曰:"无妄之药,不可试也。"

侯果曰:"位正居尊,为无妄贵主,'百姓有过,在予一人'。三四妄处,五乃忧疾,非乖摄,则药不可试。若下皆不妄,则不治自愈,故曰'勿药有喜'也。"

上九:无妄,行有眚,无攸利。

虞翻曰:"动而成坎,故'行有眚'。乘刚逆命,故'无攸利'、'天命不祐,行矣哉'。"

象曰:"无妄之行,穷之灾也。"

崔憬曰:"居无妄之中[一],有妄者也。妄而应三,上下非正,穷而反妄,故为灾也。"

序卦曰:"有无妄然后可畜,故受之以大畜。"

崔憬曰:"有诚实,则可以中心藏之,故言'有无妄然后可畜'也。"

☶ 艮宫十二月二世 乾下艮上 **大畜:利贞。**

虞翻曰:"大壮初之上,其德刚上也。与萃旁通。二五失位,故'利贞'。此萃五之复二成临,临者,大也;至上有颐养之象,故名'大畜'也。"

不家食,吉。利涉大川。

虞翻曰:"二称家。谓二五易位成家人,家人体噬嗑食,故'利涉

〔一〕"中",曹校:或当为"终"。

大川,应乎天也'。"

象曰:"大畜,刚健笃实,辉光日新。

> 虞翻曰:"刚健谓乾,笃实谓艮。二已之五,'利涉大川',互体离坎,离为日,故'辉光日新'也。"

其德刚上而尚贤。

> 蜀才曰:"此本大壮卦。案:刚自初升,为主于外,刚阳居上,尊'尚贤'也。"

能健止[一],大正也。

> 虞翻曰:"健,乾;止,艮也。二五易位,故'大正'。旧读言'能止健',误也。"

'不家食,吉',养贤也。

> 虞翻曰:"二、五易位成家人,今体颐养象,故'不家食,吉,养贤也'。"　　案:乾为贤人也,艮为宫阙也,今贤人居于阙下,"不家食"之象。

'利涉大川',应乎天也。"

> 京房曰:"谓二变五体坎,故'利涉大川'。五天位,故曰'应乎天'。"

象曰:"天在山中,大畜,

> 向秀曰:"止莫若山,大莫若天,天在山中,大畜之象。天为大器,山则极止,能止大器,故名大畜也。"

君子以多识[二]前言往行,以畜其德。"

〔一〕"健止",原倒,今据卢本、周本及曹校乙。
〔二〕"识",卢本、周本作"志",古字通。下注同,不再出校。按:卢本据释文从刘说。

虞翻曰:"君子谓乾,乾为言,震为行,坎为识[一],'乾知大始',震在乾前,故'识前言往行'。有颐养象,故'以畜其德'矣。"

初九:有厉,利已。

王弼曰:"四乃畜已,未可犯也。进则灾危,有厉则止,故能'利已'。"

象曰:"'有厉,利已',不犯灾也。"

虞翻曰:"谓二变正,四体坎,故称灾也。"

九二:舆说輹[二]。

虞翻曰:"萃坤为车、为輹,坤消乾成,故'车说腹'。腹,或作'輹'也。"

象曰:"'舆说輹',中无尤也。"

卢氏曰:"乾为舆。案:輹,车之钩心,夹轴之物。处失其正,上应于五,五居畜盛,止不我升,故且'脱[三]輹'。停留待时,而进[四]退得正,故'无尤'也。"

九三:良马逐,利艰贞,吉[五]。日闲舆卫,

虞翻曰:"乾为良马,震为惊走,故称'逐'也。谓二已变,三在坎中,故'利艰贞,吉'。离为日,二至五体师象,坎为闲习,坤为车舆,乾人在上,震为惊卫,讲武闲兵,故曰'日闲舆卫'也。"

利有攸往。象曰:"'利有攸往',上合志也。"

〔一〕"识"上,原有"志"字,今据卢本、周本、曹校及经文删。
〔二〕"輹",卢本、周本作"腹"。下"为輹"之"輹"及象辞同,不再出校。
〔三〕"脱",毛本、卢本、四库本、周本作"说",二字古通。
〔四〕"进",曹校:当重。按:若如曹校,"而进"则从上读。
〔五〕"吉",原脱,今据卢本、周本及下注补。

虞翻曰:"谓上应也。五已变正,上动成坎,坎为志,故'利有攸往,与上合志也'。"

六四:童牛之牿〔一〕,元吉。

虞翻曰:"艮为童。五已之正,萃坤为牛。牿谓以木楅其角。大畜,畜物之家恶其触害。艮为手、为小木,巽为绳,绳缚小木,横著牛角,故曰'童牛之牿'。得位承五,故'元吉'而喜。喜谓五也。"

象曰:"六四'元吉',有喜也。"

侯果曰:"坤为舆,故有牛矣。牿,楅也,以木为之,横施于角,止其觚之威也。初欲上进而四牿之,角既被牿,则不能触四,是四,童初之角也。四能牿初,与无角同,所以'元吉'而'有喜'矣。童牛,无角之牛也。封人职曰:'设其楅衡。'注云:'楅设于角,衡设于鼻,止其觚触也。'"

六五:豮豕之牙,吉。

虞翻曰:"二变时,坎为豕,剧豕称豮〔二〕,令不害物;三至上体颐象,五变之刚,巽为白,震为出,刚白从颐中出,牙之象也。动而得位,'豮豕之牙,吉'。"

象曰:"六五之吉,有庆也。"

虞翻曰:"五变得正,故'有庆也'。"○崔憬曰:"说文:'豮,剧豕。'今俗犹呼'剧猪'是也。然以豕本刚突,剧乃性和,虽有其牙,不足害物,是制于人也。以喻九二之刚健失位,若豕之剧不足畏也;而六五应止之易,故'吉有庆矣'。"　　案:九二坎爻,坎为

〔一〕"牿",卢本、周本作"告",古字通。下注同,不再出校。按:卢本据释文从九家说。

〔二〕"豮",原作"亦",今据毛本、卢本、四库本、周本及曹校改。

豕也。以阳居阴,而失其位,若豕被劇之象也。

上九:何天之衢,亨。

虞翻曰:"何,当也。衢,四交道。乾为天,震艮为道,以震交艮,故'何天之衢,亨'。上变坎为亨也。"○王弼曰:"处畜之极,畜极则亨。何,辞也。犹可畜也[一],乃'天之衢,亨','道大行也'。"

象曰:"'何天之衢',道大行也。"

虞翻曰:"谓上据二阴,乾为天道,震为行,故'道大行矣'。"

序卦曰:"物畜然后可养也,故受之以颐。颐者,养也。"

崔憬曰:"大畜刚健,辉光日新,可以观其所养,故言'物畜然后可养'。"

☲ 巽宫八月游魂 震下艮上 **颐:贞吉。**

虞翻曰:"晋四之初,与大过旁通,'养正则吉'。谓三爻之正,五上易位,故'颐,贞吉'。'反复不衰',与乾、坤、坎、离、大过、小过、中孚同义,故不从临、观四阴二阳之例。或以临二之上,兑为口,故有'口实'也。"

观颐,

虞翻曰:"离为目,故'观颐',观其所养也。"

自求口实。

虞翻曰:"或[二]以大过兑为口,或以临兑为口,坤为自[三],艮为求。

〔一〕"犹可畜也",卢本、四库本、周本及正义作"犹云何畜",义长。

〔二〕"或"上,原有"则口"二字,今据卢本、周本、四库本删。

〔三〕"自",原作"目",今据卢本、周本改。

口实,颐中物,谓其自养。"○郑玄曰:"颐者,口车辅[一]之名也。震动于下,艮止于上,口车动而上[二],因辅嚼物以养人,故谓之颐。颐,养也。能行养则其干事,故吉矣。二五离爻皆得中,离为目,观象也。观颐,观其养贤与不肖。颐中有物曰口实。自二至五有二坤,坤载养物,而人所食之物皆存焉。观其求可食之物,则贪廉之情可别也。"

彖曰:"'颐贞吉',养正则吉也。

姚信曰:"以阳养阴,动于下,止于上,各得其正,则吉也。"○宋衷曰:"颐者,所由饮食自养也。君子割不正不食,况非其食乎? 是故所养必得贤明,自求口实必得体宜,是谓'养正'也。"

'观颐',观其所养也。

侯果曰:"王者所养,养贤则吉也。"

'自求口实',观其自养也。

侯果曰:"此本观卦,初六升五,九五降初,则成颐也,是'自求口实,观其自养'。"　案:口实,谓颐口中[三]也。实事可言,震声也;实物可食,艮其成也。

天地养万物,

翟玄曰:"天,上;地,初也。万物,众阴也。天地以元气养万物,圣人以正道养贤及万民,此其圣[四]也。"

圣人养贤,以及万民。

〔一〕"辅"字,原脱,今据胡本、卢本、四库本、周本补。
〔二〕"上",曹校:汉上易传引作"止"。
〔三〕"中"下,曹校:疑脱"实"字。
〔四〕"圣",曹校:当为"理"。

虞翻曰："乾为圣人,艮为贤人,颐下养上,故'圣人养贤'。坤阴为民,皆在震上,以贵下贱,大得民,故'以及万民'。"

颐之时大矣哉。"

天地养物,"圣人养贤以及万民",人非颐不生,故"大矣"。

象曰:"山下有雷,颐,

刘表曰:"山止于上,雷动于下,颐之象也。"

君子以慎言语,节饮食。"

荀爽曰:"雷为号令,今在山中〔一〕闭藏,故'慎言语'。雷动于上,以阳食阴,艮以止之,故'节饮食'也。'言出乎身,加乎民',故'慎言语',所以养人也。饮食不节,残贼群生,故'节饮食'以养物。"

初九:舍尔灵龟,观我朵颐,凶。

虞翻曰:"晋离为龟,四之初,故'舍尔灵龟'。坤〔二〕为我,震为动,谓四失离入坤,远应多惧,故'凶'矣。"

象曰:"'观我朵颐',亦不足贵也。"

侯果曰:"初本五也。五互体艮,艮为山龟,自五降初,则为颐矣,是'舍尔灵龟'之德,来'观朵颐'之馔,贪禄致凶,故'不足贵'。"

案:朵颐垂下,动之貌也。

六二:颠颐,拂经于丘颐,征凶。

王肃曰:"养下曰颠。拂,违也。经,常也。丘,小山,谓六五也。二宜应五,反下养初,岂非'颠颐'?违常于五也,故曰'拂经于

〔一〕"中",胡本、周本作"下"。
〔二〕"坤",原作"艮",今据卢本、周本及曹校改。

丘’矣。拂丘虽阻常理,养下故谓养贤。上既无应,征必凶矣,故
曰‘征凶’。”

象曰:“六二‘征凶’,行失类也。”

侯果曰:“征〔一〕则失养之类。”

六三:拂颐,贞凶。十年勿用,无攸利。

虞翻曰:“三失位体剥,不正相应,弑父弑君,故‘贞凶’。坤为十
年,动无所应,故‘十年勿用,无攸利’也。”

象曰:“‘十年勿用’,道大悖也。”

虞翻曰:“弑父弑君,故‘大悖’也。”

六四:颠颐,吉。虎视眈眈,其欲逐逐,无咎。

王弼曰:“履得其位,而应于初,以上养下,得颐之义,故曰‘颠
颐,吉’。下交近渎,则咎矣〔二〕,故‘虎视眈眈’,威而不猛〔三〕;
‘其〔四〕欲逐逐’,而尚敦实。修此二者,乃得全其吉而无咎矣。
观其自养则养〔五〕正,察其所养则养贤〔六〕,颐爻之贵,斯为
盛矣。”

象曰:“‘颠颐’之吉,上施光也。”

虞翻曰:“晋四之初,谓三已变,故‘颠〔七〕颐’。与屯四乘坎马同义。

〔一〕“征”,原作“正”,今据周本、纂疏及曹校改。
〔二〕“下交近渎,则咎矣”,周易正义作“下交不可以渎”。
〔三〕“猛”下,周易正义有“不恶而严,养德施贤,何可有利”十二字。
〔四〕“其”上,卢本、周本有“故”字。
〔五〕“养”字,周易正义作“履”。
〔六〕“贤”,原作“阳”,今据诸本及周易正义改。
〔七〕“颠”,原脱,今据卢本、四库本、周本及曹校补。

坤为虎,离为目。眈眈,下视[一]貌。逐逐,心烦貌[二]。坤为吝
啬,坎水为欲,故'其欲逐逐'。得位应初,故'无咎'。谓上已反,
三成离,故'上施光也'。"

六五:拂经,居贞吉,不可涉大川。

虞翻曰:"失位,故'拂经'。无应顺上,故'居贞吉',艮为居也。
涉上成坎,乘[三]阳无应,故'不可涉大川'矣。"

象曰:"居贞之吉,顺以从上也。"

王弼曰:"以阴居阳,'拂颐'之义也。无应于下而比于上,故宜
'居贞',顺而从上,则吉。"

上九:由颐,厉,吉。

虞翻曰:"由,自,从也。体剥居上,众阴顺承,故'由颐'。失位,
故'厉'。以坤艮自辅,故'吉'也。"

利涉大川。象曰:"'由颐,厉,吉',大有庆也。"

虞翻曰:"失位故厉[四],之五得正成坎,坎为大川,故'利涉大
川'。变阳得位,故'大有庆也'。"

序卦曰:"不养则不可动,故受之以大过。"

崔憬曰:"养则可动,动则过厚,故受之以大过也。"

☵ 震宫二月游魂 巽下兑上 **大过**:栋桡。

〔一〕"视",原作"眩",今据卢本、周本及曹校改,胡本作"眠"。
〔二〕"貌",原作"类",今据卢本、周本及曹校改。
〔三〕"乘",原作"承",今据卢本、周本及曹校改。
〔四〕"故厉",原作"厉危",今据卢本、周本改。

虞翻曰：“大壮五之三，或说三之五〔一〕，栋桡谓三。巽为长木称栋，初上阴柔本末弱，故‘栋桡’也。”

利有攸往,亨。

虞翻曰：“谓二也。刚过而中，失位无应，利变应五，之外称往，故‘利有攸往，乃亨’也。”

彖曰:“大过,大者过也。

虞翻曰：“阳称大，谓二也。二失位，故‘大者过也’。”

栋桡,本末弱也。

向秀曰：“栋桡则屋坏，主弱则国荒，所以桡由于初上两阴爻也。初为善始，末是令终，始终皆弱，所以‘栋桡’。”○王弼曰：“初为本而上为末也。”○侯果曰：“本，君也；末，臣也；君臣俱弱，‘栋桡’者也。”

刚过而中,巽而说行,利有攸往,乃亨。

虞翻曰：“‘刚过而中’，谓二。说，兑也，故‘利有攸往’。大壮震五之初，故‘亨’。与遁而同义。”

大过之时大矣哉。”

虞翻曰：“‘国之大事，在祀与戎’，‘籍用白茅’，女妻有子，继世承祀，故‘大矣哉’。”

象曰:“泽灭木,大过,

案：兑，泽也。巽，木。灭〔二〕，漫也。凡木生近水者，杨也，遇泽太过，木则漫灭焉。二五“枯杨”，是其义。

〔一〕“大壮五之三，或说三之五”，四库本“说”作“兑”，卢本、周本作“大壮五之初，或兑三之初”，胡本上“三”字作“初”。

〔二〕“灭”，原脱，今据周本补。

君子以独立不惧,遁世无闷。"

> 虞翻曰:"君子谓乾初,阳伏巽中,体复一爻,潜龙之德,故称'独立不惧'。'忧则违之',乾初同〔一〕义,故'遁世无闷'也。"

初六:藉用白茅,无咎。

> 虞翻曰:"位在下称藉,巽柔白为茅,故'藉用白茅'。失位,咎也。承二过四,应五'士夫',故'无咎'矣。"

象曰:"'藉用白茅',柔在下也。"

> 侯果曰:"以柔处下,履非其正,咎也。苟能絜诚,肃恭不怠,虽置羞于地,可以荐奉,况'藉用白茅',重慎之至,何咎之有矣?"

九二:枯杨生稊,老夫得其女妻,无不利。

> 虞翻曰,"稊,稚也。杨叶未舒称稊。巽为杨,乾为老,老杨故枯,阳在二也。十二月时,周之二月。兑为雨泽,枯杨得泽复生稊。二体乾老,故称'老夫'。女妻谓上兑,兑为少女,故曰'女妻'。大过之家,'过以相与','老夫得其女妻',故'无不利'。"

象曰:"老夫女妻,过以相与也。"

> 虞翻曰:"谓二过初与五,五过上与二,独大过之爻得过其应,故'过以相与也'。"

九三:栋桡,凶。象曰:"'栋桡'之凶,不可以有辅也。"

> 虞翻曰:"本末弱,故桡。辅之益桡,故'不可以有辅'。阳以阴为辅也。"

九四:栋隆,吉,有他吝。

> 虞翻曰:"隆,上也。应在于初。己与五意在于上,故'栋隆,吉'。

〔一〕"同",原作"因",今据卢本、四库本、周本改。

失位,动入险而陷于井,故'有他吝'。"

象曰:"'栋隆'之吉,不桡乎下也。"

虞翻曰:"乾为动直,远初近上,故'不桡下也'。"

九五:枯杨生华,老妇得其士夫,无咎无誉。

虞翻曰:"阳在五也。夬三月时,周之五月。枯杨得泽,故'生华'矣。老妇谓初,巽为妇,乾为老,故称'老妇'也。士夫谓五,大壮震为夫,兑为少,故称'士夫'。五过二,使应上;二过五,使取初;五得位,故'无咎';阴在二多誉,今退伏初,故'无誉'。体姤淫女,故'过以相与',使应少夫。象曰:'亦可丑也。'旧说以初为女妻,上为老妇,误矣。马君亦然。荀公以初阴失正当变,数六为女妻;二阳失正,数九为老夫;以五阳得正位不变,数七为士夫;上阴得正,数八为老妇。此何异俗说也?悲夫! 学之难。而以初本为小,反以上末为老,后之达者,详其义焉。"

象曰:"'枯杨生华',何可久也。'老妇士夫',亦可丑也。"

虞翻曰:"乾为久,枯而生华,故不可久也。妇体遘〔一〕淫,故'可丑也'。"

上六:过涉灭顶,凶,无咎。

虞翻曰:"大壮震为足,兑为水泽。震足没水,故'过涉'也。顶,首也。乾为顶,顶没兑水中,故'灭顶凶'。乘刚,咎也,得位,故'无咎'。与'灭耳'同义也。"

象曰:"'过涉'之凶,不可咎也。"

〔一〕"遘",诸本作"姤"。下同,不再出校。

九家易曰："君子以礼义为法,小人以畏慎为宜。至于大过之世,不复遵常,故君子犯义,小人犯刑,而家家有诛绝之罪,不可咎也。大过之世,君子逊遁,不行礼义,谓当不义则争之,若比干谏而死是也。桀纣之民,可比屋而诛,上化致然,亦不可咎。曾子曰'上失其道,民散久矣。如得其情,则哀矜而勿喜',是其义也。"

序卦曰:"物不可以终过,故受之以坎。坎者,陷也。"

崔憬曰:"大过不可以极,极则'过涉灭顶',故曰'物不可以终过,故受之以坎'也。"

☵ 离宫十月六世 坎下坎上 习坎,有孚。

虞翻曰:"乾二五之坤,与离旁通。于爻观上之二。习,常也;孚,信,谓二五。水行往来,朝宗于海,不失其时,如月行天,故习坎为孚也。"

维心亨,

虞翻曰:"坎为心。乾二五旁行流坤,阴阳会合,故'亨'也。"

行有尚。

虞翻曰:"行谓二,尚谓五也。二体〔一〕震为行,动得正应五,故'行有尚,往有功也'。"

象曰:"习坎,重险也。

虞翻曰:"两象也,天险地险,故曰'重险也'。"

水流而不盈,

─────────

〔一〕"体",原作"位",今据卢本、周本改。

荀爽曰："阳动阴中,故'流'。阳陷阴中,故'不盈'也。"○陆绩曰："水性趋下,不盈溢崖岸也。月者水精,月在天,满则亏,不盈溢之义也。"

行险而不失其信。

荀爽曰："谓阳来为险而不失中。中称信也。"○虞翻曰："信谓二也,震为行,水性有常,消息与月相应,故'不失其信'矣。"

'维心亨',乃以刚中也。

侯果曰："二五刚而居中,则'心亨'也。"

'行有尚',往有功也。

虞翻曰："功谓五。二动应五,故'往有功也'。"

天险不可升也。

虞翻曰："谓五在天位,五从乾来体屯难,故'天险不可升也'。"

地险,山川丘陵也。

虞翻曰："坤为地,乾二之坤,故曰'地险'。艮为山,坎为川,半山称丘,丘下称陵,故曰'地险,山川丘陵也'。"

王公设险,以守其国,

虞翻曰："王公,大人,谓乾五。坤为邦。乾二之坤成坎险,震为守,有屯难象,故'王公设险,以守其国'。离言'王用出征以正邦'是也。"　案:九五,王也;六三,三公也。艮为山城,坎为水也,王公设险之象也。

险之时用大矣哉。"

王肃曰："守险以德,据险以时,成功大矣。"

象曰:"水洊至,习坎,君子以常德行习教事。"

陆绩曰:"洊,再。习,重也^{〔一〕}。水再至而益^{〔二〕}通流,不舍昼夜,重重习相随以为常,有似于习,故君子象之,以常习教事,如水不息也。"○虞翻曰:"君子谓乾五,在乾称大人,在坎为君子。坎为习、为常,乾为德,震为行,巽为教令,坤为事,故'以常德行习教事'也。"

初六:习坎,入于坎窞,凶。

干宝曰:"窞,坎之深者也^{〔三〕}。江河淮济,百川之流行乎地中,水之正也;及其为灾,则泛溢平地,而入于坎窞,是水失其道也。刑狱之用,必当于理,刑之正也;及其不平,则枉滥无辜,是法失其道也,故曰'入于坎窞,凶'矣。"

象曰:"习坎入坎,失道凶也。"

虞翻曰:"习,积也。位下故习。坎为入,坎中小穴称窞。上无其应,初二失正,故曰'失道凶'矣。"

九二:坎有险,求小得。

虞翻曰:"阳陷阴中,故'有险'。据阴有实,故'求小得'也。"

象曰:"'求小得',未出中也。"

荀爽曰:"处中而比初,三未足为援,虽'求小得',未出于险中。"

六三:来之坎坎,险且枕,入于坎窞,勿用。

虞翻曰:"坎在内称来,在坎终坎,故'来之坎坎'。枕,止也。艮为止。三失位,乘二则险;承五隔四,故'险且枕,入于坎窞'。体

〔一〕"习,重也",原作"重,习也",今据胡本、卢本、周本乙。
〔二〕"益",卢本、周本作"溢",二字通。
〔三〕"窞,坎之深者也",原作"坎,窞之深者也",今据卢本、四库本、周本乙。

师三'舆尸〔一〕',故'勿用'。"

象曰:"'来之坎坎',终无功也。"

干宝曰:"坎,十一月卦也。又失其位。喻殷之执法者,失中之象也。'来之坎'者,斥周人观衅于殷也。枕,安也。'险且枕'者,言安忍以暴政加民而无哀矜之心,淫刑滥罚,百姓无所措手足,故曰'来之坎坎,终无功也'。"

六四:樽〔二〕酒簋,贰用缶。

虞翻曰:"震主祭器,故有'樽簋'。坎为酒。簋,黍稷器。三至五,有颐口象。震献在中,故为'簋'。坎为木,震为足,坎酒在上,樽酒之象。贰,副也。坤为缶,礼有副樽,故'贰用缶'耳。"

纳〔三〕约自牖,终无咎。

虞翻曰:"坎为纳也。四阴小,故'约'。艮为牖,坤为户,艮小,光照户牖之象。'贰用缶',故'纳约自牖'。得位承五,故'无咎'。"○崔憬曰:"于重险之时,居多惧之地,近三而得位,比五而承阳,修其絜诚,进其忠信,则虽祭祀省薄,明德惟馨,故曰'樽酒簋贰,贰用缶,纳约'。文王于纣时行此道,从羑里纳约,卒免于难,故曰'自牖,终无咎'也。"

象曰:"'樽酒簋贰',刚柔际也。"

虞翻曰:"乾刚坤柔,震为交,故曰'刚柔际也'。"

九五:坎不盈,祇〔四〕既平,无咎。

〔一〕"尸",原脱,今据周本补。
〔二〕"樽",卢本、周本作"尊"。下注同,不再出校。
〔三〕"纳",卢本、周本作"内"。下注同,不再出校。
〔四〕"祇",卢本、周本作"禔"。下注同,不再出校。

虞翻曰:"盈,溢也。艮为止,谓'水流而不盈'。坎为平。祇,安也。艮止坤安,故'祇既平'。得位正中,故'无咎'。"

象曰:"'坎不盈',中未光[一]大也。"

虞翻曰:"体屯五中,故'未光大也'。"

上六:系用徽纆,寘于丛棘,三岁不得,凶。

虞翻曰:"徽纆,黑索也。观巽为绳,艮为手,上变入坎,故'系用徽纆'。寘,置也。坎多心,故'丛棘'。狱外种九棘,故称'丛棘'。二变则五体剥,剥伤坤杀,故'寘于丛棘'也。不得,谓不得出狱。艮止坎狱,乾为岁,五从乾来,三非其应,故曰'三岁不得,凶'矣。"

象曰:"上六失道,凶三岁也。"

九家易曰:"坎为丛棘,又为法律。案:周礼:王之外朝,左九棘,右九棘,面三槐,司寇公卿议狱于其下。害人者,加明刑,任之以事。上罪三年舍,中罪二年而舍,下罪一年而舍也。" 案:坎于木坚而多心,丛棘之象也。坎下巽爻,巽为绳直,"系用徽纆"也。马融云:"徽纆,索也。"刘表云:"三股为徽,两股为纆,皆索名,以系缚其罪人矣。"

序卦曰:"陷必有所丽,故受之以离。离者,丽也。"

崔憬曰:"物极则反,坎虽陷于地,必有所丽于天,而'受之以离'也。"

☲ 坎宫四月六世 离下离上 **离**:利贞,亨。

〔一〕"光",原脱,今据诸本及注文补。

虞翻曰："坤二五之乾,与坎旁通。于爻遁初之五,柔丽中正,故'利贞,亨'。"

畜牝牛,吉。

虞翻曰："畜,养也;坤为牝牛;乾二五之坤成坎,体颐养象,故'畜牝牛,吉'。俗说皆以离为牝牛,失之矣。"

彖曰:"离,丽也。

荀爽曰："阴丽于阳,相附丽也。亦为别离,以阴隔阳也。离者,火也。托于木,是其附丽也。烟焰飞升,炭灰降滞,是其别离也。"

日月丽乎天,

虞翻曰："乾五之坤成坎为月,离为日,'日月丽天'也。"

百谷草木丽乎土。

虞翻曰："震为百谷,巽为草木,坤为地〔一〕,乾二五之坤成坎震体屯,'屯者,盈也。盈天地之间者唯万物',万物出震,故'百谷草木丽乎土'。"

重明以丽乎正,乃化成天下。

虞翻曰："两象故重明,正谓五阳,阳变之坤来化乾,以成万物,谓离日'化成天下'也。"

柔丽乎中正,故亨。

虞翻曰："柔谓五阴,中正谓五伏阳,出在坤中,'畜牝牛',故'中正'而'亨'也。"

是以'畜牝牛,吉'也。"

〔一〕"地",原作"二",今据卢本、四库本、周本改。按:"二"当是"土"之脱文,胡本、孙氏集解作"土"。

荀爽曰:"牝者,土也。生土于火。离者,阴卦;牝者,阴性,故曰'畜牝牛,吉'矣。"

象曰:"明两作,离,

虞翻曰:"两谓日与月也。乾五之坤成坎,坤二之乾成离,离、坎,日月之象,故'明两作,离'。作,成也。日月在天,动成万物,故称'作'矣。或以日与火为'明两作'也。"

大人以继明照于四方。"

虞翻曰:"阳气称大人,则乾五大人也。乾二五之光,继日之明;坤为方,二五之坤,震东兑西,离南坎北,故曰'照于四方'。"

初九:履错然,敬之,无咎。

荀爽曰:"火性炎上,故初欲履错于二[一],二为三所据,故'敬之'则'无咎'矣。"

象曰:"'履错'之敬,以辟咎也。"

王弼曰:"错然,敬慎之貌也。处离之始,将进其盛,故宜慎所履,以敬为务,辟其咎也。"

六二:黄离,元吉。象曰:"'黄离,元吉',得中道也。"

侯果曰:"此本坤爻,故云'黄离'。来得中道,所以'元吉'也。"

九三:日昃之离,

荀爽曰:"初为日出,二为日中,三为日昃,以喻君道衰也。"

不鼓缶而歌,则大耋之嗟,凶。

九家易曰:"鼓缶者以目下视,离为大腹,瓦缶之象。谓不取二也。歌者口仰向上,谓兑为口,而向上取五也。日昃者,向下也,

〔一〕"二",原作"三",今据卢本、周本改。

今不取二而上取五,则上九羹之。阳称大也。嗟者,谓上被三夺五,忧嗟穷凶也。火性炎上,故三欲取五也。"

象曰:"'日昃之离',何可久也。"

九家易曰:"日昃当降,何可久长。三当据二,以为鼓缶,而今与四同取于五,故曰'不鼓缶而歌'也。"

九四:突如,其来如,焚如,死如,弃如。

荀爽曰:"阳升居五,光炎宣扬,故'突如'也。阴退居四,灰炭降坠,故'其来如'也。阴以不正,居尊乘阳,历尽数终,天命所诛,位丧民畔,下离所害,故'焚如'也。以离入坎,故'死如'也。火息灰损,故'弃如'也。"

象曰:"'突如,其来如',无所容也。"

九家易曰:"在五见夺,在四见弃,故'无所容也'。"

六五:出涕沱若,

荀爽曰:"六五阴柔,退居于四,出离为坎,故'出涕沱若〔一〕'而下,以顺阴阳也。"

戚嗟若,吉。

虞翻曰:"坎为心,震为声,兑为口,故'戚嗟若'。动而得正,尊丽阳,故'吉'也。"

象曰:"六五之吉,离王公也。"

九家易曰:"戚嗟顺阳,附丽于五,故曰'离王公也'。阳当居五,阴退还四,五当为王,三则公〔二〕也,四处其中,附上下矣。"

〔一〕"若",原作"嗟",今据胡本、毛本、四库本、周本改。
〔二〕"公"上,毛本、卢本、四库本、周本有"三"字。

上九：王用出征，有嘉折首，获匪其丑，无咎。

虞翻曰："王谓乾。乾二五之坤成坎，体师象，震为出，故'王用出征'。首谓上〔一〕，坤二五来折乾，故'有嘉折首'。丑，类也。乾征得坤阴类，乾阳物，故'获非其丑，无咎'矣。"

象曰："'王用出征'，以正邦也。"

虞翻曰："乾五出征坤，故'正邦也'。"

〔一〕"上"，原脱，今据文义补。

周易集解卷第七

咸　恒　遁　大壮　晋　明夷

序卦曰:"有天地然后有万物,有万物然后有男女,有男女然后有夫妇,有夫妇然后有父子,有父子然后有君臣,有君臣然后有上下,有上下然后礼义有所错。"

韩康伯曰:"言咸卦之义也。咸柔上而刚下,感应以相与,夫妇之象,莫美乎斯;人伦之道,莫大〔一〕夫妇,故夫子慇懃深述其义,以崇人伦之始,而不系之离也。先儒以乾至离为上经,天道也;咸至未济为下经,人事也。夫易六画成卦,三材必备,错综天人,以效变化,岂有天道、人事偏于上下哉? 斯盖守文而不求义,失之远矣。"

兑宫正月三世 艮下兑上 咸:亨,利贞,取女吉。

虞翻曰:"咸,感也。坤三之上成女,乾上之三成男,乾坤气交以相与,止而说,男下女,故'亨,利贞,取女吉'。"○郑玄曰:"咸,感也。艮为山,兑为泽,山气下,泽气上,二气通而相应,以生万物,故曰'咸'也。其于人也,'嘉会礼通','和顺于义',干事能正,三

〔一〕"大"下,宋本周易注及周易正义均有"乎"字。

十之男有此三德,以下二十之女,正而相亲说,娶之则吉也。"

彖曰:"咸,感也。柔上而刚下,二气感应以相与,

> 蜀才曰:"此本否卦。案:六三升上,上九降三,是'柔上而刚下,
> 二气交感以相与'也。"

止而说,男下女,是以'亨,利贞,娶女吉'也。

> 王肃曰:"山泽以气通,男女以礼感,男而下女,初婚之所以为礼
> 也。通义正,娶女之所以为吉也。"

天地感而万物化生,

> 荀爽曰:"乾下感坤,故万物化生于山泽。"○陆绩曰:"天地因山
> 泽孔窍以通其气,化生万物也。"

圣人感人心而天下和平。

> 虞翻曰:"乾为圣人,初四易位成既济,坎为心、为平,故'圣人感
> 人心而天下和平'。此'保合太和','品物流形'也。"

观其所感,而天地万物之情可见矣。"

> 虞翻曰:"谓四之初,以离日见天,坎月见地,县象著明,万物见
> 离,故'天地万物之情可见'也。"

象曰:"山上有泽,咸,

> 崔憬曰:"山高而降,泽下而升,'山泽通气',咸之象也。"

君子以虚受人。"

> 虞翻曰:"君子谓否乾,乾为人,坤为虚,谓坤虚三受上,故'以虚
> 受人'。艮山在地下为谦,在泽下为虚。"

初六:咸其拇。象曰:"'咸其拇',志在外也。"

> 虞翻曰:"拇,足大指也。艮为指,坤为拇,故'咸其拇'。失位远
> 应,之四得正,故'志在外',谓四也。"

六二：咸其腓，凶。居吉。象曰："虽'凶，居吉'，顺不害也。"

> 崔憬曰："腓，脚膊，次于拇，上二之象也。得位居中，于五有应，若感应相与。失艮止之礼，故'凶'。居而承比于三，顺止而随于礼当〔一〕，故'吉'也。"

九三：咸其股，执其随，往吝。

> 崔憬曰："股，胜而次于腓上，三之象也。刚而得位〔二〕，虽欲感上，以居艮极，止而不前，二随于己，志在所随，故'执其随'。下比二也，而遂感上，则失其正〔三〕义，故'往吝'穷也。"

象曰："'咸其股'，亦不处也。志在随人，所执下也。"

> 虞翻曰："巽为股，谓二也。巽为随，艮为手，故称'执'。三应于上，初四已变历险，故'往吝'。巽为处女也，男已下女，以艮阳入兑阴，故'不处也'。凡士与女未用，皆称'处'矣。志在于二，故'所执下也'。"

九四：贞吉，悔亡。憧憧往来，朋从尔思。

> 虞翻曰："失位，悔也。应初，动得正，故'贞吉'而'悔亡'矣。憧憧，怀思虑也。之内为来，之外为往。欲感上隔五，感初隔三，故'憧憧往来'矣。兑为朋〔四〕，少女也。艮初变之四，坎心为思，故曰'朋从尔思'也。"

象曰："'贞吉，悔亡'，未感害也。

〔一〕"礼当"，原倒，今据纂疏乙正。
〔二〕"位"，毛本、卢本、四库本作"中"。
〔三〕"正"，原作"止"，今据诸本改。
〔四〕"朋"，原作"明"，今据诸本改。

虞翻曰:"坤为害也。今未感坤初,体遘弑父,故曰'未感害也'。"

'憧憧往来',未光大也。"

虞翻曰:"未动之离,故'未光大也'。"

九五:咸其脢,无悔。

虞翻曰:"脢,夹脊肉也。谓四已变,坎为脊,故'咸其脢'。得正,故'无悔'。"

象曰:"'咸其脢',志末也。"

案:末犹〔一〕上也。四感于初,三随其二,五比于上,故"咸其脢"。"志末"者,谓五志感于上也。

上六:咸其辅颊舌。

虞翻曰:"耳目之间称辅颊。四变为目,坎为耳,兑为口舌,故曰'咸其辅颊舌'。"

象曰:"'咸其辅颊舌',腾〔二〕口说也。"

虞翻曰:"腾,送也。不得之三,'山泽通气',故'腾口说也'。"

序卦曰:"夫妇之道不可不久也,故受之以恒。恒者,久也。"

郑玄曰:"言夫妇当有终身之义。夫妇之道谓咸者〔三〕也。"

䷟ 震宫正月三世 巽下震上 恒:亨,无咎,利贞。

虞翻曰:"恒,久也,与益旁通。乾初之坤四,刚柔皆应,故'亨,无

〔一〕"犹",焦竑易荃引作"谓"。

〔二〕"腾",胡本、卢本、四库本、周本作"媵"。下注同,不再出校。卢本据释文从虞翻。

〔三〕"者",纂疏作"恒",义长。

咎,利贞'矣。"○郑玄曰:"恒,久也。巽为风,震为雷,雷风相须而养物,犹长女承长男,夫妇同心而成家,久长之道也。夫妇以嘉会礼通,故'无咎'。其能和顺干事,所行而善矣。"

利有攸往。

虞翻曰:"初利往之四,终变成益,则初四二五皆得其正,终则有始,故'利有攸往'也。"

彖曰:"恒,久也。刚上而柔下,

王弼曰:"刚尊柔卑,得其序也。"

雷风相与,巽而动,

蜀才曰:"此本泰卦。案:六四降初,初九升四,是'刚上而柔下'也。分乾与坤,雷也;分坤与乾,风也,是'雷风相与,巽而动'也。"

刚柔皆应,恒。

九家易曰:"初四二五虽不正,而刚柔皆应,故'亨,无咎'矣。"

'恒亨,无咎,利贞',久于其道也。

荀爽曰:"恒,震世也。巽来乘之,阴阳合会,故'亨,无咎'。长男在上,长女在下,夫妇道正,故'利贞,久于其道也'。"

天地之道,恒久而不已也。

虞翻曰:"泰乾、坤为天地。谓'终则复始','有亲则可久'也。"

'利有攸往',终则有始也。

荀爽曰:"谓乾气下终,始复升上居四也。坤气上终,始复降下居初者也。"

日月得天而能久照,

虞翻曰:"动初成乾为天,至二离为日,至三坎为月,故'日月得天而能久照'也。"

四时变化而能久成。

虞翻曰:"春夏为变,秋冬为化,变至二离夏,至三兑秋,至四震春,至五坎冬〔一〕,故'四时变化而能久成',谓'乾坤〔二〕成物'也。"

圣人久于其道,而天下化成。

虞翻曰:"圣人谓乾。乾为道,初二已正,四五复位,成既济定,'乾道变化,各正性命',有两离象,'重明丽正',故'化成天下'矣。"

观其所恒,而天地万物之情可见矣。"

虞翻曰:"以离日照乾,坎月照坤,万物出震,故'天地万物之情可见矣'。与咸同义也。"

象曰:"雷风,恒,

宋衷曰:"'雷以动之,风以散之',二者常相薄而为万物用,故君子象之,以立身守节而不易道也。"

君子以立不易方。"

虞翻曰:"君子谓乾三也。乾为易、为立,坤为方,乾初之坤四,三正不动,故'立不易方'也。"

初六:浚恒,贞凶,无攸利。

侯果曰:"浚,深。恒,久也。初本六四,自四居初,始求深厚之位者也。位既非正,求乃涉邪,以此为正,凶之道也,故曰'浚恒,贞

〔一〕"冬"下,原有"至"字,今据张本、周本删。
〔二〕"坤"下,原有"化"字,今据诸本及曹校删。

凶,无攸利'矣。"

象曰:"'浚恒'之凶,始求深也。"

虞翻曰:"浚,深也。初下称浚,故曰'浚恒'。乾初为渊,故'深'矣。失位,变之正,乾为始,故曰'始求深也'。"

九二:悔亡。

虞翻曰:"失位,悔也,动而得正,处中多誉,故'悔亡'也。"

象曰:"九二'悔亡',能久中也。"

荀爽曰:"乾为久也,能久行中和,以阳据阴,故曰'能久中也'。"

九三:不恒其德,或承之羞,贞吝。

荀爽曰:"与初同象,欲据初隔二;与五为兑,欲悦之隔四,意无所定,故'不恒其德'。与上相应,欲往承之,为阴所乘,故'或承之羞'也。'贞吝'者,谓正居其所,不与阴通也,无居自容,故'贞吝'矣。"

象曰:"'不恒其德',无所容也。"

九家易曰:"言三取初隔二,应上见乘,是'无所容'。无居自容,故'贞吝'。"

九四:田无禽。象曰:"久非其位,安得禽也?"

虞翻曰:"田谓二也,地上称田。无禽,谓五也。九四失位,利二〔一〕上之五,己变承之,故曰'田无禽'。言二五皆非其位,故象曰'久非其位,安得禽也'。"

六五:恒其德,贞,妇人吉,夫子凶。

虞翻曰:"动正成乾,故'恒其德'。妇人谓初,巽为妇,终变成益,

〔一〕"二",原作"也",今据卢本、周本及曹校改。胡本无此字。

震四复初,妇得归阳,从一而终,故'贞,妇人吉'也。震,乾之子而为巽夫,故曰'夫子'。终变成益,震四从巽,死于坤中,故'夫子凶'也。"

象曰:"妇人贞吉,从一而终也。

虞翻曰:"一谓初,终变成益,以巽应初震,故'从一而终也'。"

夫子制义,从妇凶也。"

虞翻曰:"震没,从巽入坤,故'从妇凶'矣。"

上六:震〔一〕恒,凶。象曰:"'震恒'在上,大无功也。"

虞翻曰:"在震上,故'震恒'。五动乘阳,故'凶'。终在益上,五远应,故'无功也'。"

序卦曰:"物不可以久居其所,故受之以遁。"

韩康伯曰:"夫妇之道,以恒为贵,而物之所居不可以恒,宜与世升降,有时而遁者也。"

☰ 乾宫六月三世 艮下乾上 遁:亨〔二〕。

虞翻曰:"阴消姤二也。艮为山,巽为入,乾为远,远山入藏,故'遁'。以阴消阳,'子弑其父,小人道长',避之乃通,故遁而亨,则'当位而应,与时行之'〔三〕也。"

小利贞。

〔一〕"震",原作"振",今据卢本、四库本、周本及曹校改。下象辞同,不再出校。

〔二〕此条,胡本与下"小利贞"合为一,无下条注文。

〔三〕"之",卢本、周本无此字,曹校以为衍字。

虞翻曰：“小，阴，谓二。得位浸长，以柔变刚，故‘小利贞’。”○郑玄曰：“遁，逃去之名也。艮为门阙，乾有健德，互体有巽，巽为进退，君子出门，行有进退，逃去之象。二〔一〕五得位而有应，是用正道得礼见召聘，始仕〔二〕他国，当尚谦谦，小其和顺之道，居小官，干小事，其进以渐，则远妬忌之害，昔陈敬仲奔齐辞卿是也。”

象曰：“‘遁亨’，遁而亨也。

侯果曰：“此本乾卦。阴长刚殒，君子遁避，遁则亨也。”

刚当位而应，与时行也。

虞翻曰：“刚谓五，而应二，艮为时，故‘与时行’矣。”

‘小利贞’，浸而长也。

荀爽曰：“阴称小，浸而长，则将消阳，故利正居二〔三〕，与五相应也。”

遁之时义大矣哉。”

陆绩曰：“谓阳气退，阴气将害，随时遁避，其义大矣哉。”○宋衷曰：“太公遁殷、四皓遁秦之时也。”

象曰：“天下有山，遁，

崔憬曰：“天喻君子，山比小人，小人浸长，若山之侵天；君子遁避，若天之远山，故言‘天下有山，遁’也。”

君子以远小人，不恶而严。”

虞翻曰：“君子谓乾，乾为远、为严；小人谓阴，坤为恶、为小人，故‘以远小人，不恶而严’也。”○侯果曰：“群小浸盛，刚德殒削，故

〔一〕“二”，原作“曰”，今据卢本、周本及曹校改。
〔二〕“仕”，原作“任”，今据胡本、卢本、周本及曹校改。
〔三〕“二”，原作“是”，今据卢本、周本及曹校改。

君子避之,高尚林野,但矜严于外,亦不憎恶于内,所谓'吾家耄
逊于荒'也。"

初六:遯尾,厉,勿用有攸往。

陆绩曰:"阴气已至于二,而初在其后,故曰'遯尾'也。避难当在
前而在后,故'厉'。往则与灾难会,故'勿用有攸往'。"

象曰:"'遯尾'之厉,不往何灾也?"

虞翻曰:"艮为尾也。初失位,动而得正,故'遯尾,厉'。之应成
坎为灾,在艮宜静,若不往于四,则无灾矣。"

六二:执之用黄牛之革,莫之胜说。

虞翻曰:"艮为手称执,否坤为黄牛,艮为皮,四变之初,则坎水濡
皮;离日乾之,故'执之用黄牛之革'。莫,无也。胜,能。说,解
也。乾为坚刚,巽为绳,艮为手,持革缚三在坎中,故'莫之胜
说'也。"

象曰:"'执用黄牛',固志也。"

侯果曰:"六二离爻,离为黄牛,体艮履正,上应贵主,志在辅时,
不随物遯,独守中直,坚如革束。执此之志,莫之胜说。殷之父
师,当此爻矣。"

九三:系遯,有疾,厉。畜臣妾,吉。

虞翻曰:"厉,危也。巽为绳称系,四变时,九三体坎[一],坎为疾,
故'有疾,厉'。遯阴剥阳,三消成坤,与上易位,坤为臣,兑为妾,
上来之三,据坤应兑,故'畜臣妾吉'也。"

〔一〕"巽为"至"体坎",卢本、张本、四库本作"巽绳为系,四变三体坎"。周易
虞氏义作"遯为绳子,四变时,九三体坎",义同。曹校以为"为"下脱"绳
称系"三字,今据补。

象曰:"系遁之厉,有疾惫也。

> 王肃曰:"三下〔一〕系于二而获遁,故曰'系遁'。病此系执而获危惧,故曰'有疾惫〔二〕也'。比〔三〕于六二,畜臣妾之象,足以畜其臣妾,不可施为大事也。"

'畜臣妾,吉',不可大事也。"

> 虞翻曰:"三动入坤,坤为事,故'不可大事也'。"○荀爽曰:"大事谓与五同任天下之政。潜遁之世,但可居家,畜养臣妾,不可治国之大事。"

九四:好遁,君子吉,小人否。

> 虞翻曰:"否乾为好、为君子,阴称小人,动之初,故'君子吉'。阴在四多惧,故'小人否'。得位承五,故无凶咎矣。"

象曰:"君子好遁,小人否也。"

> 侯果曰:"不处其位而遁于外,'好遁'者也。然有应在初,情未能弃,君子刚断,故能舍之;小人系恋,必不能矣,故'君子吉,小人否'〔四〕矣。"

九五:嘉遁,贞吉。

> 虞翻曰:"乾为嘉,刚当位应二,故'贞吉'。谓三已变,上来之三,成坎,象曰'以正志也'。"

象曰:"'嘉遁,贞吉',以正志也。"

> 侯果曰:"时否德刚,虽遁中正,'嘉遁'者也,故曰'贞吉'。遁而

〔一〕"下",原作"上",今据周本及曹校改。
〔二〕"惫",曹校:当本作"毙",李依经改。
〔三〕"比",原作"此",今据胡本、曹校改。
〔四〕"否",毛本、卢本、周本、四库本作"凶"。

得正,则群小应命,所谓'纽已紊之纲〔一〕,正群小之志',则殷之高宗当此爻矣。"

上九:肥遁,无不利。

虞翻曰:"乾盈为肥,二不及上,故'肥遁,无不利',故〔二〕象曰'无所疑也'。"

象曰:"'肥遁,无不利',无所疑也。"

侯果曰:"最处外极,无应于内,心无疑恋,超然〔三〕高举,果行育德,安时无闷,遁之肥也,故曰'肥遁,无不利',则颍滨巢、许当此爻矣。"

序卦曰:"物不可以〔四〕终遁,故受之以大壮。"

韩康伯曰:"遁,君子以远小人。遁而后通,何可终耶?阳盛阴消,君子道胜也。"

☰☰ 坤宫二月四世 乾下震上 大壮:利贞。

虞翻曰:"阳息泰也。壮,伤也。大谓四,失位,为阴所乘,兑为毁折,伤〔五〕。与五易位乃得正,故'利贞'也。"

彖曰:"大壮,大者壮也。

侯果曰:"此卦本坤,阴柔消弱,刚大长壮,故曰'大壮'也。"

刚以动,故壮。

〔一〕"已"、"纲",原作"以"、"刚",今据周本及曹校改。
〔二〕"故",卢本、周本无此字。
〔三〕"然",毛本、卢本、四库本、周本作"世"。
〔四〕"以",原脱,今据毛本、卢本、四库本、周本及曹校补。
〔五〕"伤"上,曹校:疑脱"故"字。按:曹校义胜。

荀爽曰：“乾刚震动，阳从下升，阳气大动，故‘壮’也。”

‘大壮利贞’，大者正也。

虞翻曰：“谓四进之五乃得正，故‘大者正也’。”

正大而天地之情可见矣。”

虞翻曰：“正大谓四，之五成需，以离日见天，坎月见地，故‘天地之情可见’也矣。”

象曰：“雷在天上，大壮，

崔憬曰：“乾下震上〔一〕，故曰‘雷在天上’。一曰：雷，阳气也。阳至于上卦，能助于天威，大壮之象也。”

君子以非礼弗履。”

陆绩曰：“天尊雷卑，君子见卑乘尊，终必消除，故象以为戒，非礼不履。”

初九：壮于趾，征凶，有孚。

虞翻曰：“趾谓四。征，行也。震足为趾，为征。初得位，四不征之五，故‘凶’。坎为孚，谓四上之五成坎，已得应四，故‘有孚’。”

象曰：“‘壮于趾’，其孚穷也。”

虞翻曰：“应在乾终，故‘其孚穷也’。”

九二：贞吉。象曰：“九二‘贞吉’，以中也。”

虞翻曰：“变得位，故‘贞吉’。动体离，故‘以中也’。”

九三：小人用壮，君子用罔，贞厉。

虞翻曰：“应在震也。三，阳，君子。小人谓上。上逆，故‘用壮’。谓二已变离，离为罔，三乘二，故‘君子用罔’。体乾‘夕惕’，故

〔一〕“乾下震上”，原作“震下乾上”，今据诸本及曹校改。

‘贞厉’也。”

羝羊触藩，羸其角。

荀爽曰：“三与五同功，为兑，故曰羊。终始阳位，故曰羝。藩谓四也。三欲触四而危之，四反‘羸其角’，角谓五也。”

象曰：“小人用壮，君子罔也。”

侯果曰：“藩谓四也。九四体震为竹苇，故称藩也。三互乾兑，乾壮[一]兑羊，故曰‘羝羊’。四藩未决，三宜勿往，用壮触藩，求应于上，故角被拘羸矣。”　　案：自三至五体兑为羊，四既是藩，五为羊角，即“羝羊触藩，羸其角”之象也。

九四：贞吉，悔亡。藩决不羸，壮于大舆之輹。象曰：“‘藩决不羸’，尚往也。”

虞翻曰：“失位悔也，之五[二]得中，故‘贞吉’而‘悔亡’矣。体夬象，故‘藩决’。震四上处五，则藩毁坏，故‘藩决不羸’。坤为大车[三]、为腹，四之五折坤，故‘壮于大车之輹’。而象曰‘尚往’者，谓上之五。”

六五：丧羊于易，无悔。

虞翻曰：“四动成泰，坤为丧也，乾为易，四上之五，兑还属乾，故‘丧羊于易’。动各得正，而处中和，故‘无悔’矣。”

象曰：“‘丧羊于易’，位不当也。”

案：谓四、五阴阳失正。阴阳失正，故曰“位不当”。

上六：羝羊触藩，不能退，不能遂，无攸利，艰则吉。

〔一〕“壮”，曹校：疑当作“牡”。
〔二〕“五”，卢本、四库本、周本作“正”。
〔三〕“车”，卢本、周本作“轝”。下同，不再出校。

虞翻曰:"应在三,故'羝羊触藩'。遂,进也。谓四已之五,体坎;上能变之巽,巽为进退,故'不能退,不能遂'。进则失位,上〔一〕则乘刚,故'无攸利'。坎为艰,得位应三利上〔二〕,故'艰则吉'。"

象曰:"'不能退,不能遂',不祥也。

虞翻曰:"乾善为祥,不得三应,故'不祥也'。"

'艰则吉',咎不长也。"

虞翻曰:"巽为长,动失位为咎,不变之巽,故'咎不长也'。"

序卦曰:"物不可以终壮,故受之以晋。晋者,进也。"

崔憬曰:"不可以终壮于阳盛,自取触藩,当宜柔进而上行,受兹锡马。"

≡ 坎宫二月游魂 坤下离上 **晋:康侯用锡马蕃庶,昼日三接。**

虞翻曰:"观四之五。晋,进也。坤为康,康,安也;初动体屯〔三〕,震为侯,故曰'康侯'。震为马,坤为用,故'用锡马'。艮为多,坤为众,故'繁庶'。离日在上,故'昼日'。三阴在下,故'三接'矣。"

彖曰:"晋,进也。明出地上,顺而丽乎大明。

崔憬曰:"浑天之义,日从地出而升于天,故曰'明出地上'。坤,臣道也;日,君德也;臣以功进,君以恩接,是以'顺而丽乎大明'。虽一〔四〕卦名晋而五爻为主,故言'柔进而上行'也。"

〔一〕曹校:"上"字上有脱文,当云"退在坎上"。
〔二〕"应三利上",曹校:当作"利三应上"。
〔三〕"屯",原作"也",今据毛本、卢本、四库本、周本及曹校改。
〔四〕"一",周本作"以"。

柔进而上行，

蜀才曰："此本观卦。案：九五降四，六四〔一〕进五，是'柔进而上行'也〔二〕。"

是以'康侯用锡马蕃庶，

荀爽曰："阴进居五，处用事之位，阳中之阴，侯之象也；阴性安静，故曰'康侯'。马谓四也。五以下群阴锡四也。坤为众，故曰'蕃庶'矣。"

昼日三接'也。"

侯果曰："康，美也。四为诸侯，五为天子，坤为众，坎为马，天子至明于上，公侯谦顺于下，美其治物有功，故蕃锡车马，一昼三觌也。采菽刺幽王侮诸侯，诗曰：'虽无与之，路车乘马。'大行人职曰：'诸公：三飨，三问，三劳；诸侯：三飨，再问，再劳；子男：三飨，一问，一劳。'即天子三接诸侯之礼也。"

象曰："明出地上，晋，君子以自昭〔三〕明德。"

郑玄曰："地虽生万物，日出于上，其功乃著，故君子法之，而以明自昭其德。"○虞翻曰："君子谓观乾，乾为德，坤为自〔四〕，离为明，乾五动，以离日自照，故'以自昭明德'也。"

初六：晋如，摧如，贞吉。罔孚，裕无咎。

虞翻曰："晋，进；摧，忧愁也。应在四，故'晋如'。失位，故'摧如'。动得位，故'贞吉'。应离为罔，四坎称孚，坤弱为裕，欲四

〔一〕"四"，原脱，今据毛本、卢本、四库本、周本及曹校补。
〔二〕"是柔进而上行也"，毛本、卢本、四库本作"是柔进"。
〔三〕"昭"，卢本、张本、周本作"照"，义同。下郑注同，不再出校。
〔四〕"自"，原脱，今据毛本、卢本、四库本、周本及曹校补。

之五成巽,初受其命,故'无咎'矣。"

象曰:"'晋如,摧如',独行正也。

虞翻曰:"初动震为行,初一称独也。"

'裕无咎',未受命也。"

虞翻曰:"五未之巽,故'未受命也'。"

六二:晋如,愁如,贞吉。

虞翻曰:"坎为加忧,应在坎上[一],故'愁如'。得位处中,故'贞吉'也。"

受兹介福于其王母。

虞翻曰:"乾为介福,艮为手,坤为虚,故称'受'。介,大也。谓五已正中,乾为王,坤为母,故'受兹介福于其王母'。"

象曰:"'受兹介福',以中正也。"

九家易曰:"五动得正中,故二受大福矣。大福,谓马与蕃庶之物是也。"

六三:众允,悔亡。

虞翻曰:"坤为众。允,信也。土性信,故'众允'。三失正,与上易位,则'悔亡',故象曰'上行也'。此则成小过,小过故有飞鸟之象焉。曰杵之利,见鼫鼠[二]出入坎穴,盖取诸此也。"

象曰:"众允之志,上行也。"

虞翻曰:"坎为志,三之上成震,故曰'上行也'。"

―――――――――――

〔一〕上八字一,原作"坎为应,在坎上",卢本、张本作"谓二应在坎上"。周本上"坎"字作"震"。今据曹校补"加忧"二字。周易虞氏义则以为"坎为"当为"震为",下脱"行故晋如"四字,李氏道平从之,亦通。

〔二〕"鼫鼠",胡本、卢本、张本、周本作"硕鼠"。下同,不再出校。

九四:晋如,鼫鼠,贞厉[一]。

九家易曰:"鼫鼠喻贪,谓四也。体离欲升,体坎欲降,游不度渎,不出坎也;飞不上屋,不至上也;缘不极木,不出离也;穴不掩身,五坤薄也;走不先足,外震在下也:五伎皆劣,四爻当之,故曰'晋如,鼫鼠'也。"

象曰:"'鼫鼠,贞厉',位不当也。"

翟玄曰:"鼫鼠昼伏夜行,贪狠无已。谓虽进承五,然潜据下阴,久居不正之位[二],故有危厉也。"

六五:悔亡,矢得,勿恤,往吉,无不利。

荀爽曰:"五从坤动而来为离,离者,耿也[三],故曰'矢得'。阴居尊位,故有悔也。以中盛明,光照四海,故'悔亡,勿恤,吉,无不利'也。"

象曰:"'矢得,勿恤',往有庆也。"

虞翻曰:"动之乾,乾为庆也。矢,古'誓'字,誓,信也。勿,无;恤,忧也。五变得正,坎象不见,故'誓得,勿恤,往有庆也'。"

上九:晋其角,

虞翻曰:"五以变,之乾为首,位在首上,故称'角',故'晋其角'也。"

维用伐邑,厉,吉,无咎,贞吝。

虞翻曰:"坤为邑,动成震而体师象,坎为心,故'维用伐邑'。得

〔一〕此下,张本有小字注:"硕",今本作"鼫"。
〔二〕"位",卢本、周本作"地"。
〔三〕"也",原作"出",今据周本改。

位乘[一]五,故'厉,吉,无咎'而'贞吝'矣。"

象曰:"'维用伐邑',道未光也。"

荀爽曰:"阳虽在上,动入冥豫,故'道未光也'。"

序卦曰:"进必有所伤,故受之以明夷。夷者,伤也。"

九家易曰:"日在坤下,其明伤也。言进极当降,复入于地,故曰'明夷'也。"

☷☲ 坎宫八月游魂 离下坤上 **明夷:**

虞翻曰:"夷,伤也。临二之三而反晋也。明入地中,故伤矣。"

利艰贞。

虞翻曰:"谓五也,五失位,变出成坎为艰,故'利艰贞'矣。"○郑玄曰:"夷,伤也。'日出[二]地上,其明乃光';至其入也[三],明则伤矣,故谓之'明夷'。日之明伤,犹圣人君子有明德而遭乱世,抑在下位,则宜自艰,无干事政,以避小人之害也。"

彖曰:"明入地中,明夷。

蜀才曰:"此本临卦也。案:夷,灭也。九二升三,六三降二,'明入地中'也。'明入地中',则明灭也。"

内文明而外柔顺,以蒙大难,

荀爽曰:"明在地下,为坤所蔽,大难之象。大难,文王君臣相事,故言'大难'也。"

〔一〕"乘",原作"承",今据卢本、四库本、周本及曹校改。
〔二〕"出",曹校:汉上易引作"在"。
〔三〕"也",诸本作"地"。

文王以之。

虞翻曰：“以，用也。三喻文王，大难谓坤，坤为弑父，迷乱荒淫，若纣杀比干。三幽坎中，象文王之拘羑里。震为诸侯，喻从文王者。纣惧出之，故‘以蒙大难’，得身全矣。”

利艰贞，晦其明也。内难而能正其志’。‘箕子以之。”

虞翻曰：“箕子，纣诸父，故称‘内难’。五乾天位，今化为坤，箕子之象。坤为晦，箕子正之，出五成坎体离，‘重明丽正’，坎为志，故‘正其志’。‘箕子以之’，而纣奴之矣。”

象曰：“明入地中，明夷，君子以莅众，用晦而明。”

虞翻曰：“而，如也。君子谓三，体师象。以坎莅坤，坤为众、为晦，离为明，故‘用晦如明’也。”

初九：明夷于飞，垂其翼。君子于行，三日不食。

荀爽曰：“火性炎上，离为飞鸟，故曰‘于飞’。为坤[一]所抑，故曰‘垂其翼’。阳为君子。三者，阳德成也。日以喻君。‘不食’者，不得君禄食[二]也。阳未居五，阴暗在上，阳[三]有明德，耻食其禄，故曰‘君子于行，三日不食’也。”

有攸往，主人有言。

九家易曰：“四者初应，众阴在上，为主人也。初欲上居五[四]，则众阴有言，言谓震也；四五体震为雷声，故曰‘有攸往，主人有言’也。”

〔一〕“坤”，原作“坎”，今据周本及曹校改。
〔二〕“君禄食”，卢本、周本作“食君禄”。
〔三〕“阳”，卢本、四库本、周本作“初”。
〔四〕“五”，曹校：当为“四”。

象曰:"'君子于行',义不食也。"

　　荀爽曰:"暗昧在上,有明德者,义不食禄也。"

六二:明夷于^[一]左股,用拯马壮,吉。

　　九家易曰:"左股谓初,为二^[二]所夷也。离为飞鸟,盖取小过之义,鸟飞舒翼而行。夷者,伤也。今初伤,垂翼在下,故曰'明^[三]夷于左股'矣。九三体坎,坎为马也;二应与^[四]五,'三与五同功',二以中和应天,应天合众,欲升上三,以壮于五,故曰'用拯马壮,吉'。"

　　案:初为足,二居足上,股也。二互体坎,坎主左方,左股之象也。

象曰:"六二之吉,顺以则也。"

　　九家易曰:"二欲上三居五为天子,坎为法律,君有法,则众阴当顺从之矣。"

九三:明夷于南狩,得其大首,不可疾,贞。

　　九家易曰:"岁终田猎名曰狩也。南者,九五大阳之位,故称南也。暗昧道终,三可升上而狩于五,得据大阳首位,故曰'明夷于南狩,得其大首'。自暗复明,当以渐次,不可卒正,故曰'不可疾,贞'也。"

象曰:"'南狩'之志,乃大得也。"

　　案:冬猎曰狩也。三互离坎,离南坎北,北主于冬,故曰"南狩"。五居暗主,三处明终,履正顺时,拯难兴衰者也。以臣伐君,故假

────────────

〔一〕"于"上,曹校:疑脱一"夷"字。按:曹校义长。
〔二〕"二",曹校:当为"四"。
〔三〕"明",曹校:疑衍。
〔四〕"与",原作"于",今据毛本、卢本、四库本、周本改。

言"狩"。既获五上[一]之大首,而三志"乃大得也"。

六四:入于左腹,获明夷之心,于出门庭。

荀爽曰:"阳称左,谓九三也。腹者谓五,居坤,坤为腹也。四得位比三,处[二]于顺首,欲三上[三]居五,以阳为腹心也,故曰'入于左腹,获明夷之心'。言三[四]当出门庭,升五君位。"○干宝曰:"一为室,二为户,三为庭,四为门,故曰'于出门庭'矣。"

象曰:"'入于左腹',获心意也。"

九家易曰:"四欲上[五]三居五为坎,坎为心;四以坤爻为腹,故曰'入于左腹,获心意也'。"

六五:箕子之明夷,利贞。

马融曰:"箕子,纣之诸父,明于天道洪范之九畴,德可以王,故以当五。知纣之恶,无可奈何,同姓恩深,不忍弃去,被发佯狂,以明为暗,故曰'箕子之明夷'。卒以全身,为武王师,名传无穷,故曰'利贞'矣。"

象曰:"箕子之贞,明不可息也。"

侯果曰:"体柔履中,内明外暗,群阴共掩,以夷其明。然以正为明而不可息,以爻取象,箕子当之,故曰'箕子之贞,明不可息也'。"

上六:不明晦,初登于天,后入于地。

虞翻曰:"应在三,离灭坤下,故'不明晦'。晋时在上丽乾,故'登

〔一〕"上",原作"三",今据诸本及曹校改。
〔二〕"处",卢本、周本作"应"。潘氏整理本纂疏改作"处"。
〔三〕"三上",胡本、卢本、周本作"上三"。
〔四〕"三"下,原有"明"字,今据卢本、周本及曹校改。
〔五〕"上",原作"外",今据卢本、四库本、周本及曹校改。

于天,照四国'。今反在下,故'后入于地,失其则'。"

象曰:"'初登于天',照四国也。'后入于地',失则也。"

侯果曰:"最远于阳,故曰'不明晦'也。'初登于天',谓明出地上。下照于坤,坤为众国,故曰'照于四国也'。喻阳[一]之初兴也。'后入于地',谓'明入地中',昼变为夜,暗晦之甚,故曰'失则也'。况纣之乱世也。此之二象,言晋与明夷,往复不已。故见暗则伐[二]取之,乱则治取之,圣人因象设诫[三]也。"

〔一〕"阳",曹校:疑当为"汤"。按:曹校义胜。
〔二〕"伐",曹校:当为"明"。
〔三〕"诫",原作"试",今据周本改。

周易集解卷第八

家人　睽　蹇　解　損　益

序卦曰："伤于外〔一〕,必反于家,故受之以家人。"

　　韩康伯曰："伤于外,必反诸内也。"

☲ 巽宫六月三世　离下巽上　**家人:利女贞。**

　　虞翻曰："遁初之四也。女谓离巽,二四得正,故'利女贞'也。"〇
　　马融曰："家人以女为奥主,长女、中女各得其正,故特曰'利女贞'矣。"

象曰："家人,女正位乎内,男正位乎外。

　　王弼曰："谓二五也。家人之义,以内为本者也,故先说女矣。"

男女正,天地之大义也。

　　虞翻曰："遁乾为天,三动坤为地,男得天,正于五;女得地,正于二,故'天地之大义也'。"

家人有严君焉,父母之谓也。

　　荀爽曰："离巽之中有乾坤,故曰'父母之谓也'。"〇王肃曰："凡

―――――――――――

〔一〕"外"下,卢本、四库本、周本有"者"字。下注同,不再出校。

男女所以能各得其正者,由家人有严君也。家人有严君,故父子夫妇各得其正。家家咸正,而天下之治大定矣。”　　案:二五相应,为卦之主。五阳在外,二阴在内,“父母之谓”也。

父父子子,兄兄弟弟,

虞翻曰:“遁乾为父,艮为子,三五位正,故‘父父子子’。三动时,震为兄,艮为弟,初位正,故‘兄兄弟弟’。”

夫夫妇妇,

虞翻曰:“三动时,震为夫,巽四为妇,初四位正,故‘夫夫妇妇’也。”

而家道正,正家而天下定矣。”

荀爽曰:“父谓五,子谓四,兄谓三,弟谓初;夫谓五,妇谓二也。各得其正,故‘天下定矣’。”○陆绩曰:“圣人教先从家始,家正则〔一〕天下化之,‘修己以安百姓’者也。”

象曰:“风自火出,家人,

马融曰:“木生火,火以木为家,故曰‘家人’。火生于木,得风而盛,犹夫妇之道,相须而成。”

君子以言有物而行有恒。”

荀爽曰:“风火相与,必附于物,物大火大,物小火小。君子之言,必因其位,位大言大,位小言小。不在其位,不谋其政,故‘言有物’也。大暑烁金,火不增其烈;大寒凝冰,火不损其热,故曰‘行有恒’矣。”

初九:闲有家,悔亡。象曰:“‘闲有家’,志未变也。”

〔一〕“则”,毛本、卢本、四库本、周本作“而”。

荀爽曰：“初在潜位，未干国政，闲习家事而已。未得治官，故‘悔’。居家理治，可移于官，守之以正，故‘悔亡’。而〔一〕未变从国之事，故曰‘志未变也’。”

六二：无攸遂，在中馈，贞吉。

荀爽曰：“六二处和得正，得正有应，有应有实，阴道之至美者也。坤道顺从，故无所得遂。供肴中馈，酒食是议，故曰〔二〕‘中馈’。居中守正，永贞其志，则吉，故曰‘贞吉’也。”

象曰：“六二之吉，顺以巽也。”

九家易曰：“谓二居贞，巽顺于五，则吉矣。”

九三：家人嗃嗃，悔厉，吉。妇子嘻嘻，终吝。

王弼曰：“以阳居阳，刚严者也。处下体之极，为一家之长，行与其慢也，宁过乎恭；家与其渎也，宁过乎严。是以家虽‘嗃嗃，悔厉’，犹得吉也。‘妇子嘻嘻，失家节也’。”○侯果曰：“嗃嗃，严也。嘻嘻，笑也。”

象曰：“‘家人嗃嗃’，未失也。‘妇子嘻嘻’，失家节也。”

九家易曰：“别体异家，阴阳相据，喜乐过节也。别体异家谓三五也。阴阳相据，三五各相据阴，故言妇子也。”

六四：富家大吉。象曰：“‘富家大吉’，顺在位也。”

虞翻曰：“三变体艮，艮为笃实，坤为大业，得位应初，顺五乘三，比据三阳，故曰‘富家大吉，顺在位也’，谓顺于五矣。”

〔一〕“而”，曹校：疑衍。
〔二〕“曰”下，曹校：似脱“在”字。

九五：王假有家，勿恤，吉。

陆绩曰："假，大也。五得尊位，据四应二，以天下为家，故曰王大有家。天下正之，故无所忧，则吉。"

象曰："'王假有家'，交相爱也。"

虞翻曰："乾为爱也，二称家，三动成震，五得交二，初得交四，故'交相爱'。震为交〔一〕也。"

上九：有孚威如，终吉。

虞翻曰："谓三已变，与上易位成坎，坎为孚，故'有孚'。乾为威如，自上之坤，故'威如'。易则得位，故'终吉'也。"

象曰："'威如'之吉，反身之谓也。"

虞翻曰："谓三动坤为身，上之三，成既济定，故'反身之谓'。此'家道正，正家而天下定矣'。"

序卦曰："家道穷必乖，故受之以睽。睽者，乖也。"

崔憬曰："'妇子嘻嘻'，过在失节，失节则穷，穷则乖，故曰'家道穷必乖'。"

䷥ 艮宫二月四世　兑下离上　睽：小事吉。

虞翻曰："大壮上之三，在系盖取无妄二之五也。小谓五，阴称小，得中应刚，故'吉'。"○郑玄曰："睽，乖也。火欲上，泽欲下，犹人同居而志异〔二〕也，故谓之'睽'。二五相应，君阴臣阳，君而应臣，故'小事吉'。"

〔一〕"交"下，原有"之"字，今据卢本、四库本、周本及曹校删。

〔二〕"志异"，卢本倒。

象曰:"睽,火动而上,泽动而下,

> 虞翻曰:"离火炎上,泽水润下也。"

二女同居,其志不同行。

> 虞翻曰:"二女,离、兑也。坎为志,离上兑下;无妄震为行,巽为同,艮为居;二五易位,震巽象坏,故'二女同居,其志不同行'也。"

说而丽乎明,柔进而上行,得中而应乎刚,

> 虞翻曰:"说,兑;丽,离也。明谓乾。当言大明以丽于晋。柔谓五,无妄巽为[一]进,从二之五,故'上行'。刚谓应乾五伏阳,非应二也。与鼎五同义也。"

是以'小事吉'。

> 荀爽曰:"小事者,臣事也。百官异体,四民殊业,故睽而不同。刚者,君也。柔得其中而进[二]于君,故言'小事吉'也。"

天地睽而其事同也,

> 王肃曰:"高卑虽异,同育万物。"○虞翻曰:"五动乾为天,四动坤为地,故'天地睽'。坤为事也,五动体同人,故事[三]同矣。"

男女睽而其志通也,

> 侯果曰:"出处虽殊,情通志合。"○虞翻曰:"四动艮为男,兑为女,故'男女睽'。坎为志、为通,故'其志通也'。"

万物睽而其事类也。

> 崔憬曰:"万物虽睽于形色,而生性事类,言[四]亦同也。"○虞翻

〔一〕"巽为",原倒,今据毛本、卢本、四库本、周本及曹校乙。

〔二〕"进",胡本、张本作"应"。

〔三〕"故事",原倒,今据卢本、四库本、周本及曹校乙。

〔四〕曹校:"事类",当作"行事相类",句有脱字。"言",当为"类"。

曰：“四动，‘万物出乎震’，区以别矣，故‘万物睽’。坤为事、为类，故‘其事类也’。”

睽之时用大矣哉。”

九家易曰：“乖离之卦，于义不大，而天地事同，共生万物，故曰‘用大’[一]。”○卢氏曰：“不言义而言用者，明用睽之义至大矣。”

象曰：“上火下泽，睽，

荀爽曰：“火性炎上，泽性润下，故曰‘睽’也。”

君子以同而异。”

荀爽曰：“大归虽同，小事当异，百官殊职，四民异业，文武并用，威德相反，共归于治，故曰‘君子以同而异’也。”

初九：悔亡，丧马勿逐，自复。见恶人，无咎。象曰：“‘见恶人’，以避咎也。”

虞翻曰：“无应，悔也。四动得位，故‘悔亡’。应在于坎，坎为马，四而失位，之正入坤，坤为丧，坎象不见，故‘丧马’。震为逐，艮为止，故‘勿逐’。坤为自，二[二]至五体复象，故‘自复’。四动震马来，故‘勿逐，自复’也。离为见，恶人谓四，动入坤初，四复正，故‘见恶人，以避咎’矣。”

九二：遇主于巷，无咎。

虞翻曰：“二动体震，震为主、为大涂，艮为径路，大道而有径路，故称‘巷’。变而得正，故‘无咎’而‘未失道也’。”

象曰：“‘遇主于巷’，未失道也。”

〔一〕“大”，原作“矣”，今据诸本改。
〔二〕“二”，原作“一”，今据卢本、四库本、周本改。

虞翻曰:"动得正,故'未失道'。"○崔憬曰:"处睽之时,与五有应,男女虽隔,其志终通。而三比焉,近不相得。遇者,不期而会。主者,三为下卦者〔一〕主。巷者,出门近,遇之象。言二遇三,明非背五,未为失道也。"

六〔二〕三:见舆曳,其牛掣〔三〕。

虞翻曰:"离为见,坎为车、为曳,故'见舆曳'。四动坤为牛、为类,牛角一俯一仰,故称'掣'。离上而坎下,故'其牛掣也'。"

其人天且劓,无初有终。

虞翻曰:"其人谓四,恶人也。黥额为天,割鼻为劓。无妄乾为天,震二之乾五,以阴墨其天;乾五之震二,毁艮,割其劓也。兑为刑人,故'其人天且劓'。失位,动得正成乾,故'无初有终'。象曰'遇刚',是其义也。"

象曰:"'见舆曳',位不当也。'无初有终',遇刚也。"

虞翻曰:"动正成乾,故'遇刚'。"

九四:睽孤,遇元夫,交孚,厉,无咎。

虞翻曰:"孤,顾也。在两阴间,睽五顾三,故曰'睽孤'。震为元夫,谓二已变,动而应震,故'遇元夫'也。震为交,坎为孚,动而得正,故'交孚,厉,无咎'矣。"

象曰:"'交孚,无咎',志行也。"

虞翻曰:"坎动成震,故'志行也'。"

六五:悔亡,厥宗噬肤,往何咎?

〔一〕"者",卢本、四库本、周本作"之"。
〔二〕"六",原作"九",今据胡本、卢本、周本及曹校改。
〔三〕"掣",张本、周本作"觢",卢本作"觢"。下注同,不再出校。

虞翻曰："往得位,'悔亡'也。动而之乾,乾为宗,二[一]体噬嗑,故曰'噬'。四变时,艮为肤,故曰'厥宗噬肤'也。变得正成乾,乾为庆,故往无咎而'有庆'矣。"

象曰:"'厥宗噬肤',往有庆也。"

王弼曰："非位,悔也;有应,故'悔亡'。厥宗谓二也。噬肤者,嚙柔也。三虽比二,二之所噬,非妨己应者也。以斯而往,何咎之有? 往必见合,故'有庆也'。"　　案:二兑为口,五爻阴柔,噬肤之象也。

上九:睽孤,见豕负涂,载鬼一车。

虞翻曰："睽三顾五,故曰[二]'睽孤'也。离为见,坎为豕、为雨,四变时坤为土,土得雨为泥涂,四动艮为背,豕背有泥,故'见豕负涂'矣。坤为鬼,坎为车,变在坎上,故'载鬼一车'也。"

先张之弧,后说之壶,

虞翻曰："谓五已变,乾为先,应在三;坎为弧[三],离为矢[四],张弓[五]之象也,故'先张之弧'。四动震为后。说犹置也;兑为口,离为大腹,坤为器,大腹有口,坎酒在中,壶之象也。之应历险以与兑,故'后说之壶'矣。"

匪寇婚媾,往遇雨则吉。

虞翻曰："匪,非;坎为寇,之三历坎,故'匪寇'。阴阳相应,故'婚媾'。三在坎下,故'遇雨'。与上易位,坎象不见,各得其正,故

〔一〕"二"下,惠栋周易述有"动"字。
〔二〕"曰",原作"也",今据胡本、卢本、四库本、周本及曹校改。
〔三〕"弧",周易述作"弓"。
〔四〕"矢",原作"大腹",今据卢本、周本及曹校改。
〔五〕"弓",周易述作"弧"。

'则吉'也。"

象曰:"'遇雨'之吉,群疑亡也。"

虞翻曰:"物三称群,坎为疑,三变坎败,故'群疑亡'矣。"

序卦曰:"乖必有难,故受之以蹇。蹇者,难也。"

崔憬曰:"二女同居,其志乖而难生,故曰'乖必有难'也。"

䷦ 兑宫八月四世 艮下坎上 蹇:利西南,

虞翻曰:"观上反三也。坤,西南卦。五在坤中,坎为月,月生西南,故'利西南'。'往得中',谓'西南得朋'也。"

不利东北。

虞翻曰:"谓三也。艮,东北之卦,月消于艮,丧乙灭癸,故'不利东北,其道穷也',则'东北丧朋'矣。"

利见大人。

虞翻曰:"离为见,大人谓五,二得位应五,故'利见大人,往有功也'。"

贞吉。

虞翻曰:"谓五当位正邦,故'贞吉'也。"

彖曰:"蹇,难也,险在前也。见险而能止,知矣哉!

虞翻曰:"离见坎险,艮为止,观乾为智,故'知矣哉'。"

'蹇,利西南',往得中也。

荀爽曰:"西南谓坤,乾动[一]往居坤五,故'得中也'。"

〔一〕"乾动",卢本、四库本作"升二"。

'不利东北',其道穷也。

> 荀爽曰:"东北,艮也。艮在坎下,'见险而止',故'其道穷也'。"

'利见大人',往有功也。

> 虞翻曰:"大人谓五,二往应五,'五多功',故'往有功也'。"

'当位贞吉',以正邦也。

> 荀爽曰:"谓五当尊位,正居是,群阴顺从,故能正邦国。"

蹇之时用大矣哉。"

> 虞翻曰:"谓坎月生西南而终东北,震象出庚,兑象见丁〔一〕,乾象盈甲,巽象退辛,艮象消丙,坤象穷乙,丧灭于癸,终则复始,以生万物,故'用大矣'。"

象曰:"山上有水,蹇,

> 崔憬曰:"山上至险,加之以水,蹇之象也。"

君子以反身修德。"

> 虞翻曰:"君子谓观乾。坤为身,观上反三,故'反身'。阳在三,进德修业,故'以反身修德'。孔子曰:'德之不修,是吾忧也。'"

初六:往蹇,来誉。

> 虞翻曰:"誉谓二,二多誉也。失位应阴,往历坎险,故'往蹇'。变而得位,以阳承二,故来而誉矣。"

象曰:"'往蹇,来誉',宜待〔二〕也。"

> 虞翻曰:"艮为时〔三〕,谓变之正,以待四也。"

〔一〕"丁",原作"下",今据毛本、卢本、四库本、周本及曹校改。
〔二〕"待"下,卢本、周本有"时"字。张本小字注云:今本衍"时"字。
〔三〕"时",原作"大",今据卢本、四库本、周本及曹校改。

六二:王臣蹇蹇,匪躬之故。

虞翻曰:"观乾为王,坤为臣、为躬,坎为蹇也。之应涉坤[一],二五俱坎[二],故'王臣蹇蹇'。观上之三,折坤之体,臣道得正,故'匪躬之故',象曰'终无尤也'。"

象曰:"'王臣蹇蹇',终无尤也。"

侯果曰:"处艮之二,上应于五,五在坎中,险而又险,志在匡弼,匪惜其躬,故曰'王臣蹇蹇,匪躬之故'。辅君[三]以此,'终无尤也'。"

九三:往蹇,来反。

虞翻曰:"应正[四]历险,故'往蹇'。反身据二,故'来反'也。"

象曰:"'往蹇来反',内喜之也。"

虞翻曰:"内喜[五]谓二阴也。"

六四:往蹇,来连。

虞翻曰:"连,辇;蹇,难也。在两坎间,进则无应,故'往蹇'。退初介三,故'来连'也。"

象曰:"'往蹇,来连',当位实也。"

荀爽曰:"蹇难之世,不安其所,欲往之三,不得承阳,故曰'往蹇'也。来还承五,则与至尊相连,故曰'来连'也。处正承阳,故曰'当位实也'。"

〔一〕"坤",曹校:当为"坎"。
〔二〕"坎",曹校:当为"蹇"。
〔三〕"君",卢本、周本作"臣"。
〔四〕"正",曹校:疑当为"上"。
〔五〕"喜",胡本、卢本、周本无此字。

九五：大蹇，朋来。

虞翻曰："当位正邦，故'大蹇'。睽兑为朋，故'朋来'也。"

象曰："'大蹇，朋来'，以中节也。"

干宝曰："在险之中而当王位，故曰'大蹇'。此盖以托文王为纣所囚也。承上据四应二〔一〕，众阴并至。此盖以托四臣能以权智相救也。故曰'以中节也'。"

上六：往蹇，来硕，吉，利见大人。

虞翻曰："阴在险上，变失位，故'往蹇'。硕谓三，艮为硕，退来之三，故'来硕'。得位有应，故'吉'也。离为见，大人谓五，故'利见大人'矣。"

象曰："'往蹇，来硕'，志在内也。'利见大人'，以从贵也。"

侯果曰："处蹇之极，体犹在坎，水无所之，故曰'往蹇'。来而复位，下应于三，三德硕大，故曰'来硕'。三为内主，五为大人，若志在内，心附〔二〕于五，则'利见大人'也。"　案：三互体离，离为明目，五为大人，"利见大人"之象也。

序卦曰："物不可以终难，故受之以解。解者，缓也。"

崔憬曰："蹇终，则'来硕，吉，利见大人'，故言'物不可以终难，故受之以解'。"

䷧震宫十二月二世 坎下震上 **解**：利西南，

〔一〕"二"，原作"三"，今据卢本、周本及曹校改。
〔二〕"附"，原作"竭"，今据卢本、四库本、周本改。曹校："心附"，或当作"以附"。

虞翻曰：“临初之四。坤，西南卦。初之四，得坤众，故‘利西南，往得众也’。”

无所往，其来复，吉。

虞翻曰：“谓四本从初之四，失位于外而无所应，故‘无所往’。宜来反初[一]，复得正位，故‘其来复，吉’也。二往之五，四来之初，成屯，体复象，故称‘来复，吉’矣。”

有攸往，夙吉。

虞翻曰：“谓二也。夙，早也。离为日、为甲。日出甲上，故早也。九二失正，早往之五，则吉。故‘有攸往，夙吉，往有功也’。”

彖曰[二]：“解，险以动，动而免乎险，解。

虞翻曰：“险，坎；动，震；解，二月；‘雷以动之，雨以润之’，物咸孚甲，万物生震，震出险上，故‘免乎险’也。”

‘解利西南’，往得众也。

荀爽曰：“乾动之坤而得众，西南，众之象也。”

‘无所往，

荀爽曰：“阴处尊位，阳无所往也。”

其来复，吉’，乃得中也。

荀爽曰：“来复居二，处中成险，故曰‘复吉’也。”

‘有攸往，夙吉’，往有功也。

荀爽曰：“五位无君，二阳又卑，往居之者则吉。据五解难，故‘有

〔一〕“故无所往，宜来反初”，原倒作“宜来反初，故无所往”，今据卢本、周本乙。

〔二〕“彖”，原作“象”，今据胡本、卢本、四库本、周本改。

功也’。”

天地解而雷雨作，

荀爽曰：“谓乾坤交通，动而成解卦，坎下震上，故‘雷雨作’也。”

雷雨作而百果草木皆甲坼^{〔一〕}。

荀爽曰：“解者，震世也。仲春之月，草木萌牙，‘雷以动之，雨以润之，日以烜之’，故‘甲坼’也。”

解之时大矣哉。”

王弼曰：“无所而不释也。难解之时，非治难时也，故不言用也。体尽于解之名，无有幽隐，故不曰义也。”

象曰：“雷雨作，解，君子以赦过宥罪。”

虞翻曰：“君子谓三伏阳，出成大过。坎为罪，入则大过象坏，故‘以赦过’。二四失位，皆在坎狱中，三出体乾，两坎^{〔二〕}不见，震喜兑悦，罪人皆出，故以‘宥罪’。谓三入则‘赦过’，出则‘宥罪’。‘公用躲隼以解悖’，是其义也。”

初六：无咎。

虞翻曰：“与四易位，体震得正，故‘无咎’也。”

象曰：“刚柔之际，义无咎也。”

虞翻曰：“体屯，初震刚柔始交，故‘无咎’也。”

九二：田获三狐，得黄矢，贞吉。

虞翻曰：“二称田，田，猎也。变之正，艮为狐，坎为弓，离为黄矢，

〔一〕“坼”，胡本、毛本作“柝”，卢本、周本作“宅”。卢本、张本并小字注云：今本“宅”作“坼”。按：下注同，不再出校。

〔二〕“两”，原作“雨”，今据卢本、四库本、周本及曹校改。按：“雨坎”或当为倒文。

矢贯狐体,二之五历三爻,故'田获三狐,得〔一〕黄矢'。之正得
中,故'贞吉'。"

象曰:"九二'贞吉',得中道也。"

虞翻曰:"动得正,故'得中道'。"

六三:负且乘,

虞翻曰:"负,倍也。二变时艮为背,谓三以四艮倍五也。五来寇
三时,坤为车,三在坤上,故'负且乘'。小人而乘君子之器,故象
曰'亦可丑也'。"

致寇至,贞吝。

虞翻曰:"五之二成〔二〕坎,坎为寇盗。上倍〔三〕慢五,下暴于二,'慢
藏诲盗',故'致寇至,贞吝'。象曰:'自我致戎,又谁咎也?'"

象曰:"'负且乘',亦可丑也。自我致戎,又谁咎也?"

虞翻曰:"临坤为丑也,坤为自我,以离兵伐三,故转寇为戎。艮
手招盗,故'谁咎也'。"

九四:解而拇,朋至斯孚。

虞翻曰:"二动时,艮为指,四变之坤为母,故'解而拇'。临兑为
朋,坎为孚,四阳从初,故'朋至斯孚'矣。"

象曰:"'解而拇',未当位也。"

王弼曰:"失位不正,而比于三,故三得附之,为其拇也。三为之
拇,则失初之应,故'解其拇',然后'朋至斯孚'而信矣。"　　案:

〔一〕"得",原脱,今据卢本、四库本、周本及曹校补。
〔二〕"二成",原作"三灭",今据卢本、四库本、周本及曹校改。胡本、毛本
　　"三"作"二"。
〔三〕"倍",原作"位",今据曹校改。胡本无此字。

九四体震,震为足,三在足下,拇之象。

六五:君子维有解,吉。有孚于小人。

虞翻曰:"君子谓二,之五得正成坎,坎为心,故'君子维有解,吉'。小人谓五,阴为小人,君子升位,则小人退在二,故'有孚于小人'。坎为孚[一]也。"

象曰:"君子有解,小人退也。"

虞翻曰:"二阳上之五,五阴小人退之二也。"

上六:公用躲隼于高墉[二]之上,获之,无不利。

虞翻曰:"上应在三。公谓三伏阳也。离为隼,三失位,变体大过死象[三]。故'公用联隼于高墉之上,获之,无不利'也。"　　案:二变时体艮,艮为山、为宫阙,三在山半,高墉之象也。

象曰:"'公用躲隼',以解悖也。"

虞翻曰:"坎为悖,三出成乾,而坎象坏,故'解悖也'。"○九家易曰:"隼,鸷鸟也。今捕食雀者,其性疾害,喻暴君也。阴盗阳位,万事悖乱,今躲去之,故曰'以解悖也'。"

序卦曰:"缓必有所失,故受之以损。"

崔憬曰:"宥罪缓死,失之于侥幸,有损于政刑,故言'缓必有所失,故受之以损'者也。"

☶ 艮宫七月三世 兑下艮上 **损**:

〔一〕"孚",原作"小人",今据卢本、四库本、周本改。
〔二〕"墉",卢本、周本作"庸"。下注"高墉之上"同。
〔三〕"变体大过死象",卢本、周本作"动出成乾,贯隼,入大过死象"。

郑玄曰:"艮为山,兑为泽,互体坤,坤为地,山在地上,泽在地下,泽以自损增山之高也。犹诸侯损其国之富以贡献于天子,故谓之损矣。"

有孚,元吉,无咎。可贞,利有攸往。

虞翻曰:"泰初之上,损下益上,以据二阴,故'有孚,元吉,无咎'。艮男居上,兑女在下,男女位正,故'可贞,利有攸往'矣。"

曷之用? 二簋可用享。

崔憬曰:"曷,何也。言'其道上行',将何所用? 可用二簋而享也。以喻损下益上,惟在乎心,何必竭于不足而补有余者也?"

彖曰:"损,损下益上,其道上行。

蜀才曰:"此本泰卦。案:坤之上六〔一〕下处乾三,乾之九三上升坤六,损下益上者也。阳德上行,故曰'其道上行'矣。"

损而有孚,

荀爽曰:"谓损乾之三居上,孚二阴也。"

'元吉,无咎'。

荀爽曰:"居上据阴,故'元吉,无咎'。以未得位,嫌于咎也。"

可贞,

荀爽曰:"少男在上〔二〕,少女虽年尚幼,必当相承,故曰'可贞'。"

利有攸往。

荀爽曰:"谓阳利往居上。损者损下益上,故利往居上。"

'曷之用? 二簋可用享。'

荀爽曰:"二簋,谓上体二阴也。上为宗庙,簋者,宗庙之器,故可

〔一〕"六",原作"九",今据周本及曹校改。
〔二〕"上",原作"下",今据周本及曹校改。

享献也。"

二簋应有时，

虞翻曰："时谓春秋也。损二之五，震二月，益正月，春也；损七月，兑八月，秋也。谓春秋祭祀，以时思之。艮为时，震为应，故'应有时'也。"

损刚益柔有时。

虞翻曰："谓冬夏也。二五已易成益，坤为柔。谓损益上之三成既济，坎冬离夏，故'损刚益柔有时'。"

损益盈虚，与时偕行。"

虞翻曰："乾为盈，坤为虚，损刚益柔，故'损益盈虚'。谓泰初之上，损二之五，益上之三〔一〕，'变通趋时'，故'与时偕行'。"

象曰："山下有泽，损，君子以惩忿窒欲。"

虞翻曰："君子，泰乾。乾阳刚武为忿，坤阴吝啬为欲，损乾之初成兑说，故'惩忿'。初上据坤，艮为止，故'窒欲'也。"

初九：祀事遄往，无咎，酌损之〔二〕。

虞翻曰："祀，祭祀。坤为事，谓二也。遄，速；酌，取也。二失正，初利二速往，合志于五，得正无咎，己得之应，故'遄往，无咎，酌损之'。象曰：'上合志也。'祀，旧作'巳'也。"

象曰："'祀事遄往'，尚合志也。"

虞翻曰："终成既济，谓二上，合志于五也。"

九二：利贞，征凶，弗损益之。

〔一〕"三"，原作"时"，今据胡本、卢本、周本及曹校改。
〔二〕张本下有小字注：今本"祀"作"巳"。

虞翻曰:"失位当之正,故'利贞'。征,行也。震为征,失正毁折,故不征之五则凶[一]。二之五成益,小损大益,故'弗损益之'矣。"

象曰:"九二'利贞',中以为志也。"

虞翻曰:"动体离中,故[二]'为志也'。"

六三:三人行,则损一人。

虞翻曰:"泰乾三爻为三人,震为行,故'三人行'。损初之上,故'则损一人'。"

一人行,则得其友。

虞翻曰:"一人谓泰初,之上损刚益柔,故'一人行'。兑为友,初之上,据坤应兑,故'则得其友',言致一也。"

象曰:"'一人行',三则疑也。"

虞翻曰:"坎为疑,上益三成坎,故'三则疑'。"○荀爽曰:"一阳在上,则教令行;三阳在下,则民众疑也。"

六四:损其疾,使遄有喜,无咎。

虞翻曰:"四谓二也。四得位,远应初,二疾上五,已得承之。谓二之五,三上复坎[三]为疾也。阳在五称喜,故'损其疾,使遄有喜'。二上体观,得正承五,故'无咎'矣。"

象曰:"'损其疾',亦可喜也。"

蜀才曰:"四当承上而有初应,必上之所疑矣。初,四之疾也。宜损去其初,使上遄喜。"○虞翻曰:"二上之五,体大观象,故'可喜也'。"

〔一〕曹校:当为"不之五则征凶"。

〔二〕"故"下,曹校:似脱"中以"二字,或"故"当为"坎"。

〔三〕"坎",原作"欲",今据卢本、四库本、周本及曹校改。

六五:或益之十朋之龟,弗克违,元吉。

虞翻曰:"谓二五已变成益,故'或益之'。坤数十〔一〕,兑为朋,三上失位,三动离为龟,十谓神、灵、摄、宝、文、筮、山、泽、水、火之龟也,故'十朋之龟'。三上易位,成既济,故'弗克违,元吉'矣。"

象曰:"六五'元吉',自上祐也。"

侯果曰:"内柔外刚,龟之象也。又体兑艮,互有坤震,兑为泽龟,艮为山龟,坤为地龟,震为木龟,坤数又十,故曰'十朋'。朋,类也。六五处尊,损己奉上,人谋允叶,龟墨不违,故能延上九之祐,而来'十朋'之益,所以大吉也。"○崔憬曰:"或之者,疑之也。故用元龟,价直二十大贝,龟之最神贵者以决之,不能违其益之义,故获'元吉'。双贝曰朋也。"

上九:弗损益之,无咎,贞吉。

虞翻曰:"损上益三也。上失正,之三得位,故'弗损益之,无咎,贞吉'。动成既济,故'大得志'。"

利有攸往,得臣无家。

虞翻曰:"谓三往之上,故'利有攸往'。二五已动成益,坤为臣,三变据坤成家人,故曰'得臣'。动而应三,成既济,则家人坏,故曰'无家'。"○王肃曰:"处损之极,损极则益,故曰'不损益之'。非位〔二〕,咎也。为下所益,故'无咎'。据五应三,三阴上附,外内相应,上下交接,正之吉也,故'利有攸往'矣。刚阳居上,群下共臣,故曰'得臣'矣。得臣则万方一轨,故'无家'也。"

象曰:"'弗损益之',大得志也。"

〔一〕"数十",原作"为正",今据诸本及曹校改。
〔二〕"位",卢本、四库本、周本作"无"。

虞翻曰：“谓二五已变，上下益三，成既济定，离坎体正，故‘大得志’。”

序卦曰：“损而不已必益，故受之以益。”

崔憬曰：“损终则弗损益之，故言‘损而不已必益’也。”

☲ 巽宫七月三世 震下巽上 **益：利有攸往。**

虞翻曰：“否上之初也。‘损上益下，其道大光’。二利往坎应五，故‘利有攸往，中正有庆’也。”

利涉大川。

虞翻曰：“谓三失正，动成坎体涣，坎为大川，故‘利涉大川’。涣，舟楫象，木道乃行也。”○郑玄曰：“阴阳之义，阳称为君，阴称为臣。今震一阳二阴，臣多于君矣；而四体巽，之下[一]应初，是天子损其所有以下诸侯也。人君之道，以益下为德，故谓之益也。震为雷，巽为风，雷动风行，二者相成，犹人君出教令，臣奉行之，故‘利有攸往’。坎为大川，故[二]‘利涉大川’矣。”

彖曰：“益，损上益下，

蜀才曰：“此本否卦。案[三]：乾之上九下处坤初，坤之初六上升乾四，‘损上益下’者也。”

民说无疆[四]。

〔一〕“下”，原作“不”，今据周本及曹校改。

〔二〕“坎为大川，故”五字，原脱，今据卢本、四库本、周本补。毛本无“故”字。

〔三〕“案”，原脱，今据卢本、四库本及曹校补。

〔四〕“损上益下，民说无疆”，卢本、四库本、周本分作两句，句下分别为蜀才与虞翻注，此本合为蜀才注，今据卢本、四库本、周本改。原蜀才注作“此本否卦。乾上之初，坤为无疆，震为喜笑，以贵下贱，大得民，故说无疆矣”。

虞翻曰:"四之初,坤为无疆,震为喜笑,以贵下贱,大得民,故'说无疆'矣。"

自上下下,其道大光。

虞翻曰:"乾为大明,以乾照坤,故'其道大光'。或以上之三,离为大光矣。"

利有攸往,中正有庆。

虞翻曰:"中正谓五,而二应之,乾为庆也。"

利涉大川,木道乃行。

虞翻曰:"谓三动成涣,涣,舟楫象。巽木得水,故'木道乃行'也。"

益动而巽,日进无疆。

虞翻曰:"震三动为离,离为日,巽为进,坤为疆,日与巽俱进,故'日[一]进无疆'也。"

天施地生,其益无方。

虞翻曰:"乾下之坤,震为出生,万物出震,故'天施地生'。阳在坤初为无方[二],'日进无疆',故'其益无方'也。"

凡益之道,与时偕行。"

虞翻曰:"上来益三,四时象正,艮为时,震为行,与损同义,故'与时偕行'也。"

象曰:"风雷[三],益,君子以见善则迁,有过则改。"

虞翻曰:"君子谓乾也。上之三,离为见,乾为善,坤为过,坤三进

〔一〕"日",原作"曰",今据卢本、四库本、周本及曹校改。
〔二〕"阳在坤初为无方",原作"阳在初,坤为无方",今据卢本、周本改。
〔三〕"风雷",原倒,今据诸本及曹校乙。

之乾四,故'见善则迁'。乾上之坤初,改坤之过,体复象,'复以自知',故'有过则改'也。"

初九:利用为大作,元吉,无咎。

虞翻曰:"大作谓耕播。耒耨之利,盖取诸此也。坤为用,乾为大,震为作,故'利用为大作'。体复,初得正,'朋来无咎',故'元吉,无咎'。震,二〔一〕月卦,'日中星鸟,敬授民时',故以耕播也。"

象曰:"'元吉,无咎',下不厚事也。"

侯果曰:"大作谓耕植也。处益之始,居震之初,震为稼穑,又为大作,益之大者,莫大耕植。故初九之利,'利为大作'。若能不厚劳于下民,不夺时于农畯,则'大吉,无咎'矣。"

六二:或益之十朋之龟,弗克违,永贞吉。

虞翻曰:"谓上从外来益也〔二〕,故'或益之'。二得正远应,利三之正,己得承之。坤数十,损兑为朋;谓三变离为龟,故'十朋之龟'。坤为永,上之三得正,故'永贞吉'。"

王用享于帝,吉。

虞翻曰:"震称帝,王谓五,否乾为王,体观象,艮为宗庙;三变〔三〕折坤牛,体噬嗑食,故'王用享于帝'。得位,故'吉'。"○干宝曰:"圣王先成其民而后致力于神,故'王用享于帝'。在巽之宫,处震之象,是则仓精之帝同始祖矣。"

象曰:"或益之,自外来也。"

〔一〕"二",原作"三",今据周本及曹校改。
〔二〕"也",卢本、四库本、周本作"三",周易述作"初"。
〔三〕"变",原作"乾",今据卢本、周本及曹校改。

虞翻曰：“乾上称外，来益三〔一〕也。”

六三：益之用凶事，无咎。

虞翻曰：“坤为事，‘三多凶’，上来益三得正，故‘益用凶事，无咎’。”

有孚中行，告公用圭。

虞翻曰：“公谓三伏阳也。三动体坎，故‘有孚’。震为中行、为告，位在中，故曰〔二〕‘中行’。三，公位，乾为圭，乾之三〔三〕，故‘告公用圭’。圭，桓圭也。”○九家易曰：“天子以尺二寸玄圭事天，以九寸事地也。上公执桓圭九寸，诸侯执信圭七寸，诸伯执躬圭七寸，诸子执谷璧五寸，诸男执蒲璧五寸。五等诸侯各执之，以朝见天子也。”

象曰：“‘益用凶事’，固有之矣。”

虞翻曰：“三上失正当变，是‘固有之’。”○干宝曰：“固有如桓文之徒，罪近篡弑，功实济世。六三失位而体奸邪，处震之动，怀巽之权，是矫命之士，争夺之臣，桓文之爻也。故曰‘益之用凶事’。在益之家而居坤中，能保社稷，爱抚人民，故曰‘无咎’。既乃中行近仁，故曰‘有孚中行’。然后俯列盟会，仰致锡命，故曰‘告公用圭’。”

六四：中行，告公从，

虞翻曰：“中行谓震位在中，震为行、为从，故曰‘中行’。公谓三，三上失位，四利三之正，己得以为实，故曰‘告公从’矣。”

〔一〕“三”，周易述作“初”。
〔二〕“曰”，原作“告”，今据卢本、四库本、周本及曹校改。
〔三〕“三”，原作“二”，今据卢本、四库本、周本及曹校改。胡本作“上”。

利用为依迁国。

> 虞翻曰:"坤为邦〔一〕。迁,徙〔二〕也。三动坤从,故'利用为依迁国'也。"

象曰:"'告公从',以益志也。"

> 虞翻曰:"坎为志,三之上,有两坎象,故'以益志也'。"○崔憬曰:"益其勤王之志也。居益之时,履当其位,与五近比,而四上公,得藩屏之寄,为依从之国。若周平王之东迁,晋郑是从也。五为天子,益其忠志以救之,故言'中行,告公从,利用为依迁国'矣。"

九五:有孚惠心,勿问,元吉。

> 虞翻曰:"谓三上也。震为问,三上易位,三五体坎,已成既济,坎为心,故'有孚惠心,勿问,元吉',故象曰'勿问之矣'。"

有孚惠我德。

> 虞翻曰:"坤为我,乾为德,三之上体坎为孚,故'惠我德',象曰'大得志'。"

象曰:"'有孚惠心',勿问之矣。'惠我德',大得志也。"

> 崔憬曰:"居中履尊,当位有应,而损上之时,自一以损己为念。虽有孚于国,惠心及下,终不言以彰己功,故曰'有孚惠心,勿问'。问犹言也。如是,则获元吉,且为下所信而怀己德,故曰'有孚惠我德'。君虽不言,人惠其德,则我'大得志也'。"

上九:莫益之,

〔一〕"邦",四库本作"国"。
〔二〕"徙",原作"从",今据卢本、四库本、周本改。下"坤从",卢本、周本作"坤徙"。

　　虞翻曰:"莫,无也。自非上无益初[一]者,唯上当无应,故'莫益之'矣。"

或击之,

　　虞翻曰:"谓上不益初[二],则以剥灭乾。艮为手,故'或击之'。"

立心勿恒,凶。

　　虞翻曰:"上体巽为进退,故'勿恒'。动成坎心,以阴乘阳,故'立心勿恒,凶'矣。"

象曰:"'莫益之',遍辞也。

　　虞翻曰:"遍,周匝也。三体刚,凶,故至上应乃益之矣。"

'或击之',自外来也。"

　　虞翻曰:"外谓上,上来之三,故曰'自外来也'。"

〔一〕"初",原作"三",今据卢本、周本改。
〔二〕"初",原作"三",今据卢本、四库本、周本及周易卢氏义改。

周易集解卷第九

夬 姤 萃 升 困

序卦曰："益而不已必决,故受之以夬。夬者,决也。"

> 韩康伯曰："益而不已则盈,故'必决'矣。"

☱ 坤宫五月五世 乾下兑上 **夬:扬于王庭。**

> 虞翻曰："阳决阴,息卦也。刚决柔,与剥旁通。乾为扬〔一〕、为王,剥艮为庭,故'扬于王庭'矣。"○郑玄曰："夬,决也。阳气浸长至于五,五尊位也,而阴先之,是犹圣人积德悦天下,以渐消去小人,至于受命为天子,故谓之'决'〔二〕。扬,越也。五互体乾,乾为君,又居尊位,'王庭'之象也。阴爻越其上,小人乘君子,罪恶上闻于圣人之朝,故曰'夬〔三〕,扬于王庭'也。"

孚号有厉,

> 虞翻曰："阳在二、五称孚,孚谓五也。二失位,动体巽,巽为号,离为光,不变则危,故'孚号有厉,其危乃光也'。"

〔一〕"扬",原作"阳",今据胡本、卢本、周本及曹校改。
〔二〕"决",周本、纂疏作"夬"。
〔三〕"夬",原作"决",今据诸本及曹校改。

告自邑，不利即戎，

虞翻曰："阳息动复，刚长成夬，震为告，坤为自邑；夬从复升[一]，坤逆在上，民众消灭；二变时，离为戎，故'不利即戎，所尚乃穷也'。"

利有攸往。

虞翻曰："阳息阴消，君子道长，故'利有攸往，刚长乃终'。"

彖曰："夬，决也，刚决柔也。

虞翻曰："乾决坤也。"

健而说，决而和。

虞翻曰："健，乾；说，兑也。以乾阳获阴之和，故'决而和'也。"

'扬于王庭'，柔乘五刚也。

王弼曰："刚德浸[二]长，一柔为逆，众所同诛而无忌者也，故可'扬于王庭'。"

'孚号有厉'，其危乃光也。

荀爽曰："信其号令于下，众阳危去上六，阳乃光明也。"○干宝曰："夬九五则'飞龙在天'之爻也，应天顺民，以发号令，故曰'孚号'。以柔决刚[三]，以臣伐君，君子危之，故曰'有厉'。德大即[四]心小，功高而意下，故曰'其危乃光也'。"

'告自邑，

翟玄曰："坤称邑也。"○干宝曰："殷民告周以纣无道。"

〔一〕"升"，原作"外"，今据卢本、四库本、周本及曹校改。
〔二〕"浸"，周本作"齐"。
〔三〕"以柔决刚"，原作"以刚决柔"，今据胡本、毛本、卢本、张本及曹校改。
〔四〕"即"，周本作"而"。胡本"即"下有"以"字。

不利即戎',所尚乃穷也。

> 荀爽曰:"不利即尚兵戎,而与阳争,必困穷。"

'利有攸往',刚长乃终也。"

> 虞翻曰:"乾体大成,以决小人,终乾之刚,故乃以终也。"

象曰:"泽上于天,夬,

> 陆绩曰:"水气上天,决降成雨,故曰'夬'。"

君子以施禄及下,居德则忌。"

> 虞翻曰:"君子谓乾,乾为施禄,下为剥坤,坤为众臣,以乾应坤,
> 故'施禄及下'。乾为德,艮为居,故'居德则忌'。阳极阴生,谓
> 阳忌阴。"

初九:壮于前趾,往不胜为咎。

> 虞翻曰:"夬变大壮,大壮震为趾,位在前,故'壮于前'。刚以应
> 刚,不能克之,往如失位,故'往不胜为咎'。"

象曰:"不胜而往,咎也。"

> 虞翻曰:"往失位应阳,故咎矣。"

九二:惕号,莫夜有戎,勿恤。

> 虞翻曰:"惕,惧也。二失位,故'惕'。变成巽,故'号'。剥坤为
> '莫夜'。二动成离,离为戎,变而得正,故'有戎'。四变成坎,坎
> 为忧,坎又得正,故'勿恤',谓成既济定也。"

象曰:"'有戎勿恤',得中道也。"

> 虞翻曰:"动得正应五,故'得中道'。"

九三:壮于頄,有凶。

> 翟玄曰:"頄,面也。谓上处乾首之前称頄。頄,颊间骨。三往壮
> 上,故'有凶'也。"

君子夬夬,独行遇雨。

荀爽曰:"九三体乾,乾为君子。三五同功,二爻俱欲决上,故曰'君子夬夬'也。'独行'谓一爻独上,与阴相应,为阴所施,故'遇雨'也。"

若濡有愠,无咎。

荀爽曰:"虽为阴所濡,能愠不悦,得无咎也。"

象曰:"'君子夬夬',终无咎也。"

王弼曰:"頄,面颧也。谓上六矣,最处体上,故曰'頄'也。剥之六三,以应阳为善。夫刚长则君子道兴,阴盛则小人道长,然则处阴长而助阳则善,处刚长而助柔则凶矣。而三独应上,助小人,是以凶也。君子处之,必能弃夫情累,决之不疑,故曰'夬夬'也。若不与阳为群,而独行殊志,应于小人,则受其困焉。'遇雨,若濡有愠',而终无所咎也。"

九四:臀无肤,其行趑趄〔一〕。

虞翻曰:"二四已变,坎为臀,剥艮为肤,毁灭不见,故'臀无肤'。大壮震为行,坎为破、为曳,故'其行趑趄'也。"

牵羊悔亡,闻言不信。

虞翻曰:"兑为羊,二变巽为绳,剥艮手持绳,故'牵羊'。谓四之正,得位承五,故'悔亡'。震为言,坎为耳,震坎象不正,故'闻言不信'也。"

象曰:"'其行趑趄',位不当也。'闻言不信',聪不明

〔一〕"趑趄",胡本、四库本、周本作"次且"。下注及象辞注同。卢本经传作"次且",注作"趑趄"。

也。”

> 虞翻曰：“坎耳离目，折入于兑，故‘聪不明’矣。” 案：兑为羊，
> 四五体兑故也。凡卦，初为足，二为腓，三为股，四为臀，当阴柔，
> 今反刚阳，故曰“臀无肤”。九四震爻，震为足，足既不正，故“行
> 趑趄”矣。

九五[一]：苋陆夬夬，

> 荀爽曰：“苋谓五，陆谓三。两爻决上，故曰‘夬夬’也。苋者，叶
> 柔而根坚且赤，以言阴在上六也。陆亦取[二]叶柔根坚也。去阴
> 远，故曰陆，言差坚于苋。苋根小，陆根大。五体兑，柔居上，苋
> 也。三体乾，刚在下，根深，故谓之陆也。”

中行无咎。

> 虞翻曰：“苋，说也。苋，读‘夫子苋[三]尔而笑’之‘苋’。睦[四]，
> 和睦也。震为笑言。五得正位，兑为说，故‘苋陆夬夬’。大壮震
> 为行，五在上中，动而得正，故‘中行无咎’。旧读言‘苋陆’，字之
> 误也。马君、荀氏皆从俗言‘苋陆’，非也。”

象曰：“‘中行无咎’，中未光也。”

> 虞翻曰：“在坎阴中，故‘未光’也。”○王弼曰：“苋，草之柔脆者也。
> 夬之至易，故曰‘夬夬’也。夬之为义，以刚决柔，以君子除小人也。
> 而五处尊位，最比小人，躬自决者也。夫以至尊而敌于至贱，虽其
> 克胜，未足多也。处中而行，足以免咎而已，未为光益也。”

[一] “九五”，原作“初九”，今据诸本及曹校改。
[二] “取”下，原有“上”，今据毛本、卢本、四库本、周本删。
[三] “苋”，原作“莞”，今据卢本、张本、周本及曹校改。
[四] “睦”，胡本、卢本、四库本、周本作“陆”。

上六:无号,终有凶。

> 虞翻曰:"应在于三,三[一]动时体巽,巽为号令,四已变坎,之应历险,巽象不见,故'无号'。位极乘阳,故'终有凶'矣。"

象曰:"'无号'之凶,终不可长也。"

> 虞翻曰:"阴道消灭,故'不可长也'。"

序卦曰:"决必有遇,故受之以姤。姤者,遇也。"

> 崔憬曰:"'君子夬夬,独行遇雨',故言'决必有遇'也。"

☰ 乾宫五月一世 巽下乾上 姤:女壮,

> 虞翻曰:"消卦也,与复旁通。巽,长女;女壮,伤也。阴伤阳,柔消刚,故'女壮'也。"

勿用取女。

> 虞翻曰:"阴息剥阳,以柔变刚,故'勿用娶女,不可与长也'。"

象曰:"姤,遇也。柔遇刚也。'勿用娶女',

> 郑玄曰:"姤,遇也。一阴承五阳,一女当五男,苟相遇耳,非礼之正,故谓之'姤'。女壮如是,壮健以淫,故不可娶。妇人以婉娩为其德也。"

不可与长也。

> 王肃曰:"女不可娶,以其不正,不可与长久也。"

天地相遇,品物咸章也。

> 荀爽曰:"谓乾成于巽,而舍于离;坤出于离,与乾相遇,南方夏

〔一〕"三",曹校:当为"二"。

位,万物章明也。"○九家易曰:"谓阳起子,运行至四月,六爻成乾,巽位在巳,故言'乾成于巽'。既成,转舍于离,万物皆盛大,坤[一]从离出,与乾相遇,故言'天地遇'也。"

刚遇中正,天下大行也。

翟玄曰:"刚谓九五,遇中处正,教化大行于天下也。"

姤之时义大矣哉。"

陆绩曰:"天地相遇,万物亦然,故其义大也。"

象曰:"天下有风,姤,

翟玄曰:"天下有风,风无不周布,故君以施令告化四方之民矣。"

后以施命诰四方。"

虞翻曰:"后,继体之君。姤阴在下,故称'后'。与泰称'后'同义也。乾为施,巽为命、为诰,复震二月,东方;姤五月,南方;巽八月,西方;复十一月,北方。皆总在初,故'以诰四方'也。孔子行夏之时,经用周家之月,夫子传彖、象以下,皆用夏家月。是故复为十一月,姤为五月矣。"

初六:系于金柅,贞吉。

虞翻曰:"柅谓二也。巽为绳,故'系柅'。乾为金,巽木入金,柅之象也。初四失正,易位乃吉,故'贞吉'矣。"

有攸往,见凶。

九家易曰:"丝系于柅,犹女系男,故以喻初宜系二也。若能专心顺二,则吉,故曰'贞吉'。今既为二所据,不可往应四,往则有凶,故曰'有攸往,见凶'也。"

〔一〕"坤",原夺在"万物"上,今据卢本、四库本、周本及曹校乙正。

羸豕孚蹢躅〔一〕。

虞翻曰:"以阴消阳,往谓成坤。遁子弑父,否臣弑君,夬时三动,离为见,故'有攸往,见凶'矣。三夬之四,在夬动而体坎,坎为豕、为孚,巽绳操之,故称'羸'也。巽为舞、为进退,操而舞,故'羸豕孚蹢躅'。以喻姤女望于五阳,如豕蹢躅也。"○宋衷曰:"羸,大索,所以系豕者也。巽为股,又为进退,股而进退,则'蹢躅'也。初应于四,为二所据,不得从应,故不安矣。体巽为风,动摇之貌也。"

象曰:"'系于金柅',柔道牵也。"

虞翻曰:"阴道柔,巽为绳,牵于二也。"

九二:包有鱼,无咎,不利宾。

虞翻曰:"巽为白茅,在中称包。诗曰:'白茅包之。'鱼谓初阴,巽为鱼。二虽失位,阴阳相承,故'包有鱼,无咎'。宾谓四,乾尊称宾,二据四应,故'不利宾'。或以包为庖厨也。"

象曰:"'包有鱼',义不及宾也。"

王弼曰:"初阴而穷下,故称鱼也。不正之阴,处遇之始,不能逆近者也。初自乐来,应己之厨,非为犯夺〔二〕,故'无咎'也。擅人之物,以为己惠,义所不为,故'不及宾'。"

九三:臀无肤,其行趑趄〔三〕,厉,无大咎。

虞翻曰:"夬时动之坎为臀,艮为肤,二折艮体,故'臀无肤'。复震为行,其象不正,故'其行趑趄'。三得正位,虽则危厉,故'无

〔一〕"蹢躅",卢本、周本作"躑躅",下注同,不再出校。
〔二〕"夺",原作"应",今据胡本、宋本周易正义改。
〔三〕"趑趄",胡本、卢本、四库本、周本作"次且"。下注及象辞、象辞注同。

大咎'矣。"　　　案：巽为股，三居上，臀也。爻非柔，无肤，行趑趄也。

象曰："'其行趑趄'，行未牵也。"

虞翻曰："在夬失位，故牵羊。在姤得正，故'未牵也'。"

九四：包无鱼，起凶。

王弼曰："二有其鱼，四故失之也。无民而动，失应而作，是以凶矣。"

象曰："'无鱼'之凶，远民也。"

崔憬曰："虽与初应而失其位，二有其鱼而宾不及，若起于竞，涉远行难，终不遂心，故曰'无鱼之凶，远民也'，谓初六矣。"

九五：以杞包瓜，含章，

虞翻曰："杞，杞柳，木名也。巽为杞、为包，乾圆称瓜，故'以杞包瓜'矣。'含章'谓五也，五欲使初四易位，以阴含阳，己得乘之，故曰'含章'。初之四体兑口，故称'含'也。"○干宝曰："初二体巽为草木，二又为田，田中之果，柔而蔓者，瓜之象也。"

有陨自天。

虞翻曰："陨，落也。乾为天，谓四陨之初，初上承五，故'有陨自天'矣。"

象曰："九五'含章'，中正也。'有陨自天'，志不舍命也。"

虞翻曰："巽为命也，欲初之四承己，故'不舍命'矣。"

上九：姤其角，吝，无咎。

虞翻曰："乾为首，位在首上，故称角。动而得正，故'无咎'。"

象曰："'姤其角'，上穷吝也。"

王弼曰："进之于极,无所复遇,遇角而已,故曰'姤其角'也。进而无遇,独恨而已,不与物牵,故曰'上穷吝也'。"

序卦曰:"物相遇而后聚,故受之以萃。萃者,聚也。"

崔憬曰："天地相遇,品物咸章,故言'物相遇而后聚'。"

☷☱ 兑宫六月二世 坤下兑上 **萃:亨**〔一〕**,王假有庙。**

虞翻曰："观上之四也。观乾为王。假,至也。艮为庙,体观享祀,故亨〔二〕。上之四,故'假有庙,致孝享'矣。"

利见大人,亨,利贞,

虞翻曰："大人谓五。三四失位,利之正,变成离,离为见,故'利见大人,亨,利贞',聚以正也。"

用大牲,吉,利有攸往。

虞翻曰："坤为牛,故曰'大牲'。四之三,折坤得正,故'用大牲,吉'。三往之四,故'利有攸往,顺天命也'。"○郑玄曰："萃,聚也。坤为顺,兑为悦,臣下以顺道承事其君,悦德居上待之,上下相应,有事而和通,故曰'萃,亨'也。假,至也。互有艮巽,巽为木,艮为阙,木在阙上,宫室之象也。四本震爻,震为长子;五本坎爻,坎为隐伏;居尊而隐伏,鬼神之象。长子入阙升堂,祭祖祢之礼也,故曰'王假有庙'。二本离爻也,离为目,居正应五,故'利见大人'矣。大牲,牛也。言大人有嘉会时,可干事,必杀牛而盟。既盟,则可以往〔三〕,故曰

〔一〕"亨",卢本、周本无此字。
〔二〕"故亨","亨"原作"通",卢本、四库本、周本无此二字。
〔三〕"往",原脱,今据诸本补。

‘利往’。” 　　案:坤为牛,巽木下克坤土,煞〔一〕牛之象也。

彖曰:“萃,聚也。顺以说,刚中而应,故聚也。

荀爽曰:“谓五以刚居中,群阴顺悦而从之,故能聚众也。”

‘王假有庙’,

陆绩曰:“王,五;庙,上也。王者聚百物,以祭其先,诸侯助祭于庙中。假,大也。言五亲奉上矣。”

致孝享也。

虞翻曰:“享,享祀也。五至初有观象,谓享坤牛,故‘致孝享’矣。”

‘利见大人,亨’,聚以正也。

虞翻曰:“坤为聚,坤三之〔二〕四,故‘聚以正’也。”

‘利贞,

九家易曰:“五以正聚阳,故曰‘利贞’。”

用大牲,吉,利有攸往’,顺天命也。

虞翻曰:“坤为顺,巽为命,三往之四,故‘顺天命也’。”

观其所聚,而天地万物之情可见矣。”

虞翻曰:“三四易位成离坎,坎月离日,日以见天,月以见地,故‘天地之情可见矣’。与大壮、咸、恒同义也。”

象曰:“泽上于地,萃,

荀爽曰:“泽者卑下,流潦归之,万物生焉,故谓之萃也。”

君子以除戎器,戒不虞。”

〔一〕“煞”,毛本、卢本、四库本、周本作“杀”。
〔二〕“三之”,原倒,今据卢本、四库本、周本及曹校乙。

虞翻曰："君子谓五。除,修;戎,兵也。诗曰:'修尔车马,弓矢戎兵。'阳在三四为修,坤为器;三四之正,离为戎兵、甲胄、飞矢,坎为弓弧,巽为绳,艮为石,谓敕〔一〕甲胄,锻厉矛矢,故'除戎器'也。坎为寇,坤为乱,故'戒不虞'也。"

初六:有孚不终,乃乱乃萃。

虞翻曰:"孚谓五也。初四易位,五坎中,故'有孚'。失正当变,坤为终,故'不终'。萃,聚也。坤为乱〔二〕、为聚,故'乃乱乃萃'。失位不变,则相聚为乱,故象曰'其志乱也'。"

若号,一握为笑,勿恤,往无咎。

虞翻曰:"巽为号。艮为手,初称一,故'一握'。初动成震,震为笑;四动成坎,坎为恤,故'若号,一握为笑,勿恤'。初之四得正,故'往无咎'矣。"

象曰:"'乃乱乃萃',其志乱也。"

虞翻曰:"坎为志,初不〔三〕之四,'其志乱也'。"

六二:引吉,无咎。

虞翻曰:"应巽为绳,艮为手,故'引吉'。得正应五,故'无咎'。利引四之初,使避己,己得之五也。"

孚乃利用禴。

虞翻曰:"孚谓五。禴,夏祭也。体观象,故'利用禴'。四之三,故'用大牲'。离为夏,故'禴祭'。诗曰'禴祠烝尝',是其义。"

象曰:"'引吉,无咎',中未变也。"

〔一〕"敕",原作"类",今据胡本、卢本、四库本、周本及曹校改。
〔二〕"为乱"二字,原脱,今据卢本、四库本、周本及曹校补。
〔三〕"不",原脱,今据卢本、四库本及纂疏补。

虞翻曰:"二得正,故不变也。"○王弼曰:"居萃之时,体柔当位;处坤之中,己独履正,与〔一〕众相殊,异操而聚,民之多僻,独正者危,未能变体,以远于害,故必待五引,然后乃吉而无咎。禘,殷春祭名,四时之祭省者也。居聚之时,处于中正,而行以忠信,可以省薄,荐〔二〕于鬼神矣。"

六三:萃如嗟如,无攸利,往无咎,小吝。

虞翻曰:"坤为萃,故'萃如'。巽为号,故'嗟如'。失正,故'无攸利'。动得位,故'往无咎,小吝',谓往之四。"

象曰:"往无咎,上巽也。"

虞翻曰:"动之四,故'上巽'。"

九四:大吉,无咎。象曰:"'大吉,无咎',位不当也。"

虞翻曰:"以阳居阴,故'位不当'。动而得正,承五应初,故'大吉'而'无咎'矣。"

九五:萃有位,无咎'。'匪孚,元永贞,悔亡。

虞翻曰:"得位居中,故'有位,无咎'。'匪孚',谓四也。四变之正,则五体皆〔三〕正,故'元永贞'。与比彖同义。四动之初,故'悔亡'。"

象曰:"'萃有位',志未光也。"

虞翻曰:"阳在坎中,故'志未光'。与屯五同义。"

上六:赍资〔四〕涕洟,无咎。

〔一〕"与",原脱,今据诸本及曹校补。
〔二〕"荐",原脱,今据周易正义及曹校补。
〔三〕"皆",原作"比",今据诸本及曹校改。
〔四〕"资",毛本、四库本作"咨"。下象辞及注同,不再出校。曹校:下注"资"当为"咨"。

虞翻曰：“赍，持；资，赙也。货财丧称赙。自目曰涕，自鼻称洟。坤为财，巽为进，故‘赍资’也。三之四，体离坎，艮为鼻，涕泪流鼻目，故‘涕洟’。得位应三，故‘无咎’。上体大过死象，故有‘赍资涕洟’之哀。”

象曰：“‘赍资涕洟’，未安上也。”

虞翻曰：“乘刚远应，故‘未安上也’。”〇荀爽曰：“此本[一]否卦。上九阳爻，见灭迁移，以喻夏桀、殷纣。以上六阴爻代之，若夏之后封东楼公于杞，殷之后封微子于宋，去其骨肉，臣服异姓，受人封土，未安居位，故曰‘赍资涕洟，未安上也’。”

序卦曰：“聚而上者谓之升，故受之以升也。”

崔憬曰：“用大牲而致孝享，故顺天命[二]而升为王矣，故言‘聚而上者谓之升’也。”

☷☴ 震宫八月四世　巽下坤上　升：

郑玄曰：“升，上也。坤地巽木，木生地中，日[三]长而上，犹圣人在诸侯之中，明德日益高大也，故谓之升。升，进益之象矣。”

元亨。

虞翻曰：“临初之三，又有临[四]象，刚中而应，故‘元亨’也。”

用见大人，勿恤。

虞翻曰：“谓二当之五，为大人，离为见，坎为恤，二之五得正，故

〔一〕“本”，原脱，今据诸本及曹校补。
〔二〕“命”，原作“子”，今据曹校及纂疏改。
〔三〕“日”，原作“曰”，今据诸本及曹校改。
〔四〕“临”，原作“巽”，今据胡本、卢本、周本及曹校改。

'用见大人,勿恤,有庆也'。"

南征吉。

虞翻曰:"离,南方卦,二之五成离,故'南征吉,志行也'。"

象曰:"柔以时升,

虞翻曰:"柔谓五,坤也。升谓二。坤邑无君,二当升五虚,震兑为春秋;二升,坎离为冬夏;四时象正,故'柔以时升'也。"

巽而顺,刚中而应,是以大亨。

荀爽曰:"谓二以刚居中,而来应五,故能'大亨',上居尊位也。"

'用见大人,勿恤',有庆也。

荀爽曰:"大人,天子,谓升居五,见为大人,群阴有主,无所复忧,而有庆也。"

'南征吉',志行也。"

虞翻曰:"二之五,坎为志,震为行。"

象曰:"地中生木,升,

荀爽曰:"地谓坤,木谓巽,地中生木,以微至著,升之象也。"

君子以顺[一]德,积小以成高大。"

虞翻曰:"君子谓三。小谓阳息复时,复小为德之本;至二成临,临者,大也;临初之三,巽为高;二之五,艮为顺,坤为积,故'顺德,积小成高大'。"

初六:允升,大吉。

荀爽曰:"谓一体相随,允然俱升。初欲与巽一体,升居坤上,位

〔一〕"顺",卢本、周本作"慎"。下"艮为顺"之"顺"同,武亿群经义证云古通,不再出校。

尊得正,故'大吉'也。"

象曰:"'允升,大吉',上合志也。"

九家易曰:"谓初失正,乃与二阳允然合志,俱升五位,故曰[一]'上合志也'。"

九二:孚乃利用禴,无咎。

虞翻曰:"禴,夏祭也。孚谓二,之五成坎为孚,离为夏,故'乃利用禴,无咎'矣。"

象曰:"九二之孚,有喜也。"

虞翻曰:"升五得位,故'有喜'。"○干宝曰:"刚中而应,故'孚'也。又言'乃利用禴',于春时也。非时而祭曰'禴'。然则文王俭以恤民,四时之祭皆以禴礼,神享德与信,不求备也。故既济九五曰:'东邻杀牛,不如西邻之禴祭实受其福。'九五坎,坎为豕,然则禴祭以豕而已,不奢盈于礼,故曰'有喜'矣。"

九三:升虚邑。

荀爽曰:"坤称邑也。五虚无君,利二上居之,故曰'升虚邑,无所疑也'。"

象曰:"'升虚邑',无所疑也。"

虞翻曰:"坎为疑,上得中,故'无所疑也'。"

六四:王用享于岐山,吉,无咎。

荀爽曰:"此本升卦也。巽升坤上,据三成艮,巽为岐,艮为山,王谓五也。通有两体,位正众服,故'吉'也。四能与众阴退避当升者,故'无咎'也。"

〔一〕"故曰"二字,毛本、卢本、四库本、周本无。

象曰:"'王用享于岐山',顺事也。"

> 崔憬曰:"为顺之初,在升当位,近比于五,乘刚于三,宜以进德,不可修守。此象太王为狄所逼,徙[一]居岐山之下,一年成邑,二年成都,三年五倍其初,通而王矣,故曰'王用享于岐山'。以其用通,避于狄难,顺于时事,故'吉无咎'。"

六五:贞吉,升阶。

> 虞翻曰:"二之五,故'贞吉'。巽为高,坤为土,震升高,故'升阶'也。"

象曰:"'贞吉,升阶',大得志也。"

> 荀爽曰:"阴正居中,为阳作阶,使升居五,己下降二,与阳相应,故吉而'得志'。"

上六:冥升,利于不息之贞。

> 荀爽曰:"坤性暗昧,今升在上,故曰'冥升'也。阴用事为消,阳用事为息,阴正[二]在上,阳道不息,阴之所利,故曰'利于不息之贞'。"

象曰:"冥升在上,消不富也。"

> 荀爽曰:"阴升失实,故'消不富也'。"

序卦曰:"升而不已必困,故受之以困。"

> 崔憬曰:"'冥升在上,以消不富',则穷,故言'升而不已必困'也。"

☱ 兑宫五月一世 坎下兑上 **困**:亨,

〔一〕"徙",原作"从",今据诸本改。
〔二〕"正",原作"五",今据诸本及曹校改。

郑玄曰:"坎为月,互体离,离为日,兑为暗昧,日所入也。今上掩日月之明,犹君子处乱代,为小人所不容,故谓之'困'也。君子虽困,居险能悦,是以通而无咎也。"○虞翻曰:"否二之上,乾坤交,故通也。"

贞大人吉,无咎。

虞翻曰:"'贞大人吉',谓五也。在困无应,宜静则'无咎',故'贞大人吉,无咎'。"

有言不信。

虞翻曰:"震为言,折入兑,故'有言不信,尚口乃穷'。"

象曰:"困,掩刚[一]也。

荀爽曰:"谓二五为阴所掩也。"

险以说,

荀爽曰:"此本否卦。阳降为险,阴升为悦也。"

困而不失其所,亨,其唯君子乎?

荀爽曰:"谓二虽掩阴陷险,犹不失中,与正阴合,故通也。喻君子虽陷险中,不失中和之行也。"

'贞大人吉',以刚中也。

荀爽曰:"谓五虽掩于阴,近无所据,远无所应,体刚得中正,居五位,则'吉,无咎'也。"

'有言不信',尚口乃穷也。"

虞翻曰:"兑为口,上变口灭,故'尚口乃穷'。"○荀爽曰:"阴从二升上六,成兑为'有言',失中为'不信',动而乘阳,故曰'尚口乃穷也'。"

〔一〕"掩",卢本、周本作"弇"。下同,不再出校。"掩刚",原倒,今据毛本乙。

象曰:"泽无水,困,

> 王弼曰:"'泽无水',则水在泽下也。水在泽下,困之象也。处困而屈其志者,小人也。君子固穷,道可忘乎?"

君子以致命遂志。"

> 虞翻曰:"君子谓三伏阳也。否坤为致,巽为命,坎为志,三入阴中,故'致命遂志'也。"

初六:臀困于株木。

> 九家易曰:"臀谓四。株木,三也。三体为木,泽中无水,兑金伤木,故枯为株也。初者四应,欲进之四,四困于三,故曰'臀困于株木'。"
> ○干宝曰:"兑为孔穴,坎为隐伏,隐伏在下而漏孔穴,臀之象也。"

入于幽谷,三岁不觌。

> 九家易曰:"幽谷,二也。此本否卦。谓阳来入坎,与初同体,故曰'入幽谷'。三者阳数,谓阳陷险中,为阴所掩,终不得见,故曰'三岁不觌'也。"

象曰:"'入于幽谷',幽不明也。"

> 荀爽曰:"为阴所掩,故'不明'。"

九二:困于酒食,朱绂方来,

> 案:二本阴位,中馈之职。坎为酒食,上为宗庙,今二阴升上,则酒食入庙,故"困于酒食"也。上九降二,故"朱绂方来"。朱绂,宗庙之服。乾为大赤,朱绂之象也。

利用享祀,征凶,无咎。

> 荀爽曰:"二升在庙,五亲奉之,故[一]'利用享祀'。阴动而上,失

〔一〕"故"下,原衍"奉"字,今据诸本及曹校删。

中乘阳;阳下而陷,为阴所掩,故曰'征凶'。阳降来[一]二,虽位不正,得中有实;阴虽去中,上得居正,而皆免咎,故曰'无咎'也。"

象曰:"'困于酒食',中有庆也。"

翟玄曰:"阳从上来,居中得[二]位,富有二阴,故'中有庆也'。"

六三:困于石,据于蒺藜,

虞翻曰:"二变正时,三在艮山下,故'困于石'。蒺藜,木名。坎为蒺藜,二变艮手据坎,故'据蒺藜'者也。"

入于其宫,不见其妻,凶。

虞翻曰:"巽为入,二动艮为宫,兑为妻,谓上无应也。三在阴下,离象毁坏,隐在坤中,死期[三]将至,故'不见其妻,凶'也。"

象曰:"'据于蒺藜',乘刚也。

案:三居坎上,坎为藜棘而木多心,蒺藜之象。

'入于其宫,不见其妻',不祥也。"

九家易曰:"此本否卦。二四同功为艮,艮为门阙,宫之象也。六三居困而位不正,上困于民,内无仁恩,亲戚叛逆,诛将加身;入宫无妻,非常之困,故曰'不祥也'。"

九四:来徐徐[四],困于金车[五],吝,有终。

虞翻曰:"来欲之初。徐徐,舒迟也。见险,故'来徐徐'。否乾为

〔一〕"降来",周本倒。
〔二〕"中得",原倒,今据诸本乙。
〔三〕"期",胡本、卢本、周本作"其"。
〔四〕"徐徐",卢本、周本作"荼荼"。下"徐徐"同,不再出校。
〔五〕"车",卢本、周本作"轝"。下同,不再出校。

金,坤为车〔一〕,之应历坎〔二〕,'困于金车'。各〔三〕易位得正,故'吝,有终'矣。"

象曰:"'来徐徐',志在下也。

王弼曰:"下谓初。"

虽不当位,有与也。"

崔憬曰:"位虽〔四〕不当,故吝也。有与于〔五〕援,故'有终'也。"

九五:劓刖,困于赤绂,

虞翻曰:"割鼻曰劓,断足曰刖。四动时,震为足,艮为鼻,离为兵,兑为刑,故'劓刖'也。赤绂谓二。否乾为朱,故'赤'。坤为绂。二未变应五,故'困于赤绂'也。"

乃徐有说,

虞翻曰:"兑为说,坤为徐,二动应己,故'乃徐有说'也。"

利用祭祀。

崔憬曰:"劓刖,刑之小者也。于困之时,不崇柔德,以刚遇刚,虽行其小刑,而失其大柄,故言'劓刖'也。赤绂,天子祭服之饰。所以称困者,被夺其政,唯得祭祀。若春秋传曰:'政由宁氏,祭则寡人。'故曰'困于赤绂'。居中以直,在困思通,初虽蹔穷,终则必喜,故曰'乃徐有说'。所以'险而能悦,穷而能通'者,在'困于赤绂'乎? 故曰'利用祭祀'也。" 案:五应在二,二互体离,

---

〔一〕"乾为金,坤为车",原作"乾为车",今据卢本、四库本、周本及曹校改补。
〔二〕"坎",卢本、四库本、周本作"险故"。
〔三〕"各",卢本、四库本、周本无此字。
〔四〕"虽",曹校:衍字。
〔五〕"于",曹校:当为"相"。

离为文明,赤绂之象也。

象曰:"'劓刖',志未得也。

陆绩曰:"无据无应,故'志未得也'。二言朱绂,此言赤绂;二言享祀,此言祭祀,传互言耳,无他义也。谓二困五,三困四,五初困上,斯乃迭困之义。"

'乃徐有说',以中直也。

崔憬曰:"以其居中当位,故有悦。"

'利用祭祀',受福也。"

荀爽曰:"谓五爻合同,据国当位而主祭祀,故'受福也'。"

上六:困于葛藟于臲卼,

虞翻曰:"巽为草莽。称葛藟,谓三也。兑为刑人,故'困于葛藟于臲卼'也。"

曰动悔有悔,征吉。

虞翻曰:"乘阳,故'动悔'。变而失正,故'有悔'。三已变正,己得应之,故'征吉'也。"

象曰:"'困于葛藟',未当也。

虞翻曰:"谓三未变,当位应上故也。"

'动悔有悔',吉行也。"

虞翻曰:"行谓三,变乃得当位之应,故'吉行'者也。"

周易集解卷第十

井 革 鼎 震 艮

序卦曰:"困于上,必反下,故受之以井。"

> 崔憬曰:"困极于剸刖[一],则反下以求安,故言'困乎上必反下'也。"

震宫三月五世 巽下坎上 井:

> 郑玄曰:"坎,水也。巽,木,桔槔也。互体离兑,离外坚中虚,瓶也;兑为暗泽,泉口也。言桔槔引瓶,下入泉口,汲水而出,井之象也。井以汲[二]人,水无空竭,犹人君以政教养天下,惠泽无穷也。"

改邑不改井,

> 虞翻曰:"泰初之五也。坤为邑,乾初之五折坤,故'改邑'。初为旧井,四应杕之,故'不改井'。"

无丧无得,往来井井。

〔一〕"剸刖",原作"劓刖",今据张本、纂疏及序卦改。
〔二〕"汲",曹校:当为"养"。

虞翻曰："'无丧',泰初之五,坤〔一〕象毁坏,故'无丧'。五来之初,失位无应,故'无得'。坎为通,故'往来井井'。往谓之五,来谓之初也。"

汔至,亦未繘井,

虞翻曰："巽绳为繘。汔,几也,谓二也。几至初改〔二〕,'未繘井',未有功也。"

羸其瓶,凶。

虞翻曰："羸,钩罗也。艮为手,巽为繘,离为瓶,手繘折其中,故'羸其瓶'。体兑毁缺,瓶缺漏,故'凶'矣。"〇干宝曰："水,殷德也。木,周德也。夫井,德之地也,所以养民性命,而〔三〕清洁之主者也。自震化行至于五世,改殷纣比屋之乱俗,而不易成汤昭假之法度也,故曰'改邑不改井'。二代之制,各因时宜,损益虽异,括囊则同,故曰'无丧无得,往来井井'也。当殷之末,井道之穷,故曰'汔至'。周德虽兴,未及革正,故曰'亦未繘井'。井泥为秽,百姓无聊,比者〔四〕之间,交受涂炭,故曰'羸其瓶,凶'矣。"

彖曰:"巽乎水而上水,井。

荀爽曰："'巽乎水',谓阴下为巽也。'而上水',谓阳上为坎也。木入水出,井之象也。"

井养而不穷也。

虞翻曰："兑口饮水,坎为通,'往来井井',故'养不穷也'。"

〔一〕"坤",原作"坎",今据卢本、周本及曹校改。
〔二〕"改",曹校:当为"故"。按:如曹校是,当从下读。
〔三〕"而"下,曹校:当有"为"字。
〔四〕"者",周本作"屋"。

'改邑不改井',乃以刚中也。

> 荀爽曰:"刚得中,故为'改邑'。柔不得中,故为'不改井'也。"

'无丧无得。

> 荀爽曰:"阴来居初,有实为'无丧',失中为'无得'也。"

往来井井,

> 荀爽曰:"此本泰卦。阳往居五,得坎为井;阴来在下,亦为井,故'往来井井'也。"

汔至,亦未繘井',

> 荀爽曰:"汔至者,阴来居初,下至汔竟也。繘者,所以出水,通井道也。今乃在初,未〔一〕得应五,故〔二〕'未繘'也。繘者,綆汲之具也。"

未有功也。

> 虞翻曰:"谓二未变应五,故'未有功也'。"

'井〔三〕羸其瓶',是以凶也。"

> 荀爽曰:"井谓二,瓶谓初,初欲应五,今为二所拘羸,故'凶'也。"
>
> ○孔颖达曰:"计覆一瓶之水,何足言凶?但此〔四〕喻人德行不恒,不能善始令终,故就人言之凶也。"

象曰:"木上有水,井,

> 王弼曰:"木上有水,上水之象也。水以养而不穷也。"

君子以劳民劝相。"

〔一〕"未",原作"下",今据卢本、四库本、周本及曹校改。
〔二〕"故",原作"欲",今据卢本、四库本、周本及曹校改。
〔三〕"井",四库本、周本无此字。
〔四〕"此",周本作"取"。

虞翻曰：“君子谓泰乾也。坤为民，初上成坎为劝，故‘劳民劝相’。相，助也，谓以阳助坤矣。”

初六：井泥不食，旧井无禽。

干宝曰：“在井之下体，本土爻，故曰‘泥’也。井而为泥，则不可食，故曰‘不食’。此托纣之秽政不可以养民也。旧井，谓殷之未丧师也，亦皆清洁，无水禽之秽，又况泥土乎？故‘旧井无禽’矣。”

象曰：“‘井泥不食’，下也。‘旧井无禽’，时舍也。”

虞翻曰：“食，用也。初下称泥，巽为木果，无噬嗑食象，下而多泥，故‘不食’也。乾为旧，位在阴下，故‘旧井无禽，时舍也’。谓时舍于初，非其位也。与乾二同义。”○崔憬曰：“处井之下，无应于上，则是所用之井不汲，以其多涂；久废之井不获，以其时舍，故曰‘井泥不食，旧井无禽’。禽，古‘擒’字，禽犹获也。”

九二：井谷射鲋，瓮敝漏。

虞翻曰：“巽为谷、为鲋。鲋，小鲜也。离为瓮，瓮瓶毁缺，‘羸其瓶，凶’，故‘瓮敝漏’也。”

象曰：“‘井谷射鲋’，无与也。”

崔憬曰：“唯得于鲋，无与于人也。井之为道，上汲者也。今与五非应，与初比则是，若谷水不[一]注，唯及于鱼，故曰‘井谷射鲋’也。‘瓮敝漏’者，取其水下注，不汲之义也。”　　案：鱼，阴虫也。初处井下体，又阴爻，鱼之象也。

九三：井渫不食，为我心恻。

荀爽曰：“渫去秽浊，清洁之意也。三者得正，故曰‘井渫’。不得

[一]“不”，曹校：当为“下”。

据阴,喻不得用,故曰'不食'。道既不行,故'我心恻'。"

可用汲,王明并受其福。

荀爽曰:"谓五可用汲三,则王道明而天下并受其福。"

象曰:"'井渫不食',行恻也,求王明受福也。"

干宝曰:"此托殷之公侯时有贤者,独守成汤之法度,而不见任,谓微箕之伦也,故曰'井渫不食,为我心恻'。恻,伤悼也。民乃外附,故曰'可用汲'。周德来被,故曰'王明'。王得其民,民得其主[一],故曰'求王明受福也'。"

六四:井甃,无咎。

荀爽曰:"坎性下降,嫌于从三,能自修正,以甃辅五,故'无咎'也。"

象曰:"'井甃,无咎',修井也。"

虞翻曰:"修,治也。以瓦甓垒井称甃。坤为土,初之五成离,离火烧土为瓦,治象,故曰'井甃,无咎,修井也'。"

九五:井洌,寒泉食。

虞翻曰:"泉自下出称井。周七月,夏之五月,阴气在下,二已变坎。十一月为寒泉,初二已变,体噬嗑食,故'洌,寒泉食'矣。"

象曰:"寒泉之食,中正也。"

崔憬曰:"洌,清洁也。居中得正而比于上,则是井渫水清。既寒且洁,汲上可食于人者也。"

上六:井收勿幕[二],有孚元吉。

〔一〕"主",胡本、卢本、周本作"王"。
〔二〕此下,卢本、张本小字注云:干本"勿"作"网"。

虞翻曰:"幕,盖也。收,谓以辘轳收繘也。坎为车,应巽绳为繘,故'井收勿幕'。'有孚'谓五坎,坎为孚,故'元吉'也。"

象曰:"'元吉'在上,大成也。"

虞翻曰:"谓初二已变,成既济定,故'大成也'。"○干宝曰:"处井上位,在瓶之水也,故曰'井收幕覆'也。井以养生,政以养德,无覆水泉而不惠民,无蕴典礼而不兴教,故曰'井收勿〔一〕幕'。勿幕,则教信于民,民服教则大化成也。"

序卦曰:"井道不可不革也,故受之以革。"

韩康伯曰:"井久则浊秽,宜革易其故也。"

☰ 坎宫二月四世 离下兑上 **革**:

郑玄曰:"革,改也。水火相息而更用事,犹王者受命,改正朔,易服色,故谓之革也。"

已日乃孚,元亨,利贞,悔亡。

虞翻曰:"遯上之初,与蒙旁通。悔亡,谓四也。四失正,动得位,故'悔亡'。离为日,孚谓坎,四动体离,五在坎中,故'已日乃孚'。以成既济,'乾道变化,各正性命,保合大和,乃利贞',故'元亨,利贞,悔亡'矣。与乾象同义也。"

彖曰:"革,水火相息,

虞翻曰:"息,长也。离为火,兑为水。系曰:'润之以风雨。'风,巽;雨,兑也。四革之正,坎见,故独于此称水也。"

二女同居,其志不相得,曰革。

〔一〕"勿",周本作"网"。下"勿幕"同,不再出校。

虞翻曰：“二女离兑，体同人象。蒙艮为居，故‘二女同居’。四变体两坎象，二女有志，离火志上，兑水志下，故‘其志不相得’，坎为志也。”

已日乃孚，革而信之。

干宝〔一〕曰：“天命已至之日也。乃孚，大信著也。武王陈兵孟津之上，诸侯不期而会者八百国，皆曰纣可伐矣。武王曰：‘尔未知天命，未可也。’还归。二年，纣杀比干，囚箕子，尔乃伐之，所谓‘已日乃孚，革而信’也。”

文明以说，大亨以正，革而当，其悔乃亡。

虞翻曰：“文明谓离。说，兑也。大亨谓乾。四动成既济定，故‘大亨以正，革而当位，故悔乃亡’也。”

天地革而四时成，

虞翻曰：“谓五位成，乾为天，蒙坤为地，震春兑秋，四之正，坎冬离夏，则四时具，坤革而成乾，故‘天地革而四时成’也。”

汤武革命，顺乎天而应乎人。

虞翻曰：“汤武谓乾，乾为圣人。天谓五，人谓三；四动，顺五应三，故‘顺天应人’，巽为命也。”

革之时大矣哉。”

干宝〔二〕曰：“革天地，成四时；诛二叔，除民害；天下定，武功成，故‘大矣哉’也。”

象曰：“泽中有火，革，

〔一〕“干宝”，原作“虞翻”，今据胡本、毛本、卢本、周本及曹校改。
〔二〕“干宝”，原作“虞翻”，今据卢本、周本改。

崔憬曰：“火就燥，泽资湿，二物不相得，终宜易之，故曰‘泽中有火，革’也。”

君子以治历明时。”

虞翻曰：“君子，遁乾也。历象，谓日月星辰也。离为明，坎为月，离为日，蒙艮为星，四动成坎离，日月得正，‘天地革，四时成’，故‘君子以治历明时’也。”

初九：巩用黄牛之革。

干宝曰：“巩，固也。离为牝牛，离爻本坤，黄牛之象也。在革之初而无应据，未可以动，故曰‘巩用黄牛之革’。此喻文王虽有圣德，天下归周三分有二，而服事殷，其义也。”

象曰：“‘巩用黄牛’，不可以有为也。”

虞翻曰：“得位无应，动而必凶，故‘不可以有为也’。”

六二：已日乃革之，征吉，无咎。

荀爽曰：“日以喻君也。谓五已居位为君，二乃革意，去三应五，故曰‘已日乃革之’。上行应五，去卑事尊，故曰‘征吉，无咎’也。”

象曰：“‘已日革之’，行有嘉也。”

崔憬曰：“得位以正，居中有应，则是汤武行善，桀纣行恶，各终其日，然后革之，故曰‘已日乃革之’，行此有嘉。”○虞翻曰：“嘉谓五，乾为嘉。四动承五，故‘行有嘉’矣。”

九三：征凶，贞厉。

荀爽曰：“三应于上，欲往应之，为阴所乘，故曰‘征凶’。若正居三而据二阴，则五来危之，故曰‘贞厉’也。”

革言三就，有孚。

翟玄曰：“言三就上二阳，乾得共有信据于二阴，故‘革言三就'，'有孚'于二矣。"

象曰："'革言三就'，又何之矣。"

> 崔憬曰："虽得位以正，而未可顿革，故以言就之。夫安者有其危也，故受命之君，虽诛元恶，未改其命者，以即行改命，习俗不安，故曰'征凶'。犹以正自危，故曰'贞厉'。是以武王克纣，不即行周命，乃反商政，一就也；释箕子囚，封比干墓，式商容间，二就也；散鹿台之财，发巨桥之粟，大赉于四海，三就也，故曰'革言三就'。"○虞翻曰："四动成既济定，故'又何之矣'。"

九四：悔亡，有孚，改命吉。

> 虞翻曰："'革而当，其悔乃亡'。孚谓五也，巽为命，四动五坎改巽，故'改命吉'。四乾为君，进退无恒，在离焚弃，体大过死，传以比桀纣。'汤武革命，顺天应人'，故'改命吉'也。"

象曰："'改命'之吉，信志也。"

> 虞翻曰："四动成坎，故'信志也'。"○干宝曰："爻入上象，喻纣之郊也。以逆取而四海顺之，动凶器而前歌后舞，故曰'悔亡'也。中流而白鱼入舟，天命信矣，故曰'有孚'。甲子夜，阵雨甚至，水德宾服之祥也，故曰'改命之吉，信志也'。"

九五：大人虎变，未占有孚。

> 虞翻曰："乾为大人，谓五也。蒙坤为虎变。传论汤武以坤臣为君。占，视也。离为占，四未之正，五未在坎，故'未占有孚'也。"○马融曰："大人虎变，虎变威德，折冲万里，望风而信，以喻舜干羽，而有苗自服；周公修文德，越裳献雉，故曰'未占有孚'矣。"

象曰："'大人虎变'，其文炳也。"

宋衷曰:"阳称大,五以阳居中,故曰'大人'。兑为白虎,九者变爻,故曰'大人虎变,其文炳也'。"○虞翻曰:"乾为大明,四动成离〔一〕,故'其文炳也'。"

上六:君子豹变,

虞翻曰:"蒙艮为君子、为豹,从乾而更,故'君子豹变'也。"

小人革面,征凶,居〔二〕贞吉。

虞翻曰:"阴称小人也,面谓四,革为离,以顺承五,故'小人革面'。乘阳失正,故'征凶'。得位,故'居贞吉',蒙艮为居也。"

象曰:"'君子豹变',其文蔚也。

陆绩曰:"兑之阳爻称虎,阴爻称豹。豹,虎类而小者也。君子小于大人,故曰'豹变,其文蔚也'。"○虞翻曰:"蔚,蔇也。兑小,故'其文蔚也'。"

'小人革面',顺以从君也。"

虞翻曰:"乾,君,谓五也。四变顺五,故'顺以从君也'。"○干宝曰:"君子,大贤,次圣之人,谓若太公、周、邵之徒也。豹,虎之属。蔚,炳之次也。君圣臣贤,殷之顽民皆改志从化,故曰'小人革面'。天下既定,必倒载干戈,包之以虎皮;将率〔三〕之士使为诸侯,故曰'征凶,居贞吉'。得正有应,君子之象也。" 案:兑为口,乾为首,今口在首上,面之象也。乾为大人,"虎变"也。兑为小人,"革面"也。

〔一〕"四",原脱,今据卢本、周本及曹校补。
〔二〕"居",原脱,今据胡本、卢本、四库本、周本及曹校补。
〔三〕"率",原作"卒",今据周本及曹校改。

序卦曰:"革物者莫若鼎,故受之以鼎。"

> 韩康伯曰:"革去故,鼎取新,以去故则宜制器立法,以治新也。鼎,所和齐生物,成新之器也,故取象焉。"

☰ 离宫十二月二世 巽下离上 **鼎**:

> 郑玄曰:"鼎,象也。卦有木火之用,互体乾兑,乾为金,兑为泽,泽钟金而含水,爨以木火,鼎亨熟物之象[一]。鼎亨熟以养人,犹圣君兴仁义之道以教天下也,故谓之鼎矣。"

元吉,亨。

> 虞翻曰:"大壮上之初,与屯旁通,天地交,柔进上行,得中应乾五刚,故'元吉,亨[二]'也。"

彖曰:"鼎,象也。以木巽火,亨饪也。

> 荀爽曰:"巽[三]入离下,中有乾象,木火在外,金在其内,鼎镬亨饪之象也。"○虞翻曰:"六十四卦皆'观象[四]系辞',而独于鼎言象,何也?'象事知器',故独言象也。"○九家易曰:"鼎言象者,卦也,木[五]火互有乾兑,乾金兑泽,泽者,水也。爨以木火,是鼎镬亨饪之象。亦象[六]三公之位,上则调和阴阳,下而抚毓百姓。鼎能熟物养人,故云'象也'。牛鼎受一斛,天子饰以黄金,诸侯白金;三足以象三台,足上皆作鼻目为饰也。羊鼎五斗,天子饰以

〔一〕"鼎亨熟物之象",此句原脱,今据胡本、卢本、四库本、周本补。"亨",毛本、卢本作"烹",周本作"亨",古字通。下同,不再出校。

〔二〕"亨"上,原衍"是"字,今据毛本、卢本、四库本、周本及曹校删。

〔三〕"巽",原作"震",今据胡本、周本及曹校改。

〔四〕"象",原脱,今据周本及曹校补。

〔五〕"木",原作"水",今据诸本及曹校改。

〔六〕"象",张本作"明"。

黄金,诸侯白金,大夫以铜。豕鼎三斗,天子饰以黄金,诸侯白金,大夫铜,士铁。三鼎形同。寔[一]饪,煮肉。上离阴爻为肉也。"

圣人亨以享上帝,而大亨以养圣贤。

虞翻曰:"圣人谓乾。初四易位,体大畜,震为帝,在乾天上,故曰'上帝'。体颐象,三动噬嗑食,故'以享上帝'也。大亨谓'天地养万物'、'圣人养贤以及万民'。贤之能者,称圣人矣。"

巽而耳目聪明,

虞翻曰:"谓三也,三在巽上,动成坎离,有两坎两离象,乃称'聪明'。'日月相推而明生焉',故'巽而耳目聪明'。'眇能视,不足以有明','闻言不信,聪不明',皆有一离一坎象故也。"

柔进而上行,得中而应乎刚,是以元亨。"

虞翻曰:"柔谓五,得上中,应乾五刚;巽为进,震为行,非谓应二刚,与睽五同义也。"

象曰:"木上有火,鼎,

荀爽曰:"木火相因,金在其间,调和五味,所以养人,鼎之象也。"

君子以正位凝命。"

虞翻曰:"君子谓三也。鼎五爻失正,独三得位,故'以正位'。凝,成也。体姤,谓阴始凝初,巽为命,故'君子以正位凝命'也。"

初六:鼎颠趾,

虞翻曰:"趾,足也。应在四,大壮震为足,折入大过,大过,颠也,故'鼎颠趾'也。"

利出否,得妾以其子,无咎。

〔一〕"寔",原脱,今据诸本及曹校补。

虞翻曰："初阴在下,故否。利出之四,故曰'利出'。兑为妾[一],四变得正成震,震为长子,继世守宗庙而为祭主,故'得妾以其子,无咎'矣。"

象曰:"'鼎颠趾',未悖也。

荀爽曰："以阴承阳,故'未悖也'。"

'利出否',以从贵也。"

虞翻曰："出初之四,承乾五,故'以从贵也'。"

九二:鼎有实,我仇有疾,不我能即,吉。

虞翻曰："二为实,故'鼎有实'也。坤为我,谓四也。二据四妇,故相与为仇。谓三变时,四体坎,坎为疾,故'我仇有疾'。四之二历险,二动得正,故'不我能即,吉'。"

象曰:"'鼎有实',慎所之也。

虞翻曰："二变之正,艮为顺[二]。"

'我仇有疾',终无尤也。"

虞翻曰："'不我能即,吉',故'终无尤也'。"

九三:鼎耳革,其行塞,雉膏不食。

虞翻曰："动成两坎,坎为耳,而革在乾,故'鼎耳革'。初四变时,震为行,鼎以耳行,伏坎,震折而入乾,故'其行塞'。离为雉,坎为膏,初四已变,三动体颐,颐中无物,离象不见,故'雉膏不食'。"

方雨,亏悔,终吉。

虞翻曰："谓四已变,三动成坤,坤为方,坎为雨,故曰'方雨'。三

〔一〕"妾"上,原有"妻"字,今据卢本、四库本、周本及曹校删。
〔二〕"顺",卢本、四库本、周本作"慎",古通。

动亏乾而失位,悔也。终复之正,故'方雨,亏悔,终吉'也。”

象曰:“'鼎耳革',失其义也。”

虞翻曰:“鼎以耳行,耳革行塞,故'失其义也'。”

九四:鼎折足,覆公𫗧,其形[一]渥,凶。

虞翻曰:“谓四变时震为足,足折入兑,故'鼎足折'。兑为形。渥,大形也。鼎足折,则公𫗧覆,言不胜任。象入大过死,凶,故'鼎足折,覆公𫗧,其形渥,凶'。”○九家易曰:“鼎者,三足一体,犹三公承天子也。三公谓调阴阳,鼎谓调五味,足折𫗧覆,犹三公不胜其任,倾败天子之美,故曰'覆𫗧'也。”　　案:𫗧者,雉膏之属。公者四,为诸侯、上公之位,故曰“公𫗧”。

象曰:“'覆公𫗧',信如何也。”

九家易曰:“渥者,厚大,言罪重也。既'覆公𫗧',信有大罪,刑罚当加,无可如何也。”

六五:鼎黄耳金铉,利贞。

虞翻曰:“离为黄,三变坎为耳,故'鼎黄耳'。铉谓三,贯鼎两耳,乾为金,故'金铉'。动而得正,故'利贞'。”○干宝曰:“凡举鼎者铉也,尚三公者王也,金喻可贵,中之美也,故曰'金铉'。铉鼎得其物,施令得其道,故曰'利贞'也。”

象曰:“'鼎黄耳',中以为实也。”

陆绩曰:“得中承阳,故曰'中以为实'。”○宋衷曰:“五当耳,中色黄,故曰'鼎黄耳'。兑为金,又正秋,故曰'金铉'。公侯谓五也。

〔一〕“形”,卢本、周本作“刑”,卢本、张本并小字注云:今本“刑”作“形”。按:
　　下注同,不再出校。

上尊故玉,下卑故金。金和良,可柔屈,喻诸侯顺天子〔一〕"。

上九:鼎玉铉,大吉,无不利。

虞翻曰:"铉谓三,乾为玉铉,体大有上九'自天祐之',位贵据五,三动承上,故'大吉,无不利'。谓三亏悔,应上成未济,虽不当位,六位相应,故'刚柔节'。象曰'巽耳目聪明',为此九三发也。"○干宝曰:"玉又贵于金者,凡烹饪之事,自镬升于鼎,载于俎,自俎入于口,馨香上达,动而弥贵,故鼎之义,上爻愈吉也。鼎主烹饪,不失其和;金玉铉之,不失其所;公卿仁贤,天王圣明之象也。君臣相临,刚柔得节,故曰'吉无不利'也。"

象曰:"玉铉在上,刚柔节也。"

宋衷曰:"以金承玉,君臣之节。上体乾为玉,故曰'玉铉'。虽非其位,阴阳相承,刚柔之节也。"

序卦曰:"主器者莫若长子,故受之以震。震者,动也。"

崔憬曰:"鼎所以真饪,享于上帝。主此器者,莫若冢嫡,以为其祭主也,故言'主器者莫若长子'也。"

䷲ 消息十月二世 震下震上 震:亨。

郑玄曰:"震为雷。雷,动物之气也。雷之发声,犹人君出政教,以动中国之人也,故谓之震。人君有善声教,则'嘉会之礼通'矣。"

震来虩虩,

虞翻曰:"临二之四,天地交,故通。虩虩谓四也,来应初,初〔二〕命

〔一〕"子",原脱,今据诸本及曹校补。
〔二〕"初",原不重,今据卢本、周本及曹校补。

四变而来应己,四失位多惧,故'虩虩'。之内曰来也。"

笑言哑哑,

虞翻曰:"哑哑,笑且言,谓初也。得正有则,故'笑言哑哑,后有则也'。"

震惊百里,不丧匕鬯。

虞翻曰:"谓阳。从临二,阴为百二十,举其大数,故当震百里也。坎为棘匕,上震为鬯,坤为丧,二上之坤,成震体坎,得其匕鬯,故'不丧匕鬯'也。"○郑玄曰:"雷发声闻于百里,古者诸侯之象。诸侯出教令,能警戒其国,内则守其宗庙社稷,为之祭主,不亡匕与鬯也。人君于祭之礼,匕牲体、荐鬯而已,其余不亲也。升牢于俎,君匕之,臣载之。鬯,秬酒,芬芳条〔一〕鬯,因名焉。"

彖曰:"'震亨,震来虩虩',恐致福也。

虞翻曰:"惧变承五应初,故'恐致福也'。"

'笑言哑哑',后有则也。

虞翻曰:"则,法也。坎为则也。"

'震惊百里',惊远而惧迩也。

虞翻曰:"远谓四,近谓初,震为百,谓四出惊远,初应〔二〕惧近也。"

出可以守宗庙社稷,以为祭主也。"

虞翻曰:"谓〔三〕五出之正,震为守,艮为宗庙社稷,长子主祭

〔一〕"条",原作"修",今据周本改。

〔二〕"应",原作"动",今据卢本、四库本、周本及曹校改。"近"上,原衍"之"字,今据卢本、四库本、周本及曹校删。

〔三〕"谓",原作"为",今据胡本、张本、周本改。

器〔一〕,故'以为祭主也'。"○干宝曰:"周木德,震之正象也,为殷诸侯。殷诸侯之制,其地百里。是以文王'小心翼翼,昭事上帝,聿怀多福,厥德不回,以受方国',故以百里而臣诸侯也。为诸侯,故'主社稷';为长子,而'为祭主'也。祭礼荐陈甚多,而经独言'不丧匕鬯'者,匕〔二〕牲体,荐鬯酒,人君所自亲也。"

象曰:"洊雷,震,君子以恐惧修省。"

虞翻曰:"君子谓临二,二出之坤四,体以修身,坤为身;二之四,以阳照坤,故'以恐惧修省'。老子曰'修之身,德乃真'也。"

初九:震来虩虩,后笑言哑哑,吉。

虞翻曰:"虩虩谓四也。初位在下,故'后笑言〔三〕哑哑'。得位,故'吉'〔四〕也。"○干宝曰:"得震之正,首震之象者。'震来虩虩',羑里之厄也。'笑言哑哑',后'受方国'也。"

象曰:"'震来虩虩',恐致福也。

虞翻曰:"阳称福。"

'笑言哑哑',后有则也。"

虞翻曰:"得正,故'有则也'。"

六二:震来厉,亿丧贝,跻于九陵,勿逐,七日得。

虞翻曰:"厉,危也。乘刚故厉。亿,惜辞也。坤为丧。三动离为赢蚌,故称贝。在艮山下,故称陵。震为足,足乘初九,故'跻于

〔一〕"子",原脱,今据卢本、四库本、周本补。"祭器"下,原衍"故以祭主器",今据卢本、四库本、周本及曹校删。
〔二〕"匕",原作"上",今据诸本改。
〔三〕"后笑言",原作"言后笑",今据卢本、周本及曹校改。
〔四〕"故吉",原倒,今据卢本、周本及曹校乙。

九陵’。震为逐,谓四已体复象,故‘丧贝,勿逐’。三动时,离为日,震数七,故‘七日得’者也。”

象曰:“‘震来厉’,乘刚也。”

干宝曰:“六二木爻,震之身也,得位无应,而以乘刚为危。此托文王积德累功,以被囚为祸也,故曰‘震来厉’。亿,叹辞也。贝,宝货也。产乎东方,行乎大涂也。此以喻纣拘文王,闳夭之徒乃于江淮之浦求盈箱之贝,而以赂纣也,故曰‘亿丧贝’。贝,水物,而方升于九陵。今虽丧之,犹外府也,故曰‘勿逐,七日得’。‘七日得’者,七年之日也,故书曰‘诞保文武受命惟七年’是也。”

六三:震苏苏,震行无眚。象曰:“‘震苏苏’,位不当也。”

虞翻曰:“死而复生称苏。三死坤中,动出得正,震为生,故‘苏苏’。坎为眚,三出得正,坎象不见,故‘无眚’。春秋传曰:‘晋获秦谍,六日而苏也。’”

九四:震遂泥。

虞翻曰:“坤土得雨为泥,位在坎中,故‘遂泥’也。”

象曰:“‘震遂泥’,未光也。”

虞翻曰:“在坎阴中,与屯五同义,故‘未光也’。”

六五:震往来,厉,

虞翻曰:“往谓乘阳,来谓应阴,失位乘刚,故‘往来厉’也。”

亿无丧有事。

虞翻曰:“坤为丧也。事谓祭祀之事。出而体随,‘王享于西山’,则‘可以守宗庙社稷为祭主’,故‘无丧有事’也。”

象曰:“‘震往来厉’,危行也。

虞翻曰："乘刚山顶,故'危行也'。"

其事在中,大无丧也。"

虞翻曰："动出得正,故'无丧'。"

上六:震索索,视矍矍,

虞翻曰："上谓四也。欲之三隔坎,故'震索索'。三已动,应在离,故'矍矍'者也。"

征凶。震不于其躬,于其邻,无咎。婚媾有言。

虞翻曰："上得位,震为征,故'征凶'。四变时,坤为躬,邻谓五也;四上之五,震东兑西,故称邻。之五得正,故'不于其躬,于其邻,无咎'。谓三已变,上应三,震为言,故'婚媾有言'。"

象曰:"'震索索',中未得也。

虞翻曰："四未之五,故'中未得也'。"

虽凶无咎,畏邻戒也。"

虞翻曰："谓五正位,已乘之逆,'畏邻戒也'。"

序卦曰:"物不可以终动,止〔一〕之,故受之以艮。艮者,止也。"

崔憬曰："震极则'征凶,婚媾有言',当须止之,故言'物不可以终动,止之'矣。"

☷ 消息十月四世 艮下艮上 **艮其背,**

郑玄曰："艮为山,山立峙各于其所,无相顺之时,犹君在上,臣在

〔一〕"止"上,原衍"动必"二字,今据卢本、四库本、周本及曹校删。

下,恩敬不相与通,故谓之艮也。”

不获其身;行其庭,不见其人,无咎。

虞翻曰:“观五之三也。艮为多节,故称背。观坤为身,观五之三,折坤为背,故‘艮其背’。坤象不见,故‘不获其身’。震为行人,艮为庭,坎为隐伏,故‘行其庭,不见其人’。三得正,故‘无咎’。”

案:艮为门阙,今纯艮,重其门阙,两门之间,庭中之象也。

彖曰:“‘艮,止也’。

虞翻曰:“位穷于上,故‘止也’。”

时止则止,时行则行,

虞翻曰:“时止,谓上阳穷止〔一〕,故止。时行,谓三体处震为行也。”

动静不失其时,其道光明。

虞翻曰:“动谓三,静谓上,艮止则止,震行则行,故不失时。五动成离,故‘其道光明’。”

‘艮其止’,止其所也。

虞翻曰:“谓两象各止其所。”

上下敌应,不相与也。

虞翻曰:“‘艮其背’,背也。两象相背,故‘不相与也’。”

是以‘不获其身,行其庭,不见其人,无咎’也。”

案:其义已见繇辞也。

象曰:“兼山,艮,君子以思不出其位。”

虞翻曰:“君子谓三也。三,君子位,震为出,坎为隐伏、为思,故

〔一〕“止”,周本作“上”。

'以思不出其位'也。"

初六：艮其趾，无咎，利永贞。

虞翻曰："震为趾，故'艮其趾'矣。失位变得正，故'无咎，永贞'也。"

象曰："'艮其趾'，未失正也。"

虞翻曰："动而得正，故'未失正也'。"

六二：艮其腓，不拯其随，其心不快。

虞翻曰："巽长为股，艮小为腓。拯，取也。随谓下二阴，艮为止，震为动，故'不拯其随'。坎为心，故'其心不快'。"

象曰："'不拯其随'，未违听也。"

虞翻曰："坎为耳，故'未违听也'。"

九三：艮其限，裂其夤，厉熏心。

虞翻曰："限，腰带处也。坎为腰。五来之三，故'艮其限'。夤，脊肉。艮为背，坎为脊，艮为手，震起艮止，故'裂其夤'。坎为心，厉，危也。艮为阍。阍，守门人。坎盗动门，故'厉阍心'。古'阍'作'熏'字。马因言'熏灼其心'，未闻易道以坎水熏灼人也。荀氏以'熏'为'勋'，读[一]作'动'，皆非也。"

象曰："'艮其限'，危阍心也。"

虞翻曰："坎为心，坎盗动门，故'危阍心也'。"

六四：艮其身，无咎。

虞翻曰："身，腹也。观坤为身，故'艮其身'。得位承五，故'无咎'。或谓妊身也。五动则四体离妇，离为大腹，孕之象也，故

〔一〕"读"，原作"或误"，今据卢本、周本改。

‘艮其身’。得正承五,而受阳施,故‘无咎’。诗曰‘大任有身,生
此文王’也。”

象曰:“‘艮其身’,止诸躬也。”

> 虞翻曰:“艮为止,五动乘四,则任身,故‘止诸躬也’。”

六五:艮其辅,言有孚,悔亡〔一〕。

> 虞翻曰:“辅,面颊骨上颊车者也。三至上体颐象,艮为止,在坎
> 车上,故‘艮其辅’。谓辅车相依。震为言,五失位,悔也;动得
> 正,故‘言有孚,悔亡’也。”

象曰:“‘艮其辅’,以中正也。”

> 虞翻曰:“五动之中,故‘以中正也’。”

上九:敦艮,吉。

> 虞翻曰:“无应静止,下据二阴,故‘敦艮,吉’也。”

象曰:“‘敦艮’之吉,以厚终也。”

> 虞翻曰:“坤为厚,阳上据坤,故‘以厚终也’。”

〔一〕此句下,张本小字注云:孚,今本作“序”。

周易集解卷第十一

渐　归妹　丰　旅　巽　兑

序卦曰:"物不可以终止,故受之以渐。渐者,进也。"

崔憬曰:"终止虽获敦艮,时行须渐进行,故曰'物不可终止,故受之以渐。渐者,进也'。"

≣≣艮宫正月归魂　艮下巽上　**渐:女归吉,利贞。**

虞翻曰:"否三之四。女谓四。归,嫁也。坤三之四承五,'进得位,往有功'。反成归妹兑,'女归吉'。初上失位,故'利贞','可以正邦也'。"

彖曰:"**渐之进也,'女归吉也'。**

虞翻曰:"三进四得位,阴阳体正,故吉也。"

进得位,往有功也。

虞翻曰:"功谓五,四进承五,故'往有功',巽为进也。"

进以正,可以正邦也,其位刚得中也。

虞翻曰:"谓初已变为家人,四进已正而上不正,三动成坤为邦,上来反三,故'进以正,可以正邦,其位刚得中',与家人道正同义。三在外体之中,故称'得中'。乾文言曰'中不在人',谓三也。

此可谓〔一〕'既济定'者也。"

止而巽,动不穷也。"

虞翻曰:"止,艮也。三变震为动,上之三〔二〕据坤,动震成坎,坎为通,故'动不穷'。往来不穷谓之通。"

象曰:"山上有木,渐,君子以居贤德善俗。"

虞翻曰:"君子谓否乾,乾为贤德,坤阴小人,柔弱为俗。乾四之坤,艮〔三〕为居,以阳善阴,故'以居贤德善俗也'。"

初六:鸿渐于干,小子厉,有言,无咎。

虞翻曰:"鸿,大雁也。离五,鸿。渐,进也。小水从山流下称干。艮〔四〕为山、为小径,坎水流下山,故'鸿渐于干'也。艮为小子,初失位,故'厉'。变得正,三动受上〔五〕成震,震为言,故'小子厉,有言,无咎'也。"

象曰:"小子之厉,义无咎也。"

虞翻曰:"动而得正,故'义无咎也'。"

六二:鸿渐于磐,饮食衎衎,吉。

虞翻曰:"艮为山石,坎为聚,聚石称磐。初已之正,体噬嗑食,坎水、阳物,并在颐中,故'饮食衎衎'。得正应五,故吉。"

象曰:"'饮食衎衎',不素饱也。"

虞翻曰:"素,空也。承三应五,故'不素饱'。"

〔一〕"谓"下,卢本、四库本、周本有"上变"二字。
〔二〕"之三",原倒,今据卢本、四库本、周本及曹校乙。
〔三〕"艮"上,原有"为"字,今据曹校删。
〔四〕"艮",原脱,今据胡本、卢本、四库本、周本及曹校补。
〔五〕"受上",曹校:二字疑衍。

九三：鸿渐于陆，

虞翻曰："高平称陆。谓初已变，坎水为平，三动之坤，故'鸿渐于陆'。"

夫征不复，

虞翻曰："谓初已之正，三动成震，震为征、为夫，而体复象，坎阳死坤中，坎象不见，故'夫征不复'也。"

妇孕不育，凶。

虞翻曰："孕，姙娠也。育，生也。巽为妇，离为孕，三动成坤，离毁失[一]位，故'妇孕不育，凶'。"

利[二]御寇。

虞翻曰："御，当也。坤为用，巽为高，艮为山，离为戈兵甲胄，坎为寇[三]，自上御下，三动坤顺，坎象不见，故'利用御寇，顺相保'。保，大也。"

象曰："'夫征不复'，离群丑也。

虞翻曰："坤三爻为丑，'物三称群'也。"

'妇孕不育'，失其道也。

虞翻曰："三动[四]离毁，阳陷坤中，故'失其道也'。"

'利用御寇'，顺相保也。"

虞翻曰："三动坤顺，坎象不见，故以'顺相保也'。"

六四：鸿渐于木，或得其桷，无咎。

〔一〕"失"，原作"夫"，今据卢本、周本及曹校改。
〔二〕"利"下，卢本、四库本、周本有"用"字。
〔三〕"寇"上，原有"震"字，今据卢本、四库本、周本删。
〔四〕"动"，原重，今据诸本及曹校删。

虞翻曰:"巽为木。桷,椽也。方者谓之桷。巽为交、为长木,艮为小木,坎为脊,离为丽,小木丽长木,巽绳束之,象脊之形,椽桷象也,故'或得其桷'。得位顺五,故'无咎'。四已承五,又顾得三,故'或得其桷'也矣。"

象曰:"'或得其桷',顺以巽也。"

虞翻曰:"坤为顺,以巽顺五。"　　案:四居巽木,爻阴位正,直桷〔一〕之象也。自二至五,体有离坎,离为飞鸟而居坎水,鸿之象也。鸿随阳鸟,喻女从夫。卦明渐义,爻皆称焉。

九五:鸿渐于陵,妇三岁不孕,

虞翻曰:"陵,丘。妇谓四也。三动受上〔二〕时,而〔三〕四体半艮山,故称'陵'。巽为妇,离为孕,坎为岁,三动离坏,故'妇三岁不孕'。"

终莫之胜,吉。

虞翻曰:"莫,无。胜,陵也。得正居中,故'莫之胜,吉'。上终变之三,成既济定,坎为心,故象曰'得所愿也'。"

象曰:"'终莫之胜,吉',得所愿也。"

虞翻曰:"上之三,既济定,故'得所愿也'。"

上九:鸿渐于陆,

虞翻曰:"陆谓三也。三坎为平,变而成坤,故称陆也。"

其羽可用为仪,吉。

〔一〕"直桷",原作"角直",今据卢本、四库本、周本及曹校改。
〔二〕"受上",曹校:二字疑衍。按:曹校是,当据补。
〔三〕"而",曹校:此字亦疑衍。

虞翻曰：“谓三变受〔一〕成既济，与家人彖同义。上之三〔二〕得正，离为鸟，故‘其羽可用为仪，吉’。三动失位，坤〔三〕为乱，乾四止坤，象曰‘不可乱’，彖曰‘进以正邦’，为此爻发也。三已得位，又变受上，权也。孔子曰‘可与适道，未可与权’，宜无〔四〕怪焉。”

象曰：“‘其羽可用为仪，吉’，不可乱也。”

虞翻曰：“坤为乱，上来正坤，六爻得位，成既济定，故‘不可乱也’。”○干宝曰：“处渐高位，断渐之进，顺艮之言，谨巽之全，履坎之通，据离之耀，妇德既终，母教又明，有德而可受，有仪而可象，故曰‘其羽可以为仪，不可乱也’。”

序卦曰：“进必有所归，故受之以归妹。”

崔憬曰：“‘鸿渐于磐，饮食衎衎’，言六二〔五〕比三，女渐归夫之象也，故云‘进必有所〔六〕归’也。”

☲ 兑宫七月归魂 兑下震上 **归妹：**

虞翻曰：“归，嫁也。兑为妹，泰三之四，坎月离日，俱归妹象。‘阴阳之义配日月’，则‘天地交而万物通’，故以嫁娶也。”

征凶，

虞翻曰：“谓四也。震为征，三之四，不当位，故‘征凶’也。”

〔一〕“受”下，曹校：下脱“上”字。
〔二〕“三”，原作“二”，今据卢本、周本改。
〔三〕“坤”，原作“坎”，今据胡本、卢本、周本、曹校及下句象辞注改。
〔四〕“无”，张本作“可”。
〔五〕“二”，原脱，今据周本补。
〔六〕“所”，原作“归”，今据胡本、卢本、四库本、周本及曹校改。

无攸利。

虞翻曰：“谓三也。四之三，失正无应，以柔乘刚，故‘无攸利’也。”

彖曰：“归妹，天地之大义也。

虞翻曰：“乾天坤地，三之四，天地交。以离日坎月战阴阳，‘阴阳之义配日月’，则万物兴，故‘天地之大义’。乾主壬，坤主癸，日月会北；震为玄黄，天地之杂；震东兑西，离南坎北，六十四卦，此象最备四时正卦，故‘天地之大义也’。”

天地不交而万物不兴。

虞翻曰：“乾三之坤四，震为兴，天地以离坎交阴阳，故‘天地不交，则万物不兴’矣。”○王肃曰：“男女交而后人民蕃，天地交然后万物兴，故归妹以及天地交之义也。”

归妹，人之终始也。

虞翻曰：“人始生乾而终于坤，故‘人之终始’，杂卦曰：‘归妹，女之终。’谓阴终坤癸，则乾始震庚也。”○干宝曰：“归妹者，衰落之女也。父既没矣，兄主其礼，子续父业，人道所以相终始也。”

说以动，所归妹也。

虞翻曰：“说，兑；动，震也。谓震嫁兑，所归必妹也。”

‘征凶’，位不当也。

崔憬曰：“中四爻皆失位，以象归妹非正嫡，故‘征凶’也。”

‘无攸利’，柔乘刚也。”

王肃曰：“以征[一]则有不正之凶，以处则有乘刚之逆[二]也，故‘无

〔一〕“征”，原作“正”，今据卢本、四库本、周本及曹校改。
〔二〕“逆”，原作“进”，今据胡本、张本、周本改。

所利'矣。"

象曰："泽上有雷,归妹,

干宝曰:"雷薄于泽,八月、九月将藏之时也,君子象之,故不敢恃当今之虞而虑将来祸也。"

君子以永终知敝。"

虞翻曰:"君子谓乾也。坤为永终、为敝,乾为知,三之四为永终,四之三兑为毁折,故'以永终知敝'。"○崔憬曰:"'归妹,人之始终也'。始则'征凶',终则'无攸利',故'君子以永终知敝'为戒者也。"

初九:归妹以娣,跛能[一]履,征吉。

虞翻曰:"震为兄,故'嫁妹',谓三也。初在三下,动而应四,故称'娣'。履,礼也。初九[二]应变成坎[三],坎为曳,故'跛而履'。应在震为征,初为娣,变为阴,故'征吉'也。"

象曰："'归妹以娣',以恒也。'跛能履',吉相承也。"

虞翻曰:"阳得位[四],故'以恒'。恒动初承二,故'吉相承也'。"

九二:眇能视,利幽人之贞。

虞翻曰:"视,应五也。震上兑下,离目不正,故'眇能视'。幽人谓二,初[五]动,二在坎中,故称'幽人'。变得正,震喜兑说,故'利幽人之贞'。与履二同义也。"

〔一〕"能",卢本、周本作"而"。下象辞及"眇能视"句同,古字通,不再出校。

〔二〕"九",胡本作"无"。

〔三〕"坎",原作"二",今据卢本、四库本、周本及曹校改。

〔四〕"位",胡本、卢本、周本作"正"。

〔五〕"初"上,原有"之"字,今据卢本、周本及曹校删。

象曰:"'利幽人之贞',未变常也。"

虞翻曰:"常,恒也。乘初未之五,故'未变常矣'。"

六三:归妹以须,反归以娣。

虞翻曰:"须,需也。初至五体需象,故'归妹以须'。娣谓初也。震为反,反马归也。三失位,四反得正,兑进在四,见初进之,初在兑后,故'反归以娣'。"

象曰:"'归妹以须',位〔一〕未当也。"

虞翻曰:"三未变之阳,故'位未当'。"

九四:归妹愆期,迟归有时。

虞翻曰:"愆,过也。谓二变,三动之正,体大过象,坎月离日,为期;三变,日月不见,故'愆期'。坎为曳,震为行,行曳故迟也。归谓反三。震春兑秋,坎冬离夏,四时体正,故'归有时'也。"

象曰:"'愆期'之志,有待而行也。"

虞翻曰:"待男行矣。"

六五:帝乙归妹,其君之袂,不如其娣之袂良。

虞翻曰:"三四已正,震为帝,坤为乙,故曰'帝乙'。泰乾为良、为君,乾在下为小君,则妹也。袂〔二〕口,袂〔三〕之饰也。兑为口,乾为衣,故称袂。谓三失位无应。娣袂谓二,得中应五,三动成乾为良,故'其君之袂,不如其娣之袂良'。故象曰'以贵行也'矣。"

月几望,吉。

〔一〕"位",原阙,今据卢本、周本补。张本此句下有小字注云:今本衍"位"字。
〔二〕"袂",原作"被",今据诸本及曹校改。
〔三〕"袂",曹校:当为"衣"。

虞翻曰："几,其也。坎月离日,兑西震东,日月象对,故曰'几望'。二之五,四复三,得正,故'吉'也。与小畜、中孚'月几望'同义也。"

象曰:"'帝乙归妹','不如其娣之袂良'也。

虞翻曰："三四复正,乾为良。"

其位在中,以贵行也。"

虞翻曰："三四复,二之五,成既济,五贵,故'以贵行也'。"

上六:女承筐无实,

虞翻曰："女谓应三兑也。自下受上称承。震为筐,以阴应阴,三四复位,坤[一]为虚,故'无实',象曰'承虚筐也'。"

士刲羊,无血,无攸利。

虞翻曰："刲,剌也。震为士,兑为羊,离为刀,故'士刲羊'。三四复位成泰,坎象不见,故'无血'。三柔承刚,故'无攸利'也。"

象曰:"上六'无实',承虚筐也。"

虞翻曰："泰坤为虚,故'承虚筐也'。"

序卦曰:"得其所归者必大,故受之以丰。丰者,大也。"

崔憬曰："归妹者,姪娣媵,国三人,凡九女为大援,故言'得其所归者必大'也。"

☷ 坎宫九月五世 离下震上 **丰:亨,**

虞翻曰："此卦三阴三阳之例,当从泰二之四,而丰三从噬嗑上来之三,折四于坎[二]狱中而成丰,故'君子以折狱致刑'。阴阳交,

〔一〕"坤",原作"坎",今据卢本、周本及曹校删。
〔二〕"坎",原作"五",今据卢本、周本及曹校删。

故'亨'。噬嗑所谓'利用狱'者,此卦之谓也。"

王假之,

虞翻曰:"乾为王。假,至也。谓四宜上至五,动之正成乾,故'王假之,尚大也'。"

勿忧,宜日中。

虞翻曰:"五动之正,则四变成离,离日中,当五,在坎中,坎为忧,故'勿忧,宜日中'。体两离象,'照天下'也。'日中则昃,月盈则蚀,天地盈虚,与时消息。'"○干宝曰:"丰,坎宫阴,世在五。以其宜中而忧其侧〔一〕也。坎为夜,离为昼,以离变坎,至于天位,日中之象也。殷水德,坎象,昼〔二〕败而离居之,周伐殷,居王位之象也。圣人德大而心小,既居天位,而戒惧不怠。'勿忧'者,劝勉之言也,犹诗曰:'上帝临尔〔三〕,无贰尔心。'言周德当天人之心,宜居王位,故'宜日中'。"

彖曰:"丰,大也。明以动,故丰。

崔憬曰:"离下震上,明以动之象。明则见微,动则成务,故能大矣。"

'王假之',尚大也。

姚信曰:"四体震王。假,大也。四宜〔四〕之五,得其盛位,谓之大。"

'勿忧,宜日中',

〔一〕"侧",周本作"昃"。
〔二〕"昼",胡本、曹校改作"尽"。
〔三〕"尔",周本作"女",四库本作"汝"。
〔四〕"宜",毛本、卢本、四库本、周本作"上"。

九家易曰："震动而上,故'勿忧'也。日者君,中者五,君宜居五也。谓阴处五,日中之位,当倾昃矣。"

宜照天下也。

虞翻曰："五动成乾,乾为天。四动成两离,'重明丽正',故'宜照天下',谓'化成天下'也。"

日中则昃,

荀爽曰："丰者至盛,故'日〔一〕中'。下居四,日昃之象也。"

月盈则蚀,

虞翻曰："月之行,生震见兑,盈于乾甲。五动成乾,故'月盈'。四变体噬嗑食,故'则食'。此'丰其屋,蔀其家'也。"

天地盈虚,与时消息,而况于人乎？ 况于鬼神乎？"

虞翻曰："五息成乾为盈,四消入坤为虚,故'天地盈虚'也。丰之既济,四时象具,乾为神人,坤为鬼,鬼神与人,亦随时消息。谓'人谋鬼谋,百姓与能','与时消息'。"

象曰："雷电皆至,丰,

荀爽曰："丰者,阴据不正,夺阳之位,而行以丰,故'折狱致刑',以讨除之也。"

君子以折狱致刑。"

虞翻曰："君子谓三。噬嗑四失正,系在坎狱中,故上之三,折四入大过死象,故'以折狱致刑'。兑〔二〕折为刑,贲三得正,故'无敢折狱'也。"

〔一〕"日",原作"曰",今据胡本、卢本、四库本、周本及曹校改。
〔二〕"兑"下,曹校:下似脱"为"字。

初九：遇〔一〕其配主，

> 虞翻曰："妃嫔，谓四也。四失位，在震为主；五动体姤遇，故'遇其配主'也。"

虽旬无咎，往有尚。

> 虞翻曰："谓四失位，变成坤应初，坤数十。四上而之五成离，离为日。"

象曰："'虽旬无咎'，过旬灾也。"

> 虞翻曰："体大过〔二〕，故'过旬灾'。四上之五，坎为灾也。"

六二：丰其蔀，日中见斗，往得疑疾。

> 虞翻曰："日蔽云中称蔀。蔀，小，谓四也〔三〕。二利四之五，故'丰其蔀'。噬嗑离为见，象在上为日中；艮为斗，斗，七〔四〕星也；噬嗑艮为星、为止，坎为北中，巽为高舞。星止〔五〕于中而舞者，北斗之象也。离上之三，隐坎云下，故'日中见斗'。四往之五，得正成坎，坎为疑疾，故'往得疑疾'也。"

有孚发若，吉。

> 虞翻曰："坎为孚，四发之五成坎孚，动而得位，故'有孚发若，吉'也。"

象曰："'有孚发若'，信以发志也。"

> 虞翻曰："四发之五，坎为志也。"○九家易曰："信著于五，然后乃

〔一〕"配"，周本作"妃"。下注同，不再出校。

〔二〕"过"，原脱，今据卢本、四库本、周本及曹校补。

〔三〕"蔀，小，谓四也"，毛本、四库本作"蔀，小也，谓四"。

〔四〕"七"，曹校：或当为"大"。

〔五〕"止"，原作"上"，今据卢本、周本及曹校改。

可发其顺志。"

九三：丰其沛，日中见沫，

虞翻曰："日在云下称沛。沛，不明也。沫，小星也。噬嗑离为日，艮为沫，故'日中见沫'。上之三，日入坎云下，故'见沫'也。"
○九家易曰："大暗谓之沛。沫，斗杓后小星也。"

折其右肱，无咎。

虞翻曰："兑为折、为右，噬嗑艮为肱，上来之三，折艮入兑，故'折其右肱'。之三得正，故'无咎'也。"

象曰："'丰其沛'，不可大事也。

虞翻曰："利四之阴，故'不可大事'。"

'折其右肱'，终不可用也。"

虞翻曰："四死大过，故'终不可用'。"

九四：丰其蔀，

虞翻曰："蔀，蔽也。噬嗑离日之坎云中，故'丰其蔀'。象曰：'位不当也。'"

日中见斗，

虞翻曰："噬嗑日在上为中，上之三为巽，巽为入，日入坎云下，幽伏不明，故'日中见斗'。象曰'幽不明'，是其义也。"

遇其夷主，吉。

虞翻曰："震为主。四行之正成明夷，则三体震为夷主，故'遇其夷主，吉'也。"　　案：四处上卦之下，以阳居阴，履非其位，而比于五，故曰"遇"也。夷者，伤也。主者，五也。谓四不期相遇，而能上行，伤五则吉，故曰"遇其夷主，吉行也"。

象曰："'丰其蔀'，位不当也。'日中见斗'，幽不明也。

虞翻曰：“离上变入坎云下，故‘幽不明’。坎，幽也。”

‘遇其夷主’，吉行也。”

虞翻曰：“动体明夷，震为行，故曰‘吉行’。”

六五：来章，有庆誉，吉。

虞翻曰：“在内称来。章，显也。庆谓五。阳出称庆也。誉谓二，‘二多誉’，五发得正，则来应二，故‘来章，有庆誉，吉’也。”

象曰：“六五之吉，有庆也。”

虞翻曰：“动而成乾，乾为庆。”

上六：丰其屋，蔀其家。

虞翻曰：“丰，大；蔀，小也。三至上，体大壮屋象，故‘丰其屋’。谓四五已变，上动成家人，大屋见则家人坏〔一〕，故‘蔀其家’。与泰二同义。故象曰‘天际〔二〕祥’，明以大壮为屋象故也。”

窥其户，闚〔三〕其无人，三岁不觌，凶。

虞翻曰：“谓从外窥三应。闚，空也。四动时，坤为阖，户阖，故‘窥其户’。坤为空虚，三隐伏坎中，故‘闚其无人’，象曰‘自藏也’。四五易位，噬嗑离目为窥。窥人者，言皆不见。坎为三岁，坤冥在上，离象不见，故‘三岁不觌，凶’。”○干宝曰：“在丰之家，居乾之位，乾为屋宇，故曰‘丰其屋’。此盖记纣之侈造为璿室玉台也。‘蔀其家’者，以记纣多倾宫〔四〕之女也。社稷既亡，宫室虚旷，故曰‘窥其户，闚其无人’。闚，无人貌也。三者，天地人之

〔一〕 “坏”，原作“怀”，今据卢本、周本及曹校改。
〔二〕 “际”，毛本、卢本、四库本、周本作“降”。
〔三〕 “闚”，卢本、周本作“阒”。下注同，不再出校。
〔四〕 “宫”，毛本、卢本、四库本、周本作“国”。

数也。凡国于天地,有兴亡焉。故王者之亡其家也,必天示其祥,地出其妖,人反其常。非斯三者,亦弗之亡也,故曰'三岁不觌,凶'。然则璿室之成,三年而后亡国矣。" 案:上应于三,三互离,巽为户,离为目,目而近户,窥之象也。既屋丰家蔀,若窥其〔一〕户,阒寂无人。震木,数三,故三岁致凶于灾。

象曰:"'丰其屋',天降〔二〕祥也。

孟喜曰:"天降下恶祥也。"

'窥其户,阒其无人',自藏也。"

虞翻曰:"谓三隐伏坎中,故'自藏'者也。"

序卦曰:"穷大者必失其居,故受之以旅。"

崔憬〔三〕曰:"谚云'作者不居',况穷大甚而能久处乎?故必获罪去邦,羁旅于外矣。"

䷷ 离宫五月一世 艮下离上 旅:小亨,旅贞吉。

虞翻曰:"贲初之四,否三之五,非乾坤往来也,与噬嗑之丰同义。小谓柔,得贵位而顺刚,丽乎大明,故'旅小亨,旅贞吉'。再言旅者,谓四凶恶,进退无恒,无所容处,故再言旅,恶而愍〔四〕之。"

彖曰:"旅小亨。

姚信曰:"此本否卦。三五交易,去其本体,故曰客旅。"○荀爽曰:"谓阴升居五,与阳通者也。"

〔一〕"其",原作"地",今据周本及曹校改。
〔二〕"降",卢本、周本作"际"。
〔三〕"崔憬",原作"虞翻",今据卢本、四库本、周本及曹校改。
〔四〕"愍",诸本作"愍",异体字。

柔得中乎外而顺乎刚,止而丽乎明,是以'小亨,旅贞吉'也。

> 蜀才曰:"否三升五,柔得中于外,上顺于刚。九五降三,降不失正,止而丽乎明,所以'小亨,旅贞吉'也。"

旅之时义大矣哉。"

> 虞翻曰:"以离日丽天,'县象著明,莫大日月',故'义大'也。"○王弼曰:"旅者,物失其所居之时也。物失所居,则咸愿有附,岂非智者有为之时?故曰'旅之时义大矣哉'。"

象曰:"山上有火,旅,

> 侯果曰:"火在山上,势非长久,旅之象也。"

君子以明慎用刑而不留狱。"

> 虞翻曰:"君子谓三,离为明,艮为慎,兑为刑,坎为狱。贲初之四,狱象不见,故'以明慎用刑而不留狱'。与丰'折狱'同义者也。"

初六:旅琐琐,斯其所取灾。

> 陆绩曰:"琐琐,小也。艮为小石,故曰'旅琐琐'也。履非其正,应离之始,离为火,艮为山,以应火灾,焚自取也,故曰'斯其所取灾'也。"

象曰:"'旅琐琐',志穷灾也。"

> 虞翻曰:"琐琐,最蔽之貌也。失位远应,之正介坎,坎为灾眚,艮手为取,谓三动应坎,坎为志,坤称穷[一],故曰'志穷灾也'。"

六二:旅即次,怀其资,得僮仆贞。

> 九家易曰:"即,就;次,舍;资,财也。以阴居二,即就其舍,故'旅

〔一〕"穷",原作"灾",今据卢本、四库本、周本改。

即次';承阳有实,故'怀其资'[一],故曰'旅即次,怀其资'也。初者卑贱,二得履之,故'得僮仆'。处和得位,正[二]居是,故曰'得僮仆贞'矣。"

象曰:"'得僮仆贞',终无尤也。"

虞翻曰:"艮为僮仆,得正承三,故'得僮仆贞'而'终无尤也'。"

案:六二履正体艮,艮为阍寺,"僮仆贞"之象也。

九三:旅焚其次,丧其僮仆,贞厉。

虞翻曰:"离为火,艮为僮仆,三动艮坏,故'焚其次'。坤为丧,三动艮灭入坤,故'丧其僮仆'。动而失正,故'贞厉'矣。"

象曰:"'旅焚其次',亦以伤矣。

虞翻曰:"三动体剥,故伤也。"

以旅与下,其义丧也。"

虞翻曰:"三变成坤,坤为下、为丧,故'其义丧也'。"

九四:旅于处,得其资斧,我心不快。

虞翻曰:"巽为处,四焚弃恶人,失位远应,故'旅于处',言无所从也。离为资斧,故'得其资斧'。三动,四坎为心,其位未正[三],故'我心不快'也。"

象曰:"'旅于处',未得位也。'得其资斧',心未快也。"

〔一〕"即就其舍,故'旅即次';承阳有实,故'怀其资'",原作"即就其舍,承阳有实,故'怀其资',故曰'旅即次,怀其资'也",今据卢本、四库本、周本改。

〔二〕"正"上,原有"故"字,今据卢本、四库本、周本删。

〔三〕"正",原作"至",今据周本改。

王弼曰："斧,所以斫除荆棘,以安其舍者也。虽处上体之下,不先于物,然而不得其位,不获平坦之地者也。客于所处不得其次,而得其资斧之地,故其心不快。"　　案:九四失位而居艮上,艮为山,山非平坦之地也。四体兑巽,巽为木,兑为金,木贯于金,即资斧斫除荆棘之象者也。

六五:联雉,一矢亡,

虞翻曰:"三变坎为弓,离为矢,故'联雉'。五变体乾〔一〕,矢动雉飞,雉象不见,故'一矢亡'矣。"

终以誉命。

虞翻曰:"誉谓二,巽为命,五终变成乾,则二来应已,故'终以誉命'。"

象曰:"'终以誉命',上逮也。"

虞翻曰:"逮,及也,谓二上及也。"○干宝曰:"离〔二〕为雉、为矢,巽为木、为进退,艮为手,兑为决,有木在手,进退其体,矢决于外,联之象也。一阴升乾,故曰'一矢'。履非其位,下又无应,虽复联雉,终亦失之,故曰'一矢亡也'。'一矢亡'者,喻有损而小也。此托〔三〕禄父为王者后,虽小叛扰,终逮安周室,故曰'终以誉命'矣。"

上九:鸟焚其巢,旅人先笑后号咷,

虞翻曰:"离为鸟、为火,巽为木、为高,四失位,变震为筐,巢之象也。今巢象不见,故'鸟焚其巢'。震为笑,震在前,故'先笑'。

〔一〕"体乾",原倒,今据周本乙正。"变",周本作"动"。
〔二〕"离"上,原有"逮"字,今据卢本、四库本、周本及曹校删。
〔三〕"托",原作"记",今据张本、周本改。

应在巽,巽为号咷,巽象在后,故'后号咷'。"

丧牛于易,凶。

虞翻曰:"谓三动时坤为牛,五动成乾,乾为易,上失三,五动应二,故'丧牛于易'。失位无应,故'凶'也。五动成遁,六二'执之用黄牛之革',则旅家所丧牛也。"

象曰:"以旅在上,其义焚也。

虞翻曰:"离火焚巢,故'其义焚也'。"

'丧牛于易'〔一〕,终莫之闻也。"

虞翻曰:"坎耳入兑,故'终莫之闻'。"○侯果曰:"离为鸟、为火,巽为木、为风,鸟居木上,巢之象也。旅而赡资,物之所恶也。丧牛甚易,求之也难。虽有智者,莫之吉也。"

序卦曰:"旅无所容,故受之以巽。巽者,入也。"

崔憬曰:"旅寄在〔二〕外而无所容,则必入矣,故曰'旅无所容,受之以巽'。"

☴ 震宫四月六世 巽下巽上 **巽:小亨,利有攸往,利见大人。**

虞翻曰:"遁二之四,柔得位而顺五刚,故'小亨'也。大人谓五,离目为见,二失位利正〔三〕,往应五,故'利有攸往,利见大人'矣。"

象曰:"重巽以申命,

陆绩曰:"巽为命令。重命令者,欲丁宁也。"

〔一〕"于易",卢本、周本作"之凶"。
〔二〕"在",毛本、卢本、周本作"于"。
〔三〕"正",原作"在",今据胡本、卢本、周本改。

刚巽乎中正而志行，

陆绩曰："二得中，五得正，体两巽，故曰'刚巽乎中正'也。皆据阴，故'志行'也。"○虞翻曰："刚中正，谓五也。二失位，动成坎，坎为志，终变成震，震为行也。"

柔皆顺乎刚，是以'小亨，

陆绩曰："阴为卦主，故'小亨'。"

利有攸往，利见大人'。"

案：其义已见彖辞。

象曰："随风，巽，君子以申命行事。"

虞翻曰："君子谓遁乾也。巽为命，重象，故'申命'。变至三，坤为事，震为行，故'行事'也。"○荀爽曰："巽为号令，两巽相随，故'申命'也。法教百端，令行为上，贵其必从，故曰'行事'也。"

初六：进退，利武人之贞。

虞翻曰："巽为进退，乾为武人，初失位，利之正为乾，故'利武人之贞'矣。"

象曰："'进退'，志疑也。

荀爽曰："风性动，进退欲承五，为二所据，故志以疑也。"

'利武人之贞'，志治也。"

虞翻曰："动而成乾，乾为大明，故'志治'。'乾元用九天下治'，是其义也。"

九二：巽在床下，

宋衷曰："巽为木，二阳在上，初阴在下，床之象也。二无应于上，退而据初，心在于下，故曰'巽在床下'也。"○荀爽曰："床下以喻近也。二者，军帅；三者，号令，故言'床下'，以明将之所专，不过军中事也。"

用史巫纷若,吉,无咎。

荀爽曰:"史以书勋,巫以告庙。纷,变;若,顺也。谓二以阳应阳,君所不臣,军师之象。征伐既毕,书勋告庙,当变而顺五则吉,故曰'用史巫纷若,吉,无咎'矣。"

象曰:"'纷若'之吉,得中也。"

荀爽曰:"谓二以处中和,故能变。"

九三:频巽,吝。

虞翻曰:"频,颎也。谓二已变,三体坎艮,坎为忧,艮为鼻,故'频巽'。无应在险,故'吝'也。"

象曰:"'频巽'之吝,志穷也。"

荀爽曰:"乘阳无据,为阴所乘,号令不行,故'志穷也'。"

六四:悔亡,田获三品。

虞翻曰:"田谓二也。地中〔一〕称田,失〔二〕位无应,悔也。欲二之初,己得应之,故'悔亡'。二动得正,处中应五,五多功,故象曰'有功也'。二动艮为手,故称获。谓艮为狼,坎为豕,艮〔三〕二之初,离为雉,故'获三品'矣。"○翟玄曰:"田获三品,下三爻也。谓初巽〔四〕为鸡,二兑为羊,三离为雉也。"案:穀梁传曰:"春猎曰田,夏曰苗,秋曰蒐,冬曰狩。田获三品:一为乾豆,二为宾客,三为充君之庖。"注云:"上杀中心,乾之为豆实;次杀中髀骼,以供

〔一〕"中",曹校:疑当为"上"。
〔二〕"失"上,周本有"初"字
〔三〕"艮",曹校:衍字。"艮"下,胡本无"二"字。
〔四〕"巽",原作"兑",今据毛本、卢本、四库本、周本及曹校改。

宾客;下杀中腹,充君之庖厨。尊神敬客之义也。”

象曰:“‘田获三品’,有功也。”

王弼曰:“得位承五,而依尊履正,以斯行命,必能获强暴,远不仁者也。获而有益,莫若三品,故曰‘有功也’。”

九五:贞吉,悔亡,无不利,无初有终。

虞翻曰:“得位处中,故‘贞吉,悔亡,无不利’也。震巽相薄,雷风无形,当变之震矣。‘巽究为躁卦’,故‘无初有终’也。”

先庚三日,后庚三日,吉。

虞翻曰:“震,庚也。谓变初至二成离,至三成震,震主庚,离为日,震三爻在前,故‘先庚三日’,谓益时也。动四至五成离,终上成震,震三爻在后,故‘后庚三日’。巽初失正,终变成震,得位,故‘无初有终’,吉。‘震究为蕃鲜白’,谓巽也〔一〕。‘巽究为躁卦’,躁卦谓震也。与蛊‘先甲三日,后甲三日’同义。五动成蛊,乾成于甲,震成于庚,‘阴阳天地之始终’,故经举甲、庚于蛊彖、巽五也。”

象曰:“九五之吉,位正中也。”

虞翻曰:“居中得正,故吉矣。”

上九:巽在床下,

虞翻曰:“床下谓〔二〕初也。穷上反下成震,故‘巽在床下’。象曰:‘上穷也。’明当变穷上而复初也。”○九家易曰:“上为宗庙,礼,封赏出军,皆先告庙,然后受行。三军之命,将之所专,故曰

〔一〕“也”,卢本、周本作“白”。
〔二〕“谓”,原作“为”,今据胡本、卢本、周本及曹校改。

‘巽在床下’也。”

丧其资〔一〕斧,贞凶〔二〕。

虞翻曰:“变至三时,离毁入坤,坤为丧〔三〕,离为斧,故‘丧其齐斧’。三变失位,故‘贞凶’。”○荀爽曰:“军罢师旋,亦告于庙,还斧于君,故‘丧资斧’。正如其故,不执臣节,则凶,故曰‘丧其资斧,贞凶’。”

象曰:“巽在床下,上穷也。

虞翻曰:“阳穷上反下,故曰‘上穷也’。”

‘丧其资斧’,正乎凶也。”

虞翻曰:“上应于三,三动失正,故曰‘正乎凶也’。”

序卦曰:“入而后说之,故受之以兑。兑者,说也。”

崔憬曰:“巽以申命行事,入于刑者也。入刑而后说之,所谓‘人忘其劳死’也。”

☱ 艮宫六月十世 兑下兑上 **兑:亨,利贞。**

虞翻曰:“大壮五之三也。刚中而柔外,二〔四〕失正,动应五承三,故‘亨,利贞’也。”

象曰:“兑,说也。

虞翻曰:“兑口,故‘说也’。”

〔一〕“资”,卢本、周本作“齐”。下注及象辞同,不再出校。
〔二〕“凶”,原作“吉”,今据胡本、卢本、四库本、周本及曹校改。
〔三〕“丧”下,卢本、周本有“巽为齐”。
〔四〕“二”,原作“而”,今据卢本、四库本、周本及曹校改。

刚中而柔外，说以利贞，

虞翻曰："刚中谓二五，柔外谓三上也。二、三、四利之正，故'说以利贞'也。"

是以顺乎天而应乎人。

虞翻曰："大壮乾为天，谓五也，人谓三矣。二变顺五承三，故'顺乎天应乎人'。坤为顺也。"

说以先民，民忘其劳；

虞翻曰："谓二、四已变成屯，坎〔一〕为劳，震喜兑说，坤为民，坎为心，民心喜说，有顺比象，故'忘其劳'也。"

说以犯难，民忘其死。

虞翻曰："体屯，故难也。三至上，体大过死，变成屯，'民说无疆'，故'民忘其死'，坎心为忘。或以坤为死也。"

说之大，民劝矣哉。"

虞翻曰："体比顺象，故劳而不怨。震为喜笑，故人劝也。"

象曰："丽泽，兑，君子以朋友讲习。"

虞翻曰："君子，大壮乾也。阳息见兑，'学以聚之，问以辩之'。兑二阳同类为朋〔二〕，伏艮为友，坎为习，震为讲，兑两口对，故'朋友讲习'也。"

初九：和兑，吉。

虞翻曰："得位，四变应己，故'和兑，吉'矣。"

〔一〕"坎"，原作"故"，今据卢本、周本及曹校改。
〔二〕"朋"下，原有"友"字，今据卢本、四库本、周本删。

象曰:"'和兑'之吉,行未疑也。"

> 虞翻曰:"四变应初,震为行,坎为疑,故'行未疑'。"

九二:孚兑,吉,悔亡。

> 虞翻曰:"孚谓五也。四已变,五在坎中,称孚。二动得位,应之,故'孚兑,吉,悔亡'矣。"

象曰:"'孚兑'之吉,信志也。"

> 虞翻曰:"二变应五,谓四已变,坎为志,故'信志也'。"

六三:来兑,凶。

> 虞翻曰:"从大壮来,失位,故'来兑,凶'矣。"

象曰:"'来兑'之凶,位不当也。"

> 案:以阴居阳,故"位不当"。谄邪求悦,所以必凶。

九四:商兑,未宁,介疾有喜。

> 虞翻曰:"巽为近利市三倍,故称'商兑'。变之,坎水性流,震为行,谓二已变,体比象,故'未宁',与比'不宁方来'同义也。坎为疾,故'介疾'。得位承五,故'有喜'。"

象曰:"九四之喜,有庆也。"

> 虞翻曰:"阳为庆,谓五也。"

九五:孚于剥,有厉。

> 虞翻曰:"孚谓五也。二四变,体剥象,故'孚于剥'。在坎未光,'有厉'也。"

象曰:"'孚于剥',位正当也。"

> 案:以阳居尊位,应二比四,孚剥有厉,"位正当也"。

上六:引兑。

> 虞翻曰:"无应乘阳,动而之巽为绳,艮为手,应在三,三未之正,

故'引兑'也。"

象曰:"上六'引兑',未光也。"

虞翻曰:"二四已变而体屯,上三未为离,故'未光也'。"

周易集解卷第十二

涣　节　中孚　小过　既济　未济

序卦曰：“说而后散之，故受之以涣。涣者，离也。”

崔憬曰：“人说，忘其劳死，而后可散之[一]征役，离之以家邦，故曰‘说而后散之，故受之[二]涣。涣者，离也’。”

☴ 离宫三月五世 坎下巽上 **涣**：亨。

虞翻曰：“否四之二，成坎巽[三]，天地交，故‘亨’也。”

王假有庙，

虞翻曰：“乾为王。假，至也。否体观艮为宗庙，乾四之坤二，故‘王假有庙，王乃在中也’。”

利涉大川，利贞。

虞翻曰：“坎为大川，涣舟楫象，故‘涉大川，乘木有功’。二失正，变应五，故‘利贞’[四]也。”

〔一〕“之”下，卢本、周本有“以”字。

〔二〕“之”下，周本有“以”字。

〔三〕“巽”，原作“震”，今据卢本、周本改。

〔四〕“贞”上，毛本、四库本、张本有“居”字。

彖曰:"'涣亨',刚来而不穷,柔得位乎外而上同。

卢氏曰:"此本否卦。乾之九四,来居坤中,刚来成坎,水流而不穷也。坤之六二,上升乾四,柔得位乎外,上承贵王,与上同也。"

'王假有庙',王〔一〕乃在中也。

荀爽曰:"谓阳来居二,在坤之中,为立庙。假,大也。言受命之王,居五大位,上体之中,上享天帝,下立宗庙也。"

'利涉大川',乘木有功也。"

虞翻曰:"巽为木,坎为水,故'乘木有功也'。"

象曰:"风行水上,涣,先王以享于帝立庙。"

荀爽〔二〕曰:"谓受命之王,收集散民,上享天帝,下立宗庙也。阴上至四承五,为享帝。阳下至二,为立庙也。离日上为宗庙,而谓天帝,宗庙之神所配食者,王者所奉,故继于上,至于宗庙,其实在地。地者阴中之阳,有似庙中之神。"○虞翻曰:"否乾为先王。享,祭也。震为帝、为祭,艮为庙,四之二,杀坤大牲,故'以享帝立庙'。谓成既济,有噬嗑食象故也。"

初六:用拯马壮,吉。

虞翻曰:"坎为马,初失〔三〕正,动体大壮,得位,故'拯马壮,吉',悔亡之矣〔四〕。"

象曰:"初六之吉,顺也。"

虞翻曰:"承二,故顺也。"

〔一〕"王",原脱,今据胡本、卢本、四库本、周本及曹校补。
〔二〕"荀爽",原作"虞翻",今据卢本、周本及曹校改。
〔三〕"失"下,原有"位"字,疑为校语误入正文,今据卢本、四库本、周本删。
〔四〕"悔亡之矣",曹校:四字衍。

九二：涣奔其机，悔亡。

虞翻曰："震为奔，坎为棘、为矫輮，震为足，輮棘[一]有足，艮肱据之，凭机之象也。涣宗庙中，故设机。二失位，变得正，故'涣奔其机，悔亡'也。"

象曰："'涣奔其机'，得愿也。"

虞翻曰："动而得位，故'得愿也'。"

六三：涣其躬，无悔。

荀爽曰："体中曰躬。谓涣三，使承上，为志在外，故'无悔'。"

象曰："'涣其躬'，志在[二]外也。"

王弼曰："涣之为义，内险而外安者也。散躬志外，不固所守，与刚合志，故得无咎。"

六四：涣其群，元吉。

虞翻曰："谓二已变成坤，坤三爻称群，得位顺五，故'元吉'也。"

涣有丘，匪夷所思。

虞翻曰："位半艮山，故称丘。匪，非也。夷谓震，四应在初，三变坎为思，故'匪夷所思'也。"○卢氏曰："自二居四，离其群侣，'涣其群'也。得位承尊，故'元吉'也。互体有艮，艮为山丘。涣群虽则光大，有丘则非平易，故有匪夷之思也。"

象曰："'涣其群，元吉'，光大也。"

虞翻曰："谓三已变成离，故四'光大也'。"

九五：涣汗其大号。

〔一〕"棘"，原作"来"，今据卢本、周本及曹校改。
〔二〕"其""在"，原倒，今据毛本、卢本、四库本、周本及曹校乙。

九家易曰:"谓五建二为诸侯,使下君国,故宣布号令,百姓被泽。若汗之出身,不还反也。此本否卦,体乾为首,来下处二,成坎水,汗之象也。阳称大,故曰'涣汗其大号'也。"

涣,王居无咎。

荀爽曰:"布其德教,王居其所,故'无咎'矣。"

象曰:"'王居无咎',正位也。"

虞翻曰:"五为王,艮为居,正位居五,四阴顺命,故'王居无咎,正位也'。"

上九:涣其血去逖出,无咎。

虞翻曰:"应在三,坎为血、为逖;逖,忧也;二变为观,坎象不见,故'其血去逖出,无咎'。"

象曰:"'涣其血',远害也。"

虞翻曰:"乾为远,坤为害,体遁上,故'远害也'。"

序卦曰:"物不可以终离,故受之以节。"

崔憬曰:"离散之道,不可终行,当宜节止之,故言'物不可以终离,受之以节'。"

☷ 坎宫十一月一世 兑下坎上　节:亨,

虞翻曰:"泰三之五,天地交也。五'当位以节,中正以通',故'节亨'也。"

苦节,不可贞。

虞翻曰:"谓上也。应在三,三变成离火,'炎上作苦',位在火上,故'苦节'。虽得位乘阳,故'不可贞'也。"

象曰:"节亨,刚柔分而刚得中,

卢氏曰：“此本泰卦。分乾九[一]三升坤五，分坤六五下处乾三，是‘刚柔分而刚得中’也。”

‘苦节，不可贞’，其道穷也。

虞翻曰：“位极于上，乘阳，故‘穷’也。”

说以行险，

虞翻曰：“兑说坎险，震为行，故‘说以行险’也。”

当位以节，中正以通，

虞翻曰：“中正谓五。坎为通也。”

天地节而四时成。

虞翻曰：“泰乾天坤地，震春兑秋坎冬，三动离为夏，故‘天地节而四时成’也。”

节以制度，不伤财，不害民。”

虞翻曰：“艮手称制，坤数十为度，坤又为害、为民、为财。二动体剥，剥为伤；三出复位，成既济定，坤剥不见，故‘节以制度，不伤财，不害民’。”

象曰：“泽上有水，节，

侯果曰：“泽上有水，以堤防为节。”

君子以制数度，议德行。”

虞翻曰：“君子，泰乾也。艮止为制，坤为度，震为议、为行，乾为德，故‘以制数度，议德行’。乾三之五，为‘制数度’。坤五之乾，为‘议德行’也。”

初九：不出户庭，无咎。

〔一〕“九”，原作“上”，今据诸本及曹校改。

虞翻曰："泰坤为户,艮为庭,震为出,初得位应四,故'不出户庭,
无咎'矣。"

象曰:"'不出户庭',知通塞也。"

虞翻曰："坎为通,二变坤土壅初为塞。"○崔憬曰:"为节之始,有
应于四,四为坎险,不通之象。以节崇塞,虽不通,可谓'知通塞'
矣。户庭,室庭也。慎密守节,故'不出'焉而'无咎'也。"

案:初九应四,四互坎艮,艮为门阙,四居艮中,是为内户,户庭之
象也。

九二:不出门庭,凶。

虞翻曰:"变而之坤,艮为门庭,二失位不变,出门应五,则凶,故
言'不出门庭,凶'矣。"

象曰:"'不出门庭,凶',失时极矣。"

虞翻曰:"极,中也。未变之正,故〔一〕'失时极'也。"

六三:"不节若,则嗟〔二〕若,无咎。"

虞翻曰:"三,节家君子也。失位,故'节若'。嗟,哀号声。震为
音声、为出,三动得正而体离坎,涕流出目,故'则嗟若'。得位乘
二,故'无咎'也。"

象曰:"'不节'之嗟,又谁咎也。"

王弼曰:"若,辞也。以阴处阳,以柔乘刚,违节之道,以至哀嗟,
自己所致〔三〕,无所怨咎,故曰'又谁咎'矣。"

六四:安节,亨。

〔一〕"故",毛本、卢本、周本无此字。
〔二〕"嗟",卢本、周本作"差",下象辞及注同。
〔三〕"致",卢本、周本作"至"。

虞翻曰:"二已变,艮止坤安,得正承五,有应于初,故'安节,亨'。"

象曰:"'安节'之亨,承上道也。"

九家易曰:"言四得正奉五,上通于君,故曰'承上道也'。"

九五:甘节,吉,往有尚。

虞翻曰:"得正居中,坎为美,故'甘节,吉'。往谓二,二失正,变往应五,故'往有尚'也。"

象曰:"甘节之吉,居位中也。"

虞翻曰:"艮为居,五为中,故'居位中也'。"

上六:苦节,贞凶,悔亡。

虞翻曰:"二三变,有〔一〕两离火,炎上作苦,故'苦节'。乘阳,故'贞凶'。得位,故'悔亡'。"○干宝曰:"象称'苦节不可贞',在此爻也。禀险伏之教,怀贪狼〔二〕之志,以苦节之性而遇甘节之主,必受其诛,华士少正卯之爻也,故曰'贞凶'。苦节既凶,甘节志得,故曰'悔亡'。"

象曰:"'苦节,贞凶',其道穷也。"

荀爽曰:"乘阳于上,无应于下,故'其道穷也'。"

序卦曰:"节而信之,故受之以中孚。"

崔憬曰:"'节以制度,不伤财,不害民',则人信之,故言'节而信之,故受之以中孚'也。"

☱ 艮宫八月游魂　兑下巽上　**中孚:**

〔一〕"有",原作"在",今据周本改。
〔二〕"狼",胡本、毛本、周本作"狼"。

虞翻曰：“讼四之初也。坎孚象在中，谓二也，故称‘中孚’。此当从四阳二阴之例，遁阴未及三，而大壮阳已至四，故从讼来。二在讼时，体离[一]为鹤，在坎阴中，故[二]有‘鸣鹤在阴’之义也。”

豚鱼吉，

案：坎为豕[三]。讼四降初折坎称豚，初阴升四体巽为鱼。中，二；孚，信也。谓二变应五，化坤成邦，故“信及豚鱼，吉”矣。虞氏以三至上体遁，便以豚鱼为遁鱼，虽生曲象之异见，乃失化邦之中信也。

利涉大川，

虞翻曰：“坎为大川，谓二已化邦，三利出涉坎，得正体涣，涣舟楫象，故‘利涉大川，乘木舟虚也’。”

利贞。

虞翻曰：“谓二利之正而应五也。‘中孚以利贞，乃应于天也’。”

象曰：“中孚，柔在内而刚得中，说而巽，孚

王肃曰：“三、四在内，二、五得中，兑说而巽顺，故孚也。”

乃化邦也。

虞翻曰：“二化应五成坤，坤为邦，故‘化邦’也。”

‘豚鱼吉’，信及豚鱼也。

荀爽[四]曰：“豚鱼，谓四、三也。艮[五]为山陆，豚所处；三为兑泽，

〔一〕“离”，原脱，今据卢本、四库本、周本及曹校补。
〔二〕“故”，卢本、周本无此字。
〔三〕“豕”上，原有“孚”字，今据卢本、四库本、周本及曹校删。
〔四〕“荀爽”，原作“虞翻”，今据卢本、周本改。
〔五〕“艮”，周本作“四”，当是。

鱼所在。豚者卑贱,鱼者幽隐,中信之道,皆及之矣。"

'利涉大川',乘木舟虚也。

王肃曰:"中孚之象,外实内虚,有似可乘虚木之舟也。"

中孚以利贞,乃应乎天也。"

虞翻曰:"讼乾为天,二动应乾,故'乃应乎天也'。"

象曰:"泽上有风,中孚,

崔憬曰:"流风令于上,布泽惠于下,中孚之象也。"

君子以议狱缓死。"

虞翻曰:"君子谓乾也。讼坎为狱,震为议、为缓,坤为死,乾四之初,则二出坎狱,兑说震喜,坎狱不见,故'议狱缓死'也。"

初九:虞吉,有它,不燕。

荀爽曰:"虞,安[一]也。初应于四,宜自安虞,无意于四,则吉,故曰'虞吉'也。四者承五,有它意,于四则不安,故曰'有它,不燕'也。"

象曰:"初九虞吉,志未变也。"

荀爽曰:"初位潜藏,未得变而应四也。"

九二:鸣鹤在阴,其子和之,我有好爵,吾与尔靡之。

虞翻曰:"靡,共也。震为鸣,讼离为鹤,坎为阴夜,鹤知夜半,故'鸣鹤在阴'。二动成坤,体益。五艮为子,震巽同声者相应,故'其子和之'。坤为身,故称'我'。吾谓五也。离为爵,爵,位也。坤为邦国,五在艮,阍寺阙庭[二]之象,故称'好爵'。五利二变之

〔一〕"虞安",原作"震宴",今据卢本、周本及曹校改。
〔二〕"阙庭",卢本、周本、毛本倒。

正应,以〔一〕故‘吾与尔靡之’矣。”

象曰:“‘其子和之’,中心愿也。”

虞翻曰:“坎为心,动得正应五,故‘中心愿也’。”

六三:得敌,或鼓或罢,或泣或歌。

荀爽曰:“三、四俱阴,故称‘得’〔二〕也。四得位有位,故鼓而歌。三失位无实,故罢而泣之〔三〕也。”

象曰:“‘或鼓或罢’,位不当也。”

王弼曰:“三、四俱阴,金木异性,敌之谓也。以阴居阳,自强而进,进而碍〔四〕敌,故‘或鼓’也。四履正位,非三〔五〕所克,故‘或罢’也。不胜而退,惧见侵凌,故‘或泣’也。四履谦巽,不报敌雠〔六〕,故‘或歌’也。歌泣无恒,‘位不当也’。”

六四:月几望,马匹亡,无咎。

虞翻曰:“讼坎为月,离为日,兑西震东,月在兑二,离在〔七〕震三,日月象对,故‘月几望’。乾、坎两马匹,初四易位,震为奔走,体遁山中,乾坎不见,故‘马匹亡’。初四易位,故‘无咎’矣。”

象曰:“‘马匹亡’,绝类上也。”

虞翻曰:“讼初之四,体与上绝,故‘绝类上也’。”

九五:有孚挛如,无咎。

〔一〕“以”,胡本、张本作“坎”,如是,当从上读。纂疏以为作“己”,亦从上读。
〔二〕“得”,周本作“敌”。
〔三〕曹校:“之”字衍。
〔四〕“碍”,卢本、周本作“阂”。
〔五〕“三”,卢本、周本作“己”。“三”下,毛本、卢本、四库本、周本有“敌”字。
〔六〕“敌雠”,诸本作“雠敌”。
〔七〕“在”,原作“为”,今据诸本改。

虞翻曰:"孚,信也。谓二在坎为孚,巽绳艮手,故'挛二'。使化为邦,得正应己,故'无咎'也。"

象曰:"'有孚挛如',位正当也。"

案:以阳居五,有信挛二,使变[一]己,是"位正当也"。

上九:翰音登于天,贞凶。

虞翻曰:"巽为鸡,应在震,震为音。翰,高也。巽为高,乾为天,故'翰音登于天'。失位,故'贞凶'。礼,荐牲鸡称'翰音'也。"

象曰:"'翰音登于天',何可长也。"

侯果曰:"穷上失位,信不由中,以此申命,有声无实,中实内丧,虚华外扬,是'翰音登天'也。巽为鸡,鸡曰翰音,虚音登天,何可久也。"

序卦曰:"有其信者必行之,故受之以小过。"

韩康伯曰:"守其信者,则失贞而不谅之道,而以信为过也,故曰'小过'。"

兑宫二月游魂 艮下震上 小过:亨利贞。

虞翻曰:"晋上之三,当从四阴二阳临观之例,临阳未至三而观四已消也;又有飞鸟之象,故知从晋来。'杵臼之利,盖取诸此'。柔得中而应乾刚,故'亨'。五失正,故'利贞'。'过以利贞,与时行也'。"

可小事,

虞翻曰:"小谓五,晋坤为事,柔得中,故'可小事'也。"

〔一〕曹校:"变"下当脱"应"字。

不可大事。

虞翻曰：“大事〔一〕，四。刚失位而不中，故‘不可大事’也。”

飞鸟遗之音，不宜上，宜下，大吉。

虞翻曰：“离为飞鸟，震为音，艮为止。晋上之三，离去震在，鸟飞而音止，故‘飞鸟遗之音’。上阴乘阳，故‘不宜上’。下阴顺阳，故‘宜下，大吉’。俗说或以卦象二阳在内，四阴在外，有似飞鸟之象，妄矣。”

彖曰：“小过，小者过而亨也。过以利贞，与时行也。

荀爽曰：“阴称小。谓四应初，过二而去；三应上，过五而去；五处中，见过不见应，故曰‘小者过而亨也’。”

柔得中，是以‘小事吉’也。

虞翻曰：“谓五也。阴称小，故‘小事吉’也。”

刚失位而不中，是以‘不可大事’也。

虞翻曰：“谓四〔二〕也。阳称大，故‘不可大事’也。”

有飞鸟之象焉，‘飞鸟遗之音，

宋衷曰：“二阳在内，上下各阴，有似飞鸟舒翮之象，故曰‘飞鸟’。震为声音，飞而且鸣，鸟去而音止，故曰‘遗之音’也。”

不宜上，宜下，大吉’，上逆而下顺也。”

王肃曰：“四、五失位，故曰‘上逆’。二、三得正，故曰‘下顺’也。”

象曰：“山上有雷，小过，

侯果曰：“山大而雷小，山上有雷，小过于大，故曰‘小过’。”

〔一〕“事”，周本作“谓”。
〔二〕“四”，原作“五”，今据毛本、卢本、四库本、周本及曹校改。

君子以行过乎恭,

虞翻曰:"君子谓三也。上贵三贱,晋上之三,震为行,故'行过乎恭'。谓三致恭以顺[一]存其位。与谦三同义。"

丧过乎哀,

虞翻曰:"晋坤为丧,离为目,艮为鼻,坎为涕洟,震为出,涕洟出鼻目;体大过遭死,'丧过乎哀'也。"

用过乎俭。"

虞翻曰:"坤为财用、为吝啬,艮为止,兑为小,小用止,'密云不雨',故'用过乎俭'也。"

初六:飞鸟以凶。

虞翻曰:"应四,离为飞鸟,上之三,则四折入大过死,故'飞鸟以凶'。"

象曰:"'飞鸟以凶',不可如何也。"

虞翻曰:"四死大过,故'不可如何也'。"

六二:过其祖,遇其妣,

虞翻曰:"祖,祖母,谓初也[二]。母死称妣,谓三。坤为丧、为母,折入大过死,故称'祖妣'[三]也。二过初,故'过其祖'。五变三体姤遇,故'遇妣'也。"

不及其君,遇其臣,无咎。

虞翻曰:"五动为君,晋坤[四]为臣;二之五隔三,艮为止,故'不及

〔一〕"顺",卢本、周本无此字。

〔二〕"祖,祖母,谓初也",诸本作"祖谓祖母,初也"。

〔三〕"妣也",原倒,今据周本乙。

〔四〕"坤",原作"坎",今据卢本、周本及曹校改。

其君',止。如承三得正,体姤遇象,故'遇其臣,无咎'也。"

象曰:"'不及其君',臣不可过[一]也。"

虞翻曰:"体大过下,止舍巽下,故'不可过'。与随三同义。"

九三:弗过防之,从或戕之,凶。

虞翻曰:"防,防四也。失位,从或而欲折之初。戕,杀也。离为戈兵,三从离上入坤折四,死大过中,故'从或戕之,凶'也。"

象曰:"'从或戕之',凶如何也。"

虞翻曰:"三来戕四,故'凶如何也'。"

九四:无咎,弗过遇之,

九家易曰:"以阳居阴,'行过乎恭',今虽失位,进则遇五,故'无咎'也。四体震动,位既不正,当动上居五,不复过五,故曰'弗过遇之'矣。"

往厉必戒,勿用永贞。

荀爽曰:"四往危五,戒备于三,故曰'往厉必戒'也。勿长居四,当动上五,故'勿用永贞'。"

象曰:"'弗过遇之',位不当也。'往厉必戒',终不可长也。"

虞翻曰:"体否上倾,故'终不可长'矣。"

六五:密云不雨,自我西郊。

虞翻曰:"密,小也。晋坎在天为云,坠地成雨。上来之三,折坎入兑,小为密,坤为自我,兑为西,五动乾为郊,故'密云不雨,自我西郊'也。"

〔一〕"过",原作"遇",今据胡本、卢本、四库本、周本及曹校改。

公弋取彼在穴。

虞翻曰:"公谓三也。弋[一],矰缴联也。坎为弓弹,离为鸟。矢,弋无[二]矢也,巽绳连鸟,弋人[三]鸟之象。艮为手,二为穴,手入穴中,故'公弋取彼在穴'也。"

象曰:"'密云不雨',已上也。"

虞翻曰:"谓三坎水,已之上六,故'已上也'。"

上六:弗遇,过之,飞鸟离之,凶,是谓灾眚。

虞翻曰:"谓四已变之坤,上得之三,故'弗遇,过之'。离为飞鸟,公弋得之,鸟下入艮手而死,故'飞鸟离之,凶'。晋坎为灾眚,故'是谓灾眚'矣。"

象曰:"'弗遇过之',已亢之。"

虞翻曰:"飞下称亢。晋上之三,故'已亢也'。"

序卦曰:"有过物者必济,故受之以既济。"

韩康伯曰:"行过乎恭,礼过乎俭,可以矫世厉俗,有所济也。"

䷾ 坎宫正月三世 离下坎上 **既济:亨小,利贞。**

虞翻曰:"泰五之二。小谓二也,柔得中,故'亨小'。六爻得位,'各正性命,保合大和',故'利贞'矣。"

初吉,

虞翻曰:"初,始也,谓泰乾。'乾知大始',故称'初'。坤五之乾

〔一〕"弋",原脱,今据诸本及曹校补。
〔二〕"无",纂疏以为当作"弓"。
〔三〕"人"下,纂疏以为脱"取"字。

二,得正处中,故'初吉,柔得中也'。"

终乱。

　　虞翻曰:"泰坤称乱。二上之五,终止于泰,则反成否,'子弑其
　　父,臣弑其君',天下无邦,终穷成坤,故'乱,其道穷'。"

象曰:"既济亨,小者亨也。

　　荀爽曰:"天地既交,阳升阴降,故'小者亨也'。"

利贞,刚柔正而位当也。

　　侯果曰:"此本泰卦。六五降二,九二升五,是'刚柔正当位'也。"

'初吉',柔得中也。

　　虞翻曰:"中谓二。"

终止则乱,其道穷也。"

　　虞翻曰:"反否终坤,故'其道穷也'。"○侯果曰:"刚得正,柔得中,
　　故'初吉'也。正有终极,济有息止,止则穷乱,故曰'终止则乱,其
　　道穷也'。一曰:殷亡周兴之卦也。成汤应天,'初吉'也。商辛毒
　　痡,终止也。由止,故物乱而穷也。物不可穷,穷则复始,周受其未
　　济而兴焉。乾凿度曰:'既济未济者,所以明戒慎,全王道也。'"

象曰:"水在火上,既济,君子以思患而豫防之。"

　　荀爽曰:"六爻既正,必当复乱,故君子象之,思患而豫防之,治不
　　忘乱也。"

初九:曳其轮,濡其尾,无咎。象曰:"'曳其轮',义无咎也。"

　　宋衷曰:"离者两阳一阴,阴方阳圆,舆轮之象也。其一在坎中,
　　以火入水,必败,故曰'曳其轮'也。初在后称'尾',尾濡曳[一],

────────

〔一〕"曳"上,周本有"轮"字。

咎也。得正有应,于义可以危而无咎矣。”

六二:妇丧其茀[一],勿逐,七日得。

虞翻曰:“离为妇,泰坤为丧。茀发,谓鬈[二]发也,一名妇人之首饰。坎为玄云,故称茀[三]。诗曰:‘鬈发如云。’乾为首,坎为美,五取乾二之坤为坎,坎为盗,故‘妇丧其茀’[四]。泰震为七[五],故‘勿逐,七日得’,与睽‘丧马勿逐’同义。髴[六],或作‘茀’。俗说以髴为妇人蔽膝之茀,非也。”

象曰:“‘七日得’,以中道也。”

王肃曰:“体柔应五,履顺承刚,妇人之义也。茀,首饰。坎为盗,离为妇,‘丧其茀’,邻于盗也。勿逐自得,履中道也。二五相应,故‘七日得’也。”

九三:高宗伐鬼方,三年克之,小人[七]勿用。

虞翻曰:“高宗,殷王武丁。鬼方,国名。乾为高宗,坤为鬼方;乾二[八]之坤五,故‘高宗伐鬼方’。坤为年,位在三,故‘三年’。坤为小人,二上克五,故‘三年克之,小人勿用’,象曰‘惫也’。”○干宝曰:“高宗,殷中兴之君。鬼,北方国也。高宗尝伐鬼方,三年而后克之。离为戈兵,故称‘伐’。坎当北方,故称‘鬼’。在既济

〔一〕“茀”,卢本、张本、周本作“髴”。下注同,不再出校。
〔二〕“鬈”,原作“髪”,今据毛本、卢本、四库本、周本及曹校改。
〔三〕“茀”,原作“发”,今据卢本、周本改。
〔四〕“茀”,原作“发”,今据卢本、四库本、周本改。下两“茀”字同,不再出校。
〔五〕“为七”,原脱,今据卢本、四库本、周本及曹校补。
〔六〕“髴”,原作“发”,今据卢本、四库本、周本及曹校改。下“髴”同,不再出校。
〔七〕“小人”,原脱,今据胡本、卢本、四库本、周本及曹校补。
〔八〕“二”,原作“三”,今据毛本、卢本、四库本、周本改。

之家,而述先代之功,以明周因于殷,有所弗革也。”

象曰:“‘三年克之’,惫也。”

> 侯果曰:“伐鬼方者,兴衰除暗之征也。上六暗极,九三征之,三
> 举方及,故曰‘三年克之’。兴役动众,圣犹疲惫,则非小人能为,
> 故曰‘小人勿用’。”○虞翻曰:“坎为劳,故‘惫也’。”

六四:繻有衣袽,终日戒。

> 虞翻曰:“乾为衣,故称‘繻’。袽,败衣也。乾二之五,衣象裂坏,
> 故‘繻有衣袽’。离为日,坎为盗,在两坎间,故‘终日戒’。谓‘伐
> 鬼方,三年乃克’。旅人勤劳,衣服皆败,鬼方之民,犹或寇窃,故
> ‘终日戒’也。”

象曰:“‘终日戒’,有所疑也。”

> 卢氏曰:“繻者,布帛端末之识也。袽者,残币帛,可拂拭器物也。
> 繻有为衣袽之道也。四处明暗之际,贵贱无恒,犹或为衣,或为袽
> 也。履多惧之地,上承帝主,故终日戒慎,有所疑惧也。”

九五:东邻杀牛,不如西邻之禴祭,实受其福。

> 虞翻曰:“泰震为东,兑为西,坤为牛,震动五杀坤,故‘东邻杀牛’。
> 在坎多眚,为阴所乘,故‘不如西邻之禴祭’。禴,夏祭也。离为夏。
> 兑动二体离明,得正承五顺三,故‘实受其福,吉大来也’。”

象曰:“‘东邻杀牛,不如西邻’之时也。”

> 崔憬曰:“居中当位,于既济之时,则当是周受命日也。五坎为
> 月,月出西方,西邻之谓也。二应在离,离为日,日出东方,东邻之
> 谓也。离又为牛,坎水克离火,‘东邻杀牛’之象。禴,殷春祭之
> 名。案:尚书克殷之岁:‘厥四月哉生明,王来自商,至于丰。丁
> 未,祀于周庙。’四月,殷之三月,春也,则明‘西邻之禴祭’,得其

时而受祉福也。

'实受其福',吉大来也。"

卢氏曰:"明鬼享德不享味也,故德厚者,'吉大来也'。"

上六:濡其首,厉。

虞翻曰:"乾为首,五〔一〕从二上,在坎中,故'濡其首,厉'。位极乘〔二〕阳,故'何可久'。"

象曰:"'濡其首,厉',何可久也。"

荀爽曰:"居上濡五,处高居盛,必当复危,故'何可久也'。"

序卦曰:"物不可穷也,故受之以未济终焉。"

崔憬曰:"夫易之为道,'穷则变,变则通',而以未济终者,亦'物不可穷也'。"

▤ 离宫七月三世 坎下离上 **未济:亨,**

虞翻曰:"否二之五也。柔得中,天地交,故'亨'。济,成也。六爻皆错,故称未济也。"

小狐汔济,

虞翻曰:"否艮为小狐。汔,几也。济,济渡。狐济几度〔三〕而濡其尾,未出中也。"

濡其尾,无攸利。

虞翻曰:"艮为尾。狐,兽之长尾者也。尾谓二,在坎水中,故'濡

〔一〕"五",原作"王",今据毛本、卢本、四库本、周本及曹校改。
〔二〕"乘",原作"承",今据胡本、卢本、周本及曹校改。
〔三〕"度",卢本、周本作"渡"。

其尾'。失位，故'无攸利，不续终也'。"〇干宝曰："坎为狐。说
文曰：'汔，涸也。'"　　案：刚柔失正，故未济也。五居中应刚，
故"亨"也。小狐力弱，汔乃可济。水既未涸，而乃济之，故尾濡
而无所利也。

象曰："未济亨，柔得中也。

荀爽曰："柔上居五，与阳合同，故'亨'也。"

'小狐汔济'，未出中也。

虞翻曰："谓二未变，在坎中也。"〇干宝曰："狐，野兽之妖者，以
喻禄父。中谓二也。困而犹处中故也。此以托[一]纣虽亡国，禄
父犹得封矣。"

'濡其尾，无攸利'，不续终也。

虞翻曰："否阴消阳，至剥终坤，'终止则乱，其道穷也'。乾五之
二，坤杀不行，故'不终续也'。"〇干宝曰："言禄父不能敬奉天
命，以续既终之礼，谓叛而被诛也。"

虽不当位，刚柔应也。"

荀爽曰："虽刚柔相应而不以正，由未能济也。"〇干宝曰："六爻
皆相应，故微子更得为客也。"

象曰："火在水上，未济，

侯果曰："火性炎上，水性润下，虽复同体，功不相成，所以未济
也。故君子慎辨物宜，居之以道，令其功用相得，则物咸济矣。"

君子以慎辩物居方。"

〔一〕"托"，原作"记"，今据周本改。

虞翻曰:"君子,否乾也。艮为慎[一]。辩,辩别也。物谓乾,阳物也;坤,阴也;艮为居,坤为方,乾别五以居坤二,故'以慎辩物居方'也。"

初六:濡其尾,吝。

虞翻曰:"应在四,故'濡其尾'。失位,故'吝'。"

象曰:"'濡其尾',亦不知极也。"

案:四在五后,故称"尾"。极,中也。谓四居坎中,以濡其尾,是"不知极也"。

九二:曳其轮,贞吉。

姚信曰:"坎为曳、为轮,两阴夹阳,轮之象也。二应于五而隔于四,止则据初,故'曳其轮'。处中而行,故曰'贞吉'。"○干宝曰:"坎为轮,离为牛,牛曳轮,上以承五命,犹东蕃之诸侯共攻三监,以康周道,故曰'贞吉'也。"

象曰:"九二'贞吉',中以行正也。"

虞翻曰:"谓初已正,二动成震,故'行正'。"

六三:未济,征凶,利涉大川。

荀爽曰:"未济者,未成也。女在外,男在内,婚姻未成。征上从四,则凶。利下从坎,故'利涉大川'矣。"

象曰:"'未济,征凶',位不当也。"

干宝曰:"'吉凶者,言乎其失得也'。禄父反叛,管蔡与乱,兵连三年,诛及骨肉,故曰'未济,征凶'。平克四国,以济大难,故曰'利涉大川'。坎也以六居三,不当其位,犹周公以臣而君,故流言作矣。”

九四：贞吉，悔亡。

虞翻曰：“动正得位，故吉而悔亡矣。”

震用伐鬼方，三年有赏于大国。

虞翻曰：“变之震，体师，坤为鬼方，故‘震用伐鬼方’。坤为年、为大邦，阳称赏，四在坤中，体既济，离三，故‘三年有赏于大国’。”

象曰：“‘贞吉，悔亡’，志行也。”

案：坎为志，震为行，四坎变震，故“志行也”。

六五：贞吉，无悔。

虞翻曰：“之正则吉，故‘贞吉，无悔’。”

君子之光，有孚，吉。

虞翻曰：“动之乾，离为光，故‘君子之光’也。孚谓二，二〔一〕变应，己得有之，故‘有孚吉’。坎称孚也。”○干宝曰：“以六居五，周公摄政之象也，故曰‘贞吉，无悔’。制礼作乐，复子明辟，天下乃明其道，乃信其诚，故‘君子之光，有孚，吉’矣。”

象曰：“‘君子之光’，其晖吉也。”

虞翻曰：“动之正，乾为大明，故‘其晖吉也’。”

上九：有孚于饮酒，无咎。濡其首，有孚，失是。

虞翻曰：“坎为孚，谓四也。上之三介四，故‘有孚’。饮酒流颐中，故‘有孚于饮酒’。终变之正，故‘无咎’。乾为首，五动首在酒中，失位，故‘濡其首’矣。孚，信；是，正也。六位失正〔二〕，故

〔一〕“二”，原作“三”，今据毛本、卢本、四库本、周本改。
〔二〕“正”，原作“政”，今据卢本、周本改。

'有孚,失是'。谓若殷纣沉湎于酒,以失天下也。"

象曰:"'饮酒濡首',亦不知节也。"

虞翻曰:"节,止也。艮为节,'饮酒濡首',故'不知节'矣。"

周易集解卷第十三

系辞上传

天尊地卑,乾坤定矣。

虞翻曰:"天贵故尊,地贱故卑,定谓成列。"○荀爽曰:"谓否卦也。否,七月,万物已成,乾坤各得其位,定矣。"

卑高已陈,贵贱位矣。

虞翻曰:"乾高贵五,坤卑贱二,'列贵贱者,存乎位'也。"○荀爽曰:"谓泰卦也[一]。"○侯果曰:"天地卑高,义既陈矣;万物贵贱,位宜差矣。"

动静有常,刚柔断矣。

虞翻曰:"断,分也。乾刚常动,坤柔常静,分阴分阳,迭用柔刚。"

方以类聚,

九家易曰:"谓姤卦,阳爻聚于午[二]也。方,道也。谓阳道施生,万物各聚其所也。"

物以群分,

〔一〕 荀爽此注,原脱,今据卢本、四库本、周本及曹校补。
〔二〕 "午",原作"子",今据卢本、四库本、周本及曹校改。

> 九家易曰："谓复卦阴爻群于子也。阴主成物,故曰物也。至于万物一成,分散天下也,以周人用,故曰'物以群分'也。"

吉凶生矣。

> 虞翻曰："物三称群,坤方道静,故'以类聚'。乾物动行,故'以群分'。乾生故吉,坤杀故凶,则'吉凶生矣'。"

在天成象,在地成形,变化见矣。

> 虞翻曰："谓日月在天成八卦,震象出庚,兑象见丁,乾象盈甲,巽象伏辛,艮象消丙,坤象丧乙,坎象流戊,离象就己,故'在天成象'也。在地成形,谓震[一]竹巽木,坎水离火,艮山兑泽,乾金坤土,在天为变,在地为化,'刚柔相推,而生变化'矣。"

是故刚柔相摩,八卦相荡。

> 虞翻曰："旋转称摩,薄也。乾以二五摩坤,成震、坎、艮;坤以二五摩乾,成巽、离、兑,故'刚柔相摩',则'八卦相荡'者也。"

鼓之以雷霆,润之以风雨。

> 虞翻曰："鼓,动。润,泽[二]也。雷,震;霆[三],艮;风,巽;雨,兑也。"

日月运行,一寒一暑。

> 虞翻曰："日离、月坎、寒乾、暑坤也。运行往来,'日月相推而明生焉,寒暑相推而岁成焉',故'一寒一暑'也。"

乾道成男,坤道成女。

> 荀爽曰："男谓乾,初适坤为震,二适坤为坎,三适坤为艮,以成三

〔一〕"震"下,原有"为"字,今据卢本、周本及曹校删。
〔二〕"泽",原作"坎",今据卢本、四库本、周本及曹校改。
〔三〕"霆",原脱,今据卢本、四库本、周本及曹校补。

男也。女谓坤,初适乾为巽,二适乾为离,三适乾为兑,以成三女也。"

乾知大始,

九家易曰:"始谓乾禀元气,万物资始也。"

坤作〔一〕成物。

荀爽曰:"物谓坤任育体,万物资生。"

乾以易知,坤以简能。

虞翻曰:"阳见称易,阴藏为简,简,阅也。乾息昭物,天下文明,故'以易知'。坤阅藏物,故'以简能'矣。"

易则易知,简则易从。

虞翻曰:"乾〔二〕悬象著明,故'易知'。坤阴阳动辟,故'易从'。'不习,无不利,地道光也。'"

易知则有亲,易从则有功。

虞翻曰:"阳道成乾为父,震、坎、艮为子,'本乎天者亲上',故'易知则有亲'。以阳从阴,至'五多功',故'易从则有功矣'。"○蜀才曰:"以其易知,故物亲而附之。以其易从,故物法而有功也。"

有亲则可久,有功则可大。

荀爽曰:"阴阳相亲,杂而不厌,故'可久'也。万物生息,种类繁滋,故'可大'也。"

可久则贤人之德,可大则贤人之业。

〔一〕"作",卢本、周本作"化"。此下,卢本、张本有小字注云:今本"化"为"作"。

〔二〕"乾",原脱,今据毛本、卢本、四库本、周本补。

姚信曰:"贤人,乾坤也。言乾以日新为德,坤以富有为业也。"

易简而天下之理得矣。

虞翻曰:"易为乾息,简为坤消,乾坤变通,穷理以尽性,故'天下之理得矣'。"

天下之理得,而成〔一〕位乎其中矣。

荀爽曰:"阳位成于五,阴位成于二〔二〕,五为上中,二为下中,故曰〔三〕'成位乎其中'也。"

圣人设卦,

案:圣人谓伏羲也,始作八卦,重为六十四卦矣。

观象系辞焉,

案:文王观六十四卦三百八十四爻之象,系属其辞。

而明吉凶。

荀爽曰:"因得明吉,因失明凶也。"

刚柔相推,而生变化。

虞翻曰:"刚推柔生变,柔推刚生化也。"

是故吉凶者,失得之象也。

虞翻曰:"吉则象得,凶则象失也。"

悔吝者,忧虞之象也。

荀爽曰:"忧虞小疵,故'悔吝'也。"○虞翻曰:"悔则象忧,吝则象

〔一〕"成"上,卢本、周本补"易"字,卢本、张本并小字注云:今本脱"易"字。

〔二〕"阴位成于二",卢本、周本移置于"五为上中"下。

〔三〕"曰",卢本、周本作"易"。

虞也。"〇干宝曰:"悔亡则虞,有小吝则忧。忧虞未至于失得,悔
吝不入于吉凶,事有小大,故辞有急缓〔一〕,各象其意也。"

变化者,进退之象也。

荀爽曰:"春夏为变,秋冬为化。息卦为进,消卦为退也。"

刚柔者,昼夜之象也。

荀爽曰:"刚谓〔二〕乾,柔谓坤,乾为昼,坤为夜,昼以喻君,夜以喻
臣也。"

六爻之动,

陆绩曰:"天有阴阳二气,地有刚柔二性,人有仁义二行。六爻之
动法乎此也。"

三极之道也。

陆绩曰:"此三才极至之道也。初、四,下极;二、五,中极;三、上,
上极也。"

是故君子所居而安者,易之象也。

虞翻曰:"君子谓文王。象谓乾二〔三〕之坤,成坎月离日,日月为
象。'君子黄中通理,正位居体',故'居而安者,易之象也'。旧
读'象'误作'厚',或作'序',非也。"

所变而玩者,爻之辞也。

虞翻曰:"'爻者,言乎变者也',谓乾五之坤,坤五动,则观其变。
旧作'乐',字之误。"

〔一〕"急缓",周本倒。
〔二〕"谓",胡本、卢本、周本作"为"。下"谓"字同,不再出校。
〔三〕"二"下,原有"五"字,今据毛本、卢本、周本删。曹校以为据注,下文
　　"二"字当衍。

是故君子居则观其象而玩其辞,

虞翻曰:"玩,弄也。谓乾五动成大有,以离之目观天之象,兑口玩习所系之辞,故'玩其辞'。"

动则观其变而玩其占,

虞翻曰:"谓观爻动也。'以动者尚其变','占事知来',故'玩其占'。"

是以"自天祐之,吉无不利"。

虞翻曰:"谓乾五变之坤成大有,有天地日月之象。文王则庖牺,亦'与天地合德,日月合明'。天道助顺,人道助信,履信思顺,故'自天祐之,吉无不利'也。"

象者,言乎象者也。

虞翻曰:"在天成象,八卦以象告。象说三才,故'言乎象'也。"

爻者,言乎变者也。

虞翻曰:"爻有六画,所变而玩者,爻之辞也。谓九六变化,故'言乎变者也'。"

吉凶者,言乎其失得也。

虞翻曰:"得正言吉,失位言凶也。"

悔吝者,言乎其小疵也。

崔憬曰:"系辞著悔吝之言,则异凶咎。有其小病,比于凶咎,若疾病之与小疵。"

无咎者,善补过也。

虞翻曰:"失位为咎,悔变而之正,故'善补过'。孔子曰'退思补过'者也。"

是故列贵贱者存乎位，

侯果曰："二、五为功誉位，三、四为凶惧位。凡爻得位则贵，失位则贱，故曰'列贵贱者存乎位'矣。"

齐小大者存乎卦，

王肃曰："齐，犹正也。阳卦大，阴卦小，卦列则小大分，故曰'齐小大者存乎卦'也。"

辩吉凶者存乎辞，

韩康伯曰："辞，爻辞也，即'爻者言乎变'也。言象所以明小大，言变所以明吉凶，故大小之义存乎卦，吉凶之状存〔一〕乎爻。至于悔吝、无咎，其例一也。吉凶、悔吝、小疵、无咎，皆生乎变。事有小大，故下历言五者之差也。"

忧悔吝者存乎介，

虞翻曰："介，纤也。'介如石'焉，断可识也，故'存乎介'。谓识小疵。"

震无咎者存乎悔。

虞翻曰："震，动也。'有不善未尝不知之，知之未尝复行。''无咎者，善补过'，故'存乎悔'也。"

是故卦有小大，辞有险易。辞也者，各指其所之。

虞翻曰："阳易指天，阴险指地。'圣人之情见乎辞'，故'指所之'。"

易与天地准，故能弥纶天地〔二〕之道。

〔一〕"存"，卢本、周本作"见"。
〔二〕"天地"，卢本、周本作"天下"，卢本、张本并小字注云：今本"天下"为"天地"。

虞翻曰:"准,同也。弥,大。纶,络。谓易在天下,包络万物,以言乎天地之间则备矣,故'与天地准'也"。

仰以观于天文,俯则〔一〕察于地理,

荀爽曰:"谓阴升之阳,则成天之文也。阳降之阴,则成地之理也。"

是故知幽明之故。

荀爽曰:"幽谓天上地下不可得睹者也,谓否卦变成既未济也。明谓天地之间万物陈列著于耳目者,谓泰卦变成既济也。"

原始反〔二〕终,故知死生之说。

九家易曰:"阴阳交合,物之始也;阴阳分离,物之终也。合则生,离则死,故'原始反终,故知死生之说'矣。交合〔三〕,泰时,春也;分离,否时,秋也。"

精气为物,游魂为变。

虞翻曰:"魂阳物,谓乾神也。变谓坤鬼。乾纯粹精,故生为物。乾流坤体,变成万物,故'游魂为变'也。"

是故知鬼神之情状,与天地相似,故不违。

虞翻曰:"乾神似天,坤鬼似地,'圣人与天地合德,鬼神合吉凶',故'不违'。"○郑玄曰:"精气,谓七八也。游魂,谓九六也〔四〕。七八,木火之数也。九六,金水之数。木火用事而物生,故曰'精

〔一〕"则",卢本、周本及曹校作"以"。
〔二〕"反",卢本、周本作"及",卢本、张本并小字注云:今本"及"作"反"。
〔三〕"合",原无,今据胡本、周本及曹校补。
〔四〕"九六",原倒,今据卢本、四库本、周本及曹校乙。

气为物’。金水用事而物变,故曰‘游魂为变’。精气谓之神,游魂谓之鬼。木火生物,金水终物,二物变化,其情与天地相似,故无所差违之也。”

知周乎万物,

荀爽曰:“二篇之册万有一千五百二十,当万物之数,故曰‘知周乎万物’也。”

而道济天下,故不过。

九家易曰:“言乾坤道济成天下而不过也。”○王凯冲曰:“智周道济,洪纤不遗,亦不过差也。”

旁行而不流,

九家易曰:“旁行周合,六十四卦,月主五卦,爻主一日,岁既周而复始也。”○侯果曰:“应变旁行,周被万物而不流淫也。”

乐天知命,故不忧。

荀爽曰:“坤建于亥,乾立于巳,阴阳孤绝,其法宜忧。坤下有伏乾,为‘乐天’。乾下有伏巽,为‘知命’。阴阳合居,故‘不忧’。”

安土敦乎仁,故能爱。

荀爽曰:“安土谓否卦,乾坤相据,故‘安土’。敦仁谓泰卦,天气下降,以生万物,故‘敦仁’。生息万物,故谓之‘爱’也。”

范围天地之化而不过,

九家易曰:“范者,法也。围者,周也。言乾坤消息,法周天地,而不过于十二辰也。辰,日月所会之宿,谓诹訾、降娄、大梁、实沉、鹑首、鹑火、鹑尾、寿星、大火、析木、星纪、玄枵之属是也。”

曲成万物而不遗,

荀爽曰:“谓二篇之册,‘曲成万物’,无遗失也。”○侯果曰:“言阴阳二气,委曲成物,不遗微细也。"

通乎昼夜之道而知,

荀爽曰:"昼者谓乾,夜者坤也。通于乾坤之道,无所不知矣。"

故神无方而易无体。

干宝曰:"否泰盈虚者,神也。变而周流者,易也。言神之鼓万物无常方,易之应变化无定体也。"

一阴一阳之谓道。

韩康伯曰:"道者何? 无之称也。无不通也,无不由也,况之曰道。寂然无体,不可为象,必有之用极,而无之功显,故至乎'神无方而易无体',而道可见矣。故穷[一]以尽神,因神以明道。阴阳虽殊,无一以待之。在阴为无阴,阴以之生;在阳为无阳,阳以之成,故曰'一阴一阳'也。"

继之者善也,成之者性也。

虞翻曰:"继,统也。谓乾能统天生物,坤合乾性,养化成之,故'继之者善,成之者性'也。"

仁者见之谓之仁,知者见之谓之知。

侯果曰:"仁者见道,谓道有仁。知者见道,谓道有知也。"

百姓日用而不知,

侯果曰:"用道以济,然不知其力。"

故君子之道鲜矣。

韩康伯曰:"君子体道以为用,仁知则滞于所见,百姓日用而不知。体斯道者,不亦鲜矣乎? 故'常无欲以观妙',可以语至而言极矣。"

〔一〕"穷"下,周本有"变"字。

显诸仁,藏诸用,

王凯冲曰:"万物皆成,仁功著也。不见所为,'藏诸用'也。"

鼓万物而不与圣人同忧,

侯果曰:"圣人成务,不能无心,故有忧。神道鼓物,寂然无情,故
无忧也。"

盛德大业至矣哉!

荀爽曰:"盛德者天,大业者地也。"

富有之谓大业,日新之谓盛德,

王凯冲曰:"物无不备,故曰'富有'。变化不息,故曰'日新'。"

生生之谓易,

荀爽曰:"阴阳相易,转相生也。"

成象之谓乾,

案:"道生一,一生二,二生三",三才既备,以成乾象也。

爻〔一〕法之谓坤,

案:爻犹效也。效乾三天之法而两地,成坤之象卦〔二〕也。

极数知来之谓占,

孔颖达曰:"谓穷极蓍策之数,逆知将来之事,占其吉凶也。"

通变之谓事,

虞翻曰:"事谓变通趋时,以尽利天下之民,谓之事业也。"

阴阳不测之谓神。

韩康伯曰:"神也者,变化之极,妙万物而为言,不可以形诘者也,

〔一〕"爻",原作"效",今据卢本、周本及下注改。
〔二〕"象卦",周本倒。

故'阴阳不测'。尝试论之曰:原夫两仪之运,万物之动,岂有使之然哉?莫不独化于太虚,欻尔而自造矣。造之非我,理自玄应;化之无主,数自冥运,故不知所以然,而况之神矣。是以明两仪以太极为始,言变化而称〔一〕乎神也。夫唯天之所为者,穷理体化,坐忘遗照,至虚而善应,则以道为称;不思玄览,则以神为名。盖资道而同乎道,由神而冥于神者也。"

夫易,广矣,大矣。

虞翻曰:"乾象动直,故'大'。坤形动辟,故'广'也。"

以言乎远则不御,

虞翻曰:"御,止也。远谓乾,天高不御也。"

以言乎迩则静而正,

虞翻曰:"迩〔二〕谓坤。'坤至〔三〕静而德方',故正也。"

以言乎天地之间则备矣。

虞翻曰:"谓易广大悉备,有天、地、人道焉,故称备也。"

夫乾,其静也专,其动也直,是以大生焉。

宋衷曰:"乾静不用事,则清静专一,含养万物矣。动而用事,则直道而行,导出万物矣。一专一直,动静有时,而物无夭瘁,'是以大生'也。"

夫坤,其静也翕,其动也辟,是以广生焉。

宋衷曰:"翕犹闭也。坤静不用事,闭藏微伏,应育万物矣。动而

〔一〕"称"下,周本、周易正义有"极"字。
〔二〕"迩",原作"地",今据周本及曹校改。
〔三〕"至",原作"正",今据卢本、四库本、周本及曹校改。

用事,则开辟群蛰,敬导沉滞矣。一翕一辟,动静不失时,而物无灾害,'是以广生'。"

广大配天地,

荀爽曰:"阴广阳大,配天地。"

变通配四时,

虞翻曰:"变通趋时,谓十二月消息也。泰、大壮、夬配春,乾、姤、遁配夏,否、观、剥配秋,坤、复、临配冬,谓十二月消息相变通,而周于四时也。"

阴阳之义配日月,

荀爽曰:"谓乾舍于离,配日而居;坤舍于坎,配月而居之义是也。"

易简之善配至德。

荀爽曰:"乾德至健,坤德至顺,乾坤简易〔一〕相配于天地,故'易简之善配至德'。"

子曰:"易,其至矣乎!

崔憬曰:"夫言'子曰',皆是语之别端,此更美易之至极也。"

夫易,圣人之所以崇德而广业也。

虞翻曰:"崇德效乾,广业法坤也。"

知崇礼〔二〕卑,崇效天,卑法地。

〔一〕"简易",胡本倒。曹校:当为"易简"。
〔二〕"礼",卢本、周本作"体"。下注同,不再出校。卢本小字注云:今本"体"作"礼"。

虞翻曰:"知谓乾,效天崇;礼谓坤,法地卑也。"

天地设位,而易行乎其中矣。

虞翻曰:"位谓六画之位,乾坤各三爻,故'天地设位'。易出乾入坤,上下无常,周流六虚,故'易行乎其中'也。"

成性存存,道义之门。"

虞翻曰:"'知终终之,可与存义也'。乾为道门,坤为义门,成性谓'成之者性'也。阳在道门,阴在义门,其易之门邪?"

圣人有以见天下之赜,而拟诸其形容,

虞翻曰:"乾称圣人,谓庖牺也。赜谓初。自上议下称拟。形容,谓阴在地成形者也。"

象其物宜,是故谓之象。

虞翻曰:"物宜谓阳,远取诸物,在天成象,故'象其物宜',象谓三才。八卦在天也,庖牺重为六画也。"

圣人有以见天下之动,

虞翻曰:"重言圣人,谓文王也。动,谓六爻矣。"

而观其会通,

荀爽曰:"谓三百八十四爻,阴阳动移,各有所会,各有所通。"○
张璠曰:"会者,阴阳合会,若蒙九二也。通者,乾坤交通,既济是也。"

以行其典礼,系辞焉以断其吉凶,

孔颖达曰:"既观其会通而行其典礼,以定一爻之通变,而有三百八十四。于此爻下系属文辞,以断其吉凶。若会通典礼,得则为吉也。若会通典礼,失则为凶矣。"

是故谓之爻。

孔颖达曰："谓此会通之事而为爻也。爻者,效也,效诸物之变通,故上章云'爻者,言乎变也'。"

言天下之至赜而不可恶也,

虞翻曰："至赜无情。阴阳会通,品物流宕,以乾简坤,易之至也〔一〕。'元,善之长',故'不可恶也'。"

言天下之至动而不可乱也。

虞翻曰："以阳动阴,万物以生,故'不可乱'。六二之动'直以方'。动,旧误作'赜'也。"

拟之而后言,议之而后动,

虞翻曰："以阳拟坤而成震,震为言议,为后动,故'拟之而后言,议之而后动'。'安其身而后动',谓当时也矣。"

拟议以成其变化。

虞翻曰："议天成变,拟地成化,天施地生,其益无方也。"

"鸣鹤在阴,其子和之,我有好爵,吾与尔靡〔二〕之。"

孔颖达曰："上略明拟议而动,故引'鹤鸣在阴',取同类相应以证之。此中孚九二爻辞也。"

子曰:"君子居其室,出其言善,

虞翻曰："君子谓初也。二变,五来应之。艮为居,初在艮内,故'居其室'。震为出言,讼乾为善,故'出言善'。此亦成益卦也。"

〔一〕"以乾简坤,易之至也",张本、四库本作"以乾易坤,简之至也",宋本、周本作"以乾开坤,易之至也",周易虞氏义八字作一句读,认为"乾简坤易"当作"乾易坤简"。

〔二〕"靡",胡本、卢本、周本作"靡"。

则千里之外应之,况其迩者乎?

虞翻曰:"谓二变,则五来应之,体益卦。坤数十,震为百里,十之[一],千里也;外谓巽[二],震巽同声,同声者相应,故'千里之外应之'。迩谓坤,坤为顺,二变顺初,故'况其迩者乎'。此'信及豚鱼'者也。"

居其室,出其言不善,

虞翻曰:"谓初阳动,入阴成坤,坤为不善也。"

则千里之外违之,况其迩者乎?

虞翻曰:"谓初变体剥,弑父弑君,二阳肥遁,则坤违之,而承于五,故'千里之外违之,况其迩者乎'。"

言出乎身,加乎民;

虞翻曰:"震为出、为言,坤为身、为民也。"

行发乎迩,见乎远。

虞翻曰:"震为行,坤为迩,乾为远,兑为见。谓二发应五,则'千里之外',故行发迩见远也。"

言行,君子之枢机。枢机之发,荣辱之主也。

荀爽曰:"艮为门,故曰枢;震为动,故曰机也。"○翟玄曰:"枢主开闭,机主发动,开闭有明暗,发动有中否,主于荣辱也。"

言行,君子之所以动天地也,可不慎乎?"

虞翻曰:"二已变成益,巽四以风动天,震初以雷动地。中孚,十一月,雷动地中。艮为慎,故'可不慎乎'。"

〔一〕"之",原作"里",今据诸本改。
〔二〕"巽",原脱,今据周本补。

同人：“先号咷而后笑。”

　　侯果曰：“同人九五爻辞也。言九五与六二初未好合，故‘先号咷’，而后得同心，故‘笑’也。引者喻拟议于事，未有不应也。”

子曰：“君子之道，或出或处，或默或语。

　　虞翻曰：“乾为道，故称君子也。同人反师，震为出、为语，坤为默，巽为处，故‘或出或处，或默或语’也。”

二人同心，其利断金。

　　虞翻曰：“二人谓夫妇。师震为夫，巽为妇，坎为心，巽为同。六二震巽俱体师坎，故‘二人同心’。巽为利，乾为金，以离断金，故‘其利断金’。谓夫出妇处，妇默夫语，故‘同心’也。”

同心之言，其臭如兰。”

　　虞翻曰：“臭，气也。兰，香草。震为言，巽为兰，离日燥之，故‘其臭如兰’也。”　　案：六二〔一〕互巽，巽为臭也。断金之言，良药苦口，故香若兰矣。

初六：“借用白茅，无咎。”

　　孔颖达曰：“欲求外物来应，必须拟议谨慎，则物来应之。故引大过初六‘借用白茅，无咎’之事以证谨慎之理也。”○虞翻曰：“其初难知，阴又失正，故独举初六。”〔二〕

子曰：“苟错诸地而可矣〔三〕，

　　虞翻曰：“苟，或；错，置也。颐坤为地，故‘苟错诸地’。”

〔一〕“二”，原作“三”，今据周本及曹校改。
〔二〕此注原脱在下句注“故苟错诸地”下，今据卢本、周本乙。
〔三〕卢本、周本合此句与下句传文为一句，仅保留此句注。

借之用茅,何咎之有? 慎之至也。

> 虞翻曰:"颐为坤为震,故'错诸地'。今借以茅,故'无咎'也。"

夫茅之为物薄,

> 虞翻曰:"阴道柔贱,故'薄'也。"

而用可重也。

> 虞翻曰:"香絜可贵,故'可重也'。"

慎斯术也以往,其无所失矣。"

> 侯果曰:"言初六柔而在下,苟能恭慎诚絜,虽置羞于地,神亦享矣。此章明但能重慎卑退,则悔吝无从而生。术,道者也。"

"劳谦,君子有终吉。"

> 孔颖达曰:"欲求外物之应,非唯谨慎,又须谦以下人,故引谦卦九三爻辞以证之矣。"

子曰:"劳而不伐,有功而不德,厚之至也。

> 虞翻曰:"坎为劳,五多功,乾为德,德言至[一]。以上之贵下居三贱,故'劳而不伐,有功而不德'。艮为厚,坤为至,故'厚之至也'。"

语以其功下人者也。

> 虞翻曰:"震为语,五多功,下居三,故'以其功下人者也'。"

德言盛,礼言恭。

> 虞翻曰:"谦旁通履,乾为盛德,坤为礼,'天道亏盈而益谦',三从上来,同之盛德,故恭。震为言,故'德言盛,礼言恭'。"

谦也者,致恭以存其位者也。"

〔一〕曹校:三字衍。

虞翻曰：“坎为劳，故能恭。三得位，故‘以存其位者也’。”

“亢龙有悔。”

孔颖达曰：“上既以谦得保安，此明无谦则有悔，故引乾之上九‘亢龙有悔’证骄亢不谦之义也。”

子曰：“贵而无位，

虞翻曰：“天尊故贵，以阳居阴，故‘无位’。”

高而无民，

虞翻曰：“在上故高，无阴，故‘无民’也。”

贤人在下位，

虞翻曰：“乾称贤人。下位谓初也。遯世无闷，故‘贤人在下位’而不忧也。”

而无辅，是以动而有悔也。”

虞翻曰：“谓上无民，故‘无辅’。乾盈动倾，故‘有悔’。文王居三，纣亢极上，故以为诫也。”

“不出户庭，无咎。”

孔颖达曰：“又明拟议之道，非但谦而不骄，又当谨[一]慎周密，故引节初周密之事以明之也。”

子曰：“乱之所生也，则言语以为阶。

虞翻曰：“节本泰卦，坤为乱，震为生、为言语，坤称阶，故‘乱之所生，则言语为之阶’也。”

君不密则失臣，臣不密则失身，

虞翻曰：“泰乾为君，坤为臣、为闭，故称‘密’。乾三之坤五，君臣

〔一〕“谨”，原脱，今据胡本、卢本、四库本、周本及曹校补。

毁贼,故'君不密则失臣'。坤五之乾三,坤体毁坏,故'臣不密则失身'。坤为身也。"

几事不密则害成,

虞翻曰:"几,初也。谓二已变成坤,坤为事,故'几事不密'。初利居贞,不密,初动则体剥,'子弑其父,臣弑其君',故'害成'。"

是以君子慎密而不出也。"

虞翻曰:"君子谓初,二动,坤为密,故'君子慎密'。体屯,'盘桓,利居贞',故'不出也'。"

子曰:"作[一]易者其知盗乎?

虞翻曰:"为易者,谓文王。否上之二成困,三暴慢,以阴乘阳,二变,入宫为萃,五之二,夺之成解,坎为盗,故'为易者其知盗乎'。"

易曰:'负且乘,致寇至。'

孔颖达曰:"此又明拟议之道,当量身而行,不可以小处大,以贱贪贵,故引解六三爻辞以明之矣。"

负也者,小人之事也。

虞翻曰:"阴称小人,坤为事,以贱倍贵,违礼悖义,故'小人之事也'。"

乘也者,君子之器也。

虞翻曰:"君子谓五[二]。器,坤也,坤为大车,故'乘,君子之器也'。"

〔一〕"作",卢本、周本作"为"。
〔二〕"五",原作"三",今据诸本及曹校改。

小人而乘君子之器,盗思夺之矣。

虞翻曰:"小人谓三。既违礼倍五,复乘〔一〕其车。五来之二成坎,坎为盗,思夺之矣。'为易者知盗乎',此之谓也。"

上慢下暴,盗思伐之矣。

虞翻曰:"三倍五,上慢乾君而乘其器;下暴于二,二藏于坤,五来寇二〔二〕,以离戈兵,故称'伐之'。坎为暴也。"

慢藏诲盗,冶〔三〕容诲淫。

虞翻曰:"坎心为诲,坤为藏,兑为见,藏不〔四〕见,故'慢藏'。三动成乾为冶,坎水为淫;二〔五〕变藏坤,则五来夺之,故'慢藏诲盗,冶容诲淫'。"

易曰'负且乘,致寇至',盗之招也。"

虞翻曰:"五来夺三,以离兵伐之,故变寇言戎,以成三〔六〕恶。二藏坤时,艮手招盗,故'盗之招'。"

〔一〕"乘",原作"承",今据卢本、四库本、周本及曹校改。
〔二〕"二",曹校:当为"三"。
〔三〕"冶",卢本、周本作"野"。下注同,不再出校。卢本小字注云:今本"野"作"冶"。
〔四〕"不",周本作"而"。
〔五〕"二",原作"三",今据卢本、周本改。
〔六〕"三",原作"二",今据卢本、张本改。

周易集解卷第十四

大衍之数五十,其用四十有九。

干宝曰:"衍,合也。"○崔憬曰:"案说卦云:'昔者圣人之作易也,幽赞于神明而生蓍,三天两地而倚数。'既言蓍、数,则是说大衍之数也。明倚数之法当三天两地。三天者,谓从三始,顺数而至五、七、九,不取于一也。两地者,谓从二起,逆数而至十、八、六,不取于四也。此因天地致上〔一〕,以配八卦,而取其数也。艮为少阳,其数三;坎为中阳,其数五;震为长阳,其数七;乾为老阳,其数九;兑为少阴,其数二;离为中阴,其数十;巽为长阴,其数八;坤为老阴,其数六。八卦之数,总有五十,故云'大衍之数五十'也。不取天数一、地数四者,此数八卦之外,大衍所不管也。'其用四十有九'者,法长阳七七之数也。六十四卦既法长阴八八之数,故四十九蓍则法长阳七〔二〕七之数焉。蓍圆而神,象天;卦方而智,象地:阴阳之别也。舍一不用者,以象太极虚而不用也。且天地各得其数,以守其位,故太一亦为一数,而守其位也。王辅嗣云:'演天地之数,所赖者五十,其用四十有九,其一不用也。不

〔一〕"致",周本作"数"。按:"致上",丁易东大衍索隐作"数止"。
〔二〕"七",原作"十",今据诸本及上文改。

用而用以之通,非数而数以之成,即易之太极也。四十有九,数之极者。'但言所赖五十,不释其所从来,则是亿度而言,非有实据。其一不用,将为法象太极,理纵可通,以为非数而成,义则未允。何则不可以有对无?五称五十也。孔疏释'赖五十',以为:万物之策凡有万一千五百二十,其用此策,大推演天地之数,唯用五十策也。又释'其用四十九',则有其一不用,以为策中其所揲蓍者,唯四十有九。其一不用,以其虚无,非所用也,故不数矣。又引顾欢同王弼所说,而顾欢云:'立此五十数以数神,神虽非数而著,故虚其一数,以明不可言之义也。'"　　案:崔氏探玄病诸先达,及乎自料,未免小疵。既将八卦阴阳以配五十之数,余其天一地四无所禀承,而云八卦之外,在衍之所不管者,斯乃谈何容易哉!且圣人之言,连环可解,约文申义,须穷指归。即此章云"天数五,地数五,五位相得而各有合。天数二十有五,地数三十,凡天地之数五十有五。此所以成变化而行鬼神",是结大衍之前义也。既云"五位相得而各有合",即将五合之数配属五行也,故云"大衍之数五十"也。"其用四十有九"者,更减一以并五,备设六爻之位,蓍卦两兼,终极天地五十五之数也。自然穷理尽性,神妙无方,藏往知来,以前民用,斯之谓矣。

分而为二以象两,

崔憬曰:"四十九数合而未分,是象太极也。今分而为二,以象两仪矣。"

挂一以象三,

孔颖达曰:"就两仪之中,分挂其一于最小指间,而配两仪,以象三才。"

揲之以四以象四时,

崔憬曰："分揲其蓍,皆以四为数。一策一时,故四策以象四时也。"

归奇于扐以象闰,

虞翻曰："奇所挂一策,扐所揲之余,不一则二,不三则四也。取奇以归扐,扐并合挂左手之小指为一扐,则'以闰月定四时成岁',故'归奇于扐以象闰'者也。"

五岁再闰,故再扐而后挂〔一〕。

虞翻曰："谓已一扐,复分挂,如初揲之归奇于初,扐并挂左手次小指间为再扐,则再闰也。又分扐揲之如初,而挂左手第三指间,成一变,则布挂之一爻。谓已二扐,又加一为三,并重合前二扐为五岁,故'五岁再闰,再扐而后挂'〔二〕,此'参伍以变'。据此为三扐,不言三闰者,闰岁余十日,五岁闰六十日尽矣,后扐闰余分,不得言三扐二闰,故从言'再扐而后挂'者也。"

天数五,地数五,

虞翻曰："天数五,谓一、三、五、七、九。地数五,谓二、四、六、八、十也。"

五位相得而各有合。

虞翻曰："五位谓五行之位。甲乾、乙坤相得合木,谓'天地定位'也。丙艮、丁兑相得合火,'山泽通气也'。戊坎、己离相得合土,水火相逮也。庚震、辛巽相得合金,'雷风相薄'也。天壬、地癸相得合水,言'阴阳相薄'而'战于乾'。故'五位相得而各有合'。

〔一〕"挂",原作"卦",今据胡本、毛本、卢本、周本改。
〔二〕"挂",原作"卦",今据诸本改。

或以一六合水,二七合火,三八合〔一〕木,四九合金,五十合土也。"

天数二十有五,

虞翻曰:"一、三、五、七、九,故二十五也。"

地数三十,

虞翻曰:"二、四、六、八、十,故三十也。"

凡天地之数五十有五。

虞翻曰:"天二十五,地三十,故'五十有五'。天地数见于此,故大衍之数略其奇五而言五十也。"

此所以成变化而行乎鬼神也。

荀爽曰:"在天为变,在地为化;在地为鬼,在天为神。"○姚信曰:"此天地之数五十有五,分为爻者,故能成就乾坤之变化,能知鬼神之所为也。"○侯果曰:"夫通变化,行鬼神,莫近于数,故老聃谓子曰:'汝何求道?'对曰:'吾求诸数。'明数之妙通于鬼神矣。"

乾之策〔二〕二百一十有六,

荀爽曰:"阳爻之策三十有六,乾六爻皆阳,三六一百八十,六六三十六,合二百一十有六也。阳爻九,合四时,四九三十六,是其义也。"

坤之策一〔三〕百四十有四,

荀爽曰:"阴爻之策二十有四,坤六爻皆阴,二六一百二十,四六二十四,合一百四十有四也。阴爻六,合二十四气,四六二百四

〔一〕 "火三八合"四字原脱,今据卢本、周本及曹校补。

〔二〕 "策",卢本、周本作"册",毛本作"策",古通。下同,不再出校。张本小字注云:今本"册"作"策"。

〔三〕 "一",诸本无此字。

十也。”

凡三百有六十当期之日。

陆绩曰：“日月十二交会，积三百五十四日有奇为一会。今云‘三百六十当期’，则入十三月六日也。十二月为一期〔一〕，故云‘当期之日’也。”

二篇之策万有一千五百二十，当万物之数也。

侯果曰：“二篇谓上、下经也〔二〕。共六十四卦，合三百八十四爻，阴阳各半，则阳爻一百九十二，每爻三十六策，合六千九百一二策。阴爻亦一百九十二，每爻二十四策，合四千六百八策。则二篇之策合万一千五百二十，‘当万物之数也’。”

是故四营而成易，

荀爽曰：“营者〔三〕，谓七、八、九、六也。”○陆绩曰：“分而为二以象两，一营也；挂一以象三，二营也；揲之以四，以象四时，三营也；归奇于扐以象闰，四营也。谓四度营为，方成易之一爻者也。”

十有八变而成卦。

荀爽曰：“二揲策挂左手一指间，三指间满，而成一爻。又六爻〔四〕，三六十八，故‘十有八变而成卦’也。”

八卦而小成，

侯果曰：“谓三画成天地、雷风、日月、山泽之象。此八卦未尽万物情理，故曰‘小成’也。”

〔一〕“二”，原作“三”，今据胡本、卢本、四库本、周本及曹校改。
〔二〕“下”，原脱，今据诸本及曹校补。
〔三〕曹校：“营”上疑脱“四”字。
〔四〕“又”，周本作“卦”。

引而伸之,触类而长之,

虞翻曰:"引谓庖牺引信三才,兼而两之以六画。触,动也。谓六
画以成六十四卦也,故'引而信之,触类而长之'。'其取类也
大',则'发挥刚柔而生爻'也。"

天下之能事毕矣。

虞翻曰:"谓'乾以简能','能说诸心,能研诸侯之虑',故'能事
毕'。"

显道神德行,

虞翻曰:"'显道神德行',乾二〔一〕五之坤,成离日坎月,日月在天,运
行照物,故'显道神德行'。'默而成之,不言而信,存于德行'者也。"

是故可与酬酢,可与祐神矣。

九家易曰:"阳往为酬,阴来为酢,阴阳相配,谓之祐神也。孔子
言'大衍'以下,至于'能事毕矣',此足以显明易道。又神易德
行,可与经义相斟酌也。故喻以宾主酬酢之礼,所以助前圣发见
其〔二〕神秘矣。礼,饮酒,主人酌宾为献,宾酌主人为酢,主人饮之
又酌宾为酬也。先举为酢,答报为酬。酬取其报,以象阳唱阴和,
变化相配,是'助天地明其鬼神'者也。"

子曰:"知变化之道者,其知神之所为乎?"

虞翻曰:"在〔三〕阳称变,乾五〔四〕之坤;在阴称化,坤二〔五〕之乾。

〔一〕"二",原作"九",今据毛本、卢本、四库本、周本及曹校改。
〔二〕"其",卢本、周本作"于"。
〔三〕"在",原脱,今据诸本及曹校补。
〔四〕"五",卢本、周本作"二"。
〔五〕"二",卢本、周本作"五"。

'阴阳不测之谓神','知变化之道者',故'知神之所为'。诸儒皆上'子曰'为章首,而荀、马又从之,甚非者矣。"

易有圣人之道四焉:

崔憬曰:"圣人德合天地,智周万物,故能用此易道,大略有四,谓尚辞、尚变、尚象、尚占也。"

以言者尚其辞,

虞翻曰:"'圣人之情见于辞',系辞焉以尽言〔一〕也。"

以动者尚其变,

陆绩曰:"变谓爻之变化,当'议之而后动'矣。"

以制器者尚其象,

荀爽曰:"'结绳为网罟,盖取诸离',此类是也。"

以卜筮者尚其占。

虞翻曰:"乾蓍称筮,动离为龟,龟称卜,动则玩其占,故'尚其占'者也。"

是故君子将有为也,将有行也,问焉而以言。

虞翻曰:"有为谓建侯,有行谓行师也。乾二五之坤成震,有师象。震为行、为言问,故'有为'、'有行'。凡应九筮之法,则筮之。谓问于蓍龟,以言其吉凶,爻象动内,吉凶见外,蓍德圆神,卦德方智,故史拟神智,以断吉凶也。"

其受命也如响〔二〕,

虞翻曰:"言神不疾而速,不行而至,不言善应。乾二五之坤成震

〔一〕"言",原作"辞",今据卢本、周本改。

〔二〕"响",卢本、周本作"向"。下注同,不再出校。

巽,巽为命,震为响,故'受命'。同声相应,故'如响'也。"

无有远近幽深,遂知来物。

虞翻曰:"远谓天,近谓地,幽谓阴,深谓阳〔一〕,来物谓乾神〔二〕。神以知来,感而遂通,谓'幽赞神明而生蓍'也。"

非天下之至精,其孰能与于此?

虞翻曰:"至精,谓'乾纯粹精'也。"

参伍以变,错综其数。

虞翻曰:"逆上称错。综,理也。谓五岁再闰,再扐而后挂,以成一爻之变,而倚六画之数,卦从下升,故'错综其数',则'三天两地而倚数'者也。"

通其变,遂成天下之文;

虞翻曰:"变而通之,观变阴阳始立卦;乾坤相亲,故'成天地之文'。'物相杂,故曰文'。"

极其数,遂定天下之象。

虞翻曰:"数,六画之数。六爻之动,三极之道,故定天下吉凶之象也。"

非天下之至变,其孰能与于此?

虞翻曰:"谓三五以变,故能成六爻之义。'六爻之义,易以贡也'。"

易无思也,无为也,

〔一〕"幽谓阴,深谓阳",原作"深谓阴,阴谓幽",今据周本及曹校改。卢本、四库本作"阴谓幽,深谓阳"。

〔二〕"神",原作"坤",今据卢本、周本及曹校改。

虞翻曰:"'天下何思何虑？同归而殊涂,一致而百虑',故无所为,谓'其静也专'。"

寂然不动,

虞翻曰:"谓隐藏,坤初几息矣。专故不动者也。"

感而遂通天下之故。

虞翻曰:"感,动也。以阳变阴,'通天下之故',谓'发挥刚柔而生爻'者也。"

非天下之至神,其孰能与于此?

虞翻曰:"至神,谓易隐初入微,'知几,其神乎'?"○韩康伯曰:"非忘象者,则无以制象;非遗数者,则无以极数。至精者,无筹策而不可乱;至变者,体一而无不周;至神者,寂然而无不应。斯盖功用之母,象数所由立。故曰:'非至精、至变、至神,则不能与于此也。'"

夫易,圣人之所以极深而研几也。

荀爽曰:"谓伏羲画卦,穷极易幽深;文王系辞,研尽易几微者也。"

唯深也,故能通天下之志;

虞翻曰:"深谓'幽赞神明','无有远近幽深,遂知来物',故'通天下之志',谓蓍也。"

唯几也,故能成天下之务;

虞翻曰:"务,事也。谓易研几开物,故'成天下之务'。谓卦者也。"

唯神也,故不疾而速,不行而至。

虞翻曰:"神谓易也。谓日月斗在天,日行一度,月行十三度,从天西转,故'不疾而速'。星寂然不动,随天右周,'感而遂通',故

'不行而至'者也。"

子曰："易有圣人之道四焉者,此之谓也。"

> 侯果曰："言易唯深、唯神,蕴此四道,因圣人以章,故曰'圣人之道'矣。"

天一,

> "水甲。

地二,

> 火乙。

天三,

> 木丙。

地四,

> 金丁。

天五,

> 土戊。

地六,

> 水己。

天七,

> 火庚。

地八,

> 木辛。

天九,

> 金壬。

地十,

土癸。

此则‘大衍之数五十有五’,蓍龟所从生,圣人‘以通神明之德,以类万物之情’。"此上,虞翻义也。

子曰:夫易,何为而作也?

虞翻曰:"问易何为取天地之数也。"

夫易,开物成务,

陆绩曰:"‘开物’谓庖牺引伸八卦,重以为六十四,触长爻策,至于万一千五百二十,‘以当万物之数’,故曰‘开物’。圣人观象而制网罟耒耜之属,‘以成天下之务’,故曰‘成务’也。"

冒天下之道,如斯而已者也。"

虞翻曰:"以阳辟坤,谓之‘开物’。以阴翕乾,谓之‘成务’〔一〕。冒,触也。‘触类而长之’如此也。"

是故圣人以通天下之志,

九家易曰:"凡言‘是故’者,承上之辞也。谓‘以动者尚其变’,变而通之,‘以通天下之志’也。"

以定天下之业,

九家易曰:"谓‘以制器者尚其象’也。凡事业之未立,以易道决之,故言‘以定天下之业’。"

以断天下之疑。

九家易曰:"谓‘卜筮者尚其占’也。‘占事知来’,故‘定〔二〕天下之疑’。"

〔一〕"务",原作"物",今据宋本、胡本、卢本、四库本、周本及曹校改。
〔二〕"定",周本及曹校作"断"。

是故蓍之德圆而神,卦之德方以知,

崔憬曰:"蓍之数七七四十九,象阳,圆其为用也,变通不定,因之以知来物,是'蓍之德圆而神'也。卦之数八八六十四,象阴,方其为用也,爻位有分,因之以藏往知事,是'卦之德方以知'也。"

六爻之义易以贡。

韩康伯曰:"贡,告也。六爻变易,以告吉凶也。"

圣人以此洗〔一〕心,

韩康伯曰:"洗濯万物之心者也。"

退藏于密,

陆绩曰:"受蓍龟之报应,决而藏〔二〕之于心也。"

吉凶与民同患。

虞翻曰:"圣人谓庖牺,以蓍神知来,故以'洗心'。阳动入巽,巽为退伏,坤为闭户,故藏密,谓'齐于巽以神明其德'。阳吉阴凶,坤为民,故'吉凶与民同患',谓'作易者有忧患'也。"

神以知来,知以藏往,

虞翻曰:"乾神知来,坤知藏往。来谓洗心〔三〕,往谓藏密也。"

其孰能与此哉!

虞翻曰:"谁乎能为此哉?谓古之聪明睿知之君也。"

古之聪明睿知、神武而不杀者夫!

虞翻曰:"谓大人也。庖牺在乾五,动而之坤,'与天地合聪明'。在

〔一〕"洗",卢本、周本作"先"。下同,不再出校。卢本、张本并有小字注云:"先",韩康伯读为"洗"。
〔二〕"藏"上,周本有"退"字。
〔三〕"洗心",原作"出见",今据卢本、周本及曹校改。

坎则聪,在离则明,神武谓乾,睿知谓坤,'乾坤坎离,反[一]复不衰',故'而不杀者夫'。"

是以明于天之道,而察于民之故,

虞翻曰:"乾五之坤,以离日照天,故'明天之道';以坎月照坤,故'察民之故'。坤为民。"

是兴神物,以前民用。

陆绩曰:"神物,蓍也。圣人兴蓍,以别吉凶,先民而用之,民皆从焉,故曰'以前民用'也。"

圣人以此齐戒,

韩康伯曰:"洗心曰齐[二],防患曰戒。"

以神明其德夫。

陆绩曰:"圣人以蓍能逆知吉凶,除害就利,清洁其身,故曰'以此齐戒'也。吉而后行,举不违失,其德富盛,见称神明,故曰'神明其德'也。"

是故阖户谓之坤,

虞翻曰:"阖,闭翕也。谓从巽之坤,坤柔象夜,故以闭户者也。"

辟户谓之乾,

虞翻曰:"辟,开也。谓从震之乾,乾刚象昼,故以开户也。"

一阖一辟谓之变,

虞翻曰:"阳变阖[三]阴,阴变辟阳,'刚柔相推而生变化'也。"

〔一〕"反",原脱,今据卢本、四库本、周本及曹校补。
〔二〕"齐",胡本、毛本、卢本、周本作"斋"。下同,不再出校。
〔三〕"阖",原作"辟",今据诸本及曹校改。

往来不穷谓之通。

> 荀爽曰：“谓一冬一夏，阴阳相变易也。十二消息，阴阳往来无穷已，故‘通’也。”

见乃谓之象，形乃谓之器，

> 荀爽曰：“谓日月星辰，光见在天，而成象也。万物生长，在地成形，可以为器用者也。”

制而用之谓之法，

> 荀爽曰：“谓观象于天，观形于地，制而用之，可以为法。”

利用出入，民咸用之，谓之神。

> 陆绩曰：“圣人制器，以周民用，用之不遗，故曰‘利用出入’也。民皆用之，而不知所由来，故谓之神也。”

是故易有太极，是生两仪，

> 干宝曰：“发初言‘是故’，总众篇之义也。”○虞翻曰：“太极，太一也。分为天地，故‘生两仪’也。”

两仪生四象，

> 虞翻曰：“四象，四时也。两仪，谓乾坤也。乾二五之坤，成坎离震兑〔一〕，震春兑秋，坎冬离夏，故‘两仪生四象’。归妹卦备，故彖独称‘天地之大义’也。”

四象生八卦，

> 虞翻曰：“乾二五之坤，则生震、坎、艮；坤二五之乾，则生巽、离、兑，故‘四象生八卦’。乾坤生春，艮兑生夏，震巽生秋，坎离生冬者也。”

八卦定吉凶，

〔一〕“兑”，原脱，今据毛本、卢本、四库本、周本及曹校补。

虞翻曰:"阳生则吉,阴生则凶。谓'方以类聚,物以群分','吉凶生矣'。已言于上,故不言'生'而独言'定吉凶'也。"

吉凶生大业。

荀爽曰:"一消一息,万物丰殖,'富有之谓大业'。"

是故法象莫大乎天地,

翟玄曰:"见象立法,莫过天地也。"

变通莫大乎四时,

荀爽曰:"四时相变,终而复始也。"

悬象著明莫大乎日月,

虞翻曰:"谓日月县天,成八卦象。三日暮,震象出庚;八日,兑象见丁;十五日,乾象盈甲;十七日旦,巽象退辛;二十三日,艮〔一〕象消丙;三十日,坤象灭乙。晦夕朔旦,坎象流戊;日中则离,离象就己。戊己土位,象见于中。'日月〔二〕相推而明生焉',故'悬象著明莫大乎日月'者也。"

崇高莫大乎富贵,

虞翻曰:"谓乾正位于五,五贵坤富,以乾通坤,故高大富贵〔三〕也。"

备物致用,立成器以为天下利,莫大乎圣人,

虞翻曰:"神农、黄帝、尧、舜也。民多否闭,取乾之坤,谓之'备物'。以坤之乾,谓之'致用'。乾为物,坤为器用,否四之初〔四〕,

---

〔一〕"艮",原脱,今据诸本补。
〔二〕"月",原作"中",今据卢本、四库本、周本及曹校改。
〔三〕"高大富贵",周本作"崇高莫大乎富贵"。
〔四〕"乾为物,坤为器用,否四之初",原作"乾物,坤为器用,否也初正",今据毛本、卢本、四库本、周本及曹校改。

耕稼之利；否五之初，市井之利；否四之二〔一〕，舟楫之利；否上之
初，牛马之利。谓十二〔二〕'盖取''以利天下'。'通其变，使民不
倦，神而化之，使民宜之，圣人作而万物睹'，故'莫大圣人'者也。"

探赜索隐，钩深致远，以定天下之吉凶，成天下之亹亹〔三〕者，莫善〔四〕乎蓍龟。

虞翻曰："探，取；赜，初也。初隐未见，故'探赜索隐'，则'幽赞神
明而生蓍'。初深，故曰'钩深'。致远谓乾。乾为蓍，乾五之坤
大有，离为龟，乾生知吉，坤杀知凶，故'定天下之吉凶，莫善于蓍
龟'也。"○侯果曰："亹，勉也。夫幽隐深远之情，吉凶未兆之事
物，皆勉勉然愿知之，然不能也。及蓍成卦、龟成兆也，虽神道之
幽密，未然之吉凶，坐可观也。是蓍龟成天下勉勉之圣〔五〕也。"

是故天生神物，圣人则之；

孔颖达曰："谓成蓍龟，圣人法则之，以为卜筮者也。"

天地变化，圣人效之；

陆绩曰："天有昼夜四时变化之道，圣人设三百八十四爻以效
之矣。"

天垂象，见吉凶，圣人象之；

荀爽曰："谓'在璇玑玉衡以齐七政'也。"○宋衷曰："天垂阴阳之
象，以见吉凶。谓日月薄蚀，五星乱行，圣人象之。亦著九六，爻

〔一〕"否四之二"，原作"否二之四"，今据诸本改。
〔二〕"二"，原作"三"，今据卢本、周本及曹校改。
〔三〕"亹亹"，卢本、周本作"娓娓"。下同，不再出校。卢本、张本并注云："娓
娓"，今作"亹亹"。
〔四〕"善"，原作"大"，今据卢本、周本改。下注同，不再出校。
〔五〕"圣"，曹校：疑当为"善"。

位得失,示人所以有吉凶之占也。"

河出图,洛出书,圣人则之。

郑玄曰:"春秋纬云:'河以通乾,出天苞。洛以流坤,吐地符。河龙图发,洛龟书成[一]。'河图有九篇,洛书有六篇也。"○孔安国曰:"河图则八卦也,洛书则九畴也。"○侯果曰:"圣人法河图、洛书,制历象以示天下也。"

易有四象,所以示也;

侯果曰:"四象,谓上[二]神物也、变化也、垂象也、图书也。四者治人之洪范。易有此象,所以示人也。"

系辞焉,所以告也;

虞翻曰:"谓系彖、象之辞,八卦以象告也。"

定之以[三]吉凶,所以断也。

系辞焉以断其吉凶,八卦定吉凶,以断天下之疑也。"

易曰:"自天祐之,吉无不利。"

侯果曰:"此引大有上九辞以证之义也。大有上九'履信思顺','自[四]天祐之',言人能依四象所示,系辞所告,又能思顺,则天及人皆共祐之,'吉无不利'者也。"

子曰:"祐者,助也。

虞翻曰:"大有[五]兑为口。口助称祐。"

〔一〕"成",卢本作"感"。
〔二〕"上"下,原有"下"字,今据宋本、卢本、周本及曹校删。
〔三〕"以",原脱,今据诸本及曹校补。
〔四〕"自",原脱,今据毛本、卢本、四库本、周本及曹校补。
〔五〕"大有",原作"有火",今据诸本改。

天之所助者,顺也。

虞翻曰:"大有五以阴顺上,故为天所助者顺也。"

人所助者,信也。

虞翻曰:"信谓二也。乾为人、为信,'庸言之信'也。"

'履信思乎顺',有以尚贤也。

虞翻曰:"大有五应二而顺上,故'履信思顺'。比坤为顺,坎为思,乾为贤人,坤伏乾下,故'有以尚贤'者也。"

是以'自天祐之,吉无不利也'。"

崔憬曰:"言上九履五'厥孚履',人事以信也。比五而不应三,思天道之顺也。崇四'匪彭',明辩于五,又'以尚贤'也。'以自天祐之,吉无不利',重引易文,以证成其义。"

子曰:"书不尽言,言不尽意。"

虞翻曰:"谓书易之动,九六之变不足以尽易之所言,言之则不足以尽庖牺之意也。"

然则圣人之意,其不可见乎?

侯果曰:"设疑而问也。欲明立象可以尽圣人言意也。"

子曰:"圣人立象以尽意,

崔憬曰:"言伏羲仰观俯察,而立八卦之象,以尽其意。"

设卦以尽情伪,

崔憬曰:"设卦谓'因而重之为六十四',卦之情伪尽在其中矣。"

系辞焉以尽其言,

崔憬曰:"文王作卦爻之辞,以系伏羲立卦之象。象既尽意,故辞亦尽言也。"

变而通之以尽利,

陆绩曰：“变三百八十四爻，使相交通，以尽天下之利。”

鼓之舞之以尽神。

虞翻曰：“神，易也。阳息震为鼓，阴消巽为舞，故‘鼓之舞之以尽神’。”○荀爽曰：“鼓者动也，舞者行也，谓三百八十四爻，动行相反，其卦所以尽易之神也。”

乾坤，其易之缊邪？”

虞翻曰：“缊，藏也。易丽乾藏坤，故为‘易之缊’也。”

乾坤成列，而易立乎其中矣。

侯果曰：“缊，渊隩也。六子因之而生，故云‘立乎其中矣’。”

乾坤毁，则无以见易。

荀爽曰：“毁乾坤之体，则无以见阴阳之交易也。”

易不可见，则乾坤或几乎息矣。

侯果曰：“乾坤者，动用之物也。物既动用，则不能毁息矣。夫动极复静，静极复动，虽天地至此，不违变化也。”

是故形而上者谓之道，形而下者谓之器；

崔憬曰：“此结上文，兼明易之形器，变通之事业也。凡天地万物皆有形质，就形质之中有体有用，体者即形质也，用者即形质上之妙用也。言有妙理之用，以扶其体，则是道也。其体比用，若器之于物，则是体为形之下，谓之为器也。假令天地圆盖方轸，为体为器，以万物资始、资生为用、为道；动物以形躯为体、为器，以灵识为用、为道；植物以枝干为器、为体，以生性为道、为用。”

化而裁[一]之谓之变，

〔一〕“裁”，卢本、周本作“财”。下同，不再出校。

翟玄曰：“化变刚柔而财之，故谓之变也。”

推而行之谓之通；

翟玄曰：“推行阴阳，故谓之通也。”

举而错之天下之民，谓之事业。

陆绩曰：“变通尽利，观象制器，举而措之于天下，民咸用之，以为事业。”○九家易曰：“谓圣人画卦，为万民事业之象，故天下之民尊之，得为事业矣。”

是故夫象，圣人有以见天下之赜，

崔憬曰：“此重明‘易之缊’，更引易象及辞以释之。言伏羲见天下深赜，即‘易之缊’者也。”

而拟诸其形容，象其物宜，是故谓之象。

陆绩曰：“此明说立象尽意、设卦尽情伪之意也。”

圣人有以见天下之动，而观其会通，以行其典礼，

侯果曰：“典礼有时而用，有时而去，故曰‘观其会通’也。”

系辞焉以断其吉凶，是故谓之爻。

崔憬曰：“言文王见天下之动，所以系象而为其辞，谓之为爻。”

极天下之赜者存乎卦，

陆绩曰：“言卦象极尽天下之深情也。”

鼓天下之动者存乎辞；

宋衷曰：“欲知天下之动者在于六爻之辞也。”

化而裁之存乎变，推而行之存乎通；

崔憬曰：“言易道陈阴阳变化之事而裁成之，存乎其变；推理达本而行之，在乎其通。”

神而明之，存乎其人；

荀爽曰：“苟非其人，道不虚行也。”○崔憬曰：“言易神无不通，明无不照，能达此理者，‘存乎其人’，谓文王，述易之圣人。”

默而成之〔一〕，不言而信，存乎德行。

九家易曰：“‘默而成之’，谓阴阳相处也。‘不言而信’，谓阴阳相应也。德者有实，行者相应也。”○崔憬曰：“言伏羲成六十四卦，不有言述，而以卦〔二〕象明之，而人信之，在乎合天地之德、圣人之行也。”

〔一〕“之”，卢本、周本并无。卢本、张本并小字注云：今本作“默而成之”。
〔二〕“述而以卦”四字，原漫漶不清，今据诸本补。

周易集解卷第十五

系辞下传

八卦成列,象在其中矣。

> 虞翻曰:"象谓三才,成八卦之象。乾坤列东,艮兑列南,震巽列西,坎离在中,故'八卦成列',则'象在其中'。'天垂象,见吉凶,圣人象之'是也。"

因而重之,爻在其中矣。

> 虞翻曰:"谓参重三才为六爻,发挥刚柔,则'爻在其中'。六画称爻。'六爻之动,三极之道也'。"

刚柔相推,变在其中矣。

> 虞翻曰:"谓十二消息。九六相变,'刚柔相推而生变化',故'变在其中矣'。"

系辞焉而命之,动在其中矣。

> 虞翻曰:"谓系彖、象九六之辞,故'动在其中'。'鼓天下之动者,存乎辞'者也。"

吉凶悔吝者,生乎动者也。

> 虞翻曰:"动谓爻也。'爻者,效天下之动者也'。爻象动内,吉凶

见外,'吉凶生而悔吝著',故'生乎动'也。"

刚柔者,立本者也。

虞翻曰:"乾刚坤柔,为六子父母,乾天称父,坤地称母。本天亲上,本地亲下,故'立本者也'。"

变通者,趣时者也。

虞翻曰:"变通配四时,故'趣时者也'。"

吉凶者,贞胜者也。

虞翻曰:"贞,正也。胜,灭也。阳生则吉、阴消则凶者也。"

天地之道,贞观者也。

陆绩曰:"言天地正,可以观瞻为道也。"

日月之道,贞明者也。

荀爽曰:"离为日,日中之时,正当离位,然后明也。月者,坎也,坎正位冲离,冲谓〔一〕十五日,月当日冲,正值坎位,亦大圆明,故曰'日月之道,贞明者也'。言日月正当其位,乃大明也。"○陆绩曰:"言日月正,以明照为道矣。"

天下之动,贞夫一者也。

虞翻曰:"一谓乾元。万物之动,各资天一阳气以生,故'天下之动,贞夫一者也'。"

夫乾,确然示人易矣。

虞翻曰:"阳在初弗用,确然无为,潜龙时也。'不易世,不成名',故'示人易'者也。"

夫坤,隤然示人简矣。

〔一〕"谓",毛本、卢本、四库本、周本作"为"。

虞翻曰："隤，安。简，阅也。'坤以简能'，阅内万物，故'示人简'。"

爻也者，效此者也。

虞翻曰："效法之谓坤，谓效三材以为六画。"

象也者，像此者也。

虞翻曰："成象之谓乾，谓圣人则天之象，分为三材也。"

爻象动乎内，吉凶见乎外，

虞翻曰："内，初；外，上也。阳象动内，则吉见外；阴爻动内，则凶见外也。"

功业见乎变，

荀爽曰："阴阳相变，功业乃成者也。"

圣人之情见乎辞。

崔憬曰："言文王作卦爻之辞，所以明圣人之情陈于易象。"

天地之大德曰生，

孔颖达曰："自此以下，欲明圣人同天地之德，广生万物之意也。言天地之盛德常生万物，而不有生，是其大德也。"

圣人之大宝曰位。

崔憬曰："言圣人行易之道，当须法天地之大德，宝万乘之天位。谓以道济天下为宝，而不有位〔一〕，是其大宝也。"

何以守位曰仁〔二〕，

〔一〕"位"，原脱，今据毛本、卢本、四库本、周本补。
〔二〕"仁"，宋翔凤过庭录认为当作"人"。

> 宋衷曰："守位，当得士大夫、公、侯，有其仁贤，兼济天下。"

何以聚人曰财。

> 陆绩曰："人非财不聚，故'圣人观象制器，备物尽利'，以业万民而聚之也。盖取聚人之本矣。"

理财正辞，禁民为非，曰义。

> 荀爽曰："尊卑贵贱，衣食有差，谓之'理财'。名实相应，万事得正，谓[一]之'正辞'。咸得其宜，故谓之'义'也。"○崔憬曰："夫财货，人所贪爱，不以义理之，则必有败也。言辞，人之枢要，不以义正之，则必有辱也。百姓有非，不以义禁之，则必不改也。此三者皆资于义，以此行之，得其宜也。故知仁义与财，圣人宝位之所要也。"

古者庖牺氏之王天下也，

> 虞翻曰："庖牺，太昊氏，以木德王天下。位乎乾五，五动见离，离生于[二]木，故知火化炮啖牺牲，号庖牺氏也。"

仰则观象于天，

> 荀爽曰："震巽为雷风，离坎为日月也。"

俯则观法于地，

> 九家易曰："艮、兑为山、泽也。地有水火五行，八卦之形者也。"

观鸟兽之文，

> 荀爽曰："乾为马、坤为牛、震为龙、巽为鸡之属是也。"○陆绩曰：

〔一〕"谓"，毛本、卢本、四库本、周本皆作"为"。
〔二〕"于"，原脱，今据卢本、周本及曹校补。

“谓朱鸟、白虎、苍龙、玄武四方二十八宿,经纬之文。”

与地之宜,

九家易曰:“谓四方四维八卦之位,山泽高卑五土之宜也。”

近取诸身,

荀爽曰:“乾为首,坤为腹,震为足,巽为股也。”

远取诸物,

荀爽曰:“乾为金玉、坤为布釜之类是也。”

于是始作八卦,

虞翻曰:“谓庖牺观鸟兽之文,则天,八卦效之。‘易有太极,是生两仪,两仪生四象,四象生八卦’,八卦乃四象所生,非庖牺之所造也。故曰:‘象〔一〕者,象此者也’。则大人造爻象以象天,卦可知也。而读易者咸以为庖牺之时,天未有八卦,恐失之矣。‘天垂象,示吉凶,圣人象之’,则天已有八卦之象。”

以通神明之德,

荀爽曰:“乾坤为天地,离坎为日月,震巽为雷风,艮兑为山泽,此皆‘神明之德’也。”

以类万物之情。

九家易曰:“六十四卦,凡有万一千五百二十策,策类一物,故曰‘类万物之情’。以此知〔二〕庖牺重为六十四卦,明矣。”

作结绳而为网罟〔三〕,以佃以渔,盖取诸离。

〔一〕“象”,毛本、四库本作“像”。
〔二〕“知”,毛本、卢本、周本无此字。
〔三〕“网”,卢本、周本无此字。张本小字注云:今本“为罟”作“为网罟”。

虞翻曰:"离为目,巽为绳。目之重者唯罟,故'结绳为罟'。坤二五之乾[一]成离,巽为鱼[二],坤二[三]称田,以罟[四]取兽曰畋,故'取诸离'也。"

庖牺氏没,神农氏作,

虞翻曰:"没,终;作,起也。神农以火德继庖牺王。火生土,故知土,则利民播种[五],号神农氏也。"

斫木为耜,揉木为耒,耒耨之利,以教天下,盖取诸益。

虞翻曰:"否四之初也。巽为木、为入,艮为手,乾为金,手持金以入木,故'斫木为耜'。耜止所逾,因名曰耜。艮为小木,手以挠[六]之,故'揉木为耒耨'。耨[七],薅器也。巽为号令,乾为天,故'以教天下'。坤为田,巽为股,进退,震足动耜,艮手持耒,进退田中,耕之象也。'益万物者,莫若雷风',故法风雷[八]而作耒耜。"

日中为市,致天下之民,聚天下之货,交易而退,各得其所,盖取诸噬嗑。

虞翻[九]曰:"否五之初也。离象正上,故称'日中'也。艮为径路,

〔一〕"坤"、"乾",原互易,今据毛本、卢本、四库本、周本乙。
〔二〕"鱼",原作"四",今据卢本、周本改。毛本、四库本作"田"。
〔三〕"二",毛本、四库本作"亦"。
〔四〕"罟",原作"鱼",今据毛本、卢本、四库本、周本改。
〔五〕"种",原作"农",今据毛本、卢本、四库本、周本改。
〔六〕"挠",卢本、周本作"桡"。
〔七〕"耨",诸本作"耜"。
〔八〕"风雷",原倒,今据毛本、卢本、四库本、周本及曹校乙。
〔九〕"虞翻",原作"翟玄",今据卢本、四库本、周本及曹校改。

震为足,又为大涂〔一〕,否乾为天,坤为民〔二〕,故'致天下之民'象
也。坎水艮山,群珍所出,'聚天下货'之象也。震升坎降,'交易而
退,各得其所',噬嗑食也。市井交易,饮食之道,故取诸此也。"

神农氏没,黄帝、尧、舜氏作,通其变,使民不倦;

虞翻曰:"'变而通之以尽利',谓作舟楫、服牛、乘马之类,故'使
民不倦'也。"

神而化之,使民宜之。

虞翻曰:"神谓乾,乾动之坤,化成万物,以利天下。坤为民也,
'象其物宜',故'使民宜之'也。"

易穷则变,变则通,通则久,是以"自天祐之,吉无不利"
也。

陆绩曰:"阴穷则变为阳,阳穷则变为阴,天之道也。庖牺作网
罟,教民取禽兽,以充民食。民众兽少,其道穷,则神农教播殖以
变之。此穷变之大要也。'穷则变,变乃通',与天终始,故可久;
民得其用,故无所不利也。"

黄帝、尧、舜垂衣裳而天下治,盖取诸乾坤。

九家易曰:"黄帝以上,羽皮革木,以御寒暑。至乎黄帝,始制衣
裳,垂示天下。衣取象乾,居上覆物。裳取象坤,在下含物也。"
○虞翻曰:"乾为治,在上为衣,坤下为裳。乾坤,万物之韫,故以
象衣裳。乾为明君,坤为顺臣,'百官以治,万民以察',故'天下
治'。盖取诸此也。"

〔一〕"艮为径路,震为足,又为大涂",卢本、周本作"震为足,艮为径路,震又为
　　大涂",当是。
〔二〕"坤为民",原脱,今据卢本、四库本、周本及曹校补。

刳木为舟,剡^{〔一〕}木为楫,舟楫之利,以济不通,致远以利天下,盖取诸涣。

> 九家易曰:"木在水上,流行若风,舟楫之象也。此本否卦九四之二。刳,除也。巽为长、为木,艮为手,乾为金,艮手持金,故'刳木为舟,剡木为楫'也。乾为远天,故'济不通,致远以利天下'矣。法涣而作舟楫,盖取斯义也。"

服牛乘马,引重致远,以利天下,盖取诸随。

> 虞翻曰:"否上之初也。否乾为马、为远,坤为牛、为重,坤初之上为'引重',乾上之初为'致远',艮为背,巽为股,在马上,故'乘马'。巽为绳,绳束缚物在牛背上,故'服牛'。出否之随,'引重致远,以利天下',故'取诸随'。"

重门击柝,以待暴客,

> 干宝曰:"卒暴之客,为奸寇也。"

盖取诸豫。

> 九家易曰:"下有艮象,从外示之,震复为艮,两艮对合,重门之象也。柝者,两木相击以行夜也。艮为手,为小木,为^{〔二〕}上持;震为足,又为木,为行;坤为夜,即手持柝木,夜行击门之象也^{〔三〕}。坎为盗,暴水暴长无常,故'以待暴客'。既有不虞之备,故'盖取诸豫'矣。"

〔一〕"剡",卢本、周本作"掞"。下同,不再出校。
〔二〕"为"上,卢本、周本有"又"字。
〔三〕"即手持柝木,夜行击门之象也",卢本、张本作"即手持二木,夜行击柝之象也"。曹校:当为"击柝之象"。

断木为杵,掘〔一〕地为臼,臼杵之利,万民以济,盖取诸小过。

虞翻曰:"晋上之三〔二〕也。艮为小木,上来之三,断艮,故'断木为杵'。坤为地,艮手持木,以掘坤三,故'掘地为臼'。艮止于下,臼之象也;震动而上,杵之象也。震出巽入,艮手持杵,出入臼中,舂之象也,故'取诸小过'。本无乾象,故不言'以利天下'也。"

弦木为弧,剡木为矢;弧矢之利,以威天下,盖取诸睽。

虞翻曰:"无妄五之二也。巽为绳、为木,坎为弧,离为矢,故'弦木为弧'。乾为金〔三〕,艮为小木,五之二,以金剡艮,故'剡木为矢'。乾为威,五之二,故'以威天下'。弓发矢应而坎雨〔四〕集,故'取诸睽'也。"

上古穴居而野处,后世圣人易之以宫室,上栋下宇,以待风雨,盖取诸大壮。

虞翻曰:"无妄两象易也。无妄乾在上,故称'上古'。艮为穴居,乾为野,巽为处,无妄乾人在〔五〕路,故'穴居野处'。震为后世,乾为圣人,'后世圣人',谓黄帝也。艮为宫室,变成大壮,乾人入宫,故'易以宫室'。艮为待,巽为风,兑为雨,乾为高,巽为长木,反在上为栋,动〔六〕起,故〔七〕'上栋'。宇〔八〕,谓屋边也。兑泽动

〔一〕 "掘",卢本、周本作"阙"。下注同,不再出校。
〔二〕 "三",原作"二",今据毛本、卢本、四库本、周本改。
〔三〕 "乾为金",原脱,今据卢本、周本及曹校补。
〔四〕 "雨",原作"两",今据毛本、卢本、四库本、周本改。
〔五〕 "在",原脱,今据卢本、四库本、周本补。
〔六〕 "动"上,卢本、周本有"震阳"二字。
〔七〕 "故",卢本、周本作"为"。
〔八〕 "宇"上,原有"下"字,今据卢本、周本及曹校删。

下为'下宇'。无妄之大壮,巽风不见,兑雨隔震,与乾绝体,故
'上栋下宇,以待风雨,盖取诸大壮'者也。"

古之葬者,厚衣之以薪,葬之中野,不封不树,丧期无数,后世圣人易之以棺椁,盖取诸大过。

<u>虞翻</u>曰:"中孚,上下象易〔一〕也。本无乾象,故不言'上古'。大
过乾在中,故但言'古'者。巽为薪,艮为厚,乾为衣、为野,乾象
在中,故'厚衣之以薪,葬之中野'。穿土称封,封,古'窆'字也。
聚土为树,中孚无坤坎象,故'不封不树'。坤为丧期,谓从斩缞
至缌麻日月之期数。无坎离日月坤象,故'丧期无数'。巽为木,
为入处;兑为口;乾为人;木而有口,乾人入处,棺敛之象。中孚艮
为山丘,巽木在里,棺藏山陵,椁之象也,故'取诸大过'。"

上古结绳而治,后世圣人易之以书契,百官以治,万民以察,盖取诸夬。

<u>九家易</u>曰:"古者无文字,其有约誓之事,事〔二〕大大其绳,事小小
其绳,结之多少,随物众寡,各执以相考,亦足以相治也。夬本坤
世,下有伏坤,书之象也。上又见乾,契之象也。以乾照坤,察之
象也。夬者,决也。取百官以书治职,万民以契明其事。契,刻
也。大壮进而成夬,金决竹木,为书契象,故法夬而作书契矣。"
○<u>虞翻</u>曰:"履,上下象易也。乾象在上,故复言'上古'。巽为
绳,离为网罟,乾为治,故'结绳以治'。'后世圣人',谓<u>黄帝</u>、<u>尧</u>、
<u>舜</u>也。夬旁通剥,剥坤为书,兑为契,故'易之以书契'。乾为百,
剥艮为官,坤为众臣、为万民、为迷暗,乾为治,夬反剥,以乾照坤,

〔一〕"象易",<u>卢</u>本、<u>周</u>本倒。
〔二〕"事",原脱,今据诸本及<u>曹</u>校补。

故‘百官以治,万民以察,故取诸夬’。大壮、大过、夬,此三盖取直两象,上下相易,故俱言‘易之’。大壮本无妄,夬本履卦,乾象俱在上,故言‘上古’。中孚本无乾象,大过乾不在上,故但言‘古者’。大过亦言‘后世圣人易之’,明上古时也。”

是故易者,象也。

干宝曰:“言‘是故’,又因总〔一〕上义也。”○虞翻曰:“易谓日月在天成八卦象,‘悬象著明,莫大日月’是也。”

象也者,像也。

崔憬曰:“上明取象以制器之义,故以此重释于象。言易者,象于万物。象者,形像之象也。”

彖者,材也。

虞翻曰:“彖说三才,则三分天象,以为三才,谓天地人道也。”

爻也者,效天下之动者也。

虞翻曰:“动,发也。谓两三材为六画,则‘发挥刚柔而生爻’也。”

是故吉凶生而悔吝著也。

虞翻曰:“爻象动内,则吉凶见外;‘吉凶悔吝者,生乎动者也’,故曰‘著’。”

阳卦多阴,阴卦多阳,其故何也?

崔憬曰:“此明卦象阴阳与德行也。阳卦多阴,谓震、坎、艮,一阳而二阴。阴卦多阳,谓巽、离、兑,一阴而二阳也。”

〔一〕“因总”,毛本、卢本、四库本、周本作“总结”。

阳卦奇,阴卦耦,其德行何也?

虞翻曰:"阳卦一阳,故奇。阴卦二阳,故耦。谓德行何可者也。"

阳一君而二民,君子之道也。阴二君而一民,小人之道也。

韩康伯曰:"阳,君道也。阴,臣道也。君以无为统众,无为则一也。臣以有事代终,有事则二也。故阳爻画一〔一〕,以明君道必一。阴爻画两,以明臣体必二。斯阴阳之数,君臣〔二〕之辩也。以一为君,君之德也。二居君位,非其道也。故阳卦曰君子之道也,阴卦曰小人之道也。"

易曰:"憧憧往来,朋从尔思。"

翟玄曰:"此咸之九四辞也。咸之为卦,三君三民。四独远阴,思虑之爻也。"○韩康伯曰:"天下之动,必归于一。思以求朋未能,寂寂以感物,不思而至也。"

子曰:"天下何思何虑? 天下同归而殊涂,一致而百虑。

韩康伯曰:"夫少则得,多则惑。涂虽殊,其归则同;虑虽百,其致不二。苟识其要,不在博求。一以贯之,不〔三〕虑而尽矣。"

天下何思何虑?

虞翻曰:"'易无思也',既济定,六位得正,故'何思何虑'。"

日往则月来,

〔一〕"一",原作"奇",今据诸本改。
〔二〕"臣",原作"子",今据卢本、四库本、周本及曹校改。
〔三〕"不",原作"百",今据宋本、胡本、卢本、孙氏集解及周易正义改。

虞翻曰："谓咸初往之四,与五成离,故'日[一]往';与二成坎,故'月来'。之外日往,在内月来,此就爻之正者也。"

月往则日来,

虞翻曰："初变之四,与上成坎,故'月往';四变之初,与三[二]成离,故'日来'者也。"

日月相推而明生焉。

虞翻曰："既济体两离坎象,故'明生焉'。"

寒往则暑来,

虞翻曰："乾为寒,坤为暑,谓阴息阳消,从姤至否,故'寒往暑来'也。"

暑往则寒来,

虞翻曰："阴诎阳信,从复至泰,故'暑往寒来'也。"

寒暑相推而岁成焉。

崔憬曰："言日月寒暑往来虽多而明生、岁成,相推则一,何思何虑于其间哉!"

往者屈[三]也,

荀爽曰："阴气往,则万物屈者也。"

来者信也,

荀爽曰："阳气来,则万物信者也。"

屈信相感,则利生焉。

虞翻曰："感,咸象,故'相感'。天地感而万物化生,圣人感人心

〔一〕"日",原作"曰",今据诸本改。
〔二〕"三",卢本作"二"。
〔三〕"屈",卢本、周本作"诎"。

而天下和平,故'利生'。利〔一〕生谓阳出震,阴伏藏。"

尺蠖之屈,以求信也。

荀爽曰:"以喻阴阳气屈以求信也。"

龙蛇之蛰,以存身也。

虞翻曰:"蛰〔二〕,潜藏也,龙潜而蛇藏。阴息初,巽为蛇;阳息初,震为龙;十月坤成,十一月复生;姤巽在下,龙蛇俱蛰;初坤为身,故'龙蛇之蛰,以存身'。"○侯果曰:"不屈则不信,不蛰则无存,则屈蛰相感而后利生矣。以况无思得一,则万物归思矣。庄子曰:'古之畜天下者,其治一也。'记曰:'通于一,万事毕。无心得,鬼神服。'此之谓矣。蠖,屈行虫,郭璞云'蝍蟉也'。"

精义入神,以致用也。

姚信曰:"阳称精,阴为义,入在初也,阴阳〔三〕在初,深不可测,故谓之'神'。变为姤复,故曰'致用也'。"○韩康伯曰:"精义,物理之微者也。神,'寂然不动,感而遂通'者也。理入寂一,则精义斯得,乃用无〔四〕极也。"○干宝曰:"能精义理之微,以得未然之事,是以涉于神道而逆福祸〔五〕也。"

利用安身,以崇德也。

九家易曰:"利用,阴道用也,谓姤时也。阴升上,究则乾伏坤中,屈以求信,阳当复升,安身嘿处也。时既潜藏,故'利用〔六〕安身,

---

〔一〕 两"利"下,原有"害"字,今据卢本、四库本、周本及曹校删。

〔二〕 "蛰",原脱,今据卢本、周本补。

〔三〕 "阳",原脱,今据诸本及曹校补。

〔四〕 "无",原作"元",今据诸本改。

〔五〕 "福祸",诸本倒。

〔六〕 "用",原脱,今据卢本、四库本、周本补。

以崇其德'。崇德,'体卑而德高'。"〇韩康伯曰:"利用之道,皆
'安其身而后动'也。精义由于入神以致其用,利用由于安以崇
其德。理必由乎其宗,事各本乎其根。归根则宁,天下之理得也。
若役其思虑,以求动用;忘〔一〕其安身,以殉功美〔二〕,则为〔三〕弥多
理愈失,名弥美而累愈彰矣。"

过此以往,未之或知也。

荀爽曰:"出乾之外,无有知之。"

穷神知化,德之盛也。"

虞翻曰:"以坤变乾,谓之'穷神'。以乾通坤,谓之'知化'。乾为
盛德,故'德之盛'。"〇侯果曰:"夫'精义入神','利〔四〕用崇
德',亦一致之道极矣。过斯以往,则未之能知也。若穷于神理,
通于变化,则'德之盛'者能矣。"

易曰:"困于石,据于蒺藜,入于其宫,不见其妻,凶。"

孔颖达曰:"上章先言'利用安身,可以崇德'。若身自危辱,何崇之
有? 此章引困之六三,履非其位,欲上于〔五〕四,四自应初,不纳于己,
是困于九四之石也。三又乘二,二是刚物〔六〕,非己所乘,是据〔七〕于

〔一〕"忘",原作"妄",今据诸本及曹校改。
〔二〕"美",原作"义",今据卢本、四库本、周本及曹校改。
〔三〕"为",毛本、卢本、四库本、周本作"伪",古字通。
〔四〕"利",原作"则",今据诸本及曹校改。
〔五〕"于",周易正义作"干"。
〔六〕"物",周易正义作"阳"。
〔七〕"九四之石也。三又乘二,二是刚物,非己所乘,是据",原脱,今据卢本、
　　周本补。

九二之蒺藜也。又有'入于其宫,不见其妻,凶'之象也。"

子曰:"非所困而困焉,名必辱。

虞翻曰:"困本咸,咸三入宫,以阳之阴,则二制坤,故以次〔一〕咸。为四所困,四失位〔二〕恶人,故'非所困而困〔三〕焉'。阳称名,阴为辱,以阳之阴下,故'名必辱'也。"

非所据而据焉,身必危。

虞翻曰:"谓据二,二失位,故'非所据而据焉'。二变时,坤为身,二折坤体,故'身必危'。"

既辱且危,死期〔四〕将至,妻其可得见邪?"

陆绩曰:"六三从困辱之家,变之大过,为棺椁,死丧之象,故曰'死期将至,妻不可得见'。"

易曰:"公用射隼于高墉之上,获之无不利。"

孔颖达曰:"前章先须'安身,可以崇德',故此明'藏器于身,待时而动',是有利也,故引解之上六以证之矣。"

子曰:"隼者,禽也。

虞翻曰:"离为隼,故称'禽'。言其行野,容如禽兽焉。"

弓矢者,器也。

虞翻曰:"离为矢,坎为弓,坤为器。"

耿之者,人也。

虞翻曰:"人,贤人也,谓乾三伏阳出而成乾,故曰'躲之者,人'。

〔一〕"次",胡本、毛本、四库本作"决"。
〔二〕"位",原作"信",今据诸本及曹校改。
〔三〕"而困",原脱,今据卢本、四库本、周本及曹校补。
〔四〕"期",卢本、周本作"其"。下注同,不再出校。

人则公,三应上,故上令三出而躲隼也。”

君子藏器于身,待时而动,何不利之有?

虞翻曰:“三伏阳为君子。二变时,坤为身、为藏器,为藏弓矢以
待躲隼。艮为待、为时,三待五来之二,弓张矢发,动出成乾,贯
隼,入大过死,两坎象坏〔一〕,故‘何不利之有’。象曰‘以解悖’,
三阴,小人,乘君子器,故上观三出,躲去隼也。”

动而不括,是以出而有获。语成器而动者也。”

虞翻曰:“括,作也。震为语,乾五之坤二成坎弓离矢,动以贯隼,
故‘语成器而后动者也’。”

子曰:“小人不耻不仁,不畏不义,

虞翻曰:“谓否也。以坤灭乾,为‘不仁’、‘不义’。坤为耻、为义,
乾为仁、为畏者也。”

不见利不劝,不威不惩。

虞翻曰:“否乾为威、为利,巽为近利,谓否五之初,成噬嗑市,离
日见乾为见利;震〔二〕为动,故‘不见利不动’。五之初,以乾威
坤,故‘不威,不惩’。震为惩也。”

小惩而大诫,此小人之福也。

虞翻曰:“艮为小,乾为大,五下威初,坤杀不行,震惧虩虩,故‘小惩
大诫’。坤为小人,乾为福,以阳下阴,‘民说无疆’,故‘小人福也’。”

易曰:‘屦校灭趾,无咎。’此之谓也。”

九家易曰:“噬嗑六五,本先在初,处非其位,小人者也。故历说小人

〔一〕“坏”,原作“杯”,今据毛本、卢本、四库本、周本及曹校改。
〔二〕“震”,原作“坎”,今据卢本、四库本、周本改。

所以为罪,终以致害,虽欲为恶,能止不行,则无咎。"〇侯果曰:"噬嗑初九爻辞也。校者,以木夹足止行也。此明小人因小刑而大诫乃福也。"

"善不积,不足以成名。

虞翻曰:"乾为积善,阳称名。"

恶不积,不足以灭身。

虞翻曰:"坤为积恶、为身,以乾灭坤,故'灭身'者也。"

小人以小善为无益而弗为也,

虞翻曰:"小善谓复初。"

以小恶为无伤而弗去也,

虞翻曰:"小恶谓姤初。"

故恶积而不可掩,

虞翻曰:"谓阴息姤至遁,'子弑其父',故'恶积而不可掩'。"

罪大而不可解。"

虞翻曰:"阴息遁成否,'以臣弑君',故'罪大而不可解'也。"

易曰:"何校灭耳,凶。"

九家易曰:"噬嗑上九爻辞也。阴自初升五,所在失正,积恶而罪大,故为上所灭。善不积,斥五阴爻也。聪不明者,闻善不听,闻戒不改,故'凶'也。"

子曰:"危者,安其位者也。

崔憬曰:"言有危之虑,则能'安其位',不失也。"

亡者,保其存者也。

崔憬曰:"言有亡之虑,则能'保其长存'者也。"

乱者,有其治者也。

崔憬曰:"言有防乱之虑,则能'有其治'者也。"

是故君子安而不忘危,

虞翻曰:"君子,大人,谓否五也。否坤为安,危谓上也。"○翟玄曰:"在安虑危。"

存而不忘亡,

荀爽曰:"谓除戎器,戒不虞也。"○翟玄曰:"在存而虑亡。"

治而不忘乱。

荀爽曰:"谓思患而逆防之。"○翟玄曰:"在治而虑乱。"

是以身安而国家可保也。"

虞翻曰:"坤为身。谓否反成泰,君位定于内,而臣忠于外,故'身安而邦家可保也'。"

易曰:"其亡! 其亡!

荀爽曰:"存不忘亡也。"

系于包桑。"

荀爽曰:"桑者,上玄下黄,乾坤相包以正,故'不可忘也'。"○陆绩曰:"自此以上,皆谓否阴灭阳之卦。五在否家,虽得中正,常自惧以危亡之事者也。"

子曰:"德薄而位尊,

虞翻曰:"鼎四也,则离九四,凶恶小人,故'德薄'。四在乾位,故'位尊'。"

知小^{〔一〕}而谋大,

〔一〕"小",卢本、周本作"少"。下注同,不再出校。卢本、张本并小字注云:今本"少"作"小"。

虞翻曰:"兑为小知,乾为大谋,四在乾体,故'谋大'矣。"

力少而任重,

虞翻曰:"五至初体大过,本末弱,故'力少'也。乾为仁,故'任重'。'以为己任,不亦重乎?'"

鲜[一]不及矣。

虞翻曰:"鲜,少也。及[二],及于刑矣。"

易曰:'鼎折足,覆公悚,其形渥,凶。'言不胜其任也。"

孔颖达曰:"言不能安身,智小谋大而遇祸也,故引鼎九四以证之矣。"

子曰:"知几,其神乎?

虞翻曰:"几谓阳也。阳在复初称几。此谓豫四也。恶鼎四折足,故以此次。言豫四'知几'而反复初。"

君子上交不谄,下交不渎,

虞翻曰:"豫二[三]谓四也,四失位谄渎。上谓交五,五贵,震为笑言,笑言且谄也,故'上交不谄';下谓交三,坎为渎,故'下交不渎'。欲其复初,得正元吉,故'其知几乎'。"

其知几乎?

侯果曰:"上谓王侯,下谓凡庶。君子上交不至谄媚,下交不至渎慢,悔吝无从而生,岂非知微者乎?"

几者动之微,吉之先见者也。

〔一〕"鲜",卢本、周本作"尠"。

〔二〕"及",原脱,今据卢本、周本补。

〔三〕"二",原作"上",今据卢本、周本及曹校改。

虞翻曰："阳^{〔一〕}见初成震,故'动之微'。复初'元吉',吉^{〔二〕}之先见者也。"○韩康伯曰："几者,去无入有,理而未形者,不可以名寻,不可以形睹也。'唯神也,不疾而速,感而遂通',故能玄照鉴于未形也。'合抱之木,起于毫末';吉凶之彰,始乎微兆,故言'吉之先见'。"

君子见几而作,不俟终日。易曰:'介于石,不终日,贞吉。'介如石焉,宁用终日? 断可识矣。

孔颖达曰："前章云'精义入神',此明知几入神之事,故引豫^{〔三〕}之六二以证之。"○崔憬曰："此爻得位居中,于豫之时,能顺以动而防于豫,如石之耿介,守志不移,虽暂豫乐,以其见微而'不终日',则能'贞吉',断可知矣。"

君子知微知彰,知柔知刚,

姚信曰："此谓豫卦^{〔四〕}也。二下交初,故曰'知微'。上交于三,故曰'知彰'。体坤处和,故曰'知柔'。与四同功,故曰'知刚'。"

万夫之望。"

荀爽曰："圣人作而万物睹。"○干宝曰："言君子苟达于此,则'万夫之望'矣。周公闻齐鲁之政,知后世强弱之势;辛有见被发而祭,则知为戎狄之居。凡若此类,可谓'知几'也,皆称'君子'。君子则以得几,不必圣者也。"

〔一〕"阳"下,原有"吉",今据毛本、卢本、四库本、周本删。
〔二〕"吉",原脱,今据毛本、卢本、四库本、周本补。
〔三〕"豫",原作"易",今据毛本、卢本、四库本、周本改。
〔四〕"卦",周本作"二"。

子曰：“颜氏之子，其殆庶几乎？

　　虞翻曰：“几者，神妙也。颜子知微，故‘殆庶几’。孔子曰：‘回也，其庶几乎？’”

有不善未尝不知，

　　虞翻曰：“‘复以自知。’老子曰：‘自知者明。’”

知之未尝复行也。

　　虞翻曰：“谓颜回‘不迁怒，不贰过’，‘克己复礼，天下归仁’。”

易曰：‘不远复，无祗悔，元吉〔一〕。’”

　　侯果曰：“复初九爻辞。殆，近也。庶，冀也。此明知微之难。则知微者唯圣人耳。颜子亚圣，但冀近于知微而未得也。在微则昧，理彰而悟，失在未形，故有不善，知则速改，故无大过。”

―――――――――

〔一〕此句及注，原误置于十六卷卷首，今据卢本、周本移于此。

周易集解卷第十六

天地絪縕，万物化醇。

> 虞翻曰："谓泰上也。先说否，否反成泰，故不说。泰，'天地交，万物通'，故'化醇'。"○孔颖达曰："以前章'利用安身，以崇德也'，安身之道，在于得一，若己能得一，则可以安身，故此章明得一之事也。絪缊，气附著之义。言天地无心，自然得一。唯二气絪缊，共相和会，感应变化，而有精醇之生，万物自化〔一〕。若天地有心为一，则不能使'万物〔二〕化醇'者也。"

男女构精，万物化生。

> 虞翻曰："谓泰初之上成损，艮为男，兑为女，故'男女构精'。乾为精。损反成益，万物出震，故'万物化生'也。"○干宝曰："男女犹阴阳也，故'万物化生'。不言阴阳而言男女者，以指释损卦六三之辞主于人事也。"

易曰："三人行，则损一人；一人行，则得其友。"言致一也。

> 侯果曰："损六三爻辞也。象云'一人行，三则疑'，是众不如寡，

〔一〕"自化"，原脱，今据诸本及曹校补。

〔二〕"万物"下，原衍"一"字，今据毛本、卢本、四库本、周本及曹校删。

三不及一。此明物情相感,当上法纲缊化醇致一之道,则无患累者也。"

子曰:"君子安其身而后动,

虞翻曰:"谓反损成益。君子,益初也。坤为安身,震为后动。"○崔憬曰:"君子将动有所为,必自揣安危之理,在于己身,然后动也。"

易其心而后语,

虞翻曰:"乾为易,益初体复心,震为后语。"○崔憬曰:"君子恕己及物,若于事,心难不可出语,必和易其心而后言。"

定其交而后求。

虞翻曰:"震专为定、为后,交谓刚柔始交,艮为求也。"○崔憬曰:"先定其交,知其才行,若好施与吝,然后可以事求之。"

君子修此三者,故全也。

虞翻曰:"谓否上之初,'损上益下,其道大光','自上下下,民说无疆',故'全也'。"

危以动,则民不与也。

虞翻曰:"谓否上九'高而无位',故危。坤民否闭,故弗与也。"

惧以语,则民不应也。

虞翻曰:"否上穷灾,故惧。不〔一〕下之初成益,故'民不应'。坤为民,震为应也。"

无交而求,则民不与也。

虞翻曰:"上来之初,故'交'。坤民否闭,故'不与'。震为交。"

〔一〕"不",原作"来",今据卢本、周本及曹校改。

莫之与,则伤之者至矣。

> 虞翻曰:"上不之初,否消灭乾,则体剥伤;'臣弑君,子弑父',故'伤之至矣'。"

易曰:'莫益之,或击之,立心勿恒,凶。'"

> 侯果曰:"益上九爻辞也。此明先安身易心,则群善自应。若危动惧语,则物所不与,故'凶'也。"

子曰:"乾坤,其易之门邪?"

> 荀爽曰:"阴阳相易,出于乾坤,故曰门。"

乾,阳物也;坤,阴物也。

> 荀爽曰:"阳物,天。阴物,地也。"

阴阳合德而刚柔有体,

> 虞翻曰:"合德谓'天地杂','保大和','日月战'。乾刚以体天,坤〔一〕柔以体地也。"

以体天地之撰,

> 九家易曰:"撰,数也。万物形体皆受天地之数也。谓九,天数;六,地数也。刚柔得以为体矣。"

以通神明之德。

> 九家易曰:"隐藏谓之神,著见谓之明。阴阳交通,乃谓之德。"

其称名也杂而不越。

> 九家易曰:"阴阳杂也。名谓卦名。阴阳虽错而卦象各有次序,不相逾越。"

〔一〕"坤",原脱,今据毛本、卢本、四库本、周本及曹校补。

于稽其类,其衰世之意邪?

虞翻曰:"稽,考也。三称盛德,上称末世,乾终上九,动则入坤,坤弑其君父,故为乱世。阳出复震,入坤出坤,故'衰世之意邪'。"○侯果曰:"于,嗟也。稽,考也。易象考其事类,但以吉凶得失为主,则非淳古之时也,故云'衰世之意'耳。言'邪',示疑不欲切指也。"

夫易彰往而察来,而微显阐幽,开而当名,

虞翻曰:"'神以知来,智以藏往'。微者显之,谓从复成乾,是'察来'也。阐者幽之,谓从姤之坤,是'彰往'也。阳息出初,故'开而当名'。"

辩物正言,断辞则备矣。

于宝曰:"辩物〔一〕,辩物类也。正言,言正义也。断辞,断吉凶也。如此则备于经矣。"

其称名也小,

虞翻曰:"谓乾坤与六子俱名八卦而小成,故小。'复,小而辩于物'者矣。"

其取类也大。

虞翻曰:"谓乾阳也,为天、为父,'触类而长之',故'大'也。"

其旨远,其辞文,

虞翻曰:"远谓乾,文谓坤也。"

其言曲而中,其事肆而隐,

〔一〕"辩物",原脱,今据周本及曹校补。

虞翻曰："曲,屈〔一〕;肆,直也。阳曲初,震为言,故'其言曲而中'。坤为事,隐未见,故'肆而隐'也。"

因贰以济民行,以明失得之报。

虞翻曰："二谓乾与坤也。坤为民,乾为行,行得则乾报以吉,行失则坤报以凶也。"

易之兴也,其于中古乎?

虞翻曰："兴易者,谓庖牺也。文王书经,系庖牺于乾五,乾为古,五在乾中,故兴于中古。系以黄帝、尧、舜为后世圣人,庖牺为中古,则庖牺以前为上古。"

作易者,其有忧患乎?

虞翻曰："谓忧患〔二〕百姓未知兴利远害,不行礼义,茹毛饮血,衣食不足,庖牺则天,八卦通为六十四,以德化之,'吉凶与民同患',故'有忧患'。"

是故履,德之基也。

虞翻曰："乾为德,履与谦旁通,坤柔履刚,故'德之基'。坤为基。"○侯果曰："履,礼。蹈礼不倦,'德之基也'。自下九卦,是复道之最,故特言矣。"

谦,德之柄也。

虞翻曰："坤为柄,柄,本也。凡言德,皆阳爻也。"○干宝曰："柄所以持物、谦所以持礼者也。"

〔一〕"曲屈",原倒,今据诸本乙。
〔二〕"忧患",原倒,今据毛本、卢本、四库本、周本及曹校乙。

复,德之本也。

> 虞翻曰:"复〔一〕初,乾之元,故'德之本也'。"

恒,德之固也。

> 虞翻曰:"'立不易方',守德之坚固。"

损,德之修也。

> 荀爽曰:"惩忿窒欲,所以修德。"

益,德之裕也。

> 荀爽曰:"见善则迁,有过则改,德之优裕也。"

困,德之辩也。

> 郑玄曰:"辩,别也。遭困之时,'君子固穷,小人穷则滥',德于是别也。"

井,德之地也。

> 姚信曰:"井养而不穷,德居地也。"

巽,德之制也。

> 虞翻曰:"巽风为号令,所以制下,故曰'德之制也'。"○孔颖达曰:"此上九卦,各以德为用也。"

履和而至,

> 虞翻曰:"谦与履通,谦坤柔和,故'履和而至'。'礼之用,和为贵'者也。"

谦尊而光,

> 荀爽曰:"'自上下下,其道大光'也。"

复小而辩于物,

〔一〕"复",原作"德",今据毛本、卢本、四库本、周本及曹校改。

虞翻曰："阳始见,故'小'。乾阳物,坤阴物,以乾居坤,故称别物。"

恒杂而不厌,

荀爽曰："夫妇虽错居,不厌之道也。"

损先难而后易,

虞翻曰："损初之上失正,故'先难'。终反成益,得位于初,故'后易','易其心而后语'。"

益长裕而不设,

虞翻曰："谓天施地生,其益无方。凡益之道,'与时偕行',故'不设'也。"

困穷而通,

虞翻曰："阳穷否上,变之坤二成坎,坎为通,故'困穷而通'也。"

井居其所而迁,

韩康伯曰："'改邑不改井',井所居不移而能迁其施也。"

巽称而隐。

崔憬曰："言巽申命行事,是称扬也。阴助德化,是微隐也。自此已下〔一〕,明九卦德之体者也。"

履以和行,

虞翻曰："'礼之用,和为贵',谦震为行,故'以和行'也。"

谦以制礼,

虞翻曰："阴称礼,谦三以一阳制五阴,万民服,故'以制礼'也。"

复以自知,

〔一〕"下",原作"上",今据毛本、卢本、四库本、周本改。

虞翻曰：“‘有不善，未尝不知’，故‘自知’也。”

恒以一德，

虞翻曰：“‘恒，德之固’，‘立不易方’，‘从一而终’，故‘一德’者也。”

损以远害，

虞翻曰：“坤为害，泰以初止坤上，故‘远害’。乾为远。”

益以兴利，

荀爽曰：“天施地生，其益无方，故‘兴利’也。”

困以寡怨，

虞翻曰：“坤为怨，否〔一〕弑父与君，乾来上折坤二，故‘寡怨’。坎水性通，故不怨也。”

井以辩义，

虞翻曰：“坤为义，以乾别坤，故‘辩义’也。”

巽以行权。

九家易曰：“巽象号令，又为近利，人君政教，进退释〔二〕利而为权也。春秋传曰：‘权者，反于经，然后有善者也。’此所以说九卦者，圣人履忧济民之所急行也。故先陈其德，中言其性，后叙其用，以详之也。西伯劳谦，殷纣骄暴，臣子之礼有常，故创易道以辅济君父者也。然其意义广远幽微，孔子指撮，解此九卦之德，合三复之道，明西伯之于纣不失上下。”

〔一〕“否”，原作“不”，今据卢本、周本及曹校改。
〔二〕“释”，周本作“择”。

易之为书也不可远，

侯果曰："居则观象，动则玩占，故'不可远'也。"

为道也屡迁，

虞翻曰："迁，徙也。日月周流，上下无常，故'屡迁'也。"

变动不居，周流六虚；

虞翻曰："变，易；动，行；六虚，六位也。日月周流，终则复始，故'周流六虚'。谓甲子之旬辰巳〔一〕虚，坎戊为月，离己为日，入在中宫，其处空虚，故称'六虚'。五甲如次者也。"

上下无常，刚柔相易，

虞翻曰："'刚柔者，昼夜之象也'。在天称上，入地为下，故'上下无常'也。"

不可为典要，唯变所适。

虞翻曰："典，常；要，道也。'上下无常'，故'不可为典要'，适乾为昼，适坤为夜。"○侯果曰："谓六爻刚柔相易，远近恒'唯变所适'，非有典要。"

其出入以度，外内使知惧。

虞翻曰："出乾为外，入坤为内，日行一度，故'出入以度'。出阳知生，入阴惧死，'使知惧'也。"○韩康伯曰："明出入之度，使物知外内之戒也。出入犹行藏，外内犹隐显。遁以远时为吉，丰以幽隐致凶，渐以高显为美，明夷以处昧利贞，此外内之戒也。"

又明于忧患与故。

虞翻曰："'神以知来'，故明忧患。'智以藏往'，故知事故。'作

〔一〕"巳"，原作"为"，今据卢本、周本及曹校改。

易者其有忧患乎?'"

无有师保,如临父母。

> 虞翻曰:"临,见也。言阴阳施行,以生万物,无有师保生成之者。万物出生,皆如父母。孔子曰:'父母[一]之道,天地。'乾为父,坤为母。"○干宝曰:"言易道以戒惧为本,所谓'惧以终始,归无咎也'。外谓丈夫之'从王事',则'夕惕若厉';内谓妇人之居室,则'无攸遂'也。虽无师保切磋之训,其心敬戒,常如父母之临己者也。"

初率[二]其辞而揆其方,

> 虞翻曰:"初,始,下也。率,正也。谓修辞立诚。方谓坤也。以乾通坤,故'初帅其辞而揆其方'。"○侯果曰:"率,修。方,道也。言修易初首之辞,度[三]其终末之道,尽有典常,非虚设。"

既有典常,苟非其人,道不虚行。

> 虞翻曰:"'其出入以度',故'有典常'。苟,诚也。其人谓乾,为贤人。'神而明之,存乎其人,不言而信,谓之德行',故'不虚行'也。"○崔憬曰:"言易道深远,若非其[四]圣人,则不能明其道。故知易道不虚而自行,必文王然后[五]弘也。"

易之为书也,

> 干宝曰:"重发易者,别殊旨也。"

〔一〕"母",原作"子",今据毛本、卢本、四库本、周本及曹校改。
〔二〕"率",卢本、周本作"帅"。下注同,不再出校。
〔三〕"度"上,毛本、卢本、四库本、周本有"而"字。
〔四〕"其",张本、周本无此字。
〔五〕"后"下,毛本有"能"字。

原始要终,以为质也。

虞翻曰:"质,本也。以乾原始,以坤要终,谓'原始反^{〔一〕}终,以知死生之说'。"○崔憬曰:"质,体也。言易之书,原穷其事之初,若初九'潜龙勿用',是'原始'也;又要会其事之末,若上九'亢龙有悔',是'要终'也。易原始潜龙之勿用,要终亢龙之有悔,复相明以为体也。诸卦亦然,若大畜而后通之类是也。"

六爻相杂,唯其时物也。

虞翻曰:"阴阳错居称杂,时阳则阳,时阴则阴,故'唯其时物'。乾,阳物。坤,阴物。"○干宝曰:"一卦六爻,则皆杂有八卦之气,若初九为震爻,九二为坎爻也。或若见辰戌言艮、巳亥言兑也。或若以甲壬名乾、以乙癸名坤也。或若以午位名离、以子位名坎。或若德来为好物,刑来为恶物^{〔二〕}。王相为兴,休废为衰。"

其初难知,其上易知,本末也。

侯果曰:"本末,初上也。初则事微,故'难知'。上则事彰,故'易知'。"

初辞拟之,卒成之终。

干宝曰:"初拟议之,故'难知';卒终成之,故'易知'。本末势然也。"○侯果曰:"失在初微,犹可拟议而之福。过在卒成,事之终极,非拟议所及,故曰'卒成之终'。假如乾之九三,噬嗑初九,犹可拟议而之善。至上九,则凶灾不移,是事之'卒成之终',极凶不变也。"

〔一〕"反",胡本、卢本、周本作"及"。
〔二〕"或若德来为好物,刑来为恶物",原作"或若德来为恶物",今据卢本、周本及曹校补。

若夫杂物撰德，辩是与非，则非其中爻不备。

虞翻曰："'撰德'，谓乾辩别也，是谓阳，非谓阴也。中，正。乾六爻二、四、上非正；坤六爻初、三、五非正，故'杂物'。'因而重之，爻在其中'，故'非其中'，则爻辞不备。道有变动，故曰爻也。"○崔憬曰："上既具论初上二爻，次又以明其四爻也。言中四爻杂合所主之事，撰集所陈之德，能辩其是非，备在卦中四爻也。"

噫！亦要存亡吉凶，则居可知矣。

虞翻曰："谓知存、知亡，要终者也。居乾吉则存，居坤凶则亡，故曰'居可知矣'。"○崔憬曰："噫，叹声也。言中四爻，亦能要定卦中存亡吉凶之事，居然可知矣。孔疏扶王弼义，以此中爻为二、五之爻，居中无偏，能统一卦之义。事必不然矣。何则？上文云'六爻相杂，唯其时物'，言虽错杂而各独会于时，独主于物，岂可以二五之爻而兼其杂物撰德、是非存亡吉凶之事乎？且二、五之撰德与是，要存与吉，则可矣；若主物与非，要亡与凶，则非其所象，故知其不可矣。但上论初、上二爻，则此中总言四爻矣。下论二、四、三、五，则是重述其功位者也。"

知者观其彖辞，则思过半矣。

韩康伯曰："夫彖举立象之统，论中爻之义，约以存博，简以兼众，杂物撰德，而一以贯之者也。形之所宗者道，众之所归者一，其事弥繁，则愈滞乎有[一]；其理弥约，则转近乎道。彖之为义，存乎一也。一之为用，同乎道矣。形而上者，可以观道。过乎[二]半之

〔一〕"有"，周易正义作"形"。
〔二〕"乎"，周本无此字。

益,不亦宜乎!"

二与四同功

韩康伯曰:"同阴功也。"○崔憬曰:"此重释中四爻功位所宜也。二主士大夫位,佐于一国;四主三孤、三公、牧伯之位,佐于天子,皆同有助理之功也。"

而异位,

韩康伯曰:"有外内也。"○崔憬曰:"二,士大夫,位卑;四,孤、公、牧伯,位尊,故有异也。"

其善不同,二多誉,四多惧,近也。

韩康伯曰:"二处中和,故'多誉'也。四近于君,故'多惧'也。"

柔之为道,不利远者。

崔憬曰:"此言二、四皆阴位。阴之为道,近比承阳,故'不利远'矣。"

其要无咎,其用柔中也。

崔憬曰:"言二是阴远阳,虽则不利,其要或有无咎者。以二柔居中,异于四也。"

三与五同功而异位,

韩康伯曰:"有贵贱也。"○崔憬曰:"三,诸侯之位。五,天子之位。同有理人之功,而君臣之位异者也。"

三多凶,五多功,贵贱之等也。

崔憬曰:"三处下卦之极,居上卦之下[一],为一国之君,有威权之

〔一〕"之下",原脱,今据毛本、卢本、四库本、周本及曹校补。

重,而上臣天子〔一〕,若无含章之美,则必致凶。五既居中不偏,贵乘天位,以道济物,广被寰中,故'多功'。"

其柔危,其刚胜邪。

侯果曰:"三五阳位,阴柔处之,则多凶危;刚正居之,则胜其任。言'邪'者,不定之辞也。或有柔居而吉者,得〔二〕其时也;刚居而凶,失〔三〕其应也。"

易之为书也,广大悉备。

荀爽曰:"以阴〔四〕易阳谓之广,以阳易阴谓之大。'易与天地准',固悉备也。"

有天道焉,有人道焉,有地道焉。

崔憬曰:"言易之为书,明三才,广无不被,大无不包,悉备有万物之象者也。"

兼三材而两之,故六。六者,非他也,三材之道也。

崔憬曰:"言重卦六爻,亦兼天地人道,两爻为一材,六爻有〔五〕三材,则是'兼三材而两之,故六'。六者,即三才之道也。"

道有变动,故曰爻。

陆绩曰:"天道有昼夜日月之变,地道有刚柔燥湿之变,人道有行止动静、吉凶善恶之变。圣人设爻以效三者之变动,故谓之'爻'

〔一〕"臣",毛本、卢本、四库本、周本作"承"。
〔二〕"得",卢本、周本作"居"。
〔三〕"失",原作"私",今据卢本、周本及曹校改。
〔四〕"阴",原作"阳",今据诸本及曹校改。
〔五〕"有",诸本作"为"。

者也。"

爻有等,故曰物。

干宝曰:"等,群也。爻中之义,群物交集,五星四气,六亲九族,福德刑杀,众形万类,皆来发于爻,故总谓之物也。象'颐中有物曰噬嗑',是其义也。"

物相杂,故曰文。

虞翻曰:"乾阳物,坤阴物,纯乾纯坤之时,未有文章,阳物入坤,阴物入乾,更相杂〔一〕,成六十四卦,乃有文章,故曰'文'。"

文不当,故吉凶生焉。

干宝曰:"其辞为文也。动作云为,必考其事,令与爻义相称也。事不称义,虽有吉凶,则非今日之吉凶也。故'元亨利贞',而穆姜以死;'黄裳元吉',南蒯以败,是所谓'文不当'也。故于经则有'君子吉,小人否',于占则王相之气,君子以迁官,小人以遇罪也。"

易之兴也,其当殷之末世,周之盛德邪? 当文王与纣之事邪?

虞翻曰:"谓文王书易六爻之辞也。末世,乾上。盛德,乾三也。'文王三分天下而有其二,以服事殷,周德其可谓至德矣',故'周之盛德'。纣穷否上,知存而不知亡,知得而不知丧,终以焚死,故'殷之末世'也。而马、荀、郑君从俗,以文王为中古,失之远矣。"

是故其辞危。

〔一〕"杂",原作"离",今据诸本及曹校改。

虞翻曰：“危谓乾三‘夕惕若厉’，故‘辞危’也。”

危者使平，

陆绩曰：“文王在纣世，有危亡之患，故于易辞多趋危亡，本自免济，建成王业，故易爻辞‘危者使平’，以象其事，否卦九五‘其亡其亡，系于包桑’之属是也。”

易者使倾。

陆绩曰：“易，平易也。纣安其位，自谓平易而反[一]倾覆，故易爻辞‘易者使倾’，以象其事，明夷上六‘初登于天，后入于地’之属是也。”

其道甚大，百物不废。

虞翻曰：“大谓乾道。乾三爻三十六物，故‘百物不废’[二]。略其奇八，与大衍之五十同义。”

惧以终始，其要无咎，此之谓易之道也。

虞翻曰：“乾称易道，‘终日乾乾’，故‘无咎’。‘危者使平，易者使倾’，‘恶盈福谦’，故‘易之道’者也。”

夫乾，天下之至健也，德行恒易以知险。

虞翻曰：“险谓坎也。谓乾二、五之坤成坎离，日月丽天，天险不可升，故‘知险’者也。”

夫坤，天下之至顺也，德行恒简以知阻。

虞翻曰：“阻，险阻也。谓坤二、五之乾，艮为山陵，坎为水，巽高兑

〔一〕“反”，原作“本”，今据诸本及曹校改。
〔二〕“百物不废”，卢本、周本作“有百物”，胡本作“有百不废”。

下,地险山川丘陵,故'以知阻'〔一〕也。"

能说诸心,

虞翻曰:"乾五之坤,坎为心,兑为说,故'能说诸心'。谓'说诸心',物之有心者也〔二〕。"

能研诸侯之虑,

虞翻曰:"坎心为虑,乾初〔三〕之坤为震,震为诸侯,故'能研诸侯之虑'。"

定天下之吉凶,成天下之亹亹者。

虞翻曰:"谓乾二、五之坤,成离日坎月,则八卦象具,八卦定吉凶,故能'定天下之吉凶'。亹亹,进也。离为龟,乾为蓍,月生震初,故'成天下之亹亹者',谓'莫善蓍龟'也。"○荀爽曰:"亹亹者,阴阳之微,可成可败也。顺时者成,逆时者败也。"

是故变化云为,吉事有祥。

虞翻曰:"祥,几祥也,吉之先见者也。阳出,'变化云为,吉事为祥',谓复初乾元者也。"

象事知器,占事知来。

虞翻曰:"象事谓坤,坤为器,乾五之坤成象,故'象事知器'也。占事谓'乾以知来'。乾五动成离,则'玩其占',故'知来'。"○侯果曰:"易之'云为','唯变所适'。为善则吉事必应,观象则用器可为,求吉则未形可睹者也。"

天地设位,圣人成能。

〔一〕"阻",原作"险",今据胡本、卢本、周本及曹校改。
〔二〕"谓说"至"者也"十字,卢本、周本无。曹校以为衍文。
〔三〕"初",原作"二",今据诸本及曹校改。

虞翻曰：“天尊五，地卑二，故‘设位’。乾为圣人。‘成能’，谓‘能说诸心，能研诸侯之虑’，故‘成能’也。”○崔憬曰：“言易拟天地，设乾坤二位，以明重卦之义，所以成圣人伏羲、文王之能事者也。”

人谋鬼谋，百姓与能。

虞翻曰：“乾为人，坤〔一〕为鬼，乾二五之坤，坎〔二〕为谋，乾为百，坤为姓，故‘人谋鬼谋，百姓与能’。”○朱仰之曰：“人谋，谋及卿士。鬼谋，谋及卜筮也。又谋及庶民，故曰‘百姓与能’也。”

八卦以象告，

虞翻曰：“在天成象，乾二五之坤，则八卦象成。兑口震言，故‘以象告’也。”

爻象以情言，

崔憬曰：“伏羲始画八卦，因而重之，以备万物而告于人也。爻谓爻下辞，象谓卦下辞，皆是圣人之情见乎系辞，而假爻象以言，故曰‘爻象以情言’。”

刚柔杂居，而吉凶可见矣。

虞翻曰：“乾二之坤成坎，坤五之乾成离，故‘刚柔杂居’。艮为居，离有巽兑，坎有震艮，八卦体备，故‘吉凶可见’也。”○崔憬曰：“言文王以六爻刚柔相推而物杂居，得理则吉，失理则凶，故‘吉凶可见’也。”

变动以利言，

虞翻曰：“乾变之坤成震，震为言，故‘变动以利言’也。”

〔一〕“坤”，原作“坎”，今据毛本、卢本、四库本、周本及曹校改。
〔二〕“坤”“坎”，原倒，今据毛本、卢本、四库本、周本及曹校乙。

吉凶以情迁,

虞翻曰:"乾吉坤凶,'六爻发挥,旁通情也',故'以情迁'。"

是以爱恶相攻而吉凶生。

虞翻曰:"攻,摩也。乾为爱,坤为恶,谓刚柔相摩,以爱攻恶生吉,以恶攻爱生凶,故'吉凶生'也。"

远近相取而悔吝生,

虞翻曰:"远阳谓乾,近阴谓坤,阳取阴生悔,阴取阳生吝。悔吝言小疵。"○崔憬曰:"远谓应与不应,近谓比与不比。或取远应而舍近比,或取近比而舍远应,由此远近相取,所以生悔吝于系辞矣。"

情伪相感而利害生。

虞翻曰:"情,阳。伪,阴也。情感伪生利,伪感情生害。乾为利,坤为害。"

凡易之情,近而不相得则凶。

韩康伯曰:"近,况比爻也。易之情,刚柔相摩、变动相逼〔一〕者也。近而不相得,必有乖违之患也。或有相违而无患者,得其应也;相须而偕凶〔二〕,乖于时也。随〔三〕事以考之,义可见矣。"

或害之,悔且吝。

虞翻曰:"坤为害,以阴居阳,以阳居阴,为'悔且吝'也。"

将叛者其辞惭,

〔一〕"逼",周易注及正义作"适"。
〔二〕"相须而偕凶",周易注及正义作"相顺而皆凶"。
〔三〕"随",周易注及正义作"存"。

荀爽曰:"谓屯六三'往吝'之属也。"○虞翻曰:"坎人之辞也。'近而不相得',故'叛'。坎为隐伏,将叛,坎为心,故'惭'也。"○侯果曰:"凡心不相得,将怀叛逆者,辞必惭恧。"

中心疑者其辞枝,

荀爽曰:"'或从王事,无成'之属也。"○虞翻曰:"离人之辞也。火性枝分,故枝疑也。"○侯果曰:"中心疑贰[一],则失得无从,故枝分不一也。"

吉人之辞寡,躁人之辞多[二],

虞翻曰:"艮人之辞也。"○[三]荀爽曰:"谓睽上九之属也。"○虞翻曰:"震人之辞也。震为决躁,'恐惧虩虩'[四],'笑言哑哑',故多辞。"○侯果曰:"躁人烦急,故'辞多'。"

诬善之人其辞游,

荀爽曰:"游,豫[五]之属也。"○虞翻曰:"兑人之辞也。兑为口舌,诬乾,乾为善人也。"○崔憬曰:"妄称有善,故自叙其美,而辞必浮游不实。"

失其守者其辞屈。

荀爽曰:"谓泰上六'城复于隍'之属也。"○侯果曰:"失守则沮,辱而不申,故'其辞屈'也。爻有此象,故占辞亦从矣。"○虞翻曰:"巽人之辞也。巽诘诎,阳在初守巽,初阳入伏阴下,故'其辞

〔一〕"贰",原作"二",今据卢本、周本改。

〔二〕此二句,卢本、周本、四库本皆分注。

〔三〕此注及"○"原脱,今据卢本、周本、四库本及曹校补。

〔四〕"虩虩",毛本、卢本、四库本、周本及曹校作"虩虩"。

〔五〕"豫",原作"逸",系避唐讳改,今据卢本、四库本、周本回改。

诎'。此六子也,离上坎下,震起艮止,兑见巽伏。上经终坎离,则下经终既济未济;上系终乾坤,则下系终六子,此易之大义者也。"

周易集解卷第十七

说卦

昔者圣人之作易也，

> 孔颖达曰："据今而称上代，谓之'昔者'。聪明睿智谓之'圣人'，即伏羲也。" 案：下系云："古者庖牺氏之王天下，始作八卦。"今言"作易"，明是伏羲，非谓文王也。

幽赞于神明而生蓍，

> 荀爽曰："幽，隐也。赞，见也。神者在天，明者在地。神以夜光，明以昼照。蓍者，策也。谓阳爻之策三十有六，阴爻之策二十有四，二篇之策万有一千五百二十。上配列宿，下副物数。'生蓍'者，谓蓍从爻中生也。"○于宝曰："幽昧，人所未见也。赞，求也。言伏羲用明于昧冥之中，以求万物之性尔，乃得自然之神物，能通天下之精，而管御百灵者，始为天下生用蓍之法者也。"

参天两地而倚数，

> 虞翻曰："倚，立；参，三也。谓分天象为三才，以地两之，立六画之数，故'倚数'也。"○崔憬曰："参，三也。谓于天数五、地数五，中以八卦配天地之数。起天三配艮，而立三数；天五配坎，而立五数；天七配震，而立七数；天九配乾，而立九数。此从三顺配阳四

卦也。地从二起,以地两配兑,而立二数;以地十配离,而立十数;以地八配巽,而立八数;以地六配坤,而立六数。此从两逆配阴四卦也。其天一、地四之数,无卦可配,故虚而不用。此圣人取八卦配天地之数,总五十而为大衍。" 案:此说不尽,已释在"大衍"章中,详之明矣。

观变于阴阳而立卦,

虞翻曰:"谓'立天之道曰阴与阳'。乾坤刚柔,立本者。卦谓六爻,阳变成震、坎、艮,阴变成巽、离、兑,故'立卦'。六爻三变,三六十八,则'十有[一]八变而成卦,八卦而小成'是也。系曰:'阳一君二民,阴二君一民,不道乾坤者也。'"

发挥于刚柔而生爻,

虞翻曰:"谓'立地之道曰柔与刚'。发,动。挥,变。变刚生柔爻,变柔生刚爻,以三为六也。'因而重之,爻在其中',故'生爻'。"

和顺于道德而理于义,

虞翻曰:"谓'立人之道曰仁与义'。和顺[二]谓坤,道德谓乾,以乾通坤,谓之理义也。"

穷理尽性以至于命。

虞翻曰:"以乾推坤,谓之'穷理';以坤变乾,谓之'尽性'。性尽理穷,故'至于命',巽为命也。"

昔者圣人之作易也,

虞翻曰:"重言'昔者',明谓庖牺也。"

〔一〕"十有",原倒,今据曹校乙。
〔二〕"顺",原脱,今据诸本及曹校补。

将以顺性命之理，

虞翻曰："谓'乾道变化，各正性命'，以阳顺性，以阴顺命。"

是以立天之道曰阴与阳，立地之道曰柔与刚，立人之道曰仁与义。

崔憬曰："此明一卦立爻有三才二体之义。故先明天道既立阴阳，地道又立刚柔，人道亦立仁义以明之也。何则？在天虽刚，亦有柔德；在地虽柔，亦有刚德。故书曰：'沉潜刚克，高明柔克。'人禀天地，岂可不兼仁义乎？所以易道兼之矣。"

兼三才而两之，故易六画而成卦。

虞翻曰："谓参天两地，乾坤各三爻而成六画之数也。"

分阴分阳，迭用柔刚，

虞翻曰："迭，递也。分阴为柔，以象夜；分阳为刚，以象昼。'刚柔者，昼夜之象。'昼夜更用，故'递用柔刚'〔一〕矣。"

故易六位〔二〕而成章。

虞翻曰〔三〕："章谓文理。乾三画成天文，坤三画成地理。"

天地定位，

"谓乾坤。五贵二〔四〕贱，故'定位'也。"

山泽通气，

〔一〕"柔刚"，原倒，今据卢本、周本及曹校乙。
〔二〕"位"，卢本、周本作"画"，张本小字注云：今本"画"作"位"。
〔三〕"虞翻曰"，原无，今据卢本、周本及曹校补。
〔四〕"二"，原作"三"，今据卢本、周本及曹校改。

"谓艮兑。同气相求,故'通气'。"

雷风相薄,

"谓震巽。同声相应,故'相薄'。"

水火不相躲,

"谓坎离。躲,厌也。水火相通,坎戊离己,月三十日一会于壬,故'不相躲'也。"

八卦相错。

"错,摩。则'刚柔相摩,八卦相荡'也。"

数往者顺,

"谓坤消从午〔一〕至亥,上下故'顺'也。"

知来者逆,

"谓乾息从子至巳,下上〔二〕故'逆'也。"

是故易逆数也。

"易谓乾,故'逆数'。"

此上虞义。

雷以动之,

荀爽曰:"谓建卯之月,震卦用事,天地和合,万物萌动也。"

风以散之,

"谓建巳之月,万物上达,布散田野。"

雨以润之,

"谓建子之月,含育萌芽也。"

〔一〕"午",原作"五",今据卢本、周本及曹校改。
〔二〕"下上",原倒,今据卢本、周本及曹校乙。

日以烜之,

"谓〔一〕建午之月,太阳欲长者也。"

艮以止之,

"谓建丑之月,消息毕止也。"

兑以说之,

"谓建酉之月,万物成熟也。"

乾以君之,

"谓建亥之月,乾坤合居,君臣位得也。"

此上荀义。

坤以藏之。

九家易曰:"谓建申之月,坤在乾下,包藏万物也。乾坤交索,既生六子,各任其才,往生物也。又雷与风雨,变化不常,而日月相推,迭有来往。是以四卦以义言之,天地山泽,恒在者也,故直说名矣。"○孔颖达曰:"此又重明八物,八卦之功用也。上四举象、下四举卦者,王肃以为互相备也。则明雷风与震巽同用,乾坤与天地同功也。"

帝出乎震,

崔憬曰:"帝者,天之王气也。至春分则震王,而万物出生。"

齐乎巽,

"立夏则巽王,而万物絜齐。"

相见乎离,

"夏至则离王,而万物皆相见也。"

〔一〕注首原有"休远反"三字,卢本、四库本作小字注,在传文下,周本无。

致役乎坤，

"立秋则坤王，而万物致养也。"

说言乎兑，

"秋分则兑王，而万物所说。"

战乎乾，

"立冬则乾王，而阴阳相薄。"

劳乎坎，

"冬至则坎王，而万物之所归也。"

成言乎艮。

"立春则艮王，而万物之所成终成始也。以其周王天下，故谓之帝。"

此崔新义也。

万物出乎震，震，东方也。

虞翻曰："出，生也。震初不见东，故不称东方卦也。

齐乎巽，巽，东南〔一〕也。齐也者，言万物之絜齐也。

"巽阳隐初，又不见东南，亦不称东南卦，与震同义。巽阳藏室，故'絜齐'。"

离也者，明也，万物皆相见，南方之卦也。

"离为日、为火，故'明'。日出照物，以日〔二〕相见，离象三爻皆正，日中，正南方之卦也。"

圣人南面而听天下，向明而治，盖取诸此也。

〔一〕"南"，原作"方"，今据胡本、卢本、周本、四库本及曹校改。
〔二〕"日"，曹校：疑当为"目"。

"离,南方,故'南面'。乾为治,乾五之坤,坎为耳,离为明,故'以听天下,向明而治'也。"

坤也者,地也,万物皆致养焉,故曰"致役乎坤"。

"坤阴无阳,故道广布,不主一方,含弘光大,养成万物。"

兑,正秋也,万物之所说也,故曰"说言乎兑"。

"兑三失位不正,故言'正秋'。兑象不见西,故不言西方之卦,与坤同义。兑为雨泽,故说万物。震为言,震二动成兑,言从口出,故'说言'也。"

战乎乾,乾,西北之卦也,言阴阳相薄也。

"乾刚正五,月十五日,晨象西北,故'西北之卦'。薄,入〔一〕也。坤十月卦,乾消剥入坤,故'阴阳相薄'也。"

坎者,水也,正北方之卦也,劳卦也,万物之所归也,故曰"劳乎坎"。

"归,藏也。坎二失位不正,故言'正北方之卦',与兑'正秋'同义。坎月夜中,故'正北方'。"

此上虞义。○崔憬曰:"以坎是正北方之卦,立冬已后,万物归藏于坎。又阳气伏于子,潜藏地〔二〕中,未能浸长,劳局众阴之中也。"

艮,东北之卦也,万物之所成终而所成始也,故曰"成言乎艮"。

虞翻曰:"艮三得正〔三〕,故复称卦。万物成始乾甲,成终坤癸。艮

〔一〕 "入",原作"反",今据卢本、周本、四库本及曹校改。
〔二〕 "地",原作"也",今据卢本、四库本、周本及曹校改。张本作"在"。
〔三〕 "艮三得正",原作"三名艮得正",今据毛本、卢本、四库本、周本及曹校改。

东北,是甲癸之间,故'万物之所成终而成始'者也。"

神也者,妙万物而为言者也。

> 韩康伯曰:"于此言神者,明八卦运动,变化推移,莫有使之然者。神则无物,妙万物而为言也。明则雷疾风行,火炎水润,莫不自然相与而为变化,故能万物既成。"

动万物者莫疾乎雷,

> 崔憬曰:"谓春分之时,雷动则草木滋生,蛰虫发起。所动万物,莫急于此也。"

桡万物者莫疾乎风,

> "言风能鼓桡万物,春则发散草木枝叶,秋则摧残草木枝条,莫急于风者也。"

燥万物者莫熯乎火,

> "言火能干燥万物,不至润湿。于阳物之中,莫过乎火。熯,亦燥也。"

说万物者莫说乎泽,

> "言光说万物,莫过以泽而成说之也。"

润万物者莫润乎水,

> "言滋润万物,莫过以水而润之。"

终万物、始万物者莫盛乎艮,

> "言大寒、立春之际,艮之方位,万物以之始而为今岁首,以之终而为去岁末。此则叶夏正之义,莫盛于艮也。此言六卦之神用,而不言乾坤者,以乾坤而发〔一〕天地无为而无不为,能成雷风等有

〔一〕"发",原作"法",今据毛本、卢本、四库本、周本改。

为之神妙也。艮不言山,独举卦名者,以动桡燥润功是雷风水火。至于终始万物,于山义则不然,故言卦,而余皆称物,各取便而论也。"此崔新义也。

故水火相逮,

孔颖达曰:"上章言'水火不相入',此言'水火相逮'者,既不相入,又不相及,则无成物之功。明性虽不相入,而气相逮及。"

雷风不相悖,

孔颖达曰:"上言'雷风相薄',此言'不相悖'者,二象俱动,若相薄而相悖逆,则相伤害,亦无成物之功。明虽相薄而不相逆者也。"

山泽通气,

崔憬曰:"言山泽虽相县远而气交通。"

然后能变化,既成万物也。

虞翻曰:"谓乾变而坤化。'乾道变化,各正性命',成既济定,故'既成万物'矣。"

乾,健也。

虞翻曰:"精刚自胜,动行不休,故'健'也。"

坤,顺也。

"纯柔承天时行,故'顺'。"

震,动也。

"阳出动行。"

巽,入也。

"乾初入阴。"

坎,陷也。

"阳陷阴中。"

离,丽也。

"日丽乾刚。"

艮,止也。

"阳位在上,故'止'。"

兑,说也。

"震为大笑。阳息震成兑,震言出口,故'说'。"

此上虞义也。

乾为马,

孔颖达曰:"乾象'天行健',故'为马'。"

坤为牛,

"坤象地任重而顺,故'为牛'。"

震为龙,

"震象龙动,故'为龙'。"

此上孔正义。

巽为鸡,

九家易曰:"应八风也。风应节而变,变不失时。鸡时至而鸣,与风相应也。二九十八,主风精为鸡,故鸡十八日剖而成雏。二九顺阳历,故鸡知时而鸣也。"

坎为豕,

九家易曰:"污辱卑下也。六九五十四,主时精为豕,故〔一〕豕怀胎

〔一〕"故",原作"坎",今据周本改。

四月而生,宣时理节,是其义也。"

离为雉,

孔颖达曰:"离为文明,雉有文章,故'离为雉'。"

艮为狗,

九家易曰:"艮止,主守御也。艮数三,七九六十三,三主斗,斗为犬,故犬怀胎三月而生。斗运行十三时日出,故犬十三日而开目。斗屈,故犬卧屈也。斗运行四帀,犬亦夜绕室也。火之精畏水,不敢饮,但舌舐水耳。犬斗,以水灌之,则解也。犬近奎星,故犬淫当路,不避人者也。"

兑为羊。

孔颖达曰:"兑为说。羊者,顺从之畜,故'为羊'。"

乾为首,

"乾尊而在上,故'为首'。"

坤为腹,

"坤能包藏含容,故'为腹'也。"

震为足,

"震动用,故'为足'。"

巽为股,

"巽为顺,股顺随于足,故'巽为股'。"

坎为耳,

"坎北方,主听,故'为耳'。"

离为目,

"离南方,主视,故'为目'。"

艮为手,

"艮为止,手亦止,持于物使不动,故'艮为手'。"

兑为口。

"兑为说,口所以说言,故'兑为口'。"

此上孔正义。

乾,天也,故称乎父。坤,地也,故称乎母。

崔憬曰:"欲明六子,故先说乾称天父,坤称地母。"

震一索而得男,故谓之长男。巽一索而得女,故谓之长女。坎再索而得男,故谓之中男。离再索而得女,故谓之中女。艮三索而得男,故谓之少男。兑三索而得女,故谓之少女。

孔颖达曰:"索,求也。以乾[一]坤为父母而求其子也。得父气者为男,得母气者为女。坤初求得乾气为震,故曰'长男';坤二得乾气为坎,故曰'中男';坤三得乾气为艮,故曰'少男'。乾初得坤气为巽,故曰'长女';乾二得坤气为离,故曰'中女';乾三得坤气为兑,故曰'少女'。此言所以生六子者也。"

乾为天,

宋衷曰:"乾动作不解,天亦转运。"

为圜,

宋衷曰:"动作转远,非圜不能,故'为圜'。"

为君,

虞翻曰:"贵而严也。"

〔一〕"乾"上,原有"求"字,今据周本及曹校删。

为父,

虞翻曰:"成三男,其取[一]类大,故'为父'也。"

为玉,为金,

崔憬曰:"天体清明而刚,故'为玉,为金'。"

为寒,为冰,

孔颖达曰:"取其西北冰寒之地。"○崔憬曰:"乾主立冬已后、冬至已前,故'为寒,为冰'也。"

为大赤,

虞翻曰:"太阳为赤,月望出入时也。"○崔憬曰:"乾,四月,纯阳之卦,故取盛阳,色为大赤。"

为良马,

虞翻曰:"乾善,故良也。"

为老马,

九家易曰:"言气衰也。息至巳,必当复消,故'为老马'也。"

为瘠马,

崔憬曰:"骨为阳,肉为阴。乾纯阳爻,骨多,故'为瘠马'也。"

为驳马,

宋衷曰:"天有五行之色,故'为驳马'也。"

为木果。

宋衷曰:"群星著天,似果实著木,故'为木果'。"

坤为地,

〔一〕"其取",原倒,今据卢本、周本乙。

虞翻曰:"柔道静。"

为母,

虞翻曰:"成三女,能致养,故'为母'。"

为布,

崔憬曰:"遍布万物于致养,故坤'为布'。"

为釜,

孔颖达曰:"取其化生成熟,故'为釜'也。"

为吝啬,

孔颖达曰:"取地生物而不转移,故'为吝啬'也。"

为均,

崔憬曰:"取地生万物,不择善恶,故'为均'也。"

为子母牛,

九家易曰:"土能生育,牛亦含养,故'为子母牛'也。"

为大舆,

孔颖达曰:"取其能载,故'为大舆'也。"

为文,

九家易曰:"万物相杂,故'为文'也。"

为众,

虞翻曰:"物三称群,阴为民,三阴相随,故'为众'也。"

为柄,

崔憬曰:"万物依之为本,故'为柄'。"

其于地也为黑。

崔憬曰:"坤,十月卦,极阴之色,故'其于色也为黑'矣。"

震为雷，

> 虞翻曰："太阳火，得水有声，故'为雷'也。"

为駹〔一〕，

> "駹，苍色；震，东方，故'为駹'。旧读作'龙'。上已'为龙'，非也。"

为玄黄，

> "天玄地黄。震，天地之杂物，故'为玄黄'。"

为专，

> "阳在初隐静，未出触坤，故'专'，则'乾静也专'。延叔坚说：以专为旉，大布，非也。"
>
> 此上虞义者也。

为大涂，

> 崔憬曰："万物所出在春，故'为大涂'，取其通生性也。"

为长子，

> 虞翻曰："乾一索，故'为长子'。"

为决躁，

> 崔憬曰："取其刚在下动，故'为决躁'也。"

为苍筤竹，

> 九家易曰："苍筤，青也。震阳在下，根长坚刚，阴爻在中，使外苍筤也。"

为萑苇，

〔一〕"駹"，原作"駇"，今据毛本、卢本、四库本、周本及曹校改。下注同，不再出校。

九家易曰："萑苇，蒹葭也。根茎丛生，蔓衍相连，有似雷行也。"

其于马也为善鸣，

虞翻曰："为雷，故'善鸣'也。"

为馵足，为作足，

"马白后左足为馵。震为左、为足、为有〔一〕，初阳白，故'为作〔二〕足'。"

为旳〔三〕颡，

"旳，白；颡，额也。震体头在〔四〕口上，白，故'旳颡'，诗云'有马白颠'是也。"

此上虞义也。

其于稼也为反生，

宋衷曰："阴在上，阳在下，故'为反生'。谓枲豆之类，戴甲而生。"

其究为健，为蕃鲜。

虞翻曰："震巽相薄，变而至三，则下象究，与四成乾，故'其究为健，为蕃鲜'。巽究为躁卦，躁卦则震，震〔五〕雷巽风无形，故卦特变耳。"

巽为木，

宋衷曰："阳动阴静，二阳动于上，一阴安静于下，有似于木也。"

为风，

〔一〕"有"，卢本、四库本作"作"。
〔二〕"作"，原脱，今据诸本及曹校补。
〔三〕"旳"，原作"的"，今据卢本、周本及曹校改。下"旳颡"同，不再出校。
〔四〕"在"，原作"左"，今据诸本改。
〔五〕"震"，原不重，今据卢本、周本补。

陆绩曰:"风,土气也。巽,坤之所生,故'为风'。亦取静于本而动于末也。"

为长女,

荀爽曰:"柔在初。"

为绳直,

翟玄曰:"上二阳共正一阴,使不得邪僻,如绳之直。"○孔颖达曰:"取其号令齐物如绳直也。"

为工,

荀爽曰:"以绳木,故'为工'。"○虞翻曰:"'为近利市三倍',故'为工'。子夏曰:'工居肆。'"

为白,

虞翻曰:"乾阳在上,故'白'。"○孔颖达曰:"取其风吹去尘,故絜白也。"

为长,

崔憬曰:"取风行之远,故'为长'。"

为高,

虞翻曰:"乾阳在上长,故高。"○孔颖达曰:"取木生而高上。"

为进退,

虞翻曰:"阳初退,故'进退'。"○荀爽曰:"风行无常,故'进退'。"

为不果,

荀爽曰:"风行或东或西,故'不果'。"

为臭,

虞翻曰:"臭,气也。风至知气,巽二入艮鼻,故'为臭'。系曰:'其臭如兰。'"

其于人也为宣发，

虞翻曰："为白，故'宣发'。马君以宣为寡发，非也。"

为广颡，

"变至三〔一〕，坤为广，四动成乾为颡，在头口上，故'为广颡'。与震'旳颡'同义。震一阳，故'旳颡'。巽变乾二阳，故'广颡'。"

为多白眼，

"为白，离目上向，则白眼见，故'多白眼'。"

为近利市三倍。

"变至三成坤，坤为近；四动乾，乾为利〔二〕；至五成噬嗑，故称市；乾三爻为三倍，故'为近利市三倍'。动上〔三〕成震，故'其究为躁卦'。八卦诸爻〔四〕，唯震巽变耳。"

其究为躁卦。

"变至五成噬嗑为市，动上成震，故'其究为躁卦'。明震内体为专，外体为躁。"

此上虞义。

坎为水，

宋衷曰："坎阳在中，内光明，有似于水。"

为沟渎，

虞翻曰："以阳辟坤〔五〕，水性流通，故'为沟渎'也。"

〔一〕"三"，原作"二"，今据诸本及曹校改。
〔二〕"利"，张本作"得"。
〔三〕"上"，原作"土"，今据卢本、四库本、周本及曹校改。
〔四〕"爻"，原作"为"，今据卢本、周本及曹校改。
〔五〕"坤"，原作"坎"，今据卢本、四库本、周本及曹校改。

为隐伏，

虞翻曰："阳藏坤中，故'为隐伏'也。"

为矫輮[一]，

宋衷曰："曲者更直为矫，直者更曲为輮。水流有曲直，故'为矫輮'。"

为弓轮，

虞翻曰："可矫輮，故'为弓轮'。坎为月，月在于庚为弓，在甲象轮，故'弓轮'也。"

其于人也为加忧，

"两阴失心为多眚，故'加忧'。"

为心病，

"为劳而加忧，故'心病'。亦以坎[二]为心，坎二[三]折坤，'为心病'。"

此上虞义也。

为耳痛，

孔颖达曰："坎，劳卦也。又主听，听劳则耳痛。"

为血卦，为赤，

孔颖达曰："人之有血，犹地之水。赤，血色也。"　案：十一月，一阳爻生在坎，阳气初生于黄泉，其色赤也。

其于马也为美脊，

〔一〕"輮"，卢本、周本作"揉"，古通。下同，不再出校。
〔二〕"坎"，原作"坤"，今据卢本、周本、四库本及曹校改。
〔三〕"二"，原作"三"，今据卢本、周本、四库本及曹校改。

宋衷曰:"阳在中央,马脊之象也。"

为亟心,

崔憬曰:"取其内阳刚动,故'为亟心'也。"

为下首,

荀爽曰:"水之流,首卑下也。"

为薄蹄,

九家易曰:"薄蹄者在下,水又趋下,趋下则流散,流散则薄,故'为薄蹄'也。"

为曳,

宋衷曰:"水摩地而行,故'曳'。"

其于舆也为多眚,

虞翻曰:"眚,败也。坤为大车,坎折坤体,故为车'多眚'也。"

为通,

"水流渎,故'通'也。"

为月,

"坤为夜,以坎阳光坤,故'为月'也。"

为盗,

"水行潜窃,故'为盗'也。"

其于木也为坚多心。

"阳刚在中,故'坚多心',棘枣属也。"

此上虞义也。○孔颖达曰:"乾、震、坎皆以马喻,乾至健,震至动,坎至行,故皆可以马为喻。坤则顺,艮则止,巽亦顺,离'文明而柔顺',兑柔说,皆无健,故不以马为喻也。唯坤卦'利牝马',取其行不取其健,故曰'牝'也。坎亦取其行不取其健,皆外柔,故为下首、薄蹄、曳也。"

离为火,

崔憬曰:"取卦阳在外,象火之外照也。"

为日,

荀爽曰:"阳外光也。"

为电,

郑玄曰:"取火明也。久明似日,暂明似电也。"

为中女,

荀爽曰:"柔在中也。"

为甲胄,

虞翻曰:"外刚,故为甲。乾为首,巽绳贯甲而在首上,故为胄。胄,兜鍪也。"

为戈兵,

"乾为金,离火断乾,燥而炼之,故'为戈兵'也。"

其于人也为大腹。

"象日常满,如姙身妇,故'为大腹'。乾为大也。"

为乾卦,

"火日熯燥物,故'为乾卦'也。"

为鳖,为蟹,为赢,为蚌,为龟,

"此五者,皆取外刚内柔也。"

其于木也为科上槁〔一〕。

"巽木在离中,体大过死。巽虫食心,则折也。蠹虫食口木,故'上

〔一〕"科上槁",卢本、周本作"折上槀",并有小字注云:今本"折"作"科"。

槁'。或以离火烧巽,故'折上〔一〕槁'。"

此上虞义。○宋衷曰:"阴在内,则空中。木中空,则上科槁也。"

艮为山,

宋衷曰:"二阴在下,一阳在上。阴为土,阳为木,土积于下,木生其上,山之象也。"

为径路,

虞翻曰:"艮为山中径路。震阳在初,则'为大涂'。艮阳小,故'为径路'也。"

为小石,

陆绩曰:"艮刚卦之小,故'为小石'者也。"

为门阙,

虞翻曰:"乾〔二〕为门,艮阳在门外,故'为门阙'。两小山,阙之象也。"

为果蓏,

宋衷曰:"木实谓之果,草实谓之蓏。桃李瓜瓞之属,皆出山谷也。"

为阍寺,

宋衷曰:"阍人主门,寺人主巷。艮为止,此职皆掌禁止者也。"

为指,

虞翻曰:"艮手多节,故'为指'。"

为拘,

〔一〕"折上",原作"于折",今据卢本、四库本、周本及曹校改。
〔二〕"乾",原作"艮",今据卢本、周本改。

虞翻曰:"指屈伸制物,故'为拘'。拘,旧作'狗',上已为'狗',字之误。"

为鼠,

虞翻曰:"似狗而小,在坎穴中,故'为[一]鼠',晋九四是[二]也。"

为黔喙之属,

马融曰:"黔喙,肉食之兽,谓豺狼之属。黔,黑也。阳玄在前也。"

其于木也为多节[三]。

虞翻曰:"阳刚在外,故'多节',松柏之属。"

兑为泽,

虞翻曰:"坎水半见,故'为泽'。"○宋衷曰:"阴在上,令下湿,故'为泽'也。"

为少女,

虞翻曰:"坤三索,位在末,故'少'也。"

为巫,

"乾为神,兑为通,与神通气。女,故'为巫'。"

为口舌,

"兑为[四]震声,故'为口舌'。"

为毁折,

"二折震足,故'为毁折'。"

〔一〕"为",原脱,今据卢本、周本及曹校补。

〔二〕"是",原脱,今据诸本及曹校补。

〔三〕"多"上,原有"坚"字,今据卢本、周本删。卢本、张本并小字注云:今本为"坚多节"。

〔四〕"为",原作"得",今据卢本、周本改。

为附决，

“乾体未〔一〕圜，故‘附决’也。”

其于地也为刚卤，

“乾二阳在下，故刚。泽水润下，故咸。”

此上虞义。○朱仰之曰：“取金之刚不生也。刚卤之地不生物，故‘为刚卤’者也。”

为妾，

“三〔二〕少女位贱，故‘为妾’。”

为羊。

“羊、女使，皆取位贱，故‘为羊’。旧读以震駹为龙，艮拘为狗，兑羊为羊，皆已见上。此为再出，非孔子意也。震已为长男，又言长子，谓以当继世守宗庙主祭祀，故详举之。三女皆言长中少，明女子各当外成，故别见之。此其大例者也。”

此上虞义。

周易序卦

有天地，然后万〔三〕物生焉。

干宝曰：“物有先天地而生者矣，今正取始于天地。天地之先，圣人弗之论也。故其所法象，必自天地而还。老子曰：‘有物混成，先天地生，吾不知其名，强字之曰道。’上系曰：‘法象莫大乎天

〔一〕“未”，原作“末”，今据卢本、周本、四库本改。
〔二〕“三”上，卢本、周本及曹校补“虞翻曰”三字。
〔三〕“万”上，原有“有”字，今据胡本、卢本、周本、四库本及曹校删。

地.'庄子曰:'六合之外,圣人存而不论.'春秋穀梁传曰:'不求
知所不可知者,智也.'而今后世浮华之学,强支离道义之门,求
入虚诞之域,以伤政害民,岂非诐说畛行,大舜之所疾者乎?"

盈天地之间者唯万物,故受之以屯。屯者,盈也。

荀爽曰:"谓阳动在下,造生万物于冥昧之中也。"

屯者,万物之始生也。

韩康伯曰:"屯,刚柔始交,故为'万物之始生也'。"○崔憬曰:"此
仲尼序文王次卦之意。不序乾坤之次者,以'一生二,二生三,三
生万物',则天地次第可知,而万物之先后宜序也。'万物之始
生'者,言'刚柔始交',故万物资始于乾而资生于坤也。"

物生必蒙,故受之以蒙。蒙者[一],物之稚。

崔憬曰:"万物始生之后,渐以长稚,故言'物生必蒙'。"○郑玄
曰:"蒙,幼小之貌,齐人谓萌为蒙也。"

物稚不可不养也,故受之以需。需者,饮食之道也。

荀爽曰:"坎在乾上,中有离象[二],水火交和,故为'饮食之道'。"
○郑玄曰:"言孩稚不养则不长也。"

饮食必有讼,故受之以讼。

韩康伯曰:"夫有生则有资,有资则争兴也。"○郑玄曰:"讼犹争
也。言饮食之会恒多争也。"

讼必有众起,故受之以师。师者,众也。

九家易曰:"坤为众物,坎为众水,上下皆众,故曰'师'也。凡制

〔一〕"者"下,原有"蒙也"二字,今据卢本、周本删。
〔二〕"象",原作"蒙",今据毛本、卢本、四库本、周本改。

军,万有二千五百人为军,天子六军,大国三军,次国二军,小国一军。军有将,皆命卿也。二千五百人为师,师帅皆中大夫。五百人为旅,旅帅皆下大夫也。"○崔憬曰:"因争必起〔一〕相攻,故'受之以师'也。"

众必有所比,故受之以比。

韩康伯曰:"众起而不比,则争无息。必相亲比而后得宁也。"

比者,比也。比必有所畜,故受之以小畜。

韩康伯曰:"比非大通之道,则各有所畜以相济也。由比而畜,故曰'小畜',而不能大也。"

物畜然后有礼,故受之以履。

韩康伯曰:"履者,礼也〔二〕。礼所以适时用也。故既畜则须用,有用须礼也。"

履〔三〕然后安,故受之以泰。泰者,通也。

荀爽曰:"谓乾来下降,以阳通阴也。"○姚信曰:"'安上治民,莫过于礼',有礼然后泰,泰然后安也。"

物不可以终通,故受之以否。

崔憬曰:"物极则反,故不终通〔四〕而否矣,所谓'城复于隍'。"

物不可以终否,故受之以同人。

〔一〕"起"下,张本有"众"字。
〔二〕"履者,礼也",宋本、胡本、卢本、周本作"履,礼也",均在上"受之以履"下。卢本、张本并小字注云:今本"履者,礼也"四字作注。
〔三〕"履"下,原有"而泰"二字,今据卢本、周本删。卢本小字注云:今本"履而泰",衍"而泰"二字。张本小字注云:今本"履"作"泰"。
〔四〕"通"上,原有"泰"字,今据周本删。

韩康伯曰:"否则思通,人人同志,故可出门同人,不谋而合。"

与人同者物必归焉,故受之以大有。

崔憬曰:"以欲从人,人必归己,所以成大有。"

有大有〔一〕不可以盈,故受之以谦。

崔憬曰:"富贵而自遗其咎,故'有大者不可盈',当须谦退,天之道也。"

有大而能谦必豫,故受之以豫。

郑玄曰:"言国〔二〕既大而有谦德,则于政事恬豫。'雷出地,奋豫',豫,行出而喜乐之意。"

豫必有随,故受之以随。

韩康伯曰:"顺以动者,众之所随也。"

以喜随人者必有事,故受之以蛊。蛊者,事也。

九家易曰:"子行父事,备物致用,而天下治也。备物致用,立成器以为天下利,莫大于圣人。子修圣道,行父之事,以临天下,无为而治。"

有事然后可大,故受之以临。临者,大也。

荀爽曰:"阳称大,谓二阳动升,故曰'大也'。"○宋衷曰:"事立功成,可推而大也。"

物大然后可观,故受之以观。

虞翻曰:"临反成观,二阳在上,故'可观'也。"○崔憬曰:"言德业

〔一〕"有大有",原作"有大者",今据卢本、周本改。卢本、张本并小字注云:今本作"有大者"。

〔二〕"国",原作"同",今据胡本、纂疏改。

大者,可以观政于人也。"

可观而后有所合,故受之以噬嗑。嗑者,合也。

> 虞翻曰:"颐中有物食,故曰'合^{〔一〕}也'。"○韩康伯曰:"可观,则
> 异方合会也。"

物不可以苟合而已,故受之以贲。贲者,饰也。

> 虞翻曰:"分刚上文柔,故'饰'。"○韩康伯曰:"物相合,则须饰以
> 修外也。"

致饰而后亨则尽矣,故受之以剥。剥者,剥也^{〔二〕}。

> 荀爽曰:"极饰反素,文章败,故为'剥'也。"

物不可以终尽,剥穷上反下,

> 虞翻曰:"阳四月,穷上,消姤至坤者也。"

故受之以复。

> 崔憬曰:"夫易穷则有变,物极则反于初,故剥之为道,不可终尽,
> 而使之于复也。"

复则不妄矣,故受之以无妄。

> 崔憬曰:"物复其本,则为诚实,故言'复则无妄'也。"

有无妄,物^{〔三〕}然后可畜,故受之大畜。

> 荀爽曰:"物不妄者,畜之大也。畜积不败,故'大畜'也。"

物畜然后可养,故受之以颐。颐者,养也。

> 虞翻曰:"天地养万物,圣人养贤以及万民。"○崔憬曰:"大畜刚

〔一〕"曰合",原作"口含",今据胡本、卢本、周本改。毛本、四库本作"口合"。
〔二〕此句下,张本小字注云:今本"而"作"然"。
〔三〕"物",原脱,今据卢本、周本补。卢本、张本并小字注云:今本"有无妄"下
　　脱"物"字。

健，辉光日新，则可观其所养，故言'物畜然后可养'也。"

不养则不可动，故受之以大过。

虞翻曰："人颐不动则死，故'受之以大过'。大过否卦，棺椁之象也。"

物不可以终过，故受之以坎。坎者，陷也。

韩康伯曰："过而不已，则陷没也。"

陷必有所丽，故受之以离。离者，丽也。

韩康伯曰："物极则变，极陷则反所丽。"

有天地，

虞翻曰："谓天地否也。"

然后有万物；

"谓否反成泰，天地氤氲，万物化醇，故'有万物'也。"

有万物，然后有男女；

"谓泰已有否，否三之〔一〕上，反正成咸，艮为男，兑为女，故'有男女'。"

有男女，然后有夫妇；

"咸反成恒，震为夫，巽为妇，故'有夫妇'也。"

有夫妇，然后有父子；

"谓咸上复乾成遁，乾〔二〕为父，艮为子，故'有父子'。"

有父子，然后有君臣；

"谓遁三复坤成否，乾为君，坤为臣，故'有君臣'也。"

〔一〕"之"，原脱，今据卢本、周本补。
〔二〕"乾"，原脱，今据诸本及曹校补。

有君臣,然后有上下;

"否乾君尊上,坤臣卑下,天尊地卑,故'有上下'也。"

有上下,然后礼义有所错。

"错,置也。谓天、君、父、夫,象尊错上。地、妇、臣、子,礼卑错
下。坤地道、妻道、臣道,故'礼义有所错'者也。"

此上虞义。○干宝曰:"错,施也。此详言人道,三纲六纪有自来
也。人有男女阴阳之性,则自然有夫妇配合之道。有夫妇配合之
道,则自然有刚柔尊卑之义。阴阳化生,血体相传,则自然有父子
之亲。以父立君,以子资臣,则必有君臣之位。有君臣之位,故有
上下之序。有上下之序,则必礼以定其体,义以制其宜。明先王
制作,盖取之于情者也。上经始于乾、坤,有生之本也。下经始于
咸、恒,人道之首也。易之兴也,当殷之末世,有妲己之祸;当周之
盛德,有三母之功。以言天不地不生,夫不妇不成,相须之至,王
教之端。故诗以关雎为国风之始,而易于咸、恒备论礼义所由
生也。"

夫妇之道,不可以不久也,故受之以恒。恒者,久也。

郑玄曰:"言夫妇当有终身之义。夫妇之道,谓咸、恒也。"

物不可以久居其所[一],故受之以遁。遁者,退也。

韩康伯曰:"夫妇之道,以恒为贵。而物之所居,不可以恒[二],宜
与时升降,有时而遁者也。"

〔一〕"久居其所",卢本、周本作"终久于其所"。卢本、张本并小字注云:今本
　　作"久居其所"。
〔二〕"恒"上,周本有"终"字。

物不可以终遁,故受之以大壮。

韩康伯曰:"遁,'君子[一]以远小人',遁而后通,何可终邪? 阳盛阴消,君子道胜也。"

物不可以终壮,故受之以晋。晋者,进也。

崔憬曰:"不可终壮于阳盛,自取触藩;宜柔进而上行,受兹锡马。"

进必有所伤,故受之以明夷。夷者,伤也。

九家易曰:"日在坤下,其明伤也。言晋极当降,复入于地,故曰'明夷'也。"

伤于外者必反[二]于家,故受之以家人。

虞翻曰:"晋时在外,家人在内,故反家人。"○韩康伯曰:"伤于外,必反诸内矣。"

家道穷必乖,故受之以睽。睽者,乖也。

韩康伯曰:"室家至亲,过在失节,故家人之义,唯严与敬。'乐胜则流,礼胜则离',家人尚严,其弊必乖者也。"

乖必有难,故受之以蹇。蹇者,难也。

崔憬曰:"'二女同居,其志乖而难生',故曰'乖必有难'也。"

物不可以终难,故受之以解。解者,缓也。

崔憬曰:"蹇终则'来硕,吉,利见大人',故言'不可终难,故受之以解'者也。"

缓必有所失,故受之以损。

崔憬曰:"'宥罪缓死',失之则侥幸,有损于政刑,故言'缓必有所

〔一〕"子",原作"也",今据周本及曹校改。
〔二〕"反",原作"及",今据诸本改。

失,受之以损'。"

损而不已必益,故受之以益。

崔憬曰:"损终则'弗损益之',故言'损而不已必益'。"

益而不已必决,故受之以夬。夬者,决也。

韩康伯曰:"益而不已则盈,故必'决也'。"

决必有遇,故受之以姤。姤者,遇也。

韩康伯曰:"以正决邪,必有喜〔一〕遇。"

物相遇而后聚,故受之以萃。萃者,聚也。

崔憬曰:"天地相遇,品物咸章,故言'物相遇而后聚'也。"

聚而上者谓之升,故受之以升。

崔憬曰:"'用大牲而致孝享',故顺天命而升为王矣。故言'聚而上者谓之升'。"

升而不已〔二〕必困,故受之以困。

崔憬曰:"冥升在上,以消不富,则穷,故言'升而不已必困'也。"

困乎上者必反下,故受之以井。

崔憬曰:"困极〔三〕于臲卼,则反下以求安,故言'困乎上必反下'。"

井道不可不革,故受之以革。

韩康伯曰:"井久则浊秽,宜革易其故。"

革物者莫若鼎,故受之以鼎。

韩康伯曰:"革去故,鼎取新。既以去故,则宜制器立法,以治新

〔一〕"喜",卢本、张本作"嘉"。
〔二〕"不已",毛本、卢本、周本作"上者"。
〔三〕"极",毛本、卢本作"及"。

也。鼎所以和齐生物、成新之器也，故取象焉。"

主器者莫若长子，故受之以震。震者，动也。

崔憬曰："鼎所烹饪，享于上帝。主此器者，莫若冢嫡，以为其祭主也，故言'主器者莫若长子'。"

物不可以终动，止之，故受之以艮。艮者，止也。

崔憬曰："震极则'征凶，婚媾有言'，当须止之，故言'物不可以终动'，故'止之'也。"

物不可以终止，故受之以渐。渐者，进也。

虞翻曰："否三进之四，巽为进也。"

进必有所归，故受之以归妹。

虞翻曰："震嫁兑，兑为妹。嫁，归也。"

得其所归者必大，故受之以丰。丰者，大也。

崔憬曰："归妹者，姪、娣、媵，国三人，九女，为大援，故言'得其所归者必大'也。"

穷大者必失其居，故受之以旅。

崔憬曰："谚云：'作者不居，况穷大甚，而能处乎？'故必获罪去邦，羁旅于外也。"

旅而无所容，故受之以巽。巽者，入也。

韩康伯曰："旅而无所容，以巽，则得所入也。"

入而后说之，故受之以兑。兑者，说也。

虞翻曰："兑为讲习，故'学而时习之，不亦说乎'。"

说而后散之，故受之以涣。涣者，离也。

虞翻曰："风以散物，故'离也'。"

物不可以终离，故受之以节。

韩康伯曰："夫事有其节,则物之所同守而不散越也。"

节而信之,故受之以中孚。

韩康伯曰："孚,信也。既已有节,宜信以守之矣。"

有其信者必行之,故受之以小过。

韩康伯曰："守其信者,则失贞而不谅之道,而以信为过也,故曰'小过'。"

有过物者必济,故受之以既济。

韩康伯曰："'行过乎恭,礼过乎俭',可以矫世励俗,有所济也。"

物不可穷也,故受之以未济,终焉。

韩康伯曰："有为而能济者,以己穷物。物穷则乖,功极则乱,其可济乎? 故'受之以未济'。"

周易杂卦

韩康伯曰："杂卦者,杂糅众卦,错综其义,或以同相类,或以异相明矣。"

乾刚坤柔,

虞翻曰："乾阳〔一〕金坚,故'刚'。坤阴和顺,故'柔'也。"

比乐师忧。

虞翻曰："比五得位,'建万国',故'乐'。师三失位,'舆尸',故'忧'。"

临观之意,或与或求。

〔一〕"阳",原作"刚",今据曹校改。

荀爽曰:"临者'教思无穷',故为'与'。观者'观民设教',故为'求'也。"

屯见而不失其居,蒙杂而著。

虞翻曰:"阳[一]出初震,故'见'。'盘桓,利居贞',故'不失其居'。蒙二阳在阴位,故'杂'。初杂为交,故'著'。"

震,起也。艮,止也。

"震阳动行,故'起'。艮阳终止,故'止'。"

损益,衰盛之始也。

"损,泰初益上,衰之始。益[二],否上益初,盛之始。"

大畜,时也;无妄,灾也。

"大畜五之复二成临,时舍坤二,故'时'也。无妄上之遁初,'子弑父',故'灾'者也。"

萃聚而升不来也,

"坤众在内,故'聚'。升五不来之二,故'不来'。之内曰来也。"

谦轻而豫怡[三]也。

"谦位三[四]贱,故'轻'。豫'荐乐祖考',故'怡'。怡,或言'怠'也。"

噬嗑,食也。贲,无色也。

"颐中有物,故'食'。贲离日在下[五],五动巽白,故'无色'也。"

〔一〕"阳",原作"阴",今据周本及曹校改。
〔二〕"益",原作"损",今据卢本、周本及曹校改。
〔三〕"怡",原作"怠",今据卢本、周本及下注文改。
〔四〕"位三",周本倒。
〔五〕"下",原作"上",今据卢本、周本及曹校改。

兑见而巽伏也。

　　“兑阳息二,故‘见’,则‘见龙在田’。巽乾初入阴,故‘伏’也。”

随,无故也。蛊,则饰也。

　　“否上之初,‘君子弗用’,故‘无故也’。蛊泰初上饰坤,故‘则饰
　　也’。”

剥,烂也。复,反也。

　　“剥生于遘,阳得阴孰,故烂。复,刚反初。”

晋,昼也。明夷,诛也。

　　“诛,伤也。‘离日在上’,故‘昼也’。‘明入地中’,故‘诛也’。”
　　此上并虞义。○干宝曰:“日上中,君道明也。明君在上,罪恶必
　　刑[一]也。”

井通而困相遇也。

　　虞翻曰:“泰初之五为井,故‘通’也。困三遇四,故‘相遇也’。”

咸,速也。恒,久也。

　　“相感者,不行而至,故‘速也’。日月久照,四时久成,故‘久
　　也’。”

涣,离也。节,止也。

　　“涣散,故‘离’。节制数度,故‘止’。”

解,缓也。蹇,难也。

　　“‘雷动出物’,故‘缓’。蹇‘险[二]在前’,故‘难’。”

睽,外也。家人,内也。

〔一〕“刑”,周本作“罚”。
〔二〕“险”,原作“阴”,今据毛本、卢本、周本及曹校改。

“离女在上,故‘外也’。家人‘女正位乎内’,故‘内’者也。”

否泰,反其类也。

“否反成泰,泰反成否,故‘反其类’。终日乾乾,反复〔一〕之道。”

大壮则止,遁则退也。

“大壮止阳,阳故止。遁阴消〔二〕阳,阳故退。巽为退者也。”

大有,众也。同人,亲也。

“五阳并应,故‘众也’。夫妇同心,故‘亲也’。”

革,去故也。鼎,取新也。

“革更,故‘去’。鼎烹饪,故‘取新也’。”

小过,过也。中孚,信也。

“五以阴过阳,故‘过’。‘信及豚鱼’,故‘信也’。”

丰,多故也。亲寡,旅也。

“丰大,故‘多’。旅无容,故‘亲寡’。六十四象,皆先言卦及道其指。至旅体离四,焚弃之行,又在旅家,故独先言‘亲寡’,而后言‘旅’。”

此上虞义。

离上而坎下也。

韩康伯曰:“火炎上,水润下也。”

小畜,寡也。履,不处也。

虞翻曰:“乾四之坤初成震,一阳在下,故‘寡也’。乾三之坤上成剥,剥穷上失位,故‘不处’。”

〔一〕“复”,原作“覆”,今据卢本、周本改。

〔二〕“消”,原作“息”,今据卢本、周本及曹校改。

需,不进也。讼,不亲也。

> "险在前,故'不进'。天水违行,故'不亲也'。"

大过,颠也。

> "颠,殒也。顶载泽中,故'颠也'。"

姤,遇也,柔遇刚也。

> "坤遇乾也。"

渐,女归,待男行也。

> "兑为女,艮为男,反成归妹,巽成兑,故'女归'。待艮成震乃行,故'待男行也'。"

颐,养正也。

> "谓养三五。五之正为功,三出坎为圣,故曰'颐养正',与'蒙以养正,圣功'同义也。"

既济,定也。

> "济成六爻得位,定也。"

归妹,女之终也。

> "归妹,人之终始。女终于嫁,从一而终,故'女〔一〕之终也'。"

未济,男之穷也。

> "否艮为男位。否五之二,六爻失正而来下阴。未济主月晦,乾道消灭,故'男之穷也'。"

夬,决也,刚决柔也。君子道长,小人道忧〔二〕也。

〔一〕"女",原脱,今据诸本及曹校补。

〔二〕"忧",卢本、周本作"消"。下注同,不再出校。卢本、张本并小字注云:今本"消"作"忧"。

"以乾决坤,故'刚决柔'也。乾为君子,坤为小人,乾息,故'君子道长';坤体消灭,故'小人道忧'。谕武王伐纣。自大过至此八卦,不复两卦对说。大过死象,两体姤决〔一〕,故次以姤而终于夬。言君子之决小人,故'君子道长,小人道忧'。"

此上虞义。

○干宝曰:"凡易既分为六十四卦,以为上下经,天人之事,各有始终。夫子又为序卦,以明其相承受之义。然则文王、周公所遭遇之运,武王、成王所先后之政,仓精受命短长之期,备于此矣。而夫子又重为杂卦,以易其次第。杂卦之末,又改其例,不以两卦反覆相酬者,以示来圣后王,明道非常道、事非常事也。'化而裁之者存乎变',是以终之以决。言能决断其中,唯阳德之主也。故曰'易穷则变,通则久'。总而观之,伏羲、黄帝皆系世象贤,欲使天下世有常君也。而尧舜禅代,非黄农之化,朱均顽也。汤武逆取,非唐虞之迹,桀纣之不君也。伊尹废立,非从顺之节,使太甲思愆也。周公摄政,非汤武之典,成王幼年也。凡此皆圣贤所遭遇异时者也。夏政尚忠,忠之弊野,故殷自野以教敬。敬之弊鬼,故周自鬼以教文。文弊薄,故春秋阅〔二〕诸三代而损益之。'颜回问为邦,子曰:行夏之时,乘殷之辂,服周之冕。'弟子问政者数矣,而夫子不与言三代损益,以非其任也,回则备言,王者之佐,伊尹之人也,故夫子及之焉。是以圣人之于天下也,同不是,异不非。百世以俟圣人而不惑,一以贯之矣。"

〔一〕"决",周本作"夬"。下同,不再出校。

〔二〕"阅",原作"关",今据诸本改。

周易集解略例

晋 王弼 撰　唐 邢璹 注

明象〔一〕

夫象者,何也?

将释其义,故假设问端,故曰"何"。

统论一卦之体,明其所由之主者也。

统论一卦功用之体。明,辩也。辩〔二〕卦体功用所由之主,立主之义,义在一爻。明,辩也。

夫众不能治众,治众者,至寡者也。

万物是众,一是寡,众不能治众,治众者至少以治之也。

夫动不能制动,制天下之动者,贞夫一者也。

天下之动,动则不能自制,制其动者,贞〔三〕之一者也。老子曰:"王侯得一,以为天下贞。"然则一为君体。君体〔四〕合道,动是

〔一〕 略例部分,此题原有,后同。
〔二〕 "也辩"二字,原脱,今据相台本、涵芬楼影宋本补。
〔三〕 "贞"下,原有"正"字,今据相台本、涵芬楼影宋本删。
〔四〕 "君体",原脱,今据相台本、涵芬楼影宋本补。

众,众由一制也。制众归一,故静为躁君,安为动主。

故众之所以得咸存者,主必致一也。

致犹归也。众皆得[一]存其存者,有必归于一也。故无心于存,皆得其存也[二]。

动之所以得咸运者,原必无二也。

动所以运运不已者,谓无二动。故无心于动,而动不息也。

物无妄然,必由其理。

物,众也。妄,虚妄也。天下之众,众[三]皆“无妄”,无妄之理,必由君主统之也。

统之有宗,会之有元,

统领之以宗主,会合之以元首。

故繁而不乱,众而不惑。

统之有宗主,虽繁而不乱;会之以元首,虽众而不惑。

故六爻相错,可举一以明也。

错,杂也。六爻或阴或阳,错杂交乱,举贞一之主,以明其用。

刚柔相乘[四],可立主以定也。

六爻有刚有柔,或乘或据,有逆有顺,“可立主以定”之。

是故杂物撰德,

撰,数也。杂,聚也。聚其物体,数其德行。

辩是与非,

〔一〕“皆得”,相台本、涵芬楼影宋本倒。
〔二〕“故无心于存,皆得其存也”,原阙,今据相台本、涵芬楼影宋本补。
〔三〕“众”,原不重,今据相台本、涵芬楼影宋本补。
〔四〕“乘”,原作“承”,今据相台本、涵芬楼影宋本改。

辩,明也。得位而承之,是也。失位而据之,非也。

则非其中爻,莫之备矣。

然则非是中之一爻,莫之能备,讼彖曰"讼:有孚,窒惕,中吉,刚
来而得中也"、困彖云"贞〔一〕大人吉,以刚中也"之例是也。

故自统而寻之,物虽众,则知可以执一御也。

统而推寻,万物虽殊,一之以神道;百姓虽众,御之以君主也。

由本以观之,义虽博,则知可以一名举也。

博,广也。本,谓君也、道也。义虽广,举之在一也。

故处璇玑以观大运,则天地之动未足怪也。据会要以观
方来,则六合辐凑未足多也。

天地虽大,睹之以璇玑;六合虽广,据之以要会。天地大运,不足
怪其大;六合辐凑,不足称其多。

故举卦之名,义有主矣。"观其彖辞,则思过半矣!"

彖总卦义,义主中爻。简易者,道也,君也。道能化物,君能御民。
智者观之,思过其半矣。

夫古今虽殊,军国异容,中之为用,故未可远也。

古今革变,军国殊别,中正之用,终无疏远。

品制万变,宗主存焉。象之所尚,斯为盛矣!

品变积万,存之在一。

夫少者多之所贵也,寡者众之所宗也。

自此以下,明至少者为〔二〕多之所主,岂直指其中爻而已。

〔一〕"贞",原作"见",今据宋本、相台本、涵芬楼影宋本、毛本及困彖改。
〔二〕"为",原脱,今据毛本、相台本、涵芬楼影宋本补。

一卦五阳而一阴,则一阴为之主矣。

> 同人、履、小畜、大有之例是也。

五阴而一阳,则一阳为之主矣。

> 师、比、谦、豫、复、剥之例是也。

夫阴之所求者阳也,阳之所求者阴也。

> 王弼曰:"夫阴阳之物,以所求者贵也。"

阳苟一焉,五阴何得不同而归之? 阴苟只焉,五阳何得不同而从之? 故阴爻虽贱而为一卦之主者,处其至少之地也。

> 王弼曰:"阳贵而阴贱。"以至少处至多之地,爻虽贱,众亦从之,小畜彖云"柔得位,而上下应之"是也。

或有遗爻而举二体者,卦体不由乎爻也。

> 遗,弃也。弃此中之一爻而举二体,以明其义,卦体之义不在一爻,丰、归妹之类是也。

繁而不忧乱,变而不忧惑,约以存博,简以济众,其唯彖乎?

> 简易者,道也,君也。万物是众,道能生物,君能养人。物虽繁,不忧错乱;爻虽变,不忧迷惑。

乱而不能惑,变而不能渝,非天下之至赜,其孰能与于此?

> 万物虽杂,不能惑其君;六爻虽变,不能渝其主。非天下之至赜,其孰能与于此? 言不能也。

故观彖以斯,义可见矣。

观象以斯,其义可见。

明爻[一]通变

夫爻者,何也?

将释其义,假设问辞。

言乎变者也。

爻者,效也。物刚效刚,物柔效柔,遇物而变,动有所之,故云"言乎变者也"。

变者,何也? 情伪之所为也。

变之所生,生于情伪。情伪所适,巧诈多端,故云"情伪之所为也"。

夫情伪之动,非数之所求也。

情伪之动[二],数莫能求。

故合散屈伸,与体相乖。

物之为体,或性同行乖,情貌相违,同归殊途,一致百虑。故萃卦六二:"引吉,无咎。"萃之为体,贵相从就。六二志在静退,不欲相就。人之多僻,己独处[三]正,其体虽合,志则不同,故曰"合散"。乾之初九"潜龙勿用",初九身虽潜屈,情无忧闷,其志则申,故曰"屈申"。

形躁好静,质柔爱刚,体与情反,质与愿违。

〔一〕"爻",原作"文",今据宋本、毛本、相台本、涵芬楼影宋本改。
〔二〕"情伪之动",毛本、相台本、涵芬楼影宋本作"情欲伪动"。
〔三〕"处",相台本、涵芬楼影宋本作"取"。

至如风虎云龙,啸吟相感,物之体性,形愿相从。此则情体乖违,质愿相反。故归妹九四"归妹愆期,迟归有时",四体是震,是形躁也;愆期待时,是好静也。履卦六三"'武人为于大君',志刚也",兑体是阴,是质柔也;志怀刚武,为于大君,是爱刚也。

巧历不能定其算数,圣明不能为之典要,

万物之情,动变多端,虽复"巧历"、"圣明",不能定算数、制典法、立要会也。

法制所不能齐,度量所不能均也。

虽复"法制"、"度量",不能均齐诈伪长短也。

为之乎岂在乎〔一〕大哉!

情有巧伪,变动相乘,不在于大,而圣明巧历尚不测〔二〕知,"岂在乎大哉"!

陵三军者,或惧于朝廷之仪。暴威武者,或困于酒色之娱。

"陵三军"、"暴威武",视死如归,若献酬、揖让,汗〔三〕成霖霂,此皆体质刚猛,惧在微小。故大畜初九"有厉,利已",九二"舆说辐",虽复刚健,怯于柔弱也。

近不必比,远不必乖。

近爻不必亲比,远爻不必乖离。屯六二、初九爻虽相近,守贞不从;九五虽远,"十年乃字",此例是也。

〔一〕"乎",毛本、相台本、涵芬楼影宋本作"夬"。
〔二〕"不测",相台本、涵芬楼影宋本倒。
〔三〕"汗",原作"反",今据相台本、涵芬楼影宋本改。

同声相应,高下不必均也。同气相求,体质不必齐也。

初、四,二、五,三、上,"同声相应",不必限高下也;"同气相求",不必齐形质也。

召云者龙,命吕者律。

云,水气也。龙,水[一]畜也。召水气者水畜,此明有识感无识。命阴吕者阳律,此明无识感有识。

故二女相违,而刚柔合体。

二女俱是阴类而相违,刚柔虽异而合体,此明异类相应。

隆墀永叹,远壑必盈。

隆,高也。墀,水中墀也。永,长也。处高墀而长叹,远壑之中,盈响而应。九五尊高,喻于隆墀;六二卑下,同于远壑,唱和相应也。

投戈散地,则六亲不能相保。

投,置也。散,逃也。置兵戈于逃散之地,虽是至亲,不能相保守也。遁卦九四"好遁,君子吉",处身于外,难在于[二]内,处外则超然远遁,初六至亲,不能相保守也。

同舟而济,则胡越何患乎异心?

同在一舟,而俱济彼岸;胡越虽殊,其心皆同。若渐卦三四异体和好,物莫能间。顺而相保,似若同在一舟;上下殊体,犹若胡越,"利用御寇","何患乎异心"?

故苟识其情,不忧乖远。苟明其趣,不烦强武。

〔一〕"水",原作"小",今据毛本、相台本、涵芬楼影宋本改。
〔二〕"在于",毛本作"虽在"。

苟识同志之情,何忧胡越也。苟明外〔一〕散之趣,不劳用其威武也。

"能说诸心,能研诸虑",

诸物之心,忧其凶患,爻变示之,则物心皆说;诸侯之虑,在于育〔二〕物,爻变告之,其虑益精。

睽而知其类,异而知其通,

睽彖曰:"万物睽而其事类也,男女睽而其志通也。"

其唯明爻者乎?

知取舍,察安危,辩吉凶,知变化,"其唯明爻者乎"?

故有善迩而远至,命宫而商应。

善,修治也。迩,近也。近修治言语,千里远应,若中孚之九二"鸣鹤在阴,其子和之",鸣于此,和于彼,声同则应,有若宫商也。

修下而高者降,与彼而取此者服矣。

处下修正,高必命之。否之初六"拔茅,贞吉",九四"有命,畴离祉"也。与,谓上也。取,谓下也。君上福禄,不独有之,下人服者,感君之德,大有六五"厥孚交如,威如,吉"之例是也。

是故情伪相感,远近相追,

正应相感是实情,蹇之二、五之例;不正相感是伪情,颐之三、上之例;有应,虽远相追,睽之三、上之例;无应,近则相取,贲之二、三之例是也。

〔一〕"明外",相台本、涵芬楼影宋本作"知逃"。
〔二〕"育",原作"有",今据岳本、影宋本改。

爱恶相攻,屈伸相推,

同人三、四,有爱有恶,迭相攻伐。否、泰二卦,一屈一伸,更相推谢。

见情者获,直往则违。

获,得也。见彼之情,往必得志,屯之六四"求婚媾,往吉,无不利"之例。不揆则往,彼必相违〔一〕,六三"即鹿无虞,惟入于林中,君子几不如舍,往吝"之例是也。

故拟议以成其变化,语成器而后有格。

格,作"括",括,结也。动则拟议,极于变化,语成器而后无结阂之患也。

不知其所以为主,鼓舞而天下从,见乎其情者也。

鼓舞,犹变化也。易道变化,应人如响,退藏于密,不知为主也。其为变化,万物莫不从之而变,是显见其情。系辞曰:"圣人之情见乎辞。"又曰:"鼓之舞之,以尽神。"

是故范围天地之化而不过,曲成万物而不遗,

范,法也。围,周围也。模范周围天地变化之道而无〔二〕过差,委曲成就万物而不有遗失。

通乎昼夜之道而无体,一阴一阳而无穷。

阳通昼,阴通夜。昼夜,犹变化也。极神妙之道,而无体可明。一者,道也。道者,虚〔三〕也。在阴之时,不以生长而为功;在阳之时,不以生长而为力,是以生长无穷。若以生长为功,各尽于有物

〔一〕"违"下,原有"之"字,今据相台本、涵芬楼影宋本删。
〔二〕"无",岳本、影宋本作"不"。
〔三〕"虚"下,影宋本、岳本有"无"字。

之功极,岂得无穷乎?

非天下之至变,其孰能与于此哉!

非六爻至极通变,以应万物,则不能与于此也。

是故卦以存时,爻以示变。

卦以存时,爻以应变。

明卦适变通爻

夫卦者,时也;爻者,适时之变者也。

卦者,统一时之大义;爻者,适时中之通变。

夫时有否泰,故用〔一〕行藏。

泰时则行,否时则藏。

卦有小大,故辞有险易。

阴长则小,阳生则大。否卦辞险,泰卦辞易。

一时之制,可反而用也。一时之吉,可反而凶也。

一时有大畜〔二〕之制,反有天衢〔三〕之用。一时有丰亨之用,反有
羁旅之凶也。

故卦以反对,而爻亦皆变。

诸卦之体,两相反正,其爻随卦而变。泰之初九“拔茅汇,征吉〔四〕”,
否初六“拔茅汇,贞”,卦既随时,爻变示准也〔五〕。

〔一〕 “用”下,岳本、影宋本有“有”字。
〔二〕 “大畜”下,毛本有“比泰”二字,当补。
〔三〕 “天衢”下,毛本有“后夫”、“城隍”四字,当补。
〔四〕 “吉”,原脱,今据相台本、涵芬楼影宋本补。
〔五〕 “示”,相台本作“亦”。此句,毛本、涵芬楼影宋本作“爻亦变准也”。

是故用无常道,事无轨度,动静屈伸,唯变所适。

> 卦既推移,故"道用无常";爻逐时变,故"事无轨度";动出静入,屈往伸来,"唯变所适"也。

故名其卦,则吉凶从其类;存其时,则动静应其用。

> 名其谦、比,则吉从其类;名其蹇、剥,则凶从其类。震时则动应其用,艮时则静应其用。

寻名以观其吉凶,举时以观其动静,

> 寻谦、比、蹇、剥,则观知吉凶也。举艮、震,则观知动静也。

则一体之变,由斯见矣。夫应者,同志之象也;位者,爻所处之象也;

> 得应则志同相和。阴位,小人所处;阳位,君子所处。

承乘者,逆顺之象也;远近者,险易之象也;

> 阴承阳则顺,阳承阴则逆,故小过六五乘刚,逆也;六二承阳,顺也。远难则易,近难则险。需卦九三近坎,险也;初九远险,易矣。

内外者,出处之象也;初上者,始终之象也。

> 内卦是处,外卦为出。初为始,上为终也。

是故虽远而可以动者,得其应也;虽险而可以处者,得其时也。

> 上下虽远而动者,有其应,革六二去五虽远,阴阳相应,往者无咎也。虽险可以处者,得其时也。需上六居险之上,不忧出穴之凶[一],得其时也。

弱而不惧于敌者,得所据也。忧而不惧于乱者,得所附

〔一〕"之凶",原脱,今据相台本、涵芬楼影宋本、毛本补。

也。

> 师之六五为师之主,体是阴柔,禽来犯田,执言往讨,处得尊位,所以不惧也。遁九五"嘉遁,贞吉",处遁之时,小人浸长,君子道消,逃遁于外,附著尊位,率正小人,不敢为乱也。

柔而不忧于断者,得所御也。虽后而敢为之先者,应其始也。

> 体虽柔弱,不忧断制。艮由柔御于阳,终得刚胜,则噬嗑六五"噬干肉,得黄金"之例。初爻处下,有应于四者,即是体后而敢为之先,则泰初九"拔茅茹,以其汇,征吉"之例是也。

物竞而独安于静者,要其终也。

> 物甚争竞,己独安静,会其终也。大有上九"自天祐之,吉,无不利",余并乘刚,竞其丰富,己独安静,不处于位,由居上极,"要其终也"。

故观变动者存乎应,察安危者存乎位,

> 爻有变动在〔一〕乎应,有应〔二〕而动,动则不失,若谦之九三"劳谦君子,有终,吉"之例。爻之安危在乎位,得位则安,若节之六四"安节,亨"之例。失位则危,若晋之九四"晋如鼫鼠,贞厉"之类是也。

辩逆顺者存乎承乘,

> 阴乘于阳,逆也。师之六二〔三〕"师或舆尸,凶"。阴承于阳,顺也,噬嗑六三"小吝,无咎",承于九四,虽失其正,"小吝,无咎"也。

明出处者存乎外内。

〔一〕"在",毛本作"存"。
〔二〕"有应",原脱,今据相台本、涵芬楼影宋本补。毛本有"应"无"有"。
〔三〕"二",原作"三",今据相台本、涵芬楼影宋本改。

遁,君子处外;临,君子处内。

远近终始,各存其会,

适得其时则吉,失其要会则凶。

辟险尚远,趣时贵近。

遁之上九"肥遁,无不利",此"尚远"也。观之六四"观国之光,利
用宾于王",此"贵近"也。

比、复好先,乾、壮恶首。

比初六"有孚,无咎",上六"比之无首,凶";复初九"不远复,无祗
悔,元吉",上六"迷复,凶";乾之上九"亢龙有悔",大壮上六"羝
羊触藩,不能退,不能遂,无攸利"之例是也。

明夷务暗,丰尚光大。

明夷彖云"利艰贞,晦其明也",丰彖云"勿忧,宜日中"是也。

吉凶有时,不可犯也。

时有吉凶,不可越分轻犯也。

动静有适,不可过也。

动静适时,不可过越而动。

犯时之忌,罪不在大;失其所适,过不在深。

若夬之九三"壮于頄,有凶",得位有应,时方阳长,同决小人,三
独应之,"犯时之忌",凶其宜也。大过九四"栋隆,吉,有它吝",
大过之时,阳处阴位为美,九四阳处阴位,能隆其栋,良由应初,则
有它吝,此所适违时也。

动天下,灭君主,而不可危也。

事之大者,震动宇宙,弑灭君主,违于臣道,不可倾危。若离之九
四"突如,其来如,焚如,死如,弃如"之例是也。

侮妻子,用颜色,而不可易也。

> 事之小者,侮慢妻子,用颜色。若家人尚严,不可慢易。家人九
> 三:"家人嗃嗃,悔厉,吉。妇子嘻嘻,终吝。"

故当其列贵贱之时,其位不可犯也;

> 位有贵贱,爻有尊卑,职分既定,不可触犯。

遇其忧悔吝之时,其介不可慢也。

> 吉凶之始彰也,存乎微兆。悔吝纤介虽细,不可慢易而不慎也。

观爻思变,变斯尽矣。

明象

夫象者,出意者也。言者,明象者也。

> 立象所以表出其意。作其言者,显明其象。若乾能变化,龙是变
> 物,欲明乾象,假龙以明乾;欲明龙者,假言以象龙,龙则象意者也。

尽意莫若象,尽象莫若言。

> 象以表意,言以尽象。

言生于象,故可寻言以观象。

> 若言能生龙,寻言可以观龙。

象生于意,故可寻象以观意。

> 乾能明意,寻乾以观其意也。

意以象尽,象以言著。

> 意之尽也,象以尽之;象之著也,言以著之。

故言者所以明象,得象而忘言。象者所以存意,得意而
忘象。

既得龙象,其言可忘;既得乾意,其龙可舍。

犹蹄者所以在兔,得兔而忘蹄;

蹄以喻言,兔以喻象,存蹄得兔,得兔忘蹄。

筌者所以在鱼,得鱼而忘筌也。

求鱼在筌,得鱼弃筌。

然则,言者象之蹄也,象者意之筌也,

蹄以喻言,筌以比象。

是故存言者,非得象者也;存象者,非得意者也。

未得象者存言,言则非象;未得意者存象,象则非意。

象生于意而存象焉,则所存者乃非其象也。

所存者在意也。

言生于象而存言焉,则所存者乃非其言也。

所存者在象也。

然则,忘象者乃得意者也,忘言者乃得象者也。

忘象得意,忘言得象。

得意在忘象,得象在忘言。

弃执而后得之。

故立象以尽意,而象可忘也;重画以尽情,而画可忘也。

尽意可遗象,尽情可遗画。若尽和同之意,忘其天火之象,得同志
之心,拔茅之画尽可弃也。

是故触类可为其象,合义可为其征。

征,验也。触逢事类则为象,鱼、龙、牛、马、鹿、狐、鼠之类,大人、
君子,义同为验也。

义苟在健,何必马乎? 类苟在顺,何必牛乎?

> 大壮九三有乾,亦云"羝羊"。坤卦无乾,彖亦云"牝马"。

爻苟合顺,何必坤乃为牛? 义苟应健,何必乾乃为马?

> 遁无坤,六二亦称牛。明夷无乾,六二亦称马。

而或者定马于乾,

> 唯执乾为马,其象未弘也。

案文责卦,有马无乾,则伪说滋漫,难可纪矣。互体不足,遂及卦变,变又不足,推致五行。

> 广推金、木、水、火、土为象也。

一失其原,巧愈弥甚。

> 一失圣人之原旨,广为譬喻,失之甚也。

纵复或值,而义无所取。盖存象忘意之由也。

> 失鱼兔,则空守筌蹄也;遗健顺,则空说龙马也。

忘象以求其意,义斯见矣。

辩位

案:象无初上得位、失位之文,

> 阴阳居之,不云得失。

又系辞但论三五、二四同功异位,亦不及初上,何乎?

> 问[一]其义也。

唯乾上九文言云"贵而无位",

〔一〕"问",原作"同",今据相台本、涵芬楼影宋本改。

阳居之也。

需上六云"虽不当位"。

阴居之也。

若以上为阴位邪,则需上六不得云"不当位"也。若以上为阳位邪,则乾上九不得云"贵而无位"也。阴阳处之,皆云非位,而初亦不说当位、失位也。

不论当位、失位、凶吉之由。

然则,初上者,是事之终始,无阴阳定位也。

初为始,上为终。施之于人为终始,非禄位之地也。

故乾初谓之潜,过五谓之无位,未有处其位而云潜、上有位而云无者也。历观众卦,尽亦如之。初上无阴阳定位,亦以明矣。夫位者,列贵贱之地,待才用之宅也。

宅,居也。二、四阴贱,小人居之;三、五阳贵,君子居之。

爻[一]者,守位分之任、应贵贱之序者也。

各守其位,应之以序。

位有尊卑,爻有阴阳,尊者阳之所处,卑者阴之所履也,故以尊为阳位,卑为阴位。去初上而论位分,则三五各在一卦之上,亦何得不谓之阳位? 二四各在一卦之下,亦何得不谓之阴位? 初上者,体之终始,事之先后也。故位无常分,事无常所,非可以阴阳定也。尊卑有常序,终始无常主。

〔一〕"爻",原作"又",今据宋本、相台本、涵芬楼影宋本改。

四爻有尊卑之序,终始无阴阳之恒主也。

故系辞但论四爻功位之通例,而不及初上之定位也。然事不可无终始,卦不可无六爻,初上虽无阴阳本位,是终始之地也。统而论之,爻之所处则谓之位;卦以六爻为成,则不得不谓之"六位时成"也。

略例下

凡体具四德者,则转以胜者为先,故曰"元亨利贞"也。

元为生物之始[一],春也。亨为会聚于物,夏也。利为和谐品物,秋也。贞能干济于物,冬也。乾用此四德,以成君子、大人之法也。

其有先贞而后亨者,亨由于贞也。

离卦云:"利贞,亨。"

凡阴阳者,相求之物也。近而不相得者,志各有所存也。

既济六二与初、三相近而不相得,是"志各有所存也"[二]。

故凡阴阳二爻率相比而无应,则近而不相得;

比之六三,无应于上,二四皆非己亲,是"无应则近而不相得"之例[三]。

〔一〕"元为生物之始",原作"元生上初之始",宋本作"无生上物之始",今据相台本、涵芬楼影宋本改。

〔二〕此注,相台本、涵芬楼影宋本作"比之六三,处二四之间,四自外比,二为五贞,所与比者,皆非己亲,是有所存者也"。

〔三〕此注,相台本、涵芬楼影宋本作"随之六三'系丈夫',九四'随有获',是无应而相得之例也"。

有应,则虽远而相得。

> 同人六二志在乎五,是"有应,则虽远而相得"之例〔一〕。

然时有险易,卦有小大,

> 否险泰易,遁小临大。

同救以相亲,同辟以相疏,

> 睽之初九、九四阴阳非应,俱是"睽孤",同处体下,交乎相救,而
> 得悔亡,是同救相亲。困之初六有应于四,潜身幽谷;九四有应于
> 初,"来徐徐",志意怀疑,同避金车,两相疏远也。

故或有违斯例者也。然存时以考之,义可得也。

> 或有情伪生,违此例者。存其时,考其验,莫不得之。

凡彖者,统论一卦之体者也。象者,各辩一爻之义者
也。

> 彖统论卦体,象各明一爻之义也。

故履卦六三〔二〕为兑之主,以应于乾,成卦之体,在斯一
爻。故彖叙其应,虽危而亨也。

> 彖云"柔履刚,说而应乎乾",是以"履虎尾,不咥人,亨"也。

象则各言六爻之义,明其吉凶之行,去六三成卦之体,而
指说一爻之德,故危,不获亨而"见咥"也。

> 六三"履虎尾,咥人,凶",象言"不咥",象言"见咥",明爻、象其义

〔一〕 此注,相台本、涵芬楼影宋本作"既济六二有应于五,与初三相近,情不相
　　 得之例"。
〔二〕 "三",原作"二",今据宋本、相台本、涵芬楼影宋本改。

各异也。

讼之九二,亦同斯义。

> 讼彖云"'有孚,窒惕,中吉',刚来而得中",注云"其在二乎?以刚而来,正夫群小,断不失中,应斯任矣",九二"不克讼,归而逋,其邑人三百户,无眚"。

凡彖者,通论一卦之体者也。一卦之体,必由一爻为主,则指明一爻之美,以统一卦之义,大有之类是也。卦体不由乎一爻,则全以二体之义明之,丰卦之类是也。

凡言无咎者,本皆有咎者也,防得其道,故得无咎也。

> 乾之九三"君子终日乾乾,无咎",若防失其道,则有过咎也。

吉无咎者,本亦有咎,由〔一〕吉,故得免也。

> 师"贞,丈人吉,无咎",注云:"兴役动众,无功罪也,故吉乃免咎。"

无咎吉者,先免于咎,而后吉从之也。

> 比初六"有孚,比之,无咎,终来,有它吉"之例也。

或亦处得其时,吉不待功,不犯于咎,则获吉也。

> 需之九二"需于沙,小有言,终吉",注云:"近不逼难,远不后时,履健居中,以待其会,虽小有言,以吉终也。"

或有罪自己招,无所怨咎,亦曰无咎。故节六三曰"不节若,则嗟若,无咎",象曰"不节之嗟,又谁咎也",此之谓矣。

〔一〕"由",毛本作"因"。

卦略凡十一卦〔一〕。

䷂屯:此一卦,皆阴爻求阳也。屯难之世,弱者不能自济,必依于强,民思其主之时也。故阴爻皆先求阳,不召自往。马虽班如,而犹不废,不得其主,无所冯也。初体阳爻,处首居下,应民所求,合其所望,故大得民也。

江海处下,百川归之;君能下物,万人归之。

䷃蒙:此一卦,阴爻亦先求阳。夫阴昧而阳明,阴困童蒙,阳能发之。凡不识者求问识者,识者不求所暗〔二〕。暗者求明,明者不谘于暗。故"童蒙求我,匪我求童蒙"也。故六三先唱,则犯于为女。四远于阳,则"困蒙,吝"。初比于阳,则"发蒙"也。

䷉履:杂卦曰:"履,不处也。"又曰:"履者,礼也。"谦以制礼,阳处阴位,谦也。故此一卦,皆以阳处阴为美也。

九五"夬履,贞厉",履道恶盈,而五处尊位,三居阳位,则"见咥"也。

䷒临:此刚长之卦也。刚胜则柔危矣,柔有其德,乃得免咎。故此一卦,阴爻虽美,莫过无咎也。

䷓观之为义,以所见为美者也。故以近尊为尚,远之为吝。

〔一〕此注,原脱,今据毛本、相台本、涵芬楼影宋本补。
〔二〕"暗",相台本、涵芬楼影宋本作"诰"。

远为童观,近为观国。

䷛ 大过者,栋桡之世也。本末皆弱,栋已桡矣。而守其常,则是危而弗扶,凶之道也。以阳居阴,拯弱之义也,故阳爻皆以居阴位为美。济衰救危,唯在同好,则所赡褊矣。故九四有应,则有它吝;九二无应,则无不利也。

大过之时,阳处阴位,心无系应为吉,阳得位有应则凶也。

䷠ 遁:小人浸长。难在于内,亨在于外,与临卦相对者也。临,刚长则柔危;遁,柔长故刚遁也。

遁以"远时"为吉,"不系"为美。上则"肥遁",初则"有厉"。

䷡ 大壮:未有违谦越礼,能全其壮者也,故阳爻皆以处阴位为美。用壮处谦,壮乃全也;用壮处壮,则"触藩"矣[一]。

䷣ 明夷:为暗之主,在于上六。初最远之,故曰"君子于行"。五最近之,而难不能溺,故谓之"箕子之贞",明不可息也。三处明极而征至暗,故曰"南狩获其大首"也。

远难藏明,明夷之义。

䷥ 睽者,睽而通也。于两卦之极观之,义最见矣。极睽而合,极异而通,故先见怪焉,洽乃疑亡也。

火动而上,泽动而下,睽义见矣。

䷶ 丰:此一卦,明以动之卦也。尚于光显,宣扬发畅者

〔一〕此下三卦,原无,今据毛本、相台本、涵芬楼影宋本补。

也。故爻皆以居阳位，又不应阴为美。其统在于恶暗而已矣。小暗谓之沛，大暗谓之蔀。暗甚则明尽，未尽则明昧，明尽则斗星见，明微故见昧。无明则无与乎世，见昧则不可以大事。折其右肱，虽左肱在，岂足用乎？日中之盛，而见昧而已，岂足任乎？

丰之为义，贵在光大，恶于暗昧也。

计用章后序

易之为书，无所不通，大焉天地之变，细之鳞介之动，数冥象索，惟神之测。圣师殁，七十弟子丧，后出之师，各颛其习，故同异派焉。晋、魏之际，传者尤众，独王氏为异，摘去拘滞，特论人事，盖得圣人所以为易之意。是以历代贵之，列诸学官，学者诵焉，诸儒章句遂废不著，非好古博雅，人间鲜有传者。

庆历壬午，相府策贤良六题，一出此书。素未尝见，贤良多下者。是冬，予放谪北归，复官汉东，至淮安，太守平阳公馆焉。公先德学士，蜀之儒宗，名为博古。因间以请，遂出先学士所藏李氏易本，俾予与其子彦孚习焉。其书会数十家章句，取其合者著之，其解卦异者，家世变正，时来旁通，互采颇为烦悉。若何、范之为春秋者，其所取荀慈明、虞仲翔为多，而斥王氏，李氏之志也。彦孚既授卒业，且欲伸都官丈与先学士之意，因缄别本，属所亲眉阳孙景初募工刊刻，以广传布。

噫！此书意例虽异，其精者连环错综，皆有理证，似非一人之学所能举。意仲尼之后，师师相承，以及翻、爽，岂易之道，天地人鬼神万化，巨细无不贯，后之学者不能兼明，直顺所闻言之邪？古之能事，亡逸者多矣，后或有惜之者，况此书圣贤之遗旨所存乎！它日有沉深志古,得之怡然以自广,斯亦平阳氏之世德也矣。

庆历甲申七月甲子临邛计用章序。

附录一 序跋

周易集解宋本鲜于侃序 出自陆心源皕

宋楼藏书志卷一经部,清光绪万卷楼藏本

李鼎祚以易学显名于唐,方其进平胡论,预察胡人叛亡日时,无毫厘差,象数精深盖如此。而所注周易全经,世罕传焉。鼎祚,资人也。为其州,因斥学粮之余,镂板藏之学官,俾后之士,因以知前贤通经学古,其用力盖非苟而已。学录乡贡进士谢诲、学正新郪县尉侯天麟校雠,教授眉山史似董其事。乾道二年四月甲午,郡守唐安鲜于侃书。

周易集解宋本鲜于申之序 出自陆心源

皕宋楼藏书志卷一经部,清光绪万卷楼藏本

乾道元二,先君子假守资中,公退惟读书不暂辍,盖亦晚而好易。谓李鼎祚资人也,取其集解,命刊之学官。病其舛脱,则假善本于东漕巽岩先生,然亦犹是也,姑传疑焉。惟不敢臆以是正之,兹四十有七年矣,板复荒老,且字小,不便于览者,不肖嗣申之误兹(此处原阙五字)指,敬大字刻之漕司,尚广其传,庶几此学不遂泯云。嘉定壬申三月甲子,申之谨书。

胡震亨李氏易解附郑康成注序 出自秘册汇函本

初,汉氏施、孟、梁丘、京四氏易列学官,费氏易惟行民间。自马融为传授郑玄,注易者相承皆用费氏易,而独玄与魏王弼最显。玄主象数,弼尚名理。弼撰略例云:"互体不足,遂及卦变。变又不足,推致五行。一失其原,巧愈弥甚。"殆讥玄也。晋人讥弼,复谓其"六爻变化,群象所效,日时岁月,五气相推,多所不关,将泥大道"。盖互有所短云。于后南北诸儒,好尚各异。江左则宗王学,河洛则用郑义。隋世王注盛行,唐复敕撰正义,而郑氏始绌。旧注九卷,至宋遂亡佚失传焉。唐惟李鼎祚宗郑,汇诸家为集解,郑注盖多所采用。宋王应麟复联缀其散在释文、易、诗、三礼、春秋义疏、后汉书、文选注者,合集解所载为一卷,名曰郑康成易注。盖易道统备天象人事,王郑两不可偏废,而郑氏之学,鼎祚撮其最,应麟搜其逸,则两书又当并观者也。

余故刻集解,而并取应麟所辑除已见集解者为附录,而序其说如此。集解旧无刻本,此本得之海虞赵清常氏,清常得之锡山孙兰公氏,兰公复得之南都焦弱侯先生,转相传写,差误不少。行求焦氏原本校之,会迫计偕未暇也。癸卯七月望日,海盐胡震亨识。

沈士龙易解题辞 出自秘册汇函本

李氏易解搜辑先汉以至隋唐凡三十五家,政犹珪璧珠铣,陆离备前,应接不暇,诚易部一宝藏也。第其意在绌王尊郑,至以"野文"目王。余因取王郑易注读之,则郑注所及者仅三十二卦,如谦卦"唯艮之坚固、坤之厚顺,乃能终之",豫卦"震为诸侯,坤为众,故利建侯行师","彖云以者,取其喜佚动摇,犹人至乐则手足鼓舞",随卦"内动以德,外悦以言,则天下慕而随之","初九震为大涂,又为日门,当春分阴阳之所交也",临卦"人之情盛则奢淫,奢淫将亡,故戒以凶也",观卦"艮为鬼门,宫阙,天子宗庙之象",贲卦"离为日,天文也。艮为石,地文也",剥六二"屈则相近,申则相远,故谓之辩",颐卦"自二至五有二坤,坤载养物",恒卦"长女承长男,夫妇同心而成家,久长之道也",遁卦"艮为门阙,互体有巽,巽为进退,君子出门,行有进退,逃去之象",困卦"坎为月,互体离为日,兑为暗昧,掩日月之明",鼎卦"泽钟金而含水,爨以木火",凡此数条,诚象数解经之最佳快者,特其解乾九二、三、五爻以三才立说,何如王"出潜离隐,因时而惕;不跃不行,大人之亨路"乎?泰象"宽仁长养,收敛盖藏",否九五"纣囚文王,四臣献珍",何如王"上下大通,物失其节,故财成"云云?心存将危,乃得固乎?晋象"日出于上,其功乃著",萃卦"上下相应,有事而和通",升卦"木生地中,日长而上",井卦"井以汲人,水无空竭",何如王"以顺著明,自显之道","聚乃通","巽顺可以升","井以不变为德"乎?至以临之"八月有凶"为殷家著兴衰之戒,咸卦"三十之男有此三德,以下二十之女"、夬"扬于王庭"训扬为越之类,尤剧拘怪惧,未易凌压辅嗣也。且谭易者无逾宋儒,顾于郑解特取先甲后甲之说,而他不少及,往往多与王合旨。苏长公目无前人,乃注易有全用王注者,则王、郑优劣判然可睹矣。绣水沈士龙题。

李氏周易集解跋朱彝尊曝书亭集卷第四十二

唐著作郎资州李鼎祚集子夏以来易说三十二家,又引张氏伦、朱氏仰之、蔡氏景君三家注及乾凿度合三十六家,题曰周易集解。自序称一十卷,斯为完书。晁氏志惜其失七卷,盖误信新唐书艺文志目录也,以其书宗康成,排辅嗣。然绎其序,有云"王氏略例得失相参,仍附经末",是未尝全排辅嗣,论者未之察尔。由唐以前,易义多轶不传,借此犹存百一,宜西亭宗正获之,亟以开雕。近则流播者多,海盐胡氏、常熟毛氏皆有刊本矣。唐史论经学,易有蔡广成,诗有施士丐,礼有袁彝、仲子陵、韦彤、裴茞,春秋有啖助、赵匡、陆淳,论语有强蒙,独未及鼎祚。唯宋史礼志追赠赞皇子,而元四明袁桷集谓资州有鼎祚读书台,今未审故迹尚存焉否也。

卢见曾雅雨堂本题词

两汉传易者数十家,唯费氏为古文易。今所传之易,乃费易也。费长翁以彖、象、系辞、文言解说上下经,颇得圣人遗意。唐有章句四卷,惜已亡佚。其后荀慈明祖述费学,亦以十篇之义诠释经文,故当时兖豫言易者皆传荀氏学。九家亦以荀为主。虞仲翔注易,其说六爻升降之义,皆荀法也。二家之业为两汉最,故唐资州李氏撰易传集解,其三十余家,荀虞独多。先是，王辅嗣易专尚黄老，谓卦中所取之象皆假象也。韩康伯因之，易之大义始乖。六朝王氏之易与郑氏并行，自孔颖达奉诏为五经正义，易用王氏，而两汉之学亡矣。今幸李氏易传尚存，前明朱、胡、毛三家皆有刊本，被既迷失，又多讹字。余学易数十年，于唐、宋、元、明四代之易无不博综玄览，而求其得圣人之遗意者，惟汉学为长，以其去古未远，家法犹存故也。为校正谬误，刊以行世，并附宋王伯厚所采郑氏易于后，以存古义。荀虞逸象最多，故李氏序云："刊辅嗣之野文，补康成之逸象。"晁公武谓李氏刊王存郑，此误解序义也，为辨而正之。

翁方纲周易李氏集解校本序 出自清李
彦章校刻翁方纲复初斋文集卷一

予于治易，颇不劝人专言汉学，而独以李氏集解为足宝。李氏所集三十余家，自孟喜以下，大抵多汉学也。予箧中细字校本有谋重锓梓者，乞一言序之。校本者，东吴惠栋所校也。惠氏又自为书，题曰易汉学，又自为书，曰易述。易述之书，其蘽未竟。今之嗜学者，或欲为惠氏补完之。予曰："盍慎诸！"慎其补惠书乎？慎其演汉学耳。汉诸家具有师授，奚为而必慎之？慎其支演也。由汉学以补惠氏书，其必多出于支演者，势也。然则曷为独宝李氏集解？

李氏集解之于汉学也，存什一于千百，以资后学之详择焉，则经学之宝也。若以供后人之演说，则经学之蠹而已矣。

是在善学者能择之,故李氏之书其为益匪细也。然则校本其
有裨欤? 曰:亦在善学者择焉耳矣。庀材者,竹头木屑皆实用
也;治羞者,芝栭菱椇皆尝腴也,而况汉学之具有师授者哉?
然而惠氏有踵增之华,李氏则有质素而无绚饰也。惠氏启嗜
异之渐,李氏则有并存而无偏阿也。岂惟读者有不能善择之
防,即校者已先有不能阙疑之惧矣。吾正以徒宝而秘藏与弗
慎而轻辍言者等其戒焉。乃不阙不慎之为弊,又在徒宝而不
开箧者下矣。慎之哉!

刘毓崧周易集解跋上篇 出自刘氏通义堂文集卷一

李氏周易集解自序未言成书年月,郡斋读书志云"鼎祚集
解皆避唐讳",今以集解全书核之,其中以"代"字易"世"字,以
"人"字易"民"字,自序云:"故系辞云致天下之人通其变,使人不倦;神其
化,使人宜之","后代圣人易之以宫室","后代易之书契","万人以察"。今按:
系辞"代"作"世",除"圣人"外,"人"皆作"民"。自序又引"说以先之","之"
字当是"人"字之误。兑象传原文亦作"民"。避太宗之讳也。以"理"
字代"治"字,自序云:"百官以理"。坤文言传鼎祚注云"理国修身"。今按
系辞原文"理"作"治",理国即治国也。避高宗之讳也。以"通"字代
"亨"字,履六二象传鼎祚注云"是以履虎尾,不咥人,通"。今按:彖辞原文
"通"作"亨"。此外经文作"亨",集解引旧注以"通"字代"亨"字者难以枚举。
避肃宗之讳也。"豫"字缺笔作"豫",豫卦、小畜卦、晋卦、序卦传改
"豫"为"豫"者不一而足。避代宗之讳也。德宗讳"适",兼讳"括"
字。处州原名括州,避德宗嫌名而改。而集解"括"字不避不缺笔。坤六四爻
辞云"括囊,无咎无誉",集解引虞翻曰:"括,结也。"系辞传云"动而不括",集解

引虞翻曰："括，作也。"井象辞集解引曰："括囊则同。"则作于德宗之前可知。以是推之，其书成于代宗之朝，更无疑义。观于序云"臣少慕玄风"，其序末又云"臣李鼎祚序"，盖此书曾经表献，其序即作于代宗之时，故篇内引用系辞自"盖取诸离"至"盖取诸夬"而不言"盖取诸豫"者，以"豫"字乃时君御名，自序系进呈之文，非经传可比，即缺笔亦嫌于指斥故耳。系辞尚有"盖取诸乾坤"、"盖取诸小过"、"盖取诸大过"，自序不引之者，十三卦皆制器尚象之义，若备引十二卦而独遗豫卦，恐阅者疑为脱漏，故止引八卦而遗其五卦，所以泯避讳之迹也。若夫太祖讳虎，而集解有"虎"字。乾文言传云"风从虎"，集解引荀爽曰"虎喻国君"，虞翻曰"坤为虎"。世祖讳丙，而集解有"丙"字。蛊象辞云"后甲三日"，集解引子夏传曰"乙丙丁也"。高祖讳渊，而集解有"渊"字。乾九四爻辞云"或跃在渊"，集解引崔憬曰"疑而处渊"，王宝曰"渊谓初九"。中宗讳显，而集解有"显"字。自序云"斯乃显诸仁而藏诸用"。玄宗讳隆基，而集解有"隆"字、"基"字。大过九四爻辞云"栋隆吉"，集解引虞翻曰"隆，上也"，系辞传云"是故履，德之基也"，集解引虞翻曰"坤柔履刚，故德之基。坤为基"。此则出自后人追改，非李氏之原文也。世、民、治、亨等字亦有不避者，皆后人所改。

是书以北宋庆历本为最古。计用章序作于庆历甲申七月。明朱睦㮮所重刊者，即据此本也。宋翼祖讳敬，宣祖讳殷，故"敬"字、"殷"字皆缺末笔。讼上九象辞云"亦不足敬也"，集解本"敬"作"敬"，临象辞集解引郑玄曰"殷之正月也"，"殷"作"殷"。他条仿此者甚多。其有不缺笔者，皆后人翻刻时所补也。而于唐人所讳"豫"字，仍为缺笔，不独加礼于故国旧君，有昔贤忠厚之遗风。日知录云：孟蜀所刻石经，于唐高祖、太宗讳皆缺书。石晋相里金神道碑"民"、"珉"二字皆缺末笔。至宋益远矣。而乾德三年卜禋伏羲女娲庙碑"民""珉"二字、咸平六年孙冲绛守居园池记碑"民""珉"二字皆缺末笔。其于旧君之礼何其厚与？后汉应劭作风俗通，有讳旧君之议。自古相传，忠厚之道如此。即成书之时代，亦借此得以考见，其为功也大矣。

至于此书之卷数，诸家目录各有不同。新唐书艺文志载李鼎祚集注周易十七卷，集注即集解之异文。如其所言，则此书原有十七卷也。北宋以后，通行之本皆系十卷，或谓其逸去七篇，或谓其"首尾俱全，初无亡失"。郡斋读书志云："唐录称鼎祚书十七卷，今所有止十卷，盖亦失其七，惜哉！"经义考引李焘曰："鼎祚自序止云十卷，无亡失也。"朱睦㮮序云："据鼎祚自序云十卷，而首尾俱全，初无亡失，不知唐史何所据而云十七卷也。崇文总目及邯郸图书志亦称七篇逸，盖承唐史之误耳。中兴书目既言十卷，又言十七篇，尤令阅者无所适从。今按自序云："至如卦爻象象，理涉重玄，经注文言，书之不尽，别撰索隐，错综根萌，音义两存，详之明矣。"据此，则李氏之释周易，更有索隐一书，详列音义异同，兼以发挥爻象错综之理。虽其书久逸，卷数未见明文，然以诸家目录参互考之，窃疑集解止有十卷，而索隐别有七卷，诸书称十七卷者，系总计集解、索隐而言，故自序又云"其王氏略例得失相参，采菉采菲，无以下体，仍附经末，式广未闻，凡成一十八卷"，盖除略例一卷为王弼所编，与李氏无关，其余十七卷则自集解十卷以外，索隐当有七卷，是索隐与集解本相辅而行。此十七卷之目录所由来也。特以纪载简略，止标集解而遗索隐，于是索隐遂沉晦而不彰。加以刊刻流传止有集解而无索隐，于是索隐遂湮没而莫考。此所以但知有十卷之本，不知有十七卷之本，甚至有改自序中之卷数，以迁就调停。而昔人旧目相沿，转疑为无据，其误甚矣。雅雨堂所刻集解强析十卷为十七卷，欲以复其旧观，所谓"楚则失之，齐亦未为得也"。要之，索隐原附于集解，而集解未及致详者，实恃索隐以为补苴。自序所谓"错综根萌"，当必有裨于微言大义。惜乎集解存而索隐逸，无以觇李氏易学之全。惟索隐之名仅见于集解自序，而读者亦鲜知考究，岂非习焉不察之故欤？

刘毓崧周易集解跋下篇出自刘氏通义堂文集卷一

新、旧唐书皆无李鼎祚传，据集解标题，知其为资州人，而蜀中志乘亦罕见其名氏。朱睦㮮集解序云："及阅唐列传与蜀志，俱不见其人，岂遗之耶？抑别有所载耶？因附论著于此，以俟博雅者考焉。"

今以自序及元和志、寰宇记、舆地纪胜，参之通志、能改斋漫录等书，其事迹官阶尚可考见大略。盖鼎祚系资州盘石县人。舆地纪胜资州人物门李鼎祚注云："盘石人。"盘石即资州治所，旧唐书地理志云资州盘石，汉资中县，今州治。州东有四明山，鼎祚兄弟读书于山上，后人名其地为读书台。舆地纪胜资州景物、古迹两门并载读书台，注云："在州东二十里，鼎祚兄弟读书于其上，俗呼四明山。"经义考云：按资州有李鼎祚读书台，见袁桷清容居士集。明皇幸蜀时，鼎祚进平胡论，后召守左拾遗。见舆地纪胜昌州官吏门李鼎祚注。肃宗乾元元年，奏以山川阔远，请割泸、普、渝、合、资、荣等六州界，置昌州。见元和郡县志昌州。二年春，从其议，兴建。新唐书地理志云："昌州下都督府，乾元二年，析资、泸、普、合四州之地置。"唐会要云："乾元二年正月，分资、普置。"舆地纪胜昌州州沿革门云："象之谨按：寰宇记昌州四至八

到,亘资、合、泸、普、渝、荣六州。恐是割六州地置。"凡经营相度,皆躬与
其劳。鼎祚未尝官昌州,而舆地纪胜昌州官吏门列鼎祚之名,盖当时以鼎祚
家在盘石,与昌州相近,而所析六州地界,资州亦在其中,故即命原议之人往参
其事也。

是时仍官左拾遗。据元和志及寰宇记。尝充内供奉。据通志艺
文略。今按:唐六典卷八云:"左补阙二人,又置内供奉,无员数,才识相当,不待
阙而授,其资望亦与正官同,禄俸等并全给。左拾遗二人,亦置内供奉,无员
数。"通典卷二十一云:"是时仍官左拾遗。"通典卷二十一云:"自开元以来,左
右补阙各二人,内供奉者各一人,左右拾遗亦然。"

曾辑梁元帝及陈乐产、唐吕才之书,以推演六壬五行,成
连珠明镜式经十卷,又名连珠集。通志艺文略五行类式经门载连珠明
镜式经十卷,注云:"唐拾遗内供奉李鼎祚撰。"能改斋漫录卷五云:"尝考唐左
拾遗李鼎祚所修梁元帝及陈乐产、唐吕才六壬书,名连珠集。"上之于朝。
其事亦在乾元间。新唐书艺文志五行类载李鼎祚连珠明镜式经十卷,注
云:"开耀中上之。"今按:开耀系高宗年号,止有二年。肃宗崩于宝应元年,代
宗即以是年登极。自开耀二年至宝应元年,相距已七十年。其上集解既在宝应
元年以后,则其上式经岂得在开耀二年以前?窃谓鼎祚撰式经时,官左拾遗,有
通志及能改斋漫录可证。其官左拾遗在乾元中,有元和志及寰宇记可证。拾
遗置于武后垂拱元年,高宗开耀年间尚无此官,新唐[一]书"开耀"二字当是
"乾元"之讹。盖始则误乾元为开元,继复误开元为开耀耳。代宗登极后,
献周易集解,其时为秘书省著作郎。据集解自序末结衔。朱睦㮮序
云:"鼎祚仕唐为秘阁学士。"今按:秘阁即秘书省,学士即著作郎。盖秘书本有
内阁之名,著作必用文学之士,故朱氏称以秘阁学士,非唐时有此官名也。仕

〔一〕"唐"字原脱,径补。

至殿中侍御史，见舆地纪胜资州人物门。以唐时官品阶秩考之，左拾遗系从八品上阶，秘书省著作郎系从五品上阶，殿中侍御史系从七品上阶。据通典及旧唐书职官志所分载之品秩如此。唐六典及新唐书百官志所述亦同。惟殿中侍御史上阶作下阶，系传写之误。由左拾遗而为著作郎，固属超迁，由著作郎而为殿中侍御史，亦非左降，盖官职之要剧闲散，随时转移。著作郎在武德时秉修史之笔，贞观后史事改归史馆，著作所司者止于碑志祭文祝文。通典卷二十一云："大唐武德初，因隋旧制，史官属秘书省著作局。至贞观三年闰十二月，移史馆于门下省北宰相监修。自是著作局始罢史职。"卷二十六云："初，著作郎掌修国史及制碑颂之属，徒有撰史之名，而实无其任，其任尽在史馆矣。"唐六典卷十云："著作郎掌修撰碑誌祝文祭文。"旧唐书职官志"誌"作"志"，余同。是其始虽非闲曹，而其后竟成散秩也。殿中侍御史弹举违失，号为副端。见通典卷二十四。未升秩之前，旧唐书职官志云："殿中侍御史，武德至乾封令并正八品上。垂拱年改。"已称接武夔龙，篸羽鹓鹭。唐会要卷六十云："龙朔三年五月，雍州司户参军韦绚除殿中侍御史，或以为非迁。中书侍郎上官仪闻而笑曰：'殿中侍御史赤墀下供奉，接武夔龙，篸羽鹓鹭，奈何以雍州判佐相比。'"今按：龙朔系高宗年号，在垂拱之前。其时殿中侍御史系正八品上阶，据通典及旧唐书职官志，京兆府诸曹参军系正七品下阶，京兆府即雍州司户参军，即在诸曹参军之内，其秩较诸殿中侍御史实高三阶，故或人有非迁之疑耳。是其始本为剧职，而其后更属要津也。故高祖受禅之初，即谓秘书清而不要，御史清而复要。旧唐书良吏上李素立传云："武德初，为监察御史，素立寻丁忧，高祖令所司夺情，授以七品清要官。所司拟雍州司户参军。高祖曰：'此官要而不清。'又拟秘书郎。高祖曰：'此官清而不要。'遂擢授侍御史。"唐会要卷六十叙此事，司户作司录，事在武德四年。今以旧唐书职官志考之，监察御史本从八品上阶，垂拱令改为正八品上阶；

京兆府司录参军系正七品上阶,秘书郎系从六品上阶,武德令尚为正七品下阶;侍御史本从七品上阶,垂拱令改为从六品下阶;殿中侍御阶,垂拱令改为从七品上阶。据唐六典卷十三,殿中侍御史,隋炀帝三年省,武德五年置。素立之夺情起复,在武德四年,其时尚无殿中侍御史。然而侍御史与殿中侍御史同属于御史台,皆清而复要之官,亦犹秘书郎与著作郎同属于秘书省,皆清而不要之官也。自是以后,轻重益分。故员外郎系从六品上阶,侍御史系从六品下阶,补阙系从七品上阶,其秩视著作郎较卑。著作佐郎系从六品上阶,其秩比侍御史较尊。据唐六典及旧唐书职官志。然当日由著作郎改补阙,则以为迁。旧唐书李渤传云:"以著作郎征之,岁余,迁右补阙。"韦温传云:"换著作郎,父忧免丧。久之,为右补阙。"由著作佐郎改侍御史,亦以为迁。旧唐书忠义上王义方传云:"擢为著作佐郎,迁侍御史。"由员外郎改著作郎,则不以为迁。旧唐书舒元舆传云:"寻转刑部员外郎,宰执谓其躁竞,改授著作郎,分司东都。"由侍御史改著作郎,亦不以为迁。旧唐书宇文籍传云:"入为侍御史,转著作郎,迁刑部员外郎。"实因轻重系乎职任,不系乎阶资也。况乎唐时官著作郎者,本有兼侍御史之例。旧唐书忠义下甄济传云:"魏少游奏授著作郎兼侍御史。"殿中侍御史与侍御史迁转之班次相同。通典卷二十四云:"殿中侍御史,咸亨以前迁转及职事与侍御相亚。自开元初以来,权归侍御史,而迁转犹同。"意者鼎祚亦以著作郎而兼殿中侍御史欤?

是故综核其生平出处,方未仕之日即献策以讨安禄山,后此召拜拾遗,当必因其所言有验。观于请建昌州之奏,若早虑及寇贼凭陵,故其州曾为兵火所焚,而节度使崔宁又奏请复置,以镇压夷獠。元和郡县志云:"寻为狂贼张朝等所焚,州遂罢废。大历十年,本道使崔宁又奏复置,以镇压夷獠。"舆地纪胜云:"元和志不载张朝、杨琳作乱及昌州废罢年月。寰宇记云:'乾元二年,狂贼张朝、杨琳作乱,为兵火所废。'新唐书志云：'大历六年，州县并废，以其地各还故属。'与寰宇记所载昌州废罢年月不同。象之谨按：李鼎祚奏乞置昌州在乾元元年，唐会要载建置昌州年月在乾元二年，既新置于二年，不应于当年遂废，使二年为贼所焚，亦不应至六年废也。如昌州以乾元元年李鼎祚奏请，二年建置，大历六年为贼焚荡而废，至大历十年而复置，其年月初不相乱也。则昌州之废当在大历六年。"盖其形势控扼险固，元和郡县志云："其城南凭赤水北，倚长崖，极为险固。"兵法所谓地有所必争也。则鼎祚之优于经济而好进谟猷，即此可以概见。其改官御史，建白必大有可观。惜乎奏议之不传耳！迨身殁以后，资州人士为立四贤堂，绘其像以祀之，舆地纪胜资州景物下四贤堂注云："在郡治绘王褒、范崇凯、李鼎祚、董钧像。"尤足征其德望素隆，为乡邦推重。在唐代儒林之内不愧为第一流人，非独集解之书有功于易学已也。乃国史既不为立传，方志亦不详述其人，凡此纪载之疏，安可以曲为解免也哉？

陆心源影宋本周易集解跋 出自陆氏仪顾堂题跋卷一

易传二十卷，下题李氏集解，影写宋刊本，每叶十六行，行十八字，前有鼎祚自序，后有庆历甲申计用章序。以胡震亨刊本校之，卷一"用九，见群龙无首，吉也"，胡本作"用九，天德不可为首也"。"德合无疆"下脱"蜀才"二字。"曰"下脱"天有无疆"四字。"阴疑于阳必战"下脱"孟喜曰"云云十六字。卷二小畜注"三不能陵"上脱"王弼曰"云云三十四字。卷四"剥床以肤"注"在下而安人者床也"下脱"在上而处床者"六字。卷五"遁亨"下脱"虞翻曰"云云五十三字。大壮九二"贞吉"注"虞翻口变"下脱十二字。明夷"文王以之"虞翻注"拘羑里"上脱"迷乱荒淫"二十七字。损彖"元吉无咎，可贞"下脱"荀爽曰"云云十四字。卷六萃初六"象其志乱也"下脱"虞翻曰"云云十字。卷七涣彖卢氏注"艮为丘山"下脱"涣群"云云十九字。卷九系辞"神农氏作"注"虞翻曰"下脱"没作终起也"云云十四字。"是故易者象也"注"易谓日月"上脱"虞翻曰"三字。"一致而百虑"下脱"尽也"二字。"精义入神以致用也"注干宝曰"能精义理之微，以得"下脱"未然之事，是以涉于神道而造祸福也"十五字，而误接"穷神知化"侯果注解"义入神"云云四十字。"德之盛也"下注虞翻注"故德之盛"后脱"侯果曰"云云四十五字。"系于苞桑"荀爽注"故而不可忘也"下脱"陆绩曰"云云十二字，而误以陆绩注"阳之卦"云云接爽注"不可忘也"下。此外，句之脱落，字之讹谬，更难枚举。凡"干宝"之"干"，宋本皆作"于"，津逮、学津两本与胡本同，雅雨堂本与宋本多合，惟计用章序亦缺。

张海鹏照旷阁本跋

唐李秘书周易集解十七卷，见唐书艺文志。汉之说易者，惟费长翁以彖、象、系辞、文言十篇解说上下经，故解经独正。其后，马、郑、荀、虞诸人宗其说而为传注，费学始显。唐孔颖达为正义专用王氏说，而各家古注遂散佚。资州李氏以王郑相沿，郑多参天象，王专释人事，二家之说皆偏滞，于是集子夏以来说易者三十余家，而采虞仲翔、荀慈明之说为多，名为集解。其解卦异者，家世变正，时来旁通，无义不备，汉人解画卦之宗旨，赖以犹存，诚可宝也。

余初就汲古本校梓，继得兰陵孙观察本，又心葵吴君处假雅雨堂卢氏本，互为参订。卢得宋庆历间平阳氏刻本，校正极为精审。凡毛本讹舛脱佚，悉从卢本改正。"易曰不远复，无祇悔，元吉"，与十五卷"颜氏之子"为一节，毛本误分刻十六卷之首，今从卢本，仍刻入十五卷。又汉艺文志惟费氏易与古文同，是编本费氏古文易校经文字，有与今本不同者，亦从卢本校正，而以今文附注云。乙丑夏六月，张海鹏识。

陈鳣宋本周易集解跋 出自清涉闻梓旧本经籍跋文

周易集解十卷，影宋写本。首题"易传卷第几"，下题"李氏集解"。今所行十七卷本作"周易集解"，下云"唐资州李鼎祚辑"，非其旧也。前列易传序，偁"秘书省著作郎臣李鼎祚序"，次载晁公武书，又次李焘书，又次鲜于侃书，又次侃子申之书，末附易传略例，后载计用章序。每叶十六行，行十八字。自乾、坤二卦以外，卦爻下俱列某宫某月二世等字，作三行。凡遇贞、恒等字俱缺笔。以今汲古阁刻本校之，经文如文言传"可与言几也"，今无"言"字。噬嗑象传"先王以明罚勑法"，今作"敕法"。大壮象传"不详也"，今作"不祥"。晋六五"失得勿恤"，今作"矢得"，象传同。夬九四"其行次且"，今作"趑趄"，象传及姤九三同。萃象传"五假有庙"，今作"王假"。丰象传"月盈则食"，今作"则蚀"。象传"天际祥也"，今作"天降"。系辞传"其孰能与此哉"，今"与"下衍"于"字。"易之以棺椁",今作"棺槨"。"一致而百虑尽也",今无"尽也"二字。皆以宋本为长。至于集解开卷第一条"故曰乾元亨利贞矣",今脱"乾"字。第二条"故曰勿用矣",今脱"矣"字。其余甚多。凡引于宝曰,今通作干宝,余别有考。

鼎祚自序本云:"凡成一十卷。"中兴书目亦作十卷。新唐书艺文志作十七卷。晁公武云:"唐录称鼎祚书十七卷,今所有止十卷,而始末皆全,无所亡失,岂后人并之邪?"李焘亦云:"据鼎祚自序,止云十卷,又首尾俱全,初无亡失,不知唐史何所据而云十七卷也。"崇文总目及邯郸图书遂称七篇逸,盖承唐史之误。按明嘉靖三十六年朱睦㮮刻此书尚作十卷。崇祯间毛晋汲古阁所刻乃作十七卷,又改序中一十卷为一十八卷,以合附录略例一卷之数,而略例仍未之附。尤可笑者,第十五卷止于"知之未尝复行也",而第十六卷始于"易曰不远复",以经文之一节岐置二卷,抑何冒昧至此。盖李氏自序中本有"别撰索隐"之语,宋志五行类有李鼎祚易髓三卷、目一卷、瓶子记三卷,当即其所别撰者;或附于集解后,合之正十七卷。故唐志综其所撰述而言,晁、李诸家俱未深究原委耳。

集解自北宋庆历四年临邛计用章属所亲眉阳孙景初募工刊刻。南宋乾道二年,资中郡守鲜于侃刻之学官。嘉定五年,侃子申之以版复荒老,且字小不便于览者,乃将大字刻之漕司。此即从嘉定本影写者,用明时户口册籍纸,上有"嘉靖伍年"等字,既薄且坚,反面印格,摹写工整绝伦,纤毫无误。前有"毛襄字华伯号质庵"印,襄即毛晋之长子,知为汲古阁藏书,装潢极精,以墨笺为面背,藏经纸作签,殆所谓"宣绫包角藏经笈"也。凡十册,每册黏签,犹是旧题。考毛疑[一]斧季汲古阁秘书目,以此居首。注云:"宋版影钞,定价银五两,以呈潘稼堂。"又不知几易主后,为潢川吴氏所有。嘉庆十一年十月,吴闿陶氏五柳居书肆持以相视,索直十两。余正拟购得,黄君荛圃已先知之,急遣人来,携首册而去。未几,荛圃卧病,然犹持书不释。余欲其速愈也,因让之,乃竟如其直买之。病果起,遂以香相制椟而藏。是冬除夕祭书,此其首列。次年,余借校未毕,将赴试礼部,闻荛圃不赴,请以二十金易书于余,而彼有难色。且恐余身历宦途,它日归取或难,竟促归。荛圃为跋于后。及余罢举,言旋复借校竣,直至残腊方还。爱书之念犹然耿耿。越二年,余将自吴返里,荛圃适有所需,乃以三十金购之,较汲古原价已加五倍。然斧季固云"精钞之书,每本有费四两之外者",今不敢多开,所谓"裁衣不值缎子价"也,则此三十金似不为过。余故终感良友之能遂厥初心,获此至宝,誓欲重为摹刻,以广流传,而力少未能,姑俟异日。独怪毛氏既有是书,而所刊之本绝不相照,岂付梓时犹未获此书邪?又有卢氏雅雨堂刻本为惠定宇臆改百六十余处,与宋本校对,时多乖违。且如豫卦,集解"豫"皆作"逸",乃避代宗讳,以故晁公武云"集解皆避唐讳",今雅雨堂本尽改"逸"字作"豫",是亦弗思之甚,更不可为典要矣。

谭宗浚重刻周易集解序出自希古堂集甲集卷一

　　仁和叶诚斋大令宰云阳,有循声,重刻李鼎祚周易集解,

〔一〕"疑",底本如此,疑"戾"之误。

以嘉惠多士,而问序于余。

余尝谓经之难治者莫如易,盖其为书也广大悉备,凡名物、象数之理无所不包。汉儒说易具有家法,不容臆造。自王辅嗣易注盛行,唐以后列于学官,而汉易几废。然好学之士或心訾之。观鼎祚此序,云"刊辅嗣之野文,补康成之逸象",其于王注亦深致不满矣。

近儒谈汉易者莫如惠定宇、张皋闻两先生,然惠氏重辑郑康成易注、张氏易义别录,咸多采撷是书,佚说遗文赖以不坠,诚唐宋以来可贵之古籍也。

窃谓王注善谈名理,标举玄远,诚与汉易不同。至其训诂,则有不能易汉儒旧说者。今姑就此书及释文校之。王注解"匪其彭"与子夏传合,解"妇丧其茀"与马融注合,解"王假有庙"与郑康成注合,解"拔茅茹以其汇"与荀爽注合,凡此之类,不下数十条,其隐用汉儒意义而变易其词者,尤不一而足,岂得指为排击汉儒,自标新学哉?且虞翻易注尚明言马郑之失,而王注无之,其未尝轻诋前人,尤可概见。吾闻之易学在蜀,意后世达儒必将有能通郑王两家之畸而得所折衷者。因序是书之刻而并及之。

李富孙易解校异自序 出自李氏校经顾文稿卷十七

余少习易,见宋儒所著,皆惑于陈、邵图学,未免支离穿凿。惟唐资州李氏集解最为精奥,汉魏诸儒之说赖以厪存。其自序云:"弃辅嗣之野文,补康成之逸象。"综贯天人,兼赅象义,斥王扶郑,意甚深远。羲文周孔之渊微不可借为探索与?宋乾道嘉定间,曾两经镂版。明嘉靖中,宗正朱氏睦㮨重校杍以广其传。后海盐胡氏震亨复有雕本,附王氏所辑郑氏易注。毛氏晋又刻于津逮祕书,娄经传写,缪讹不少。近雅雨堂椠本为元和惠氏栋所校,虽扑尘扫叶,非为无补,弟往往据见于别本者改易经文。然资州之为是书,博采众家,异同并列,未尝娕主一说。况诸家师承各异,讵可以私肊突改旧传之本? 仪征阮宫保师谓其所改并自著易述多有似是而非者,盖古书当仍其旧,一加窜改,便失其真。且其所据,郑、虞本并从释文,然亦有不尽从郑、虞,体例复参错不一。如"王三锡命",郑本"锡"作"赐"。"羸其角",郑、虞本"羸"作"累"。若斯之类,异文尚多。古字假借,沿习已久。资州惟采取虞说,则经文有从虞本。若杂采它家,则仍同正义本,岂可专辄尽改?

余以是书为汉学之宗汇,既蒐辑賸义三卷,汉儒之说罔有遗漏。兹复合诸本互为参校,并取唐宋易义所引雠勘,颇有增消。不同之处,朱氏、毛氏皆据宋刻。影宋抄亦多讹。胡氏本尤舛脱不可读。间有胜于诸本者,著之为校异二卷,庶几是书之传于后者,得以谠正,而乌焉亥豕不至相淆溷焉尔。

李富孙周易集解跋 出自李氏校经顾文稿卷十七

李氏自序谓:"集虞翻、荀爽三十余家,先儒有所未详,然后辄加添削。又别撰索隐,错综根萌,音义两存,末附王氏略例,凡成一十八卷。"唐艺文志倻十七卷,晁公武读书志作十卷,云:"唐录十七卷,今止十卷,而始末皆全,岂后人并之邪?"陈直斋书录解题亦作十卷。朱睦㮮氏云:"不知唐史何所据而云十七卷。崇文总目及邯郸图书志并称七篇逸,盖唐志之偁十七卷,当合索隐而言。后附略例一卷,则索隐为七卷。索隐今不传,故邯郸图志云七篇逸也。"睦㮮又言"自序十卷",非是。朱氏彝尊跋亦偁自序十卷,为完书,谓晁氏误信唐志。今自序犹存,未尝言十卷。惟中兴书目作集解十卷,又云凡十七篇,亦是承唐志之说。

是书初刻于宋乾道二年,唐安鲜于侃有跋。嘉定壬申,其子申之复刻之漕司,并假东漕李巽嵓本,其舛脱亦犹是也。则其书之传写久多缪讹。朱睦㮮氏本据云"得李中麓氏宋季刻本",大抵即嘉定所刻,分十七卷,后附略例,以合十八卷之数。毛氏汲古阁本卷同,何义门学士跋汲古本云:"斧季言是书胡氏初开雕者,讹脱不可读。其尊人得宋本遂重开之,独为一书之冠。后只役武英,见有宋椠本中有是书,为毛氏旧物,不知何人进入天府。亦为嘉定大字本。今所传影宋本凡十卷,胡震亨本卷同。胡氏偁得之海虞赵氏,为南都焦氏弱侯本,亦谓差误不少。焦氏经籍志偁易传十卷,其本同,则十卷、十七卷在宋时已有两本。朱、毛所据者为宋刻,是当泥唐志十七卷,而妄为肬分。其更缪者,下系'子曰颜氏之子'节,朱本以'易曰不远复'三句析为十六卷之首,元本当不如是。且六十四卦皆反对,今乾坤、需讼、剥复、困井分卷亦非,则此十七卷未可为据,当以十卷为得其真,与中兴书目、晁氏读书志、陈氏书录解题亦无不合也。"

附录二　书目解题

中兴书目

集解十卷,唐著作郎李鼎祚集子夏、孟喜、京房、马融、荀爽、郑康成、刘表、何晏、王弼、虞翻、陆绩、干宝、王肃、王辅嗣、姚信、王廙、张璠、向秀、王凯冲、侯果、蜀才、翟玄、韩康伯、刘瓛、何妥、崔憬、沈骓士、卢氏、崔觐、孔颖达等凡三十余家,附以九家易、乾凿度,凡十七篇,其所取荀、虞之说为多。

中兴艺文志:李鼎祚易宗郑康成,排王弼。

晁公武郡斋读书志解题

李氏集解十卷。

右唐李鼎祚集解,经皆避唐讳,又取序卦各冠杂卦之首。其序云"刊辅嗣之野文,补康成之逸象",盖宗郑学者也。隋书经籍志所录易类六十九部,今所有五部而已。关朗不载于目,乾凿度自是纬书,焦赣易林又属卜筮,子夏书或云张弧伪为,然则隋志所录,舍王弼书皆未得见也,独鼎祚所集诸家之说,时可见其大旨。唐录称鼎祚书十七卷,今所有止十卷,盖亦失其七,惜哉!

李焘曰:鼎祚自序止云十卷,无亡失也。

陈振孙直斋书录解题卷一

周易集解十卷。案唐书作十七卷。晁公武谓:今止十卷,而始末皆全,无所亡失,或后人并之也。

唐著作郎李鼎祚集子夏、孟喜、京房、九家、乾凿度、马融、荀爽、郑康成、刘表、何晏、王弼、宋衷、虞翻、陆绩、王肃、干宝、姚信、王廙、张璠、向秀、王凯冲、侯果、蜀才、翟玄、韩康伯、刘瓛、何妥、崔憬、沈麟士、卢氏、崔觐、孔颖达等诸家。凡隋唐以前易家诸书逸不传者,赖此犹见其一二,而所取于荀、虞者尤多。九家者,汉淮南王所聘明易者九人,荀爽尝为之集解,陆氏释文所载说卦逸象本于九家易。蜀才,范长生也,颜之推云。案此书集子夏以来易说三十二家外,又引张氏伦、朱氏仰之、蔡氏景君三家注。

俞琰读易举要卷四

唐著作郎李鼎祚撰周易集解十卷,集子夏、孟喜、京房、九家、乾凿度、马融、荀爽、郑康成、刘表、何晏、王弼、宋衷、虞翻、陆绩、王肃、干宝、姚信、王廙、张璠、向秀、王凯冲、侯果、蜀才、翟玄、韩康伯、刘瓛、何妥、崔璟、沈麟士、卢氏、崔觐、孔颖达等诸家。凡隋唐以前易家诸书逸而不传,赖此犹见其一二,而所取于荀、虞者尤多。九家者,汉淮南王所聘明易者九人,荀爽尝为之集解,陆氏释文所载说卦逸象本于九家易。蜀才者,范长生也,颜之推云。

马端临文献通考卷一百七十五经籍考二

李鼎祚周易集解十卷。

晁氏曰:鼎祚,唐人。集解经皆避唐讳。又取序卦各冠逐卦之首,所集有子夏、孟喜、京房、马融、荀爽、郑康成、刘表、何晏、宋衷、虞翻、陆绩、干宝、王肃、王辅嗣、姚信、王廙、张璠、向秀、王凯同、侯果、蜀才、翟玄、韩伯、刘瓛、何妥、崔璟、沈麟士、卢氏、崔觐、孔颖达三十余家,又引九家易、乾凿度义。所谓蜀才者,人多不知,按颜之推云"范长生也"。其序云:"自卜商之后,传注百家,唯王、郑相沿,颇行于代。郑则多参天象,王乃全释人事,且易之为道,岂偏滞于天人者哉? 而天象难寻,人事易习,折杨黄华,学徒从之。今集诸家,刊辅嗣之野文,辅康成之逸象,以贻同好。"盖宗郑学者也。

隋书经籍志所录易类六十九部,公武今所有五部而已。关朗不载于目,乾凿度自是纬书,焦赣易林又属卜筮,子夏书或云张弧伪为,然则隋志所录,舍王弼书皆未得见也,独鼎祚所集诸家之说,时可见其大旨。唐录称鼎祚书十七卷,今所有止十卷,而始末皆全,无所亡失,岂后人并之邪? 陈氏曰:"隋唐以前易家诸书逸不传者,赖此书犹见其一二,而所取于荀、虞者尤多。九家者,汉淮南王所聘明易者九人,荀爽尝为之集解,陆氏释文所载说卦逸象本于九家易。"中兴艺文志:李鼎祚易宗郑康成,排王弼。

四库全书易类提要周易集解

周易集解十七卷,唐李鼎祚撰。

鼎祚,唐书无传,始末未详,惟据序末结衔,知其官为秘书省著作郎。据袁桷清容居士集载资州有鼎祚读书台,知为资州人耳。朱睦㮮序称为秘阁学士,不知何据也。其时代亦不可考。旧唐书经籍志称录开元盛时四部诸书,而不载是编,知为天宝以后人矣。其书新唐书艺文志作十七卷,晁公武读书志曰:"今所有止十卷,而始末皆全,无所亡失,岂后人并之耶?"经义考引李焘之言则曰:"鼎祚自序止云十卷,无亡失也。"朱睦㮮序作于嘉靖丁巳,亦云"自序称十卷",与焘说同。今所行毛晋汲古阁本乃作一十七卷,序中亦称王氏略例附于卷末,凡成一十八卷,与诸家所说截然不同,殊滋疑窦。今考序中称"至如卦爻象象,理涉重玄,经注文言,书之不尽,别撰索隐,错综根萌,音义两存,详之明矣"云云,则集解本十卷,附略例一卷为十一卷,尚别有索隐六卷,共成十七卷。唐志所载,盖并索隐、略例数之,实非舛误。至宋而索隐散佚,刊本又削去略例,仅存集解十卷,故与唐志不符。至毛氏刊本始析十卷为十七卷,以合唐志之文;又改序中一十卷为一十八卷,以合附录略例一卷之数,故又与朱睦㮮序不符。盖自宋以来,均未究序中"别撰索隐"一语,故疑者误疑,改者误改。即辨其本止十卷者,亦不能解唐志称十七卷之故,致愈说愈讹耳。今详为考正,以祛将来之疑。至十卷之本,今既未见,则姑仍以毛本著录。盖篇帙分合,无关宏旨,固不必一一追改也。其书仍用王弼本,惟以序卦传散缀六十四卦之首,盖用毛诗分冠小序之例。所采凡子夏、孟喜、焦赣、京房、马融、荀爽、郑玄、刘表、何晏、宋衷、虞翻、陆绩、干宝、王肃、王弼、姚信、王廙、张璠、向秀、王凯冲、侯果、蜀才、翟玄、韩康伯、刘巘、何妥、崔憬、沈骥士、卢氏(案卢氏周易注,隋志已佚其名)、崔憬、伏曼容、孔颖达(案以上三十二家,朱睦㮮序所考)、姚规、朱仰之、蔡景君(案以上三家,朱彝尊经义考所补考)等三十五家之说。自序谓"刊辅嗣之野文,补康成之逸象",盖王学既盛,汉易遂亡,千百年后学者得考见画卦之本旨者,惟赖此书之存矣,是真可宝之古笈也。

丁丙善本书室藏书志卷一

周易集解十卷,附郑康成注一卷,明刊本。

前有秘书省著作郎臣李鼎祚自序,称"刊辅嗣之野文,补康成之逸象"。晁公武读书志云:"所集有子夏、孟喜至孔颖达三十余家,又引九家易、乾凿度义。隋经籍志易六十九部,今舍王弼书皆未得见,独鼎祚所集诸家时可见其大旨。唐录十七卷,今止十卷而皆全,岂后人并之耶?"按是书初刻为宋庆历临邛计用章,再刻于乾道资中郡守鲜于侃,嘉定五年侃之子申之更刻大字于漕司。毛子晋得影钞本,转辗归陈仲鱼,详经籍跋文。此为胡震亨别从赵清常传钞本刊刻,有计用章后序,而

无略例及鲜于侃与申之两序,又附补郑康成易注一卷,似较汲
古阁、雅雨堂两刻为佳矣。

莫友芝周易集解明嘉靖本_{出自莫氏宋}

元旧本书经眼录卷二

　　明宗室朱睦㮮灌父所刻。有嘉靖丁巳冬刻书序及上海潘
恩序。半叶八行,行十八字。注皆低一格大书,甚醒目。朱序
谓:"刻自宋季,希有存者,予得之李中麓,复用校梓以传。鼎
祚,资州人,仕唐为秘阁学士,以经学称于时。尝进平胡论,预
察胡人叛亡日时,无毫发爽,象数精深盖如此。及阅唐传与蜀
志,俱不见其人,岂遗之耶? 抑别有所载耶?"_{朱序。}

附录三　其他杂著

冯椅厚斋易学附录一

中兴书目，唐著作郎李鼎祚周易集解十卷。按唐志，集注周易十七卷，子夏、孟喜、京房、马融、荀爽、郑康成、刘表、何晏、宋衷、虞翻、陆绩、干宝、王肃、王弼、姚信、王廙、张璠、向秀、王凯冲、侯果、蜀才、翟玄、韩康伯、刘瓛、何妥、崔璟、沈麟士、卢氏、崔觐、孔颖达三十余家，又引九家易、乾凿度义。所谓蜀才者，人多不知，按颜之推云"范长生也"。隋志所录易类六十九部，今所有七部而已。乾凿度是纬书，焦赣易林又属卜筮，关子明不载书目，子夏传、干宝、王肃之书多是伪本，然则隋志所录舍王弼皆未得见也。自余，独鼎祚所集者，时可见其大指，今又亡七卷。惜哉！其所取荀、虞之说为多。崇文总目云："大抵以卦互体爻索变，盖本易家师承之旧。"其自序云："自卜商之后，传注百家，唯王、郑相沿，颇行于近代。郑则多参天象，王乃全释人事。易之道，岂偏滞于天人哉？而天象难寻，人事易习，折杨黄华，学徒多从之。今集诸家，刊辅嗣之野文，补康成之逸象。"盖宗郑学者也。

周广业过夏杂录卷一

唐李鼎祚作周易集解,多避国讳,如以"亨"为"通",避肃宗讳;以"豫"为"逸",避代宗讳;小畜传下载虞翻曰"需上变为巽,与逸旁通,就四之坤,初为复",又曰"逸坤为自我,兑为西,乾为郊",大象传下虞翻曰"逸坤为文,乾为德",初九"复自道"下虞翻曰"谓从逸四之初成复卦",此数条,皆谓小畜旁者于豫也。全谢山卦变图说不知为讳,而改"逸"为"遁",因言旁通一例,以六爻对易言,乃虞氏有云"小畜与遁旁通",是但以巽艮相易而三阳不动,别是一法,则知淤移变化,汉人已辟其端,而今但以咎宋儒,亦不考矣。案仲翔易注九卷,自谓蒙先师之教,依经立注,又独推荀爽知易,马融、郑玄、宋忠皆不及,固非漫无师承者。今其书略见于集解,其旁通并无两卦相易之法,惠定宇易例引之皆作"豫",岂谢山所见本讹"逸"为"遁"欤?但不应据以诋汉儒也。

臧庸惠定宇私改周易集解_{出自拜经日记卷八}

惠定宇氏,经学之巨师也。观戴东原所为毛郑诗考正好逞臆说,以夺旧学,谬误颇多,益觉惠氏之遵守古义而发明之,其功为不可及,而好用古字,顿改前人面目,以致疑惑来者,亦非小失。伊所挍刻李鼎祚易集解,其经与开成石刻、孔氏正义往往互异,初以为有本,后乃疑之,何其与古多合?近在吴门得一明刻板勘对,始知雅雨堂丛书不足据。李易本与今本不殊，其异者皆惠所私改。向为所欺，至今斯觉，意当世必有同受病者，不敢不为一告也。兹正书旧本，以惠改附订焉。

叙曰元气氤氲　　惠作"絪缊"，今本同。案释文云："絪缊，本又作氤氲。"与李序正合，独改从今本，亦非。

作结绳而为罔罟　　惠"罔"作"网"，此经典绝无之体。

盖取诸離　　惠作"离"，通书并同。惠云："说文'離为仓庚'，与八卦之离全不相通。宋本乾凿度皆作离，广韵尚分離离，以离为卦名。"案字书即有"离"字，究不得尽改经典之文也。

故圣人见天下之赜　　惠作"啧"，通书并同。案释文云："赜，京作啧。"惠据此改。九经古义云："凡赜字皆当作啧。"可证。

周易集解卷第一　　余卷放此。惠改题易传，而下复署云李鼎祚集解，是一书两名矣。考李氏自序云"集虞翻、荀爽三十余家"，而并无易传之称，此正名之所必当先者。

乾文言"不易乎世，不成乎名"　　惠本删两"乎"字，云："唐以后本'不易乎世，不成乎名'。"案"不易乎世"，王弼注云"不为世俗所移易也"，是本有"乎"字。释文云："不成名，一本作不成乎名。"则陆本亦只此句无"乎"字耳。惠据释文下句之本而并删上句之经，识虽大而心不小也。

知至至之，可与几也　　惠作"可与言几也"，妄增经字，又无所本。

乾始能以美利利天下　　惠"能"作"而"，云："今本而为能，古文通。"案屯彖"宜建侯而不宁"，释文云："而不宁，郑读而曰能。"惠据彼因改此"能"为"而"，然安知郑注此不读"能"为如字邪？

坤文言"为其嫌於无阳也"　　惠作"为其兼于阳也"，注"阴阳合居，故曰嫌阳"，亦改作"兼阳"。案释文云："嫌，荀、虞、陆、董作兼。"影宋抄本如是。惠据此改。又郑、王注本皆无"无"字，今本有者系衍文，惠改此条尚合理。而"於"字改作"于"字,则非也。凡经作"于",传注皆作"於"。

屯"雷雨之动满盈" 惠作"形",云:"今本形讹盈。"案正义引周氏云:"言雷雨二气初相交动,以生养万物,故得满盈。又周氏、褚氏云:'万物盈满,则亨通也。'"是王弼本作"盈"也。集解载虞翻注云:"震雷坎雨,坤为盈,谓雷动雨施,品物流形也。"是虞本作"形"也。段氏六书音均表盈声、开声同第十一部。

君子以经纶 惠作"论"。案释文作"经论",云:"音伦,本亦作纶。"惠据此改。

讼"终朝三褫之" 惠作"挞"。案释文:"褫,郑本作挞,徒可反。"惠据此改。详九经古义。案集解:"侯果曰:'褫,解也。'"此褫字,惠改之未尽,犹存其旧。

比"王用三驱" 惠作"毆"。案释文引徐云:"郑作毆。说文以毆为古文驱。"

邑人不诫,吉 惠改"戒",无所本。

小畜"车说辐" 惠改"輹"。案释文:"辐,本亦作輹。"

尚德载 惠本作"得",云:"今本得作德。"案吕氏音训云:"德,晁氏曰子夏传作得。"

象传"德积载也" 惠亦改"得"。

履虎尾,不咥人,亨 惠下有"利贞",云:"今本脱'利贞'二字。"案集解引荀爽曰:"二五无应,故无元。以乾履兑,故有通。六三履二非和正,故云利贞也。"惠以故云"利贞",因增此二字也。庸以"云"字必"无"字之误,犹上云"故无元",而惠氏增经,妄矣。

六三眇能视跛能履 惠"能"作"而",云:"今本而为能。"案虞翻注能为而。集解又引侯果曰:"虽能视,眇目者也。虽能履,跛足者也。故曰眇能视,不足以有明;跛能履,不足以与行。"亦可证。遽改经字,必有所不合者矣。

上九视履考祥　惠改作"详"。案释文："考祥,本亦作详。"古易音训晁氏曰:"荀作详,审也。"然虞翻云:"祥,善也。"改为"详",反不合。

泰包荒　惠作"朮"。案释文云:"荒,本亦作朮。"

象曰无往不复　惠作"象曰无平不陂"。案释文作"象曰无平不陂",云:"一本作无往不复。"

否不可荣以禄　惠"荣"作"营"。案集解云:"营,或作荣。"又引孔颖达曰:"不可荣华其身。"是即有作"营"之本,究不得径改经字"荣"为"营"也。

同人乘其墉　惠作"庸"。案释文:"其墉,郑作庸。"

大有大车以载　惠作"大罍",下同,惟注中卢氏说尚作"车"字,亦改之未尽者。案释文作"大车",云:"蜀才作輿。"

匪其彭　惠作"尫"。案虞云:"尫,或为彭,作旁,声字之误。"释文:"彭,子夏作旁,虞作尫。"

明辩晳也　惠作"折"。案释文:"晳,虞作折。"

自天祐之　惠作"右",以为古"祐"字,见九经古义。

谦君子以裒多益寡　惠作"捋"。案释文云:"裒,郑、荀、董、蜀才作捋。"

豫朋盍簪　惠作"哉"。案释文云:"簪,虞作哉。"

观圣人以神道设教而天下服矣　惠删"以",云:"今本'圣人'下有'以'字。"案虞翻注云"以神明其德教",则本有"以"。

噬嗑先王以明罚敕法　今释文、正义皆作"勑",惠改从之。案毛居正六经正误云:"勑法,监本误作敕,旧作勑,绍兴府注疏本、建安余氏本皆作勑。又五经文字下文部敕,丑力反。古勑字,今相承皆作勑,唯整字从此敕。"据此,则旧本集解作"敕",与宋监本及五经文字合。九经古义以敕亦非古字,故反改从今本也。

噬腊肉　惠改"昔",据说文。

剥六三剥之无咎　惠删"之"。案释文作"六三剥无咎",云:"一本作'剥之无咎',非。"

君子得舆　惠改"德车"。案释文云:"得舆,京作德舆,董作德车。"然据集解引侯果云:"坤为舆。君子居此,万姓赖安,若得乘其车舆也。"则改之不合。又前改车为辇,此改舆为车,圣经可若是任意乎?

无妄天命不祐　惠改"右"。案释文云:"佑,马作右。"下放此。

大畜辉光日新　惠作"煇"。案释文作"煇光",云"音辉"。

君子以多识前言往行　惠依虞改"志"。案释文云:"多识,刘作志。"

舆说輹　惠改"腹"。案虞翻云:"腹,或作輹。"

童牛之牿　惠改"告"。案释文云:"牿,九家作告,说文同。"

颐虎视眈眈　惠改"视"为"际",易无此本。

大过有他吝　惠从唐石经及今本作"它"。

坎王公设险以守其国　惠作"邦"。

樽酒簋　惠改"尊"。

纳约自牖　惠改"内"。但喜作古字耳,皆无所本也。

祇既平　惠改"禔"。案释文云:"祇,京作禔,说文同。"

离百谷草木丽乎土　虞翻曰:"坤为土。"惠俱改作"地"。案释文云:"乎土,王肃本作地。"

日昃之离　惠改"日昊之离"。案释文作"日昊"。

突如其来如　惠依说文改作"㚇",云:"今本㚇讹突。"又见九经古义及所辑郑易。案经典皆隶书,何尝尽依说文,而惠必欲改从古体,反失汉以来相传之旧矣。

咸腾口说也　陆、孔皆作"滕",惠改作"媵"。释文云:"虞作媵。"正义云:"郑作媵。"

恒振恒凶　惠作"震"。释文:"振恒,张作震。"

大壮壮于大舆之輹　惠作"壮于大轝之腹",从二车,俗字。

不祥也　惠作"详"。释文作"不详",云:"详,审也。郑、王肃作祥。祥,善也。"案唐石经及注疏本皆同释文作"详",正义单本作"祥",云:"祥者,善也。"宋板及钱孙保影抄并同,古足利亦作"不祥也",皆与集解旧本合。惠必欲改为"详审"字,以为古文"祥",谬极。集解引虞翻曰:"乾善为祥。"知本不作"详"。

晋晋如鼫鼠　惠改"硕"。释文:"鼫,子夏传作硕。"

维用伐邑　惠改"惟"。

睽其牛掣　惠改"觢"。案释文云:"掣,郑作挈,说文作觢,子夏作契,荀作觭。"并无有作"觢"者,即字书亦无"觢"字。玉篇角部"觢"又作"觢"。惠以折与制通,遂伪造"觢"字,说见九经古义。

蹇宜待也　虞翻曰:"艮为时。"惠据此增"时"字。释文云:"宜待也,郑本作'宜待时也'。"

解雷雨作而百果草木皆甲坼　惠改"甲宅",云:"今本宅作坼,从古文宅而讹。"案释文作"坼",马、陆作"宅"。

解而拇　惠改"母"。释文云:"拇,荀作母。"

损君子以惩忿窒欲　惠作"征忿",据释文改。

尚合志也　惠"尚"作"上"。

益利用为依迁国　惠作"邦"。

夬其行趑趄　惠作"次且"。案释文:"次,本亦作趑;且,本亦作趄。"盖旧本如是。惠好古字,故改"次且"。

姤勿用娶女　惠作"取",与唐石经及今本同。案释文:"用娶,本亦作取。"

羸豕孚蹢躅　惠作"蹢躅"。案释文言"古文作蹢躅",惠据此改。

萃亨　虞翻曰:"体观享祀,故通。"惠以释文云"亨,王肃本同,马况、郑、陆、虞等并无此字",因删经"亨"字,删注"故通"二字,以求合其说。庸案注云"故通",是虞有"亨"字矣。又引郑注云:"有事而和通,故曰萃亨也。"是郑有"亨"字矣。疑释文误倒,盖本作"马、郑、陆、虞等并同,王肃本无此字",幸有旧本可考,得以正惠氏删改经注之失。

赍咨涕洟　惠从虞作"资",晁氏谓陆希声作"资"。

升君子以顺德　惠作"慎"。释文云:"顺,本又作慎。"

困刚掩也　释文云:"掩,虞作弇。"故惠从改。

来徐徐　虞翻曰:"徐徐,舒迟也。"惠以释文云"子夏传作荼荼",因改从古字。

震跻于九陵　惠"于"误作"於"。

归妹未当也　惠据虞注作"位未当也"。案正义曰:"未当其时。"知本无"位"字。

旅丧牛于易,终莫之闻也　释文云:"丧牛之凶,本亦作'丧牛于易'。"惠据此改为"丧牛之凶"。

节则嗟若　惠作"差"。案离"大耋之嗟",释文谓荀作"差",惠据彼,因欲尽改"嗟"字为"差"。

既济妇丧其茀　惠作"髴"。释文云:"茀,子夏作髴。"古易音训晁氏曰:"孟、虞作茀。"

系辞"八卦相盪"　释文云:"盪,众家作蕩。"惠因改"蕩"。

而成位乎其中矣　荀爽云:"故曰成位乎其中也。"惠"成位"上增"易"字,云:"今本脱易字。"又改荀注"故曰"作"故易"。释文:"而成位乎其中,马、王肃作'而易成位乎其中'。"

居则观其象而玩其辞　释文云："玩，郑作貦。"惠据此改为"貦"。

故能弥纶天地之道　惠作"天下"，云："今本'天下'为'天地'。"释
文："天下之道，一本作'天地'。"

故君子之道鲜矣　释文云："鲜，郑作尟。"惠因改作"尟"。

分而为二以象两　惠本脱"而"字。

乾之策　惠作"册"，下同。

圣人以此洗心　惠改作"先心"，云："先，韩康伯读为洗。"案集解载
韩注云："洗濯万物之心。"知李氏之经亦同陆、孔作"洗"矣。

成天下之亹亹者，莫大乎蓍龟　惠"亹亹"作"娓娓"，"大"作
"善"。案释文作"莫善"，云："本亦作莫大。"

化而裁之存乎变　释文云："裁，本又作财。"惠据此改为"财"。

系辞下"刳木为舟，剡木为楫"　惠作"挎木为舟，剡水为楫"，皆
见释文。

重门击柝，以待暴客　释文云："柝，说文作𣔳。暴，郑作虣。"惠从
此改。

掘地为臼　惠作"阙地为臼"。

往者屈也　惠改"诎"。

入于其宫　惠"于"误"於"。

小惩而大诫　惠作"小征而大戒"。

知小而谋大　虞翻曰："兑为小知，乾为大谋。"案小、大对文。惠改作
"知少"，云："今本少作小，非是。"唐石经亦作"小"。

天地絪缊　惠作"壹壹"。此段氏所斥为妖魔障碍者，而实自惠氏启
之。

复小而辩于物　作"辩"，与释文合。惠反同今本作"辨"。

初率其辞　惠作"帅"，然载侯果注仍作"率"。

说卦传"为矫轇" <u>案释文</u>云："轇，马、郑、陆、王肃本作此，宋衷、王
廙作'揉'。"<u>集解</u>载宋衷说，惠因改"轇"为"揉"也。

其于木也为科上槁 释文云："科，<u>虞</u>作'折槁'，郑作'槀'。"<u>集解</u>载
<u>虞</u>注，故惠改"科"为"折"，然<u>集解</u>又载宋衷注仍"科"，训为空，则与<u>宋</u>
又不合矣，故当各仍其旧也。

<u>序卦传</u>"故受之以履" 惠下增"履者礼也"，云："今本'履者礼也'
四字入注。"

履而泰，然后安 惠删"而泰"二字，以为衍文。案泰卦载此序同有
"而泰"二字。

有大者不可以盈 惠作"有大有"，此皆依<u>古易音训晁氏</u>引郑注本
改。

有无妄，然后可畜 "有无妄"下，惠依<u>郑</u>本增"物"字，见<u>古易音
训</u>。

物不可以久居其所 惠依<u>郑</u>本作"终久于其所"。案遯卦载此序亦
作"久居其所"。

<u>杂卦传</u>"盛衰之始也" <u>音训引陆氏</u>曰："郑、虞作'衰盛'。"惠
依改。

林庆炳辨周易集解_{出自林氏周易述闻}

<u>武进臧氏庸拜经</u>日记云："<u>惠氏</u>所校刻<u>李鼎祚周易集解</u>，
其经与<u>开成石刻、孔氏正义</u>往往互异，初以为有本，后乃疑之，
何其与古多合？近在<u>吴门</u>，得一明刻板勘对，始知<u>雅雨堂</u>丛书
不足据。<u>李易</u>本与今本不殊，其异者皆<u>惠氏</u>所私改。"炳按：<u>周
易集解</u>经文所与<u>孔</u>本互异，其为<u>惠氏</u>私改者十有二三，余皆<u>李
氏</u>本然，不尽是<u>惠氏</u>私改。将其异文与<u>集解</u>本注辨之，<u>臧氏</u>所

见明板集解与今本不殊，恐是后人解本，未足为据。如叙云"元气氤氲"，惠云："据释文改作'绵缊'。""作结绳而为罔罟"，"罔"字惠据说文改作"网"。"盖取诸離"，惠据说文、广韵及宋本乾凿度改作"离"。此惠氏好用古字之病也。乾文言"不易乎世，不成乎名"，惠据释文删两"乎"字；"可与几也"，惠增一"言"字；"乾始能以美利利天下"，惠据郑注改"能"作"而"；"履虎尾，不咥人，亨"，惠据荀注增入"利贞观"；"圣人以神道设教"，惠删"以"字；离"突如"，惠依说文改作"炁"；大壮"不祥也"，惠依释文改作"不详"；及晋"维用伐邑"，惠改作"惟"；旅"丧羊于易，终莫之闻也"，惠据释文改作"丧羊之凶"；节"则嗟若"，惠改作"差"；系辞"故君子之道鲜矣"，惠依郑氏改作"尟"；"分而为二以象两"，惠脱"而"字；"圣人以此洗心"，惠依汉石经改作"先心"。将其本注细玩之，经与注竟不相符。此实惠氏所私改也。如坤爻言"为其嫌于无阳也"，集解作"为其兼于阳也"，与荀同。引虞、陆、董、九家易注云"阴阳合居，故曰兼阳"，若李氏旧本作"为其嫌于无阳"，何为又引九家易注作"兼于阳"耶？屯"雷雨之动满盈"，集解"盈"作"形"，与虞氏同，引荀爽注云："雷震雨施，则万物满形而生。"又引虞翻注云："震雷坎雨，坤为形也。谓三已反正成既济，坎水流坤，故满形。谓雷动雨施，品物流形也。"若李氏旧本作"满盈"，何为又引荀注、虞注俱作"满形"耶？屯"君子以经纶"，集解作"经论"，与陆氏释文同，引荀爽注云："屯难之代，万事失正。经者，常也。论者，理也。君子以经论，不失常道也。"又引姚信注云："经纬也。时在屯难，是天地经论之道。

故君子法之,须经论艰难也。"若李氏旧本作"经纶",何为又引荀注、姚注俱作"经论"耶? 讼"终朝三褫之",集解作"终朝三扡之",引虞翻注云:"位终乾上,二变时,坤为终,离为日,乾为甲,日出甲上,故称朝。应在三,三变时,艮为手,故'终朝三扡之',使变应已,则去其鞶带。体坎乘阳,故象曰不足敬也。"复引侯果注云:"褫,解也。"如其说,李氏先引虞注,后引侯注,可知李氏本从虞作"扡"矣。若疑诸家注亦惠氏私改,惠氏何不将侯氏"褫"字亦解为"扡"耶?

比"王用三驱",集解"驱"作"敺",与郑氏同,引虞翻注云:"坎五称王,三敺谓敺下三阴。"李氏旧本作"三驱",何为又引虞注作"三敺"? "邑人不诫,吉",集解"诫"作"戒",引虞翻注云:"坤为邑师,震为人师,时坤虚无,公使师二上居五中,故'不戒,吉也'。"李氏旧本作"不诫",何为又引虞注作"不戒"耶? 小畜"车说辐",集解"辐"作"輹",与陆氏释文同,引虞注云:"豫坤为车、为輹,至三成乾,坤象不见,故'车说輹'。"李氏旧本作"说辐",何为又引虞注作"说輹"耶? "尚德载",集解"德"作"得",与子夏传同,引虞翻注云:"坎云复天,坎为车积,载在坎上,故上得积载。"李氏旧本作"尚德载",何为又引虞注作"尚得载"耶? 履"眇能视,跛能履",集解"能"俱作"而",引虞翻注云:"离目不正,兑为小,故眇而视,视上应也。讼坎为曳,变震时为足,足曳,故跛而履。"若李氏旧本作"眇能视,跛能履",何为又引虞注作"而"耶? "视履考祥",集解作"考详",与陆氏德明、荀氏爽同,引虞翻注云:"应在三,三先视上,故上亦视三,故曰视履考详矣。考,稽;详,善也。乾为积善,故考详。"若李氏旧本作"考祥",何为又引虞注作"考详"耶?泰"包荒",集解作"包亢",与陆氏德明注同,引翟氏注云:"亢,虚也。二五相应,五虚无阳,二上包之。"若李氏旧本作"包荒",何为又引翟注作"包亢"耶?"象曰无往不复",集解作"无平不陂",与陆氏释文注同,引宋衷注云:"地平极则险陂,天行极则还复,故曰无平不陂,无往不复也。"宋注两句俱引,安见李氏旧本定作"无往不复"耶?否"不可荣以禄",集解"荣"作"营",引虞翻注云:"坤为营,乾为禄,远遁深山,故不可荣以禄。"又引孔颖达注云:"言君子于此否时,以节俭为德,辟其危难,不可荣华其身,以居禄位。"按李氏先引虞注,后引孔注。虞注又云:"营,或作荣。"可知李氏旧本作"营"矣,讵有作"荣"之理耶?同人"乘其墉",集解"墉"作"庸",与郑氏同,引虞翻注云:"巽为庸,四在巽上,故乘其庸。"若李氏旧本作"乘其墉",何为又引虞注"巽为庸"耶?大有"大车以载",集解"车"作"轝",引虞翻注云:"比坤为大轝,乾来积上,故大轝以载。"若李氏旧本作"大车",何为又引虞注"坤为大轝"耶?"匪其彭",集解"彭"作"尪",引虞注云:"匪,非也。其位尪。足尪,体行不正。四失位,折震足,故尪。"按释文云:"彭,虞作尪。"若李氏旧本作"彭",何为又引虞注作"尪"?"明辨晢也",集解"晢"作"折",引虞注云:"折之离,故明辩折也。"按释文云:"晢,虞作折。"若李氏旧本作"晢",何为又引虞注作"折"耶?"自天佑之",集解"佑"作"右",引虞翻注云:"右,助也。"李氏旧本作"佑",何为又引虞注作"右"耶?谦"君子以衰多益寡",集解"衰"作"捊",与郑、荀、董、蜀才同,引虞翻注云："捋，取也。"又引侯果注云："袞，聚也。"按李氏先引虞注，后引侯注，可知李氏从虞作"捋"矣。若疑诸家注亦惠氏私改，惠氏何不将侯氏"袞"字亦改作"捋"耶？豫"朋盍簪"，集解"簪"作"戠"，引虞翻注云："盍，合也。坤为盍。戠，聚会也。坎为聚，坤为众，众阴并应，故朋盍戠。"观"圣人以明罚敕法"，集解"敕"作"勑"，引侯果注云："雷所以动物，电所以照物，雷电震照，则万物不能怀邪，故先王则之，明罚勑法，以示万物，欲万方一心也。"按李氏旧本作"敕"，何为又引侯注作"勑"耶？"噬腊肉"，集解"腊"作"昔"，与说文引同，引虞注云："三在肤里，故称肉。离日煤之，为昔。坎为毒，故噬昔肉遇毒。"李氏旧本作"噬腊肉"，何为又引虞注作"昔"耶？剥六三"剥之无咎"，集解作"剥无咎"，引荀爽注云："众皆剥阳，三独应上，无剥害意，是以无咎。"按陆氏释文作"六三剥无咎"，云："一本作'剥之无咎'，非是。荀氏注亦无'之'字。"可知李氏本作"剥无咎"矣。"君子得舆"，集解作"德车"，与董氏同，引虞翻注云："夬乾为君子为德，坤为车为民，乾在坤，故以德为车。"若李氏旧本作"得舆"，何为又引虞注作"德车"耶？无妄"天命不佑"，集解"佑"作"右"，与马氏同，引虞翻注云："右，助也。四已变成坤，天道助顺，上动逆乘巽命，故天命不右。"李氏旧本若作"不佑"，何为又引虞注作"右"？大畜"辉光日新"，集解"辉"作"煇"，与陆氏德明同，引虞翻注云："互体离坎，离为日，故'辉光日新'也。"若李氏旧本作"辉光"，何为又引虞注作"辉光"耶？"君子以多识前言往行"，集解"识"作"志"，与刘氏同，引虞翻注云："坎为志。"若李氏旧本作"识"，何为又引虞注"坎为志"耶？"舆说辍"，集解"辍"作"腹"，引虞翻注云："萃坤为车为腹，坤消乾成，故车说腹。或作辍也。"若李氏旧本作"辍"，何为引虞注"坤为腹"，又云"或作辍"耶？大畜"童牛之牿"，集解"牿"作"告"，与说文及九家同，引虞翻注云："艮为童，五已之正，萃坤为牛，告谓以木楅其角。大畜畜物之家，恶其触害，艮为手为小木，巽为绳，绳缚小木，横著牛角，故曰童牛之告。"若李氏旧本作"童牛之牿"，何为又引虞翻作"告"耶？颐"虎视眈眈"，集解"视"作"际"。按说文云："视，古文作际。"李氏作"际"，盖从古文也。大过"有他吉"，集解作"它"，与唐石经及今本同。考诸家易说"有它吉"皆作"它"，无作"他"者，臧氏所见明板集解作"他"，定必有讹，更可知此本不足据。坎"王公设险以守其国"，集解"国"作"邦"，引虞翻注云："王公，大人，谓乾五。坤为邦。乾二之坤，成坎险，震为守，有屯难象，故王公设险以守其邦。离言'王用出征以正邦'是也。"若李氏旧本作"以守其国"，何为又引虞注"坤为邦"耶？"樽酒簋"，集解"樽"作"尊"，与郑注礼器同，引虞翻注云："震主酒器，故有尊簋。坎为酒簋黍稷器。三至五有颐口象，震献在中，故为簋。坎为木，震为足，坎酒在上，尊酒之象。"若李氏旧本作"樽"，何为又引虞注作"尊"耶？"内约自牖"，集解"纳"作"内"，引虞注云："坎为内。"按惠氏易汉学云："纳，古作内。"若李氏旧本作"纳"，何为又引虞注"坎为内"耶？"祇既平"，集解"祇"作"视"，与京氏及说文同，引虞翻注云："坎为平。视，安也。艮止坤安，故视既平。"若李氏旧本作"祇"，何为又引虞注作"视"耶？且说文示部云："视，安福也。祗,敬也。"祗、禔义不相通,岂可改作"祗"而训为安耶?
离"百谷草木丽乎土",集解"土"作"地",与王肃同,引虞翻注
云:"坤为地。"若李氏旧本作"土",何为引虞注"坤为地"耶?
系辞云"坤为地",虞氏本于系辞可知矣。"日昃之离",集解
"昃"作"昊",与释文同,引荀爽注云:"初为日出,二为日中,三
为日昃,以喻世道衰也。"若李氏旧本作"昃",何为引荀注作
"昊"耶? 咸"滕口说也",集解"滕"作"媵",与郑、虞同,引虞
翻注云:"媵,送也。不得之三,山泽通气,故媵口说也。"若李
氏旧本作"滕",何为又引虞注作"媵"耶? 虞氏作"媵",复有
释文可证,李氏讵以虞氏"媵"字转改作"滕"耶? 大壮"壮于大
舆之輹",集解"舆"作"轝","輹"作"腹",引虞翻注云:"坤为
大轝为腹。"若李氏旧本"轝"作"舆","腹"作"輹",何为又引
虞注"坤为大轝为腹"耶? 晋"如鼫鼠",集解"鼫"作"硕",与
子夏传同,引九家易云:"硕鼠喻贪,谓四也。"象辞又引翟氏
云:"硕鼠昼伏夜行,贪猥无已。"若李氏旧本作"鼫鼠",何为又
引九家及翟氏俱作"硕鼠"耶? 睽"其牛掣",集解"掣"作
"觢",与说文同,臧氏谓集解作"觢",误矣,引虞翻注云:"坤为
牛为类,牛角一低一仰,故称觢。离上而坎下,其牛觢也。"若
李氏旧本作"掣",是读为牵掣之意,何为又引虞注"一低一仰"
之说耶? 蹇"宜待也",集解作"宜待时也",与郑氏同,引虞翻
注云:"艮为时,谓四变之正,以待时也。"若李氏旧本无"时"
字,何为引虞注"艮为时"? 解"雷雨作而百果草木皆甲坼",集
解作"甲宅",与马、陆合,引荀爽注云:"解者,震世也。仲春之
月,草木萌芽,雷以动之,雨以润之,日以烜之,故甲宅也。"若

李氏旧本作"甲坼",何为又引荀注作"甲宅"耶?"解而拇",集解"拇"作"母",与荀氏合,引虞翻注云:"二动时,艮为指,四变之坤为母,故'解而母'。"若李氏旧本作"拇",何为又引虞注作"母"耶?损"君子以惩忿窒欲",集解作"征忿",与释文同,引虞翻注云:"损乾之初,成兑说,故征忿。"若李氏旧本作"惩忿",何为又引虞注作"征忿"耶?"尚合志也",集解"尚"作"上",引虞翻注云:"终成既济,二上合志于五也。"若李氏旧本作"尚",何为引虞注又作"上"耶?益"利用为作迁国",集解"国"作"邦",引虞翻注云:"坤为邦。"若李氏旧本作"迁国",何为引虞注"坤为邦"耶?夬"其行趑趄",集解作"次且",引虞翻注云:"坎为行为破,故其行次且。"若李氏旧本作"趑趄",何为引虞注又作"次且"耶?"勿用娶女",集解作"取女",与唐石经及今本同,释文作"娶",注云:"本亦作取。"按臧氏云:"明刻集解与今本不殊,'勿用取女'作'娶',及大过'有它吉'作'他'",不且与今本异耶?"羸豕孚蹢躅",集解作"蹄跦",引虞翻注云:"巽为舞为进退,操而舞,故羸豕孚蹄跦。"又引宋衷注云:"巽为股,又为进退,股而进退,则蹄跦也。"若虞翻旧本作"蹢躅",何为引虞注、宋注作"蹄跦"?释文云:"蹢躅,古作蹄跦。"可知李氏非从古耶?萃"亨,王假有庙",集解无"亨"字,引虞注云:"观上之四也。观乾为王。假,至也。艮为庙,体观享祀。上之四,故假有庙,致孝享矣。"按陆氏释文云:"萃亨,王肃本同。马、郑、虞、陆等并无亨字。"若李氏旧本有"亨"字,何为独引虞注?独引虞注,可知李氏从虞本而无"亨"字矣。臧氏谓虞本有"亨"字,讵陆氏释文所云不足为据?"赍咨涕洟",集解"咨"作"资",与陆希声同,引虞翻注云:"赍持,资赙也。货财丧称赙。自目曰涕,自鼻称洟。坤为财,巽为进,故赍资也。"若李氏旧本作"赍咨",何为引虞注作"赍资"耶?升"君子以顺德",集解"顺"作"慎",与释文注同,引虞翻注云:"艮为慎。"若李氏旧本作"顺",何为引虞注"艮为慎"耶?困"刚揜也",集解"揜"作"弇",与虞翻同,引荀爽注云:"谓二五为阴所弇也。"若李氏旧本作"揜",何为引荀注又作"弇"耶?"来徐徐",集解作"来荼荼",与子夏传及翟氏同,引虞翻注云:"荼荼,舒迟也。"若李氏旧本作"徐徐",何为引虞注又作"荼荼"耶?震"跻于九陵",集解"于"作"於",或为钞写所讹,讵必惠氏私改之。归妹"未当也",集解作"位未当也",引虞翻注云:"三未变之阳,故位未当。"若李氏旧本无"位"字,何为引虞注云"故位不当"耶?既济"丧其茀",集解作"髴",与子夏传同,引虞翻注云:"离为妇,泰坤为丧髴,发谓鬒发也,一名妇人之首饰。坎为密云,故称髴。诗曰:'鬒发如云。'乾为首,坎为美,五取乾二之坤为坎,坎为盗,故妇丧其髴。髴或作茀。俗说以髴为妇人蔽膝之茀,非也。"若李氏旧本作"茀",何为引虞注作"髴",而云"髴或作茀"耶?系辞"八卦相盪",集解作"蕩",引虞翻注云:"旋转称摩薄也。乾以二五摩坤成震坎艮,坤以二五摩乾成巽离兑,故刚柔相摩,八卦相荡也。"若李氏旧本作"盪",何为引虞翻作"蕩"耶?释文云:"盪,众家作蕩。"更可知虞作"蕩"矣。"而成位乎其中",集解作"而易成位乎其中",与马氏及王肃同,引荀爽注云:"阳本位成于五,五为上中,阴本位成于二,二为下中,故易成位乎其中也。"若李氏旧本无"易"字,何为引荀注云"故易成位乎其中"?"居则观其象而玩其辞",集解"玩"作"翫",与郑氏同,引虞翻注云:"翫,弄也。"若李氏旧本作"玩",何为引虞注又作"翫"?"故能弥纶天地之道",集解作"天下之道",与释文同,引虞翻注云:"弥,大也。纶络,谓易在天下,包络万物。"若李氏旧本作"天地之道",何为引虞注云"易在天下,包络万物"耶?乾之策、坤之策、二篇之策,集解皆作"册","乾之策"下引荀爽注云:"阳爻之册三十有六。""坤之策"下又引荀爽注云:"阴爻之册二十有四。""二篇之册"下引侯果云:"二篇谓上下经也。共六十四卦,合三百八十四爻。阴阳各半,则阳爻一百九十二,每爻三十六册,合六千九百一十二册。阴爻亦一百九十二,每爻二十四册,合四千六百八册。"若李氏旧本作"策",何为引荀注、侯注俱作"册"耶?"莫大乎蓍龟",集解作"莫善",与释文同,引虞翻注云:"乾为蓍,乾五之坤,大有,离为龟,乾生知吉,坤杀知凶,故'定天下之吉凶,莫善于蓍龟'也。"若李氏旧本作"莫大",何为引虞注又作"莫善"?王氏引之经义述闻云:"本亦作'莫大'者,涉上文五'莫大'而误。自唐石经始定从'大'字,而各本皆从之。宋本周易正义亦作'善'。今本作'大'者,后人依唐石经改之。""化而裁之存乎变",集解"裁"作"财",与释文注同,引翟氏注云:"化变刚柔而财之,故谓之变也。"若李氏旧本作"裁",何为引翟氏又作"财"耶?"刳木为舟,剡木为楫",集解"刳"作"挎","剡"作"掞","楫"作"檝",与释文俱同,引九家易注云:"挎,除也。巽为长为木,艮为手,乾为金,艮手持金,故'挎木为舟,掞木为檝'也。"若李氏旧本作"刳木为舟,剡木为楫",何为引九家易注作"挎木为舟,掞木为楫"耶?"重门击柝,以待暴客",集解"柝"作"檫",与说文同;"暴"作"虣",与郑氏同,引干宝注云:"卒虣之客为奸寇也。"如李氏旧本作"暴",何为引干氏注又作"虣"耶?"盖取诸随",随下引九家易注云:"㯱者,两木相击以行夜也。"如李氏旧本作"柝",何为引九家注又作"㯱"耶?"掘地为臼",集解作"阙地为臿",引虞翻注云:"坤为地,艮手持木以阙地,故阙地为臿。"如李氏旧本"阙"作"掘","臼"作"臿",何为引虞注作"阙地为臿"耶?"往者屈也",集解"屈"作"诎",引荀爽注云:"阴气往,则万物诎者也。"若李氏旧本作"屈",何为引荀注作"诎"耶?"入于其宫","于"误作"於",或钞手所误,岂必惠氏私改耶?复"小而辩于物",集解"辨"作"辩",与今本同,按臧氏谓明刻集解与今本不殊,"辨"作"辩",不且又与今本异耶?"初率其辞",集解"率"作"帅",引虞翻注云:"帅,正也。"若李氏旧本作"率",何为又引虞注作"帅"耶?说卦"为矫輮",集解作"为矫揉",引宋衷注云:"曲者更直为矫,直者更曲为揉。水流有曲直,故为矫揉。"按释文云:"輮,如九反。马、郑、王肃、陆本作此,宋衷、王廙作揉。"如李氏旧本作"輮",何为又引宋注作"揉"耶?释文谓宋衷作"揉",实可为集解旧本作"揉"之明证矣。"其于木也为科上槁",集解"科"作"折",与虞氏合;"槁"作"橐",与郑氏合,引虞翻注云:"巽木在离中,体大过死,巽虫食心则折也。蠹虫食口木,故上橐。"如李氏旧本作"科上槁",则与所引虞注不相符矣。李氏先引虞氏,后引宋注,李氏本作"折上橐",可无疑矣。序卦传"故受之以履",集解此句下有"履者,礼也",引韩康伯注云:"礼所以适时用也,故既畜则须用,有用则须礼也。"若李氏旧本无"履者,礼也",何为引韩康伯注耶?"有无妄,然后可畜",集解作"有无妄,物然后可畜",引荀爽注云:"物不妄者,畜之大也。畜积不败,故大畜也。"如李氏旧本无"物"字,何为引荀注云"物不妄者,畜之大"耶?"物不可以久居其所",集解作"物不可以终久于其所",与郑氏合,引韩康伯注云:"夫妇之道以恒为贵,而物之所居不可以终恒,宜与升降,有时而遁者也。"如李氏旧本无"终"字,何为独引韩注耶?杂卦传"盛衰之始也",集解作"衰盛之始也",注云:"损泰初益上,衰之始。益否上益初,盛之始。"如李氏旧本作"盛衰之始",注中何为先言衰而后及盛耶?

臧氏因惠氏好用古字,遂疑集解皆惠氏私改,而以明刻板为据,不知自唐至明,流传已久,而明刻板岂足以据耶?况周易集解乃汉儒易说之仅存者,莫不共宝其书,如李氏原本果与今本不殊,何其今所流传竟无此本耶?余细玩其所引之注,而信其非惠氏尽改有断然者。苟如臧氏改正,则经与注不相符矣,李氏讵有如是其谬欤?故特辨以明之。